DES JUGES DE PROXIMITÉ :

LES JUGES DE PAIX

BIOGRAPHIES PARISIENNES

(1790 –1838)

Collection *Droits et Cultures*
dirigée par Charles de Lespinay et Raymond Verdier

« le droit à la rencontre d'autres cultures, la culture à la rencontre d'autres droits »

Ouvrages parus :

1. *Construire l'Etat de droit. Le Burundi et la région des Grands Lacs* (C. de Lespinay & E. Mworoha, dir.), février 2001.
2. *Droit et démocratie en Afrique du Sud* (L. Sermet, dir.), décembre 2001.
3. *Des juges de proximité : les juges de paix. Biographies parisiennes, 1790-1838* (G. Métairie), décembre 2002.

A paraître (titres provisoires) :

4. Traduction de *Law as Process. An Anthropological Approach* (Sally F. Moore, trad. A. Bissonnette)
5. *Vengeances et justices* (R. Verdier, dir.).

DES JUGES DE PROXIMITÉ : LES JUGES DE PAIX

BIOGRAPHIES PARISIENNES
(1790 - 1838)

par

GUILLAUME METAIRIE

MAITRE DE CONFERENCES
A L'UNIVERSITE PARIS X - NANTERRE

L'Harmattan
5-7, rue de l'École Polytechnique
75005 Paris
FRANCE

L'Harmattan Hongrie
Hargiya u. 3
1026 Budapest
HONGRIE

L'Harmattan Italia
Via Bava, 37
10214 Torino
ITALIE

Fidèle à sa volonté de maintenir vivant l'ensemble du catalogue et de continuer à rendre accessible à tous la richesse de son contenu, Les marques du groupe L'Harmattan proposent les ouvrages, même s'ils sont épuisés dans leur premier tirage, et les impriment à la demande.
Au vu de l'ancienneté de ce titre, un exemplaire original a été numérisé pour être réimprimé, ce qui pourrait altérer légèrement la qualité de certains passages.

ISBN : 2-7475-3249-6

A LA MEMOIRE DE LUCIEN METAIRIE

« Qu'est-ce que ce monde, qu'on aime jusqu'à la folie, qu'on craint avec excès,
qu'on sert avec des soins infinis, qu'on ménage jusqu'au scrupule ?
Ce monde dont chacun se plaint, et qui ne rend justice à personne,
qui n'a nul égard pour le mérite, qui remplit l'Univers de mécontents
et de malheureux, et qui n'a point de serviteur qui ne soit son esclave ? »

R. P. Jean **CROISET**, *Réflexions spirituelles*, 1734

INTRODUCTION

« *Nos ancêtres, qui jugeaient les causes par le moyen très-insensé des combats judiciaires, avaient du moins eu une bonne pensée : c'était de les faire précéder par un nombre considérable de délais et de formalités.*

Nos combats judiciaires modernes, qui ne sont pas sanglants, mais qui sont ruineux, et qui occasionnent des haines très-envenimées, devraient aussi ne pouvoir s'engager qu'après un grand nombre de préliminaires et l'épuisement de tous les moyens de conciliation. » [1]

Il est peu de dire qu'à la veille de la Révolution les cahiers de doléances insistèrent, obstinés, sur la nécessité de rompre avec un exercice de la justice qui, sous l'Ancien Régime, happait les plaideurs dans un engrenage procédural jugé inextricable et conduisait des familles entières au dénuement, surtout dans les

---

[1] Cahier général du tiers-état du bailliage de Nemours (ARCHIVES PARLEMENTAIRES, 1ère série, IV, p.182). Cette perspective historique était actualisée par les roturiers, plus pragmatiques, du bailliage de Honfleur, lesquels suggéraient : « *pour diminuer le nombre des procès, on s'occupera essentiellement à diminuer ce fléau du peuple en déterminant que tous les membres des municipalités, tant des villes que des campagnes, seront en même temps juges conservateurs de la paix, parce qu'aucun citoyen ne pourrait se pourvoir en justice réglée qu'après avoir épuisé tous les moyens de conciliation devant lesdits juges* » (ARCHIVES PARLEMENTAIRES, 1ère série, V, p. 613).

campagnes. Cette volonté de rupture s'articulait sur deux plans : substituer en premier lieu à la philosophie judiciaire, on ne peut plus contentieuse, qui régnait alors, une conception conciliatoire de la justice, avant tout envisagée comme une pratique d'accommodement [2] ; permettre ensuite aux plaideurs d'utiliser dans de meilleures conditions un appareil juridictionnel qui se révélait à l'usage défectueux sous trois aspects : trop complexe, trop onéreux et trop lointain.

C'était dénoncer un triple éloignement : intellectuel, financier et matériel, auquel entendaient mettre un terme les signataires des cahiers, brodant à l'envi sur le leitmotiv général de la proximité [3]. Il devenait urgent de rapprocher les justiciables des tribunaux, à des points de vue d'ailleurs diversifiés : géographique la plupart du temps [4], mais souvent aussi pécuniaire [5] ou procédural [6], car les intéressés firent preuve d'une subtilité certaine dans leur mise en cause des multiples défaillances de la monarchie justicière.

Autant reconnaître que le thème aujourd'hui récurrent de tout discours rénovateur sur la justice – la proximité – n'a guère le mérite de la nouveauté, s'il

---

[2] Estimée beaucoup plus efficace, aux dires du clergé du bailliage de Coutances, « *pour calmer la première effervescence des contestations naissantes* » (ARCHIVES PARLEMENTAIRES, 1ère série, III, p. 48), tandis que les ecclésiastiques du bailliage de Montargis espéraient « *qu'il plaise au roi d'établir ces espèces de tribunaux domestiques, qui jugeraient sans frais les affaires sommaires, lesquelles viennent quelquefois plutôt de pique que d'intérêt* » (ARCHIVES PARLEMENTAIRES, 1ère série, IV, p. 18).

[3] Insistons : les signataires *tous ordres confondus*, comme en témoigne par exemple le clergé de la sénéchaussée d'Agen, terre de droit écrit, qui réclamait : « *Une réforme dans l'administration de la justice civile, qui la rende moins dispendieuse et plus rapprochée des justiciables* », épaulé en cela par la noblesse du lieu : « *Nos députés demanderont aux Etats généraux que, provisoirement, et en attendant le Code civil et criminel, on s'occupe des moyens de diminuer le ressort des cours de judicature, et de rapprocher la justice des justiciables* » (ARCHIVES PARLEMENTAIRES, 1ère série, I, p. 676 et 682). À quoi faisait écho, à l'autre bout du royaume, le tiers état de la sénéchaussée du Mans, pays de coutume : « *On demande, par addition au présent article, que, dans le cas où les Etats généraux n'adopteraient pas l'ordre judiciaire ci-dessus, alors ils s'occupent d'un plan qui, en réformant la justice de l'ordre judiciaire actuel, conserve à chaque justiciable une justice toujours à la proximité, dont il ne puisse être distrait que par son consentement* » (ARCHIVES PARLEMENTAIRES, 1ère série, III, p. 646).

[4] Cette perception était la plus naturelle, et donc la plus répandue, comme le soulignait le tiers-état de la ville de Nantes : « *il sera établi des juridictions royales de distance en distance et de proche en proche* » (ARCHIVES PARLEMENTAIRES, 1ère série, IV, p. 95) ; certains justiciables n'hésitaient pas à entrer dans le détail technique de l'aménagement souhaité, ainsi du tiers-état du Poitou : « *il est nécessaire de rapprocher les juges des justiciables et d'ériger à Poitiers un parlement pour éviter aux habitants de cette province les déplacements ruineux et la perte de temps que leur occasionne l'éloignement du parlement de Paris* » (ARCHIVES PARLEMENTAIRES, 1ère série, V, p. 410).

[5] Cet aspect préoccupa très fréquemment le clergé, tel celui de Paris Hors-les-Murs dressant le constat « *que les frais de la procédure étant devenus très à charge au peuple par leur énormité, le Roi soit supplié de donner un règlement fixe et invariable pour modérer les frais dans les tribunaux* » ; plus directement touchés, les roturiers avaient une vision plus radicale des remèdes qu'il convenait d'y apporter : « *La justice, dette du gouvernement, purement gratuite ; en conséquence, l'extinction de tous les droits du fisc qui y sont relatifs, et les honoraires des juges payés par la nation* » (ARCHIVES PARLEMENTAIRES, 1ère série, V, p. 233 et 241).

[6] L'inaccessibilité technique était parfaitement ressentie, elle aussi, comme l'atteste le cahier roturier de la paroisse de Vincennes : « *Arrêté de requérir de nouvelles lois judiciaires plus à la portée des justiciables ; que les procédures, toujours ruineuses, soient abrégées, et que le temps soit fixé pour le jugement des procès* » (ARCHIVES PARLEMENTAIRES, 1ère série, V, p. 221).

présente celui de la pertinence ; mais son actualité même [7] a de quoi inquiéter, d'autant que l'invocation d'une relation plus étroite entre usager et service public, loin de se cantonner à la seule sphère judiciaire, se propage à l'ensemble des autres missions étatiques : policière, éducative, hospitalière... au point de poser en définitive – et qui plus est sur un mode incantatoire, attendu l'absence de réponses adéquates – la question politique du contact, immédiat dans l'idéal, entre institutions et citoyens. Et quel constat dresser pour s'en tenir au domaine de la Justice ?

Même si, de la réforme consulaire de ventôse an VIII (mars 1800) à la Grande Guerre, les retouches furent rarissimes, l'histoire des moyens accordés à l'appareil juridictionnel s'oriente selon une double tendance : à concentrer les instruments confiés aux magistrats ; à réduire le nombre des lieux d'accueil des justiciables, quitte à faire disparaître un degré plus accessible en simplifiant la hiérarchie [8]. Pour ne considérer que la Ve République, l'ordonnance du 22 décembre 1958 aggrava la diminution numérique des implantations judiciaires, à l'évident détriment de la proximité géographique. Optant en faveur de ressorts fixés par décret, et non plus délimités selon un cadre administratif préexistant, elle supprima les 2092 justices de paix qui subsistaient encore au profit de 462 tribunaux d'instance, éloignant d'autant les juridictions les plus proches, ce qui put provoquer chez les justiciables le rejet de difficultés inaccoutumées, voire le sentiment d'une mise à distance volontaire et pour le moins discutable.

Est-il dès lors étonnant que nos contemporains se montrent, avec une constance que rien ne dément de sondage en sondage, plus insatisfaits, dans leur grande majorité, du service de la justice que de n'importe quel autre [9] que leur rend l'Etat ? Ils pérennisent, par les reproches qu'ils lui adressent, maints griefs formulés il y a bien longtemps déjà par les cahiers de doléances, estimant nos institutions judiciaires trop lentes (69%), trop chères (74%), dotées d'un langage difficile à

---

[7] Les colloques scientifiques sur la question abondent, ainsi que les ouvrages collectifs qui en découlent. Parmi les plus récents, citons : – *Droit, justice et proximité*, numéro hors série 2000/3 de la revue *Droit et Cultures*, Paris, L'Harmattan, 2001, 234 p. – *L'élection des juges. Étude historique française et contemporaine*, sous la direction de Jacques KRYNEN, Paris, P.U.F., coll. « Droit et Justice », 1999, 278 p. – *Le sanglot judiciaire. La désacralisation de la justice (VIIIe-XXe siècles)*, sous la direction de Frédéric CHAUVAUD, Grâne, Editions Créaphis, coll. « Rencontres à Royaumont », 1999, 236 p. – *Vers une justice de proximité ?* Journées régionales d'histoire de la justice, Poitiers, novembre 1997. Publications de la Faculté de droit et des sciences sociales de Poitiers, tome 35, P.U.F., 1999, 416 p. – *Approches multiformes de la proximité*, coordonnateurs : Michel BELLET, Thierry KIRAT, Christine LARGERON, Paris, Hermès, coll. « Interdisciplinarité et nouveaux outils », 1998, 344 p. – *L'infrajudiciaire, du Moyen Age à l'époque contemporaine*. Actes du colloque de Dijon, octobre 1995, sous la direction de Benoît GARNOT, Publications de l'Université de Bourgogne, LXXXI, série du Centre d'études historiques 5, Éditions universitaires de Dijon, 1996, 478 p.

[8] Evelyne SERVERIN : De nouveaux territoires pour la justice ? *in* : *Droit, justice et proximité, op. cit.*, p. 42. Sur le problème du découpage territorial de la France, voyez en outre F. CHAUVAUD, *Histoire de la carte judiciaire*, Rapport pour le ministère de la Justice, 1994, 2 vol.

[9] Selon une enquête de la SOFRES – *Les Français et les services publics*, juin 2001 –, sur les douze entreprises ou services objets du questionnaire, la justice arrive en dernière position avec seulement 35% d'usagers satisfaits contre 79% et 70% pour la gendarmerie et la police, 74% pour les hôpitaux, 66% pour la sécurité sociale, et même 57% pour le fisc. Valérie GRUSENMEYER : Opinions, images et attentes des Français à l'égard des Maisons de justice et du droit et de la conciliation, *in* : *Droit, justice et proximité, op. cit.* p. 97.

comprendre (75%) et d'un accès inégal pour tous (68%) [10] ; et ils remettent à l'honneur un procédé amiable de résolution des litiges que le mode de vie citadin des dernières décennies du XXe siècle semblait avoir définitivement condamné : la conciliation.

Les attentes actuelles ne signifient pas qu'en deux cents ans aucune solution n'ait été trouvée pour ménager aux plaideurs une accessibilité digne de ce nom à l'appareil judiciaire. En réalité, implicites ou explicites, les réponses les plus novatrices – en particulier les Maisons de la justice et du droit – aux demandes contemporaines de rapprochement de la *jurisdictio* ne cessent de se référer à ce paradigme de la justice de proximité que représentait, depuis l'époque d'une refonte totale de l'ordre judiciaire par l'Assemblée constituante, cette justice de paix que la réforme de 1958 eût, sans doute, été mieux inspirée de conserver. En effet, l'accessibilité simple et rapide à une justice quotidienne ne peut, semble-t-il, mieux s'analyser que par le biais de ces tribunaux de paix malencontreusement supprimés.

Remède partiel au mécontentement que les justiciables laissèrent percer dès la fin du règne de Louis XV pour l'exprimer ouvertement, nous l'avons vu, à la veille de la Révolution, les justices de paix émergèrent de la confrontation, parfois explosive, de divers plans d'organisation juridictionnelle, présentés au nom du Comité de Constitution par ses deux rapporteurs successifs, Bergasse [11] puis Thouret [12], ou encore émanés de simples députés, au premier rang desquels Emmanuel Sieyès [13] et Adrien Duport.

Tous ces plans – à commencer par le projet primitif que Bergasse exposa dès le 17 août 1789 – faisaient une place aux tribunaux de paix, indice de ce que les

---

10 Valérie GRUSENMEYER : Opinions..., *in* : *Droit, justice et proximité, ibidem.*

11 Nicolas Bergasse (1750-1832), avocat très engagé sous l'Ancien Régime, publia en 1788 deux mémoires qui attaquaient les ministres de Louis XVI. Elu représentant roturier de la sénéchaussée de Lyon aux Etats généraux, il siégea au sein du premier Comité de Constitution, mais démissionna à la suite des journées des 5 et 6 octobre et soutint dès lors le parti de la Cour, dont il devint l'un des conseillers occultes. Enfui dans le Midi après le 10 Août, arrêté comme ex-Constituant, incarcéré en 1793 et sauvé par la chute de Robespierre, il ne tint plus aucun rôle politique jusqu'à sa mort. En reconnaissance de ses services, la Restauration le nomma conseiller d'Etat.

12 Jacques Guillaume Thouret (1746-1794), avocat au parlement de Rouen, rédigea au nom de ses confrères, en 1788, un mémoire qui réclamait une constitution, le vote par tête et l'accès de tout citoyen aux fonctions publiques. Élu député du tiers-état rouennais, membre du second Comité de Constitution à partir du 15 septembre 1789 en remplacement de Bergasse, trop attaché à l'ancien ordre des choses, il prit une part prépondérante aux débats judiciaires, présida l'Assemblée constituante à plusieurs reprises et fut élu juge au Tribunal de cassation le 20 avril 1791. Arrêté durant la Terreur, emprisonné sous l'inculpation fatale de complicité dantoniste, il fut condamné à mort par le Tribunal révolutionnaire et exécuté. E. LEBEGUE lui a consacré une biographie : *La vie et l'œuvre d'un constituant : Thouret*, Paris, F. Alcan, 1910, LII-320 p.

13 Emmanuel Sieyès (1748-1836). On ne présente plus le grand vicaire de l'évêque de Chartres. L'auteur de la brochure : *Qu'est-ce que le Tiers-état ?* fut élu député du clergé aux Etats généraux, siégea au Comité de Constitution dès sa création et survécut au renouvellement opéré au mois de septembre 1789. Son appartenance au comité ne l'empêcha pas d'élaborer, de son propre aveu, un plan concurrent du projet officiel qu'il était censé soutenir ; mieux, il n'attendit pas l'ouverture de la discussion en séance pour distribuer à ses collègues représentants l'imprimé qui reprenait le résultat de ses réflexions particulières sur la refonte de la justice.

exigences de rapprochement des juridictions et de solution rapide des litiges de faible importance, dont fourmillait l'ensemble des doléances judiciaires, avaient été formulées avec assez de force pour recevoir une large consécration. Bien que l'Assemblée constituante fût en majorité composée d'hommes de loi expérimentés, ces praticiens – au sein desquels, du reste, se recrutèrent la quasi-totalité des juges de paix originels – eurent souvent des vues très idéalistes, parfois même idylliques, de ce qu'ils allaient réaliser et, dans le dessein d'établir les bases d'une parfaite justice, oublièrent par moments les réelles pesanteurs afférentes à toute vie judiciaire.

Le fragile assemblage de l'abbé Sieyès rapidement ruiné par la rigoureuse argumentation de Thouret, avocat normand, puis par l'efficace intervention de l'éminent juriste Tronchet [14], les Constituants se retrouvèrent face à deux projets principaux : plus pur, mais plus restrictif, celui d'Adrien Duport [15] confinait le juge de paix dans un rôle exclusif de médiation – fondée sur la connaissance des individus à concilier et par conséquent exercée en un ressort géographique restreint –, tandis que Thouret, dans une perspective plus réaliste, souhaitait lui confier de surcroît des attributions contentieuses.

Il ne saurait être question de détailler ici la synthèse opérée entre l'une et l'autre conception, mais seulement de préciser que la loi des 16-24 août 1790 distingua *in fine* trois sortes d'autorités destinées à régler les litiges : d'abord les arbitres, auxquels était consacré le titre Ier du texte législatif ; puis les juges proprement dits, dont le titre II établissait le statut ; enfin les juges de paix, que le titre III démarquait expressément des deux précédents et dotait d'une double compétence, à la fois conciliatoire et contentieuse.

Ce compromis entre le projet officiel que présenta Thouret et le plan personnel de Duport fit donc abandonner aux Constituants l'étroite théorie d'un juge de paix exclusivement conciliateur défendue par l'ancien conseiller au parlement de Paris, qui repoussait toute compétence contentieuse de crainte d'introduire – ou plutôt d'entretenir ? – la chicane dans les campagnes du royaume. Bien au contraire, l'Assemblée décida que le caractère conciliatoire du magistrat de paix ne devait pas empêcher l'octroi d'un pouvoir contentieux, et, s'éloignant davantage encore de la

---

14 François Denis Tronchet (1726-1806), avocat parisien spécialiste du droit coutumier sous l'Ancien Régime, et bâtonnier de l'ordre en janvier 1789, député modéré du tiers-état, assura, non sans honneur, la défense de Louis XVI devant la Convention. Rallié sans enthousiasme au Consulat, il présida la commission – « *dont il était l'âme* », dira Napoléon – chargée de rédiger le Code civil.

15 Adrien Duport (1759-1798), issu d'une lignée de magistrats, avocat puis conseiller au parlement de Paris, conduisit, à la veille de la Révolution, l'opposition parlementaire aux réformes ministérielles. Représentant de la noblesse parisienne aux Etats généraux, flanqué de Barnave et de Lameth, il forma le fameux « Triumvirat ». Il s'illustra particulièrement lors de la discussion judiciaire, puis, élu président du tribunal criminel de Paris le 9 juin 1791, refusa l'honneur d'y siéger. Il émigra vers la fin de 1792, sans que l'on puisse suivre le détail de ses tribulations entre Londres, Vienne, la France par intermittence et enfin la Suisse, où il mourut atteint de tuberculose. Voyez la biographie rédigée par G. MICHON : *Essai sur l'histoire du parti feuillant : Adrien Duport*, Paris, Payot, 1924, XXVIII-526 p.

pensée d'Adrien Duport, l'accorda en matière civile comme en matière de police [16] afin de conforter en pratique l'autorité du conciliateur.

Car concilier demeurait le rôle fondamental du juge de paix ; insistons sur cette idée essentielle, clef de voûte du nouvel édifice judiciaire : par là seraient diminué le nombre des procès, réduite l'importance de la magistrature et des gens de loi, accrue la participation effective du justiciable aux débats, et enfin, simplifiée la solution des litiges. Ces deux tâches, de conciliation et de règlement contentieux des affaires civiles de faible valeur – comme la prépondérance souhaitée de celle-là sur celui-ci –, ne furent pas sans influencer l'attitude des hommes engagés dans cette carrière, et, fidèles à la mission qu'ils avaient choisie, certains allèrent jusqu'à démissionner lorsqu'on leur reconnut compétence en matière de police, dont ils estimaient la rigueur incompatible avec leur ministère [17].

En effet, un esprit neuf animait cette juridiction récente : le juge de paix, auquel la loi demandait une grande disponibilité, portait plus que tout autre l'espérance des justiciables. En réalité, ceux-ci auraient d'abord affaire à lui qui, pour éliminer la discorde au profit d'une paix consentie, paraissait bien armé – par ses pouvoirs, comme par sa proximité.

Une proximité que nous sommes habitués à envisager aujourd'hui de l'extérieur, et pour ainsi dire d'en haut – à la verticale de l'édifice que dresse la hiérarchie des juridictions et qui vient former écran entre la réflexion conceptuelle et la réalité judiciaire – ; que nous abordons aussi de façon théorique, par la nécessité d'en présenter un schéma qui satisfasse au moins l'esprit de l'anthropologue, de l'historien, ou du juriste. À l'inverse, la lecture des biographies réunies ici permettra, nous l'espérons, de saisir la justice de proximité de l'intérieur [18], et pour ainsi dire

---

[16] Par la loi des 19-22 juillet 1791, *relative à l'organisation d'une police municipale et correctionnelle* (DUVERGIER, III, p. 132 à 143), et celle des 16-29 septembre 1791, *concernant la police de sûreté, la justice criminelle et l'établissement des jurés* (DUVERGIER, III, p. 330 à 348). La qualité d'officier de police judiciaire reconnue aux juges de paix sera confirmée par les articles 20 et 21 du Code des délits et des peines promulgué le 3 brumaire an IV (25 octobre 1795), qui leur confiaient de manière paradoxale cet aspect de la répression qui « *recherche les délits que la police administrative n'a pu empêcher de commettre, en rassemble les preuves, et en livre les auteurs aux tribunaux chargés par la loi de les punir* ». Les conciliateurs se retrouvaient de la sorte sur un pied d'égalité avec « *1° les commissaires de police ; 2° les gardes-champêtres ;* [...] *; 4° les directeurs de jurys d'accusation ; 5° les capitaines et lieutenants de gendarmerie* ». MERLIN : *Répertoire*, 5e édition, article « *officiers de police judiciaire* », tome XXII, p. 50. L'article 151 du même Code composait le tribunal de police « *du juge de paix et de deux de ses assesseurs* », jusqu'à ce que la loi du 9 ventôse an IX (28 février 1801) en fasse une juridiction à juge unique. MERLIN : *Répertoire*, 5e édition, article « *tribunal de police* », tome XXV, p. 124.

[17] Voyez, à titre d'exemple, la notice de Claude Boivin de Blancmur, p. 38.

[18] Dans le sillage des études historiographiques consacrées à une catégorie entière de personnel judiciaire – dont l'archétype demeure la thèse de François BLUCHE, *Les magistrats du parlement de Paris au XVIIIe siècle*, Paris, Economica, 1986, 482 p., quelques émules ayant suivi ses traces en explorant le XIXe siècle, telle Marie-Josée COUAILHAC dans son ouvrage sur *Les magistrats dauphinois (1815-1870)*, Grenoble, C.R.H.E.S.I., 1987, 428 p. –, les prosopographies récentes témoignent de l'attention désormais portée à ce mode proprement biographique de connaissance du monde de la justice *lato sensu*. Citons à titre d'exemples les travaux de : Christine FAVRE-LEJEUNE, *Les secrétaires du roi de la Grande Chancellerie de France (1672-1789). Dictionnaire biographique et généalogique*, introduction de F. Furet et G. Chaussinand-Nogaret, Paris, Editions Sédopols, 1986, 2 vol. ; Joël FELIX, *Les magistrats du parlement de Paris (1771-1790). Dictionnaire biographique et généalogique*, Paris, éditions Sédopols, 1990, 240 p. ;

d'en bas, dans l'appréhension quotidienne que le juge de paix eut de son travail et donc de ses relations avec les justiciables, comme de sa carrière et donc de ses rapports directs – alors plus étroits qu'il ne serait de nos jours concevable de l'admettre d'un magistrat ou d'un gouvernement ? – avec le pouvoir politique. Mais pour saisir les interférences qui se produisirent sans cesse de la Révolution au règne de Louis-Philippe, sans doute faut-il rappeler quelques événements majeurs, utiles à la compréhension des carrières retracées.

La justice de paix apparaît d'abord comme une création révolutionnaire, puis, à l'évidence, comme un formidable moyen de promotion sociale des hommes qui surent accaparer d'emblée, en dépit des fluctuations institutionnelles, les postes nouvellement offerts.

À l'origine, en 1790, existait un tribunal de paix par canton [19] : critère fondamental d'une répartition profuse à travers le royaume, que venaient renforcer des dispositions complémentaires qui restreignaient encore, d'après l'ampleur de la population, le ressort géographique de certaines justices de paix, rapprochées toujours davantage de leurs justiciables. Ainsi, les villes de plus de deux mille âmes s'étaient-elles vues dotées d'un juge de paix particulier, et le Corps législatif était-il intervenu pour fixer le nombre des conciliateurs dans celles de plus de huit mille habitants. Conformément à ces règles, les députés établirent quarante-huit juges de paix parisiens [20], secondés chacun de six assesseurs, car l'Assemblée constituante avait créé la justice de paix collégiale et adjoint au juge lui-même des prud'hommes – au nombre variable selon l'importance quantitative des usagers. Les biographies que l'on va lire montreront que parfois ces places subalternes servirent de marchepied naturel pour accéder au fauteuil de juge de paix.

Or, stables durant les jours orageux de la Révolution puis du Directoire, la répartition géographique des tribunaux de paix et la composition de leur personnel subirent une métamorphose capitale [21] à l'époque plus ferme du Consulat. Deux lois changèrent, en deux temps, l'essence même de la justice de paix et privilégièrent la position de juge de paix, développant ainsi et les attraits de la place et les convoitises des candidats.

La première loi [22] vint réduire à trois mille au moins, et trois mille six cents au plus, le grand nombre – six mille environ, ce que le gouvernement jugeait

---

Sylvie NICOLAS, *Les derniers maîtres des requêtes de l'Ancien Régime (1771-1789). Dictionnaire prosopographique*, préface de Michel Antoine, Paris, Ecole des Chartes, 1998, 398 p.

19 Aux termes de l'article 1er du titre III de la loi précitée des 16-24 août 1790 *sur l'organisation judiciaire* (DUVERGIER, I, p. 364).

20 Par la loi des 25 août-29 septembre 1790 *sur l'organisation des tribunaux de la Ville de Paris* (DUVERGIER, I, p. 391- 392).

21 Pour plus de précisions sur les remous que provoqua cette réforme, on pourra se reporter à notre article sur « Les juges de paix parisiens sous le Consulat et l'Empire », *in* : *Bulletin de la société pour l'Histoire de Paris et de l'Île-de-France*, 110e année-1983, p. 199 à 239.

22 Du 8 pluviôse an IX (28 janvier 1801) *portant réduction des justices de paix* (DUVERGIER, XII, p. 382-383).

excessif et dispendieux – des tribunaux de paix alors disséminés sur le territoire de la République. Adaptant la carte judiciaire parisienne au découpage administratif par lequel le régime directorial avait naguère substitué douze municipalités plus vastes aux quarante-huit sections révolutionnaires [23], les Consuls ne laissèrent subsister à Paris qu'une douzaine [24] des quarante-huit juges de paix initiaux. C'était user, autant qu'ils le pouvaient, de la faculté que leur offraient les textes [25] de distendre le lien qui unissait le conciliateur à ses justiciables : seul subsisterait le quart des justices de paix que la Révolution avait implantées dans la capitale, alors que la diminution moyenne devait être de moitié au plus, ce qui avait déjà paru excessif à nombre d'observateurs. Cette réduction, extrême et brutale, effective à partir du mois de pluviôse an X (février 1802) [26] – lequel vit simultanément se dérouler l'ultime désignation élective des juges de paix en France –, sera souvent évoquée au fil des notices biographiques : elle eut pour ses victimes des conséquences professionnelles et même patrimoniales accentuées, et plus d'un pacificateur évincé dut quitter le monde judiciaire et se retrouva dès lors dénué de ressources.

Second texte essentiel, et second temps de la réforme consulaire, la loi du 29 ventôse an IX (20 mars 1801) ruina pour sa part le principe de collégialité cher aux Constituants et fit du juge de paix – ce qu'en 1790 on n'avait jamais souhaité qu'il fût – un juge unique [27]. Personnage plus en vue, mais aussi plus facilement surveillé, isolé au sein même de son activité judiciaire, il pouvait désormais se faire

[23] Lesquelles, aux termes de l'article 4 du décret du 19 vendémiaire an IV (11 octobre 1795), se trouvaient désormais regroupées de la sorte : les sections des Tuileries, des Champs-Élysées, de la Place-Vendôme et du Roule dans la première municipalité ; celles de Lepeletier, du Mont-Blanc, de la Butte-des-Moulins et du Faubourg-Montmartre dans la deuxième ; celles du Contrat-Social, de Brutus, du Mail et Poissonnière dans la troisième ; celles des Gardes-Françaises, des Marchés, du Museum et de la Halle-au-Blé dans la quatrième ; celles de Bonne-Nouvelle, de Bon-Conseil, du Faubourg-du-Nord et de Bondy dans la cinquième ; celles des Lombards, des Gravilliers, du Temple et des Amis-de-la-Patrie dans la sixième ; celles de la Réunion, de l'Homme-Armé, des Droits-de-l'Homme et des Arcis dans la septième ; celles des Quinze-Vingts, de l'Indivisibilité, de Popincourt et de Montreuil dans la huitième ; celles de la Fraternité, de la Fidélité, de l'Arsenal et de la Cité dans la neuvième ; celles de l'Unité, de la Fontaine-de-Grenelle, de l'Ouest et des Invalides dans la dixième ; celles des Thermes-de-Julien, de Mucius-Scaevola, du Théâtre-Français et du Pont-Neuf dans la onzième ; et celles du Jardin-des-Plantes, de l'Observatoire, du Finistère et du Panthéon-Français dans la douzième.

[24] Arrêté du 25 fructidor an IX (12 septembre 1801) *portant fixation des justices de paix du département de la Seine* [...] « *La ville de Paris, divisée en douze municipalités, aura un juge de paix par chacun de ces arrondissements.* » (DUVERGIER, XIII, p.13).

[25] En particulier l'article 9 de la loi précitée du 8 pluviôse an IX (28 janvier 1801) *portant réduction des justices de paix*, lequel laissait les coudées franches à l'exécutif : « *A l'égard des villes dont la population excède cent mille habitants, le Gouvernement pourra, sans consulter les bases ci-dessus posées, maintenir les arrondissements des justices de paix tels qu'ils existent, les modifier ou les réduire selon qu'il le jugera convenable, pourvu qu'au cas de réduction, le nombre des justices de paix n'y soit pas inférieur à celui des municipalités.* » (DUVERGIER, XII, p. 383).

[26] Dès lors, douze juridictions seulement se partagèrent les justiciables parisiens jusqu'en 1859, date à laquelle l'empereur Napoléon III signa le décret qui donnait vingt arrondissements à la capitale, portant du même coup au même nombre les juges de paix de Paris.

[27] *Loi qui supprime les assesseurs des juges de paix et donne deux suppléants à chacun de ces juges.* L'article 2 disposait : « *Chaque juge de paix remplira seul les fonctions, soit judiciaires, soit de conciliation, ou autres, qui sont attribuées aux justices de paix par les lois actuelles.* » (DUVERGIER, XII, p. 426).

remplacer par l'un ou l'autre des deux suppléants que lui affectaient les dispositions législatives. Les carrières retracées démontrent que ces suppléances – lots de consolation pour les candidats malheureux à la dernière élection directe de l'an X [28], lesquels voyaient leur échapper la présidence de l'un des douze tribunaux de paix conservés à l'issue de la réduction – constituèrent, plus encore que l'assessorat naguère, dès la Restauration et à coup sûr sous la monarchie de Juillet, le noviciat de la place – malaisément accessible parce que fort prisée, la course à la notabilité aidant – de juge de paix de la capitale.

Ce double changement institutionnel : réduction numérique des tribunaux et abandon pur et simple de la collégialité, intervenu sous l'égide de Bonaparte, eut le mérite de la stabilité, et, de toute notre période, ne fut jamais remis en cause. À l'inverse, le mode de désignation que l'on utilisa, par ses fréquents changements, trahit très directement et les soubresauts de la vie politique et l'emprise du pouvoir exécutif sur le judiciaire ; d'autre part, ses métamorphoses ne furent pas sans incidences sur la documentation disponible pour en suivre les détours.

À l'époque de leur création, l'Assemblée constituante décida que les juges de paix seraient élus pour deux ans, et d'ailleurs rééligibles, par les citoyens actifs réunis en assemblées primaires [29]. Dans la perspective d'une désacralisation de la justice, se concrétisait ici la revendication – naguère exprimée par les cahiers de doléances à l'encontre de la vénalité des charges d'Ancien Régime – du choix direct de leurs juges par les justiciables et d'un contrôle réel de la qualité de leur travail par la reconduction élective de leur mandat, toujours de courte durée. Les premiers choix se firent à l'automne de 1790, mais les pacificateurs parisiens n'eurent pas le loisir d'aller au terme prévu : le 10 août 1792, la Commune insurrectionnelle les suspendit *proprio motu* et ordonna leur renouvellement, sur fond d'extrême tension politique [30]. Dès les jours suivants, les assemblées générales des sections, tous citoyens confondus, élurent les successeurs, lesquels, confirmés au mois de juin 1793, siégeaient toujours lors de l'établissement du Gouvernement révolutionnaire. Ce dernier, se défiant des choix opérés au sein du cadre difficilement contrôlable des sections, changea de nouveau les modalités légales des nominations en justice de

---

[28] Ainsi que l'avait prévu l'article 4 de la loi précitée du 29 ventôse an IX (20 mars 1801) : « *Ces deux suppléants, désignés par premier et second, seront les deux citoyens ayant réuni le plus grand nombre de suffrages, après le juge de paix, dans les élections du canton.* » (DUVERGIER, XII, p. 426).

[29] On le sait, par réaction contre « *la funeste érudition des gens du Palais* », Thouret, rapporteur de la loi des 16-24 août 1790 *sur l'organisation judiciaire*, avait insisté sur la proximité intellectuelle qui devait attacher le futur conciliateur à ses justiciables en n'exigeant des candidats aucune condition de culture juridique : « *Il faut que tout homme de bien, pour peu qu'il ait d'expérience et d'usage, puisse être élu juge de paix.* » (ARCHIVES PARLEMENTAIRES, 1ère série, XVI, p. 738). Cet aspect libéral se retrouva dans le texte législatif, titre III, article 3 : « *Le juge de paix ne pourra être choisi que parmi les citoyens éligibles aux administrations de département et de district, et âgés de trente ans accomplis, sans autre condition d'éligibilité.* » (DUVERGIER, I, p. 364).

[30] Laquelle transparaît à la lecture de l'article 2 du *Décret qui ordonne l'élection de nouveaux juges de paix à Paris*, après leur suspension illégale : « *Pourront être réélus ceux de ces fonctionnaires qui jouissent de l'estime publique.* » (DUVERGIER, IV, p. 345). Seuls, six des quarante-huit juges de paix élus en 1790 purent reconquérir leur siège, souvent grâce à leur engagement antiroyaliste prononcé.

paix [31] en confiant leur exercice, à Paris, au seul conseil général de la Commune : c'était politiser à l'extrême toute désignation judiciaire.

Au cours des épurations thermidoriennes furent destitués certains juges de paix dont les agissements sous la Terreur avaient entamé la confiance de leurs justiciables respectifs, qui présentèrent en assemblée générale sectionnaire plusieurs candidats au Comité de Législation, lequel nomma les remplaçants aux postes à pourvoir [32]. Ces systèmes très favorables à l'exécutif prirent apparemment fin à la faveur de la constitution de l'an III, qui proclama le retour théorique au principe originel de l'élection directe des juges de paix en assemblées primaires pour une durée de deux ans [33]. Les électeurs se réunirent dès le mois de brumaire an IV (octobre-novembre 1795), puis furent ensuite convoqués au 1er germinal (21 mars) de chaque année ; toutefois, cette belle régularité ne doit pas faire oublier le respect pour le moins particulier que les Directeurs manifestèrent à l'égard des résultats électoraux. Modérément soucieux de restaurer un principe électif dont l'application pure risquait de jouer à l'encontre du régime, ils n'hésitèrent pas à interférer sans cesse dans le choix des juges de paix, invalidant les scrutins, se faisant accorder un droit de nomination directe [34], se retournant contre le courant jacobin en l'an VI comme ils l'avaient fait contre la tendance royaliste en l'an V. Ces ingérences continuelles – qui perturbaient la carrière des individus, la tenue des tribunaux de paix et la relation étroite que la Constitution avait prétendument rétablie entre les justiciables et ce juge de proximité qu'était le conciliateur – eurent pour résultat, après quelques années, de rendre indispensable une clarification générale.

À cette fin, l'intégralité des juges de paix devait être renouvelée, pour la totalité des cantons de la République, au 1er germinal an VIII (22 mars 1800), mais le coup d'Etat du 18 Brumaire (9 novembre 1799) n'en laissa pas le loisir. Sauf

---

[31] Par les décrets des 8 nivôse (28 décembre 1793), 23 floréal (12 mai 1794) et 30 messidor (18 juillet 1794) an II. Les deux derniers textes (DUVERGIER, VII, p. 211 et p. 274) alignaient la désignation des greffiers, puis des assesseurs, sur celle des juges de paix eux-mêmes, prévue par le décret du 8 nivôse « *qui prescrit la manière dont il sera procédé aux nominations de juges de paix pendant la durée du gouvernement révolutionnaire* ». Etaient patentes les arrière-pensées politiques de ce texte qui concernait « *les places de juges de paix qui viendront à vaquer par quelque cause que ce soit, tant que durera le gouvernement révolutionnaire* », mais « *sans préjudice des remplacements qui auraient pu être faits précédemment par les représentants du peuple envoyés dans les départements ou près les armées.* » (DUVERGIER, VI, p. 443). Se confirmait bien une reprise en main généralisée de tout le personnel des tribunaux de paix par le Comité de Salut public.

[32] Conformément au décret du 7 fructidor an II (24 août 1794) relatif à *l'organisation des comités de la Convention nationale* (DUVERGIER, VII, p. 312).

[33] Constitution directoriale du 5 fructidor an III (22 août 1795), article 27 du titre III relatif aux assemblées primaires, *in* M. DUVERGER, *Constitutions et documents politiques*, Paris, P.U.F., coll. Thémis, 1971, p. 84.

[34] Par la loi du 24 frimaire an IV (15 décembre 1795) « *qui charge le Directoire exécutif de la nomination provisoire aux places vacantes de juges de paix* », celui-ci devant impérativement nommer – ultime barrage contre le pouvoir discrétionnaire du gouvernement – des « *citoyens domiciliés dans le canton, et qui, sur la nomination du peuple, y ont déjà rempli quelque fonction publique* » (DUVERGIER, IX, p. 21). Par la suite intervint dans le même sens la loi, considérée comme un « *acte d'urgence* », du 12 prairial an II (31 mai 1798) « *qui détermine le mode de remplacement provisoire des juges de paix non élus par les assemblées primaires, ou dont la nomination a été annulée* » (DUVERGIER, X, p. 351).

circonstances particulières de décès ou démission, les magistrats élus au mois de germinal an VI siégèrent en réalité – malgré le terme de deux ans affecté à l'exercice de leurs mandats – jusqu'aux dernières élections directes qu'aient connues les justices de paix, c'est-à-dire celles de l'an X [35], lesquelles coïncidèrent, nous le rappelons, avec la réduction de quarante-huit à douze du nombre des fauteuils à pourvoir dans Paris. Mais cette survie de l'élection directe ne dura guère : dès le 16 thermidor an X (4 août 1802) [36], le Premier consul rompit avec l'instantanéité de l'élection judiciaire, au profit d'un système qui lui ménageait une véritable maîtrise des personnels : dorénavant, les assemblées cantonales – qui succédaient aux assemblées primaires – ne présenteraient plus que de simples candidats au choix du gouvernement, qui, lui, nommerait pour dix ans aux places de juges et de suppléants au sein des tribunaux de paix [37].

L'Empire conserva, bien entendu, ce mode avantageux de désignation et même l'aggrava au profit de l'empereur en usant de façon systématique d'une procédure parallèle, dite de renouvellement par cinquième, peu à peu mise en place depuis la fin du Consulat [38] et qui sera fréquemment évoquée au cours des biographies que l'on va lire. Celle-ci permettait, en l'espace de cinq années, de vérifier les diverses aptitudes – aisance financière et dévouement à la personne impériale inclus – de tous les fonctionnaires impériaux concernés, de les révoquer le cas échéant et de pourvoir à leur remplacement. Très commode, ce procédé laissait aux membres de l'autorité préfectorale ou judiciaire la liberté de proposer d'office aux emplois ainsi menacés des hommes honorés de leur confiance [39], mais non

---

[35] Qui se déroulèrent conformément aux dispositions de la loi du 29 ventôse an IX (20 mars 1801) « *qui détermine le mode d'élection des juges de paix* » (DUVERGIER, XII, p. 425). Les citoyens domiciliés dans le canton du juge de paix participaient seuls à son élection au cours d'un scrutin simple et individuel qui s'effectuait en même temps que celui de notabilité communale. Le candidat qui obtenait la majorité absolue était élu pour trois ans ; si aucun n'y parvenait, un second tour permettait à l'un des six candidats les mieux placés au premier de devenir juge de paix à la majorité relative. (Voyez en particulier les articles 1er, 4, 6 et 7 du texte législatif).

[36] Sénatus-consulte organique de la Constitution consulaire du 22 frimaire an VIII (13 décembre 1799), ou Grand Règlement électoral (DUVERGIER, XIII, p. 505 à 511).

[37] Les assemblées de canton étaient très étroitement subordonnées à la volonté gouvernementale, qui en organisait la tenue, en nommait le président et en fixait l'ordre des travaux, aux termes des articles 5 et 6 du titre II du sénatus-consulte précité du 16 thermidor an X (4 août 1802). Leur droit de présenter des postulants à la nomination consulaire était reconnu par l'article 8 : « *L'assemblée de canton désigne deux citoyens sur lesquels le premier Consul choisit le juge de paix du canton. Elle désigne pareillement deux citoyens pour chaque place vacante de suppléant de juge de paix.* » (DUVERGIER, XIII, p. 505). Les convocations successives des assemblées cantonales aboutirent de la sorte à constituer un vivier de candidats, où l'exécutif put puiser à sa guise au fil des vacances de postes.

[38] Prévue par un arrêté consulaire du 19 fructidor an X (6 septembre 1802), elle visait par exemple les conseillers municipaux, d'arrondissement ou généraux, à l'égard desquels le texte précisait les modalités à employer, tandis que l'article 89 ne faisait encore qu'énoncer la règle du remplacement progressif des juges de paix : « *Dans le cinquième des départements de la République, les juges de paix seront renouvelés en l'an XI, et ainsi de suite par cinquième, d'année en année* » (DUVERGIER, XIII, p. 540).

[39] Cette latitude, laissée au préfet et aux magistrats, de suggérer le recrutement de qui bon leur semblait remontait à une décision personnelle prise par Bonaparte le 7 vendémiaire an XII (30 septembre 1803), sur rapport non du ministre de la Justice mais, fait significatif, du ministre de l'Intérieur. Ce document est consultable aux Archives nationales sous la cote : F^Ic II 31-32.

nécessairement de celle des électeurs. Issus d'une pratique administrative, ces « *candidats d'office* », selon la terminologie officielle, côtoyaient sur les listes chaque année soumises aux regards de l'empereur les « *candidats présentés* » – à l'origine seuls envisagés par le sénatus-consulte du 16 thermidor an X et qui figuraient là grâce aux suffrages des sujets réunis en assemblées cantonales.

La Restauration écarta ce système de renouvellement, et la Charte octroyée, reprenant les principes séculaires, institua la nomination royale pure et simple des juges de paix sans limitation dans le temps [40]. Elle consacrait par là une rupture définitive du lien étroit que l'Assemblée constituante avait instauré – dans sa double volonté d'améliorer l'accessibilité au premier degré de la justice civile et d'accorder un véritable droit de regard aux usagers sur la qualité des acteurs judiciaires – entre le tribunal de paix et ses justiciables locaux, désormais privés d'un quelconque moyen d'indiquer leurs préférences. Dès lors, plus de procédure de désignation à proprement parler – bien qu'en pratique les membres de l'ordre judiciaire, consultés, aient exprimé leurs souhaits – mais, au seul écho d'une vacance possible, une effervescence certaine des bureaux de la Chancellerie, née de l'avalanche des lettres de recommandation, du bruissement discret des luttes d'influence, ou parfois même des diktats d'un absolu népotisme.

La première manifestation de ces débordements se produisit à l'automne de 1815, époque à laquelle la dynastie légitime réalisa l'épuration massive des juges de paix de Paris [41]. Une fois de plus, les pages de l'*Almanach*, redevenu royal, enregistrèrent fidèlement les résultats de ce règlement de compte politique. À la prompte remise en ordre qu'effectuèrent les Bourbons, répondit sur un registre différent celle que la famille d'Orléans, plus prudente ou plus dissimulée, étagea de 1830 à 1832 [42]. Le mode de nomination demeura le même [43], et les juges de paix

---

[40] Par les articles 57 et 61 du titre « *De l'ordre judiciaire* », conçus en ces termes : « *Toute justice émane du roi. Elle s'administre en son nom par des juges qu'il nomme et qu'il institue* » ; « *La justice de paix est également conservée. Les juges de paix, quoique nommés par le roi, ne sont point inamovibles* ». Charte constitutionnelle du 4 juin 1814, *in* M. DUVERGER, *Constitutions et documents politiques*, Paris, P.U.F., coll. Thémis, 1971, p. 125.

[41] Par l'ordonnance royale du 11 novembre 1815, qui révoquait la moitié des conciliateurs parisiens : Antoine Lamaignère, que remplaçait Pierre Pinart dans le Ier arrondissement ; Michel Véron, que remplaçait Vulfranc Dorival de Criel dans le IIIe arrondissement ; Jean Le Sèvre, que remplaçait Jean-Baptiste Combouzon dans le IVe arrondissement ; Pierre Lamouque, que remplaçait Jean-François Bérard de Favas dans le VIe arrondissement ; Frédérik Fariau, que remplaçait Jean Odent dans le VIIe arrondissement ; et enfin Louis Guérin, que remplaçait Jean-Philippe Normand dans le XIe arrondissement. Tous les nouveaux promus pouvaient se prévaloir d'un engagement royaliste prononcé, souvent éprouvé « *dans les temps orageux* » de la Révolution. Pour faire bonne mesure, quatre greffiers furent également révoqués le même jour, dans les Ier, IIe, VIIe et XIe arrondissements : trois justices de paix de la capitale perdirent donc à la fois leur juge et leur greffier. À propos de l'interférence directe de l'exécutif sur la vie des tribunaux de paix, que l'on nous permette d'indiquer, pour la période antérieure à la Restauration, le texte de notre conférence relative à « L'épuration des justices de paix parisiennes (1790 – An VIII) », publié dans le *Bulletin de la société de l'Histoire de Paris et de l'Ile-de-France*, 116e année-1989, Paris 1990, p. 141-159.

[42] Afin de se défaire en douceur de « *plusieurs juges de paix de la Ville de Paris, soit parce qu'ils seraient au-dessous de leurs fonctions sous le rapport de la capacité, soit parce qu'à raison de leurs antécédents politiques, on serait en droit de suspecter leur dévouement au nouvel ordre de choses* », comme

continuèrent d'exercer à vie, ce qui explique les curées occasionnelles de multiples prétendants, dont certains guignaient depuis des années, de leurs postes subalternes de suppléants, un fauteuil que la maladie ou la mort libéraient enfin. En effet, la durée des carrières s'allongea tant au cours du XIXe siècle, que les derniers conciliateurs nommés sous la monarchie de Juillet tinrent leurs audiences jusqu'à la fin du Second Empire [44], pour autant que l'indiquent les archives de cette période – très appauvries par rapport aux époques révolutionnaire ou napoléonienne – et ces disparités dans la documentation disponible nous amènent à présenter, de façon plus directe et plus technique, les notices elles-mêmes, et à préciser quelque peu la nature des sources exploitées et l'usage que nous en avons fait.

La prosopographie que nous proposons aujourd'hui concerne les juges de paix parisiens [45] qui siégèrent de l'installation des nouveaux tribunaux que créa l'Assemblée constituante [46] à la profonde réforme qui modernisa les justices de paix sous le règne de Louis-Philippe [47].

Les *Almanachs*, du roi, de la nation ou de l'empereur, fournissent pour cette période deux cent un noms de juges de paix, mais il importe de souligner le caractère parfois fautif et parfois lacunaire des renseignements rapportés. En effet, par le biais d'événements individuels fortuits (non-acceptations de mandat, démissions, décès...), l'*Almanach* indique de temps à autre le nom d'une personne qui n'a jamais exercé les devoirs de la charge. Nous avons ainsi été amené à exclure cinq particuliers mentionnés comme juges de paix alors même que les documents d'archives prouvent qu'ils n'ont jamais siégé [48].

---

l'exprimait, au mois de novembre 1830, le garde des Sceaux dans une lettre au premier président de la cour royale de Paris. Archives nationales : BB[8] 510.

43 Les articles 48 et 52 de la Charte constitutionnelle du 14 août 1830, reproduits *in* M. DUVERGER, *Constitutions et documents politiques*, Paris, P.U.F., coll. Thémis, 1971, p. 135-136, reprenaient mot à mot les formules précitées de la Charte de 1814.

44 Les cinq dates de départ les plus tardives furent : 1855 pour Pinart fils, qui se démit de sa place au bout de vingt et un ans ; 1861 pour Alexandre Périer, que sa santé trahit après trente années de judicature ; 1863 pour Pierre Marchand, qui mourut en poste au terme de trente-deux années d'exercice ; 1866 pour Antoine Roullion, qui offrit sa démission à quatre-vingt-cinq ans, dont trente-cinq consacrés à sa justice de paix ; et enfin, 1870 pour Bérenger, qui atteignit le record de longévité par une présidence ininterrompue de trente-huit années, qui le conduisit du règne de Louis-Philippe au désastre de Sedan.

45 Auxquels nous avons consacré notre thèse de doctorat d'Etat : *Le monde des juges de paix de Paris (1790-1838)*, Paris, Éditions Loysel, 1994, 368 p.

46 Par la loi des 16-24 août 1790 *sur l'organisation judiciaire* (DUVERGIER, I, p. 362 à 377).

47 Par la loi du 25 mai 1838 *sur les justices de paix* (DUVERGIER, XXXVIII, p. 342 à 362).

48 Les minutes jurisprudentielles sont précieuses à cet égard, qui permettent d'éliminer quatre prétendus conciliateurs. Ce sont : BRUNET, signalé comme juge de paix de la section du Marché-des-Innocents en 1791 ; LE VACHER, signalé comme juge de paix de la section du Ponceau en 1791 ; QUENESCOURT, signalé comme juge de paix de la division des Gardes-Françaises en l'an VIII ; et THIBAULT, signalé comme juge de paix de la division des Piques en l'an IV, ce que contredisent les actes conservés aux Archives de Paris sous les cotes : D4 U[1] 23 ; D6 U[1] 27 ; D4 U[1] 13 ; D1 U[1] 46. D'autre part, PHELIPPON est signalé comme juge de paix de la section de l'Arsenal en 1792, ce que contredisent les papiers relatifs à l'épuration des fonctionnaires réalisée en l'an III et conservés aux Archives nationales sous la cote : D III 254.

Par ailleurs, des facteurs liés à la vie même de la juridiction (par exemple les nominations directoriales fort rapprochées les unes des autres, complétant à plusieurs reprises les résultats d'élections invalidées) ne pouvaient, pour des raisons matérielles évidentes, permettre aux rédacteurs impuissants de tenir parfaitement à jour leur publication. Le dépouillement systématique des minutes de chaque tribunal de paix nous a ainsi permis de retrouver, avec certitude, la trace de quinze juges de paix supplémentaires [49] dont jamais les noms n'apparaissent à la lecture des *Almanachs*. C'est donc un ensemble de deux cent onze personnes que concernent les notices, objet de ce recueil, dont il n'est pas inutile sans doute d'aborder le mode d'élaboration.

Bien qu'une vie ne soit assimilable à aucune autre, il convenait de doter chaque notice d'une ossature générale qui permît de fournir un nombre élémentaire de renseignements communs. Aussi avons-nous, chaque fois que cela se révélait possible, donné l'ascendance, la date et le lieu de naissance, la formation suivie, la profession embrassée avant et depuis la Révolution, et le sens de l'engagement politique – rarement absent durant notre période et déterminant à plus d'un titre, ne serait-ce qu'en ce qui concerne l'accession au fauteuil de juge de paix. Nous avons bien évidemment consacré une large place à la carrière judiciaire de l'individu, et, à propos des passages au sein des justices de paix, avons toujours mentionné les noms des prédécesseur et successeur de chaque personnage. Le lecteur pourra de la sorte consulter l'ensemble des notices par ordre alphabétique, ou suivre le destin de chaque juridiction à travers l'enchaînement des hommes.

Convaincu des avantages incomparables du recours direct au document, nous avons largement privilégié la lecture des pièces originales, au détriment peut-être de la bibliographie – conforté en cela par deux réalités. L'une est que nulle étude biographique n'a encore été, à notre connaissance, exclusivement consacrée aux juges de paix ; l'autre est que nos conciliateurs furent de trop petits personnages – hormis une ou deux exceptions [50], mais connues alors par d'autres activités – pour figurer dans les biographies générales. Nous exposerons donc rapidement le critère

---

[49] Ce sont : Jean André ARSANDAUX, qui siégea dans la division du Mail en l'an VI ; Claude BOYER, dans la division de la Fontaine-de-Grenelle en l'an VII ; Magloire Thomas DAUSSY, dans la section du Roule en l'an III ; Jean-Baptiste DISNEMATIN, dans la section des Quinze-Vingts en l'an III ; Joachim Jean DUGUIT, dans la section de Popincourt en 1793 ; François GITTON, dans la division de l'Ouest en l'an VII ; Philibert Jean LACOSTE, dans la section de Bondy en l'an III ; Jean LEMAIRE, dans la division de Bondy en l'an IV ; Jean-Pierre LEROY, dans la division du Panthéon-Français en l'an V ; Jean-François Julien MARCELIN, dans la division des Invalides en l'an VI ; [?] RAVANT, dans la division de la Fraternité en l'an VII ; Jean-Claude ROBINEAU, dans la section des Gravilliers en 1792 ; André Pierre ROGER DES IFS, dans la section du Palais-Royal en 1792 ; Charles François SALMON, dans la section des Champs-Elysées en 1792 ; et Joseph Honoré VALANT, dans la division du Mail en l'an V.

[50] Par exemple Jean Guillaume Locré, que son poste de secrétaire général du Conseil d'Etat – détenu sans interruption dès l'aube du Consulat, en 1799, jusqu'à l'effondrement définitif de l'Empire, en 1815 – a certainement plus aidé à figurer en diverses publications d'ordre biographique que sa présidence du tribunal de paix de la section de Bondy en 1791 et 1792. À preuve, cet épisode judiciaire de son existence n'est pas même signalé dans la notice que lui consacre Jean TULARD dans son *Dictionnaire Napoléon*, p. 1084.

de sélection des quelques titres retenus, avant de nous étendre davantage sur les sources manuscrites utilisées.

La perspective strictement biographique que nous avons adoptée motive le choix de livres qui se réfèrent *nommément* à tel ou tel juge de paix, dont ils éclairent la vie à un moment déterminé. Il peut s'agir d'études de type monographique, comme le très érudit travail d'Etienne Charavay sur l'*Assemblée électorale de Paris*, ou le foisonnant ouvrage d'Albert Soboul et de Raymonde Monnier sur le *Personnel sectionnaire parisien en l'an II* ; il peut aussi être question de productions à visées plus globales, tels l'*Armorial du Premier Empire*, du vicomte A. Révérend, ou la *Nouvelle biographie générale*... publiée sous la direction du docteur Hoefer. Du reste, l'utilisation de travaux d'historiens n'a pas rendu superflue la consultation de textes plus proches, par leur nature, de véritables sources. Ainsi en est-il des mémoires sur la période révolutionnaire, que François Barrière inséra dans sa fameuse *Bibliothèque* relative à l'histoire de France au XVIIIe siècle, ou encore de l'illustre *Mémorial de Sainte-Hélène* du comte de Las Cases.

Nous avons, en revanche, très largement sollicité les documents d'époque. Les sources manuscrites concernant les tribunaux de paix se trouvent aux Archives nationales, mais sont loin d'être uniquement rassemblées dans le fonds du ministère de la Justice (série BB), au sein duquel les papiers qui nous intéressent en priorité constituent la sous-série BB^8 « Justices de paix », à l'évidence essentielle à notre sujet et dont l'inventaire souligne l'homogénéité. Cette sous-série se compose de 1386 liasses, couvrant une période qui commence en l'an XI pour se clore en 1878 ; le classement retenu est à la fois chronologique et départemental [51]. La rédaction des notices nous a conduit, dans cette sous-série, de l'an XI à 1870 ; mais précisément, la carence absolue de documents pour l'époque la plus agitée de l'existence des tribunaux de paix, c'est-à-dire de 1790 à l'an X, paralysante pour la recherche, oblige à se retourner vers d'autres fonds [52], dont nous mentionnerons ici les plus précieux à l'étude biographique : BB^5 ; D III ; F^7 et W.

Sans la sous-série BB^5 « Organisation judiciaire » [53], nous n'aurions eu que d'infimes possibilités de trouver trace des nominations, combien mouvantes, opérées sous le Directoire, et surtout des lettres, parfois désespérées, que reçut le Grand Juge après la réduction numérique imposée en l'an X. Bien qu'extrêmement disparate et donc hasardeuse d'utilisation, cette documentation reste très fructueuse à exploiter

---

[51] Les dossiers de juges de paix concernant les années 1879 à 1894 ont été détruits au ministère de la Justice, et les archives retrouvent leur continuité de 1895 à 1925. Quatre versements successifs opérés par la Chancellerie ont permis de compléter la documentation existante et d'englober les années 1926 à 1958, époque de la suppression des tribunaux de paix.

[52] À cet égard, nous ne saurions trop conseiller de recourir à l'ouvrage *Les Archives nationales. État général des fonds, Tome II, 1789 – 1940*, sous la direction de Rémi Mathieu, Paris, Archives nationales, 1978, 646 p. (Réalisé sous la direction d'Etienne Taillemite, le tome premier est consacré à *l'Ancien Régime*).

[53] Celle-ci, loin de concerner exclusivement l'organisation de la Justice *stricto sensu* – y compris dans les pays que la Révolution et l'Empire réunirent à la France – conserve maints documents relatifs au personnel de toutes catégories affecté aux diverses juridictions nées de la loi des 16-24 août 1790.

dans une perspective biographique ; elle a permis, par exemple, de suivre certains individus, de façon certes épisodique, jusqu'à la Restauration.

La sous-série D III « Comité de Législation » [54] constitue un fonds irremplaçable pour cerner certains remous politiques : fuites, emprisonnements, épurations, qui affectèrent les tribunaux de paix sous la Terreur, puis lors de la réaction thermidorienne, que ne permet pas de traiter la sous-série BB^8.

Dans le même ordre d'idées, sans la sous-série F^7 « Police générale » [55], nous aurions été dans l'incapacité de retracer le passé militant et souvent carcéral de nombre de juges de paix, d'un bord ou de l'autre, résolument engagés dans les épisodes les plus mouvementés de la Révolution. Cette remarque vaut aussi pour la très féconde série W « Juridictions extraordinaires » [56] : plus tard, les pièces relatives au personnel conservées dans le fonds des justices de paix ne rappelleront que de manière trop allusive pour être utilisables des péripéties que beaucoup souhaitaient oublier. Or, plus d'un juge de paix subit très lourdement les conséquences de ses convictions politiques [57].

Cependant, peindre la vie publique de ces citoyens souvent courageux ne saurait offrir une appréhension globale de leur existence ; nous avons donc poussé nos investigations dans une direction différente mais complémentaire : celle de la vie privée. Afin d'analyser les affaires domestiques des juges de paix, nous avons d'abord recouru aux actes du Minutier central des notaires parisiens [58].

---

[54] Elle-même issue de la série D « Missions des représentants du peuple et Comités des Assemblées », cette sous-série rassemble les archives secrétées par l'activité permanente du Comité de Législation, institué dès 1789 afin de travailler à la refonte d'ensemble de l'ordre judiciaire du royaume par la Constituante. Étoffé sous la Législative par de plus amples compétences, il fut un rouage essentiel de la Convention, au point de jouer après la réaction thermidorienne les rôles conjoints des ministères de la Justice et de l'Intérieur.

[55] Subdivision de la série F « Versements des ministères et des administrations qui en dépendent », elle détient les archives du Comité de Sûreté générale, puis du ministère de la Police (du Directoire à la Restauration) et, à ce titre, présente une richesse inépuisable et demeure de consultation indispensable eu égard à l'imbrication du politique et du judiciaire tout au long de la décennie révolutionnaire.

[56] Celle-ci regroupe les archives de diverses juridictions militaires d'exception – telles que la Commission militaire établie à la suite des journées de prairial an III, ou la Commission militaire du Temple créée pour juger les rebelles du camp de Grenelle – et celles de la Haute Cour de justice de Vendôme, instituée pour connaître de la conspiration de Babeuf et juger ses complices. En outre, elle conserve les papiers du greffe et du parquet du Tribunal révolutionnaire ; rappelons qu'à la suite du tribunal criminel extraordinaire du 17 août 1792, trois juridictions se sont en réalité succédé sous cette appellation commune : le tribunal du 10 mars 1793, qui, de sinistre mémoire, fonctionna sous la Terreur et condamna plusieurs juges de paix à mort ; le tribunal révolutionnaire créé par la loi du 23 thermidor an II (10 août 1794) ; et enfin celui qu'institua la loi du 8 nivôse an III (28 décembre 1794) afin de juger les partisans de Robespierre.

[57] Trois d'entre eux furent massacrés au mois de septembre 1792 : Bosquillon et Buob dans les prisons parisiennes où ils étaient détenus pour avoir instruit à la suite de la journée du 20 Juin, et Etienne de la Rivière, passible de la Haute Cour nationale d'Orléans pour s'être opposé à l'Assemblée Législative, par la population versaillaise lors de son retour vers Paris. Leur dévouement royaliste en conduisit deux autres à la guillotine : Fayel et Watrin. Par ailleurs, les simples incarcérations furent nombreuses, pour des motifs variés : royalisme, jacobinisme, babouvisme..., et parfois fréquentes pour un même individu, comme Charles Hu, que ses talents d'agitateur avaient désigné à l'attention du pouvoir en place.

[58] Les dépouillements effectués aux Archives nationales avaient fourni des coordonnées assez fiables pour autoriser cette recherche à propos de cent vingt des deux cent onze juges de paix recensés. Sur cet ensemble de cent vingt personnes, cinquante n'ont pas été retrouvées au fichier général, ou, malgré les indices possédés au départ, n'ont pu être identifiées avec une certitude satisfaisante dans les actes

En outre, nous avons mis à contribution des fonds déposés aux Archives de Paris : leurs documents sont de deux sortes et nous ont très inégalement servi. La première catégorie de pièces, d'une nature proche des actes du Minutier central, compose les séries connexes D.Q 7 « Enregistrement de Paris » et D.Q 8 « Tables de l'enregistrement », qui permettent de retrouver une déclaration de succession. Elles n'ont toutefois pu faire l'objet que d'incursions pour ainsi dire accidentelles, car une enquête exhaustive serait partie, en l'occurrence, de bases trop précaires pour déboucher sur un résultat probant. En effet, c'est au cours de sa judicature que nous avons pu recueillir le plus d'indices concernant la vie privée du juge de paix : mariage, patrimoine, testament... ; malheureusement, les dates de décès restent dans l'ombre – et interdisent donc de retrouver la composition de l'héritage – toutes les fois, ou à peu près, que le conciliateur n'est pas mort en poste [59]. Encore convient-il de souligner que cette lacune, très fréquente jusqu'à la Restauration, se raréfie sous la monarchie de Juillet et disparaît quasiment sous Napoléon III, par suite de l'allongement de la durée des carrières.

En revanche, nous avons exhaustivement consulté le second fonds, qui n'est autre que la série D U[1] « Justices de paix » et renferme les minutes originales des tribunaux parisiens, dont le dépouillement est à l'évidence indispensable à la connaissance de la carrière et de l'activité professionnelle des juges de paix. À plusieurs reprises, cette recherche a permis de pallier certaines défaillances de dossiers du personnel conservés aux Archives nationales, ou de publications officielles comme l'*Almanach*, et s'est montrée particulièrement utile pour s'assurer des dates réelles de passation des pouvoirs d'un juge à l'autre.

Nous en avons synthétisé les résultats dans un *Répertoire territorial*, placé en annexe des notices biographiques, lequel indique les dates de présidence effective de chaque juridiction par chaque titulaire pour la quasi totalité de notre période [60]. Précisons que le phénomène de la réduction nous a conduit à présenter ce répertoire en deux parties, d'ailleurs inégales par le rythme des mutations : l'une englobe, de 1790 à l'an X, l'ensemble des quarante-huit justices de paix tandis que l'autre regroupe, de l'an X à 1838, les douze tribunaux rescapés de la réforme. Enfin, un

---

notariés ; il demeurait soixante-dix juges à l'identité incontestable, parmi lesquels trente-quatre avaient effectivement eu affaire aux notaires de la capitale, qui dressèrent pour eux quarante et un actes dont le détail figure dans l'abrégé critique des sources placé en fin de volume.

59 Dans le cas contraire, lorsque le juge de paix décède en exercice, les actes de son tribunal se révèlent d'un grand secours, car plus d'une fois l'un des suppléants apposa les scellés au domicile du défunt, sur la disparition et la descendance duquel nous renseigne le procès-verbal dressé pour la circonstance.

60 Les archives jurisprudentielles ne font défaut que pour les huit sections ou divisions, selon l'époque, des IIe et IXe arrondissements – jusqu'en l'an X pour celui-là, jusqu'en l'an XII pour celui-ci – et seulement pour les six mutations intervenues après 1830 dans les Ier, VIe VIIe, VIIIe et XIIe arrondissements ; ces carences documentaires sont indiquées au moyen d'un astérisque placé en regard de la date concernée. Nous avons alors fait appel à diverses pièces (arrêtés de nomination, procès-verbaux d'élection ou d'incarcération, lettres de démission...) capables de combler au mieux ces lacunes, et dont la cote figure dans la notice de l'intéressé. Le *Répertoire territorial* se trouve à la page 227.

index patronymique [61] des juges de paix, établi pour la commodité de la lecture, précise les lieux et années de première affectation.

Le travail biographique est frustrant par nature parce qu'indéfiniment perfectible ; au moins avons-nous eu le souci constant de rendre cet ouvrage apte à servir, dans leurs travaux, d'autres chercheurs épris de cette époque attachante. Il n'est par conséquent pas d'affirmation qui n'ait été vérifiée avec soin et dont nous n'ayons tenu à procurer la référence d'archives précise, d'où le trop grand nombre, sans doute, et l'aridité certaine des notes placées en bas de page. En dépit de ces précautions, nous sommes conscient de ce que la tâche de l'historien – ranimer un peu « *les miroirs ternis et les flammes mortes* » – n'est jamais accomplie ; aussi accueillerons-nous avec reconnaissance toute remarque susceptible d'améliorer la qualité d'un livre que nous n'offrons pas sans appréhension au lecteur éclairé.

[61] Lequel est inséré p. 255 ; les différents numéros accolés à un même nom renvoient soit à la biographie du personnage (en gras), soit à d'autres notices qui le citent, soit au *Répertoire territorial* (en italique), soit, enfin, à l'abrégé critique des sources.

NOTICES BIOGRAPHIQUES
DES JUGES DE PAIX DE PARIS

(1790 – 1838)

ACHENEY (Alexandre Auguste)

Avocat au ci-devant parlement de Paris, Alexandre Acheney fut aussi régisseur des biens de l'abbaye du Val-de-Grâce de 1772 à 1790, année qui vit son élection au poste de juge de paix de la section des Thermes-de-Julien [62]. Comme tous ses collègues parisiens, il fut suspendu par la Commune du 10 Août, et le citoyen Louis Salivet lui succéda [63].

Les aléas de ses finances permettent de le retrouver le 18 brumaire an II (8 novembre 1793), acceptant d'adhérer séparément à un contrat d'union de créanciers, passé en l'étude de Brelut de la Grange, à l'effet d'agir en nom collectif, en vertu de la loi du 31 juillet 1793, contre le sieur Bouthillier de Chavigny, émigré [64].

Elu, le 25 germinal an V (16 avril 1797), juge au tribunal civil de la Seine, il en fut exclu par l'effet de la loi promulguée le 19 fructidor suivant (5 septembre 1797) [65].

ANCELLE (Jacques Etienne)

Il était issu « *d'une de ces familles plébéiennes dont Paris s'honore* », laquelle comptait dans ses rangs « *des échevins et des magistrats* » de la capitale. Après de très brillantes études en droit à l'Université de Paris, il exerça pendant dix années les fonctions d'avoué près le tribunal civil de la Seine, et choisit le barreau à partir de 1822.

Avocat inscrit au tableau, sa confortable situation financière – il possédait dans le seul département de la Seine 500 000 francs de biens fonds – et sa position familiale devaient servir sa carrière judiciaire : « *parent de magistrats siégeant à la Cour de cassation, à la Cour des comptes, à la Cour royale de Paris, et au tribunal civil de la Seine* » [66], il fut nommé suppléant du juge de paix du IIIe arrondissement le 24 décembre 1824, les magistrats parisiens l'ayant présenté en première ligne [67].

---

62 A. M. CASENAVE, *Tribunaux civils*, II, p. 854.
63 Arch. de Paris : D11 U^{1} 30.
64 Minutier Central, XIII, 479.
65 A. M. CASENAVE, *Tribunaux civils*, II, p. 854.
66 Arch. nat. : BB^{8} 510.
67 Arch. nat. : BB^{8} 333bis.

Cette nomination obtenue sous le règne des Bourbons ne l'empêcha pas de se plaindre, après la révolution de 1830, de l'ancien ordre des choses. Dans une lettre au garde des Sceaux, datée du 24 mai 1831, il rappelait ses principes politiques libéraux, illustrés sans défaillance par ses votes, de 1818 à 1830, « *soit au Collège du IIe arrondissement, soit au Collège du département* ». A cette époque, « *il prenait patience dans l'attente d'un temps meilleur, il comprenait sa disgrâce sous les Ministères Peyronnet et Portalis, Courvoisier et Chanclauze* ». Mais la défaveur se poursuivait encore à son égard, « *seule victime d'opinions libérales à qui le gouvernement réparateur du Roi-Citoyen n'ait pas rendu une tardive justice* », quoiqu'il ait été « *rappelé par son patriotisme de sa campagne à Paris* », et se soit trouvé « *en armes dans les barricades le 29 juillet, commandant comme lieutenant avec le capitaine Dupaty les gardes nationaux volontaires qui formaient le 3 août la Garde du Lieutenant général du Royaume, tant au Palais-Royal que lors de l'ouverture de la Chambre* ».

Cette protestation véhémente lui valut de passer, toujours en qualité de suppléant, du IIIe au IIe arrondissement, le 22 octobre 1831, à la faveur de l'épuration qu'effectua la monarchie de Juillet. Il ne figurait pourtant pas sur la liste des candidats présentés par le président du tribunal civil [68]. Le gouvernement tutélaire de la famille d'Orléans continua de veiller sur ce suppléant libéral. Moins de trois années après, le 22 mai 1834, il le nomma juge de paix du IVe arrondissement en remplacement du sieur Guichard, démissionnaire [69]. Cet ancien avocat à la cour royale signa son premier acte de juge le 27 du même mois [70].

Il tint la juridiction jusqu'à son décès, survenu dans sa soixante-quatorzième année, le 13 septembre 1849 à cinq heures du matin, en son domicile, à Passy. Monsieur Chamagne, alors âgé de cinquante-cinq ans, juge de paix du canton de Sceaux et doyen des juges de paix du département, le remplaça le 8 octobre [71].

ANQUETIL (Nicolas Séverin)

Secrétaire ordinaire de Monsieur, frère du roi, il fut élu, en 1790, troisième des neuf électeurs de la section du Roule ; alors âgé de trente-quatre ans, il demeurait rue Verte-Saint-Honoré. Devenu membre du conseil général de la Commune de Paris [72], Nicolas Anquetil fut désigné juge de paix de sa section et inaugura le tribunal le 29 janvier 1791. Il le présida jusqu'au 4 août 1792, époque à laquelle la Commune mit fin à sa carrière judiciaire, et, le 20 septembre, René Corbin prit sa succession [73].

---

[68] Arch. nat. : BB^8 510.

[69] Arch. nat. : BB^8 558.

[70] Arch. de Paris : D4 U^1 104.

[71] Arch. nat. : BB^8 831.

[72] Et. CHARAVAY, *Assemblée électorale de Paris*, I, p. 4.

[73] Arch. de Paris : D12 U^1 12.

Latiniste à ses heures, l'ancien magistrat se passionnait pour l'œuvre de Tacite. Il fit paraître, en 1810 [74], une traduction de différents extraits qu'il compléta par la suite à diverses reprises : en 1817, en 1838 [75], et acheva son travail d'annotation des passages traduits par la publication de remarques supplémentaires en 1841 [76].

ARSANDAUX (Jean André)

Agé de soixante ans en 1789, il exerçait depuis une vingtaine d'années le métier d'avocat au parlement de Paris, où il habitait, rue du Jardinet. Élu commissaire du district de la Sorbonne et notable adjoint au conseil général de la Commune à l'orée de la Révolution, puis quatrième des dix-neuf électeurs de la section des Thermes-de-Julien en 1790, il fut l'un des signataires du cahier du tiers-état du district de la Sorbonne.

Jean Arsandaux obtint des voix comme juge au tribunal civil, mais on ne le choisit que pour suppléant, le 30 décembre 1790, afin d'occuper le dernier poste disponible [77]. Affecté au tribunal du IVe arrondissement, il y travailla jusqu'aux élections de 1793 [78]. Le Comité de Salut public le nomma, le 2 fructidor an II (19 août 1794), officier public à l'état civil de Paris [79]. L'ancien homme de loi, appelé le 9 frimaire an III (9 novembre 1794) à siéger au comité civil de la section de la Cité, déclina cet avantage pour conserver sa qualité d'agent national [80].

En revanche, lorsqu'il fut nommé juge au tribunal du Ier arrondissement, le 14 nivôse an III (3 janvier 1795), il invita la Commission des administrations civiles, police et tribunaux, par lettre du 29 (18 janvier), à le remplacer [81]. Juge au tribunal civil de Paris le 24 germinal an V (13 avril 1797) [82], il se retrouva juge de paix de la division du Mail au début de l'an VII. Le Directoire l'avait choisi pour remplacer Pierre Hanoteau [83], en vertu de la loi du 7 thermidor an VI (25 août 1798), et le confirma dans sa place le 6 brumaire an VII (27 octobre 1798), les assemblées primaires n'y ayant pas pourvu [84].

Les minutes du tribunal témoignent de la brièveté de son passage : effectivement en poste le 6 vendémiaire an VII (27 septembre 1798), dès le 8 floréal (27 avril 1799) son prédécesseur reprit le siège de la juridiction ; Jean Arsandaux disparut alors du monde des justices de paix [85].

---

[74] Bibl. nat. : J 13769.

[75] Bibl. nat. : J 13777 et J 13548.

[76] Bibl. nat. : J 13776.

[77] Et. CHARAVAY, *Assemblée électorale de Paris*, I, p. 71 et 327-328.

[78] A. M. CASENAVE, *Tribunaux civils*, II, p. 856 ; et Sigismond LACROIX, *Département*, p. 442.

[79] Arch. nat. : D III 239.

[80] Arch. nat. : D III 255-256.

[81] Arch. nat. : D III 239.

[82] A. M. CASENAVE, *Tribunaux civils*, II, p. 856.

[83] Arch. nat. : BB^5 167.

[84] Arch. nat. : BB^5 410.

[85] Arch. de Paris : D3 U^1 22.

AUFAUVRE (Antoine Joseph)

Lorsqu'il était secrétaire greffier de la section du Mail, le comité civil le présenta, au mois de fructidor an II (août-septembre 1794), pour une place d'officier public à l'état civil parisien [86]. Commissaire de police de l'an VI à l'an VIII, il abandonna cet emploi pour succéder, le 2 prairial (22 mai 1800), au juge de paix démissionnaire de la division, le citoyen Pierre Hanoteau. Il s'agissait là d'une nomination provisoire, faite par les assesseurs de l'un d'entre eux, afin de pallier la vacance de la juridiction jusqu'à la tenue des assemblées primaires suivantes [87]. Confirmé par élection, il exerça jusqu'au 4 ventôse an X (22 février 1802), époque où disparut la justice de paix de la division du Mail [88]: Michel Véron élu juge de paix du IIIe arrondissement, Antoine Aufauvre devint son second suppléant.

Le rapport sur le personnel judiciaire, présenté aux Consuls le 22 germinal an XII (12 avril 1804), lui fut assez défavorable : le président du tribunal de première instance mentionnait seulement la mise en jugement pour contravention en matière de procédure, et l'acquittement par le tribunal de Melun, de cet homme de quarante-cinq ans [89]. Il fut éliminé de sa suppléance le 17 avril 1806 au profit de Dorival de Criel, futur juge de paix de l'arrondissement [90].

BALLIN (Antoine Charles)

En 1792, cet « *ébéniste de profession* » était âgé de trente-quatre ans et résidait grande rue du Faubourg-Saint-Antoine, au coin de la rue Lenoir, lorsqu'on le désigna huitième électeur sur les dix-huit que comptait la section des Quinze-Vingts. Membre du conseil général de la Commune du 10 Août [91], il fut élu juge de paix au mois de novembre suivant, après le départ de Jacques Watrin, et tint la juridiction jusqu'au 9 Thermidor, veille de son incarcération comme membre de la commune insurrectionnelle. Mis en liberté le 21 frimaire an III (11 décembre 1794), il ne retrouva pas son siège, Jean-Baptiste Disnematin y étant élu le 1er nivôse suivant (21 décembre) [92].

De nouveau arrêté, le 5 prairial an III (24 mai 1795), incarcéré à Port-Libre, il écrivit une supplique soulignant son travail incessant depuis sa libération, afin de « *réparer le déficit* » né de sa captivité, rappelant son attachement à sa section natale, « *où sa famille, depuis près d'un siècle a successivement existé avec la réputation la plus intacte* ». Seuls, ses principes d'urbanité et de justice lui avaient valu l'honneur d'exercer près de deux années « *les fonctions saintes de juge de*

---

86 Arch. nat. : D III 239.

87 Arch. de Paris : D3 U^1 36.

88 Arch. de Paris : D3 U^1 37.

89 Arch. nat. : BB^8 25.

90 Arch. nat. : BB^8 17.

91 Et. CHARAVAY, *Assemblée électorale de Paris*, III, p. 43 ; voyez Raymonde MONNIER, *Saint-Antoine*, p.131.

92 Arch. nat. : D III 253, dossier 24 ; voyez en outre SOBOUL - MONNIER, *Répertoire*, p. 298.

paix », à lui dévolues après scrutin de ballottage, tout comme la place de notable de la section, postes qu'il occupa sans mériter le moindre reproche : « *j'étais indigent avant la Révolution, je le suis encore, ma conscience est pure. Depuis le 21 frimaire que j'obtins ma liberté* [...] *je n'ai participé à aucun égard aux événements des 12 germinal, 1er, 2, 3 et 4 prairial dernier. Mes devoirs militaires, je les ai remplis ponctuellement toutes les fois que j'en ai été légalement requis* ».

Le Comité de Sûreté générale le libéra le 4 fructidor an III (21 août 1795), mais sous la surveillance des autorités de la section, sans le réarmer [93].

BARON (Nicolas)

Natif de Longchamp, dans la Seine-et-Oise [94], Nicolas Baron travailla seize années durant, les huit dernières en qualité de principal clerc, chez un notaire parisien établi place de la Victoire-Nationale. Il quitta cet emploi en 1790, devenu commissaire civil de la section de la Place-Louis XIV ; puis, commissaire de police au commencement de 1792, il s'activa jusqu'au 10 Août, époque de sa désignation comme juge de paix en remplacement de Jean Bruneau [95]; il était âgé de trente-quatre ans. Premier des treize électeurs de sa section la même année, il obtint des voix pour le poste d'administrateur du département, les 6 et 7 janvier 1793 [96].

Il présida la justice de paix sans interruption du 18 septembre 1792 [97] jusqu'à sa démission, donnée au cours de l'an IV [98], et signa sa dernière minute le 22 prairial (10 juin 1796), jour de la nomination de son successeur, Jacques Jouan [99]. L'ultime indice le concernant est un certificat de vie, délivré le 31 décembre 1807 [100].

BARON DE SAINT GIRON (Girons Charles)

Notable de la ville de Paris en 1791, et quatrième des dix-sept électeurs de la section de la Halle-au-Blé, Baron de Saint Giron, alors âgé de cinquante-six ans, demeurait 62, rue de Grenelle-Saint-Honoré. Politiquement, ce docteur en droit était suffisamment engagé pour s'affilier au club de la Sainte-Chapelle [101].

Premier juge de paix de la section, ses opinions royalistes lui valurent de disparaître, avec nombre de ses collègues, après la journée du 10 Août, son dernier acte étant daté du lendemain ; Louis Meissen lui succéda [102]. Subsistent de ses activités publiques quelques discours imprimés [103].

93 Arch. nat. : F^7 4585.
94 Arch. nat. : BB^{16} 704.
95 Arch. nat. : D III 253, dossier 13.
96 Et. CHARAVAY, *Assemblée électorale de Paris*, III, p. 22.
97 Arch. de Paris : D3 U^1 20.
98 Arch. nat. : BB^5 394.
99 Arch. de Paris : D3 U^1 21.
100 Minutier Central, XX, 825.
101 Et. CHARAVAY, *Assemblée électorale de Paris*, II, p. 13 et 540.
102 Arch. de Paris : D4 U^1 15.
103 Bibl. nat. : Lb^{40} 1204.

BAUDRAIS (Jean Baptiste)

Né à Tours, dans l'Indre-et-Loire, le 14 avril 1749, Jean-Baptiste Baudrais menait une paisible existence [104] : « *Avant la Révolution* – écrivit-il – *je m'occupais de Littérature, et je vivais dans une tranquille médiocrité, qui me rendait aussi heureux qu'il me semble permis à l'homme de l'être raisonnablement* » [105]. Ses travaux de polygraphe le faisaient passer de l'allégorie en vers libres à l'essai historique sur l'art dramatique en France, sans oublier d'innombrables anecdotes, contes, historiettes, ou les cinq volumes d'un recueil de chansons, romances, vaudevilles [106]; mais la tourmente politique engendra son malheur.

A partir du mois d'avril 1789, époque de la convocation du Tiers aux États généraux, la section Lepeletier le chargea d'occuper différents emplois publics [107] : secrétaire d'assemblée primaire, membre du conseil général de la Commune, officier municipal, il lui échut en cette qualité de recevoir et consigner le testament de Louis XVI [108], lequel lui remit, à la prison du Temple, 3 000 livres destinées à Malesherbes, que le défenseur du roi ne reçut jamais [109].

Baudrais fréquentait la Société des Amis de la Constitution, et ses concitoyens l'élurent, en 1792, huitième de leurs quatorze électeurs [110]. Il devint par la suite administrateur du département de police, et à ce titre, au mois de nivôse an II (décembre 1793 – janvier 1794), interrogea l'inculpé Jean-François Bérard de Favas, que la Restauration nommera juge de paix du VIe arrondissement. Il accomplissait ce travail depuis quatorze mois, lorsqu'on l'arrêta le 9 germinal de la même année (29 mars 1794) et le conduisit « *à la maison dite des Picpus, section des Quinze-Vingts* ». Transféré à la Conciergerie, le détenu écrivit une première protestation le 22 thermidor an II (9 août 1794). Il ne trouvait de motifs à son arrestation que dans le ressentiment personnel de Robespierre à son égard.

L'altercation s'était produite au mois d'août 1792, lorsque les sections exigèrent des électeurs la communication des choix que ferait l'Assemblée électorale, afin de les discuter en assemblée générale. Robespierre refusa de satisfaire à cette exigence, comme d'admettre la discussion des candidats au sein de l'Assemblée électorale. Baudrais protesta vigoureusement contre le despotisme de l'Incorruptible, « *celui-ci l'injuria d'une manière que leurs collègues se mirent entre eux, craignant les suites de leur querelle* ». Pour le reste, le futur juge de paix avait toujours rempli ses divers devoirs d'après sa « *conviction intime de la souveraineté imprescriptible et impérissable du peuple* ». Plus heureuse que la précédente, une seconde protestation, du 6 fructidor suivant (23 août 1794), apostillée cette fois par

---

104 Et. CHARAVAY, *Assemblée électorale de Paris,* III, p. 11.
105 Arch. nat. : F^7 4589.
106 Bibl. nat. : Yf 4954 ; Yf 4891 - 4893 ; Ye 15054 ; Ye 10755 – 10759.
107 Arch. nat. : F^7 4589.
108 Et. CHARAVAY, *Assemblée électorale de Paris,* III, p. 11.
109 François BARRIERE, *Bibliothèque des mémoires*, IX, p. 100.
110 Et. CHARAVAY, *Assemblée électorale de Paris,* III, p. 11.

le comité de surveillance de la section, qui attestait de l'excellence de son patriotisme, aboutit à la libération, dès le lendemain, de l'ancien administrateur de police.

La chute de son irréductible adversaire ne mit cependant pas un terme définitif à ses déboires. Le 21 ventôse an III (11 mars 1795), Baudrais fut de nouveau arrêté, au triple motif de sa sympathie pour la Commune conspiratrice du 9 Thermidor, « *qu'il aurait secondé de tout son pouvoir s'il y eût été* » ; de ses déclarations imprudentes à la tribune du conseil général de la Commune ; et de son amitié pour Chrétien, « *jacobin enragé* ». Libéré le 29 vendémiaire an IV (21 octobre 1795), après sept mois de détention, il ne tarda pas à renouer avec la vie publique [111].

Le Directoire le nomma, le 6 nivôse an IV (27 décembre 1795), juge de paix de la division de la Halle-au-Blé, en remplacement de Louis Bocqueaux, démissionnaire [112]. Dix jours plus tard, le ministre de la Justice, Merlin, lui enjoignit de prendre sa place sans tarder [113]. Il tint la juridiction jusqu'au 12 germinal an V (1er avril 1797), et Boucry Saint Venant prit la relève deux jours après [114]. Il semble bien que ce passage au sein des tribunaux de paix fut la récompense de services rendus par Baudrais, qui avait renseigné le gouvernement sur la tenue des séances du club du Panthéon [115].

L'ancien indicateur s'embarqua le 7 vendémiaire an VII (28 septembre 1798) pour la Guadeloupe, où il servit comme juge au tribunal de première instance, et revint en France le 26 thermidor an IX (14 août 1801), expulsé par l'amiral Lacrosse, capitaine général de l'île, qui le jugeait hostile au coup d'État de Bonaparte. Ce dernier, par arrêté du 4 fructidor (22 août 1801), l'expédia en Guyane, où Victor Hugues, l'agent des Consuls à Cayenne, qui l'avait connu à Paris en 1791 « *sous le rapport d'homme de lettres* », le nomma greffier du tribunal de première instance. Baudrais était alors âgé de cinquante-cinq ans, sa femme l'avait suivi dans son exil : l'un et l'autre aspiraient à vivre tranquilles, entourés de « *l'estime des chefs et des habitants de la colonie* ». Invoquant sa santé défaillante, le proscrit abandonna son greffe à quelques jours de la proclamation de l'Empire [116].

Il regagna la France en 1817 et mourut à Paris le 4 mai 1832 [117].

BEAUFILS (Paul)

Gouverneur, avant la Révolution, du comte Mathieu de Montmorency [118], Paul Beaufils s'orienta par la suite vers des activités civiques : administrateur de

[111] Arch. nat. : F^7 4589.

[112] Arch. nat. : BB^1 60^A.

[113] Arch. nat. : BB^{16} 709.

[114] Arch. de Paris : D4 U^1 19.

[115] Arch. nat. : F^7 3054 ; F^7 3688/8.

[116] Jean DESTREM, *Déportations*, p. 218, 229, 240, 303.

[117] Et. CHARAVAY, *Assemblée électorale de Paris*, III, p. 11 ; voyez SOBOUL - MONNIER, *Répertoire*, p. 92.

[118] Et. CHARAVAY, *Assemblée électorale de Paris*, I, p. 4.

Paris affecté au département des établissements publics en 1789, commissaire de la municipalité pour l'élection du maire le 2 août 1790 [119], il fut élu cinquième des sept électeurs de la section des Champs-Elysées quelques semaines plus tard. Il était alors âgé de trente-quatre ans, et demeurait 3, rue des Gourdes, à Chaillot.

La confiance témoignée par ses concitoyens, réunis en assemblée primaire à la fin de 1790, lui permit de devenir leur premier juge de paix [120] et il inaugura le tribunal le 25 janvier 1791, en son domicile, rue des Batailles, faubourg de la Conférence [121]. Par ailleurs membre de la Commune constitutionnelle, il fut éliminé par le tirage au sort du 6 novembre 1791 [122], puis démissionna de sa judicature le 1er juin 1792 [123]. Il avait abandonné son tribunal depuis le 2 mai lorsque Charles Salmon, son premier assesseur, vint prendre la relève [124].

BEAUVAIS DE PRÉAU (Charles Nicolas)

Né à Orléans le 1er août 1745 [125], il s'intéressa dans sa jeunesse aux sciences exactes, publiant en 1784 un essai sur la topographie [126], puis soutint l'année suivante sa thèse de médecine [127], et prononça plus tard l'éloge funèbre d'Arnault de Nobleville, « *agrégé au collège des médecins d'Orléans* [...] *ancien administrateur de l'Hôtel Dieu de la même ville* »[128]. Au début de la Révolution, Beauvais de Préau, censeur royal logé à l'hospice rue de Sèvres et rue Traversière numéro 58, fut élu, dès 1789, troisième des dix électeurs du district des Prémontrés [129]. Dès lors, les mandats se multiplièrent et la section de la Croix-Rouge – qui se distingua en n'envoyant le résultat de son scrutin qu'à une heure du matin, retardant ainsi le dépouillement général – le nomma commissaire pour l'élection du maire de Paris, laquelle confirma Bailly dans ses fonctions, le 2 août 1790 [130]. Quelques semaines plus tard, ses concitoyens l'élurent premier des dix-neuf électeurs qu'ils avaient à choisir et, de surcroît, juge de paix [131].

Il put de la sorte tenir un rôle de premier plan au sein du corps électoral, dans les bureaux de vote particuliers comme à la tête de l'assemblée, qu'il eut l'honneur de présider, les 13 et 17 mars 1791, en vue de la désignation de l'évêque de Paris [132]. Il salua le nouvel élu, Jean-Baptiste Joseph Gobel, d'un discours fort

---

119 Paul ROBIQUET, *Municipal*, p. 257 et 337.
120 Et. CHARAVAY, *Assemblée électorale de Paris*, I, p. 4.
121 Arch. de Paris : D1 U^1 1.
122 Paul ROBIQUET, *Municipal*, p. 467.
123 Arch. nat. : B I^a 11.
124 Arch. de Paris : D1 U^1 1.
125 Et. CHARAVAY, *Assemblée électorale de Paris*, I, p. 67.
126 Bibl. nat. Lk^7 5858.
127 Bibl. nat. : S 6056.
128 Bibl. nat. : Ln^{27} 31709.
129 Paul ROBIQUET, *Municipal*, p. 45 et 66.
130 Paul ROBIQUET, *Municipal*, p. 336-337.
131 Et. CHARAVAY, *Assemblée électorale de Paris*, I, p. 67.
132 Et. CHARAVAY, *Assemblée électorale de Paris*, I, p. 545 et 557.

politisé qui rendait grâce au mode électif qu'avaient imposé les Constituants, lesquels, dit-il, « *portant le flambeau de la vérité et de la raison dans le dédale obscur et tortueux du gouvernement corrompu sous lequel nous gémissons depuis tant de siècles, ont su en dévoiler tous les abus et tous les excès. Ils ont plus fait encore, ils les ont fait disparaître à jamais. A leur voix puissante, cet amas informe de lois barbares et d'usages monstrueux, cimenté par le temps et qui reposait sur les bases du despotisme, des préjugés et de la superstition, s'est écroulé* » [133].

Confirmé premier électeur de la section de la Croix-Rouge en 1791 [134], il fut élu, le 5 septembre, cinquième député de Paris par quatre cent quatre-vingt-dix-huit voix contre quatre-vingt-deux à Brissot [135], puis alla grossir les rangs du club de la Sainte-Chapelle [136]. Son succès à l'Assemblée législative provoqua *ipso facto* sa démission de juge de paix : depuis le 26 août, il ne présidait plus la juridiction qu'il avait inaugurée le 18 janvier [137] ; après un très long interim, Joseph Lebrun le remplaça le 27 août 1792 [138]. Beauvais travailla au sein du Comité des secours publics [139], rédigeant différents rapports, dont un sur les « *récompenses et indemnités à accorder* » aux victimes de la journée du 10 Août [140].

Le 15 septembre suivant, il fut de nouveau élu, par trois cent quatre-vingt-neuf voix, seizième député de Paris à la Convention nationale [141], où il fit encore partie du Comité des secours, auteur, à ce titre, de divers projets de décret [142]. Quelques mois plus tard, il vota la mort du roi entre Fréron et Fabre d'Églantine, en deux mots [143], quitte à donner plus largement son opinion sur le jugement de Louis XVI dans une brochure complémentaire [144]. Envoyé en mission dans le sud-est de la France, il fut pris par les Anglais, qui le livrèrent aux royalistes, lesquels le firent périr par pendaison, à Montpellier, le 27 mars 1794.

La Convention décréta que ses cendres seraient déposées dans une urne aux Archives nationales, et son buste érigé dans la salle des séances de l'Assemblée [145].

BEHOURT (Jean-François)

Natif de Rouen, département de la Seine Inférieure, Jean-François Behourt, d'abord avocat au parlement de Normandie, vint à Paris en 1783 « *pour y fixer son*

---

133 Et. CHARAVAY, *Assemblée électorale de Paris*, I, p. 554 et Bibl. nat. : Ld⁴ 3423.

134 Et. CHARAVAY, *Assemblée électorale de Paris*, II, p. 57.

135 Et. CHARAVAY, *Assemblée électorale de Paris*, II, p. XXIII et 166.

136 Et. CHARAVAY, *Assemblée électorale de Paris*, II, p. 542.

137 Arch. de Paris : D10 U¹ 27.

138 Arch. de Paris : D10 U¹ 28.

139 Bibl. nat. : Le³⁸ 3.

140 Bibl. nat. : Le³⁸ 73.

141 Et. CHARAVAY, *Assemblée électorale de Paris*, III, p. XL.

142 Bibl. nat. : Le³⁸ 1851, 1948, 1950, 2320.

143 Arthur COMTE, *Sire*, p. 127 et 353.

144 Bibl. nat. : Le³⁷ 2.G (152).

145 Arthur COMTE, *Sire*, p. 127 et 353 ; voyez en outre les curieuses considérations de Jean-Baptiste Louvet sur la fin du régicide, *in* François BARRIERE, *Bibliothèque des mémoires*, XII, p. 315 et 317.

séjour et parcourir la carrière du barreau ». Les débuts de la Révolution ne laissèrent pas inactif l'ancien provincial : tour à tour membre, secrétaire et président des comités civils et des assemblées générales de la section des Thermes, notable adjoint [146], il fut élu, dès 1791, deuxième des dix-neuf électeurs de sa section, et président de l'assemblée primaire. Il résidait alors 25, rue des Maçons, était âgé de trente-sept ans et se qualifiait d'homme de loi [147]. Ses opinions lui faisaient fréquenter le club de la Sainte Chapelle [148] et il s'intéressait aux questions religieuses [149]; membre du conseil général de la Commune le 11 août 1792, il y fut ensuite remplacé par Vachard [150].

Président de l'assemblée de sa section, il fut traduit devant le Tribunal criminel extraordinaire du 17 août pour délivrance abusive de coupons. On le renvoya, par jugement du 25 octobre 1792, devant l'assemblée générale de la section de Beaurepaire « *eu égard à la légèreté du fait* ». Son interrogatoire révèle que, depuis le mois de juillet 1790, il avait été nommé seize fois président du comité civil ou des assemblées générales de la section, dont dix par voie de scrutin, les autres par acclamation [151].

Son activité civique n'entrava pas sa carrière judiciaire : juge suppléant, puis en exercice dans les juridictions répressives, en 1791 et 1792 [152], il exerça pendant deux ans à titre de gradué dans deux tribunaux du IIIe arrondissement : celui séant au Châtelet, et le tribunal criminel provisoire séant au Palais, dont il fut l'accusateur public jusqu'à sa dissolution, six semaines après son arrivée. La section le nomma ensuite commissaire aux contributions, tâche dont il se chargea gratuitement pendant cinq mois [153].

Des accusations moins légères, d'ordre politique, dont il se défendit par écrit [154] le rendirent victime de la Terreur. Sa tête mise à prix, incarcéré pendant onze mois et demi, dont un de cachot et huit à la Conciergerie, il connut successivement trois prisons différentes, devait être cité au Tribunal révolutionnaire le 16 thermidor an II (5 août 1794) [155], et fut évidemment sauvé par la chute de l'Incorruptible.

Le 11 thermidor an III (29 juillet 1795), sa section le présenta pour la place de commissaire de police [156]. L'année suivante, emprisonné comme ancien président des assemblées générales de son quartier, puis libéré le 21 vendémiaire (13 octobre

146 Arch. nat. : BB[5] 167.
147 Et. CHARAVAY, *Assemblée électorale de Paris*, II, p. 616.
148 Et. CHARAVAY, *Assemblée électorale de Paris*, III, p. 542.
149 Bibl. nat. : Q 1506.
150 Ferdinand BRAESCH, *Commune*, p. 245.
151 Arch. nat. : W 244, dossier 6.
152 Arch. nat. : BB[5] 167.
153 Arch. nat. : W 244, dossier 6.
154 Bibl. nat. : Lb[40] 1714.
155 Arch. nat. : BB[5] 167.
156 Arch. nat. : D III 255-256.

1795) par arrêté de la commission des Six [157], il devint, grâce aux assemblées primaires convoquées au début de l'an IV, juge de paix de la division des Thermes [158]. Il tint sa première audience le 2 frimaire an IV (23 novembre 1795), succédant à Nicolas Moutard [159], et le 1er nivôse (22 décembre 1795), prêta le serment exigé par le Directoire d'attachement à la République et de haine éternelle à la royauté [160].

Accusé de procéder illégalement à des descriptions d'effets que la loi du 6 mars 1791 attribuait exclusivement aux notaires, il s'en disculpa sans peine, le 28 ventôse an V (18 mars 1797), par une lettre au ministre. Ce fut, semble-t-il, le seul reproche formulé à son encontre en tant que juge de paix [161]. Favorable au Consulat [162], Jean-François Behourt siégea jusqu'au 7 ventôse an X (26 février 1802) [163]: évincé, au profit de Nicolas Guérin, par la réduction du nombre des tribunaux de paix, il souhaita devenir magistrat de sûreté, « *n'étant plus que second juge suppléant* » [164]. Sa candidature malheureuse l'obligea de rester à la seconde, puis à la première suppléance de la justice de paix du XIe arrondissement. Il était noté, en 1806, comme instruit, s'étant fait des amis durant sa carrière judiciaire, et dévoué au gouvernement. De nombreux témoignages soulignaient l'importance des services qu'il rendit « *à ses concitoyens et à la société, dans les temps difficiles de la Révolution* ». Le cardinal de Belloy, archevêque de Paris et le sénateur Lanjuinais le recommandaient ; il jouissait de 2.400 francs de revenus [165].

Le retour des Bourbons lui fit espérer sa réintégration comme juge, mais sa requête à Louis XVIII demeura sans écho [166]. Sans doute se découragea-t-il, car un rapport de 1816 notait à son sujet : « *depuis longtemps a quitté l'arrondissement ; on ne sait ce qu'il est devenu* ». Marie-Louis Boursier, futur juge de paix, le remplaça, mais Jean-François Behourt écrivit encore, le 10 mars 1817, à l'occasion de la vacance du tribunal de paix du Ve arrondissement, par décès de Jean-Baptiste Le Blond. Sa candidature, appuyée par un témoignage du prince de Broglie, ne réussit pas davantage [167].

BÉRARD DE FAVAS (Jean-François)

Très actif au moment de la Révolution, ce royaliste impénitent fut « *arrêté après la fatale journée du 10 août 1792 pour s'être porté avec les grenadiers de son bataillon au Château des Tuileries à l'effet de défendre le Roi et sa famille* ». Libéré

---

157 Arch. nat. : F7 4592.
158 Arch. nat. : BB5 167.
159 Arch. de Paris : D11 U1 33.
160 Arch. nat. : F1c III Seine 28.
161 Arch. nat. : BB16 711.
162 Bibl. nat. : 4° Ye pièce 670.
163 Arch. de Paris : D11 U1 38.
164 Arch. nat. : BB5 167.
165 Arch. nat. : BB8 25.
166 Arch. nat. : BB5 181.
167 Arch. nat. : BB8 203.

le 17 novembre suivant, de nouveau « *arrêté après la catastrophe du 21 janvier 1793, et renvoyé devant le Tribunal révolutionnaire pour avoir justifié la mémoire de l'infortuné monarque que des factieux voulaient avilir, il provoqua de Sanson, exécuteur des jugements criminels, une déclaration qui attestait le courage, la fermeté et la piété du roi au moment de perdre la vie* », et l'inséra dans le numéro 95 du journal qu'il éditait, *Le Bulletin national* [168].

Le comité de surveillance de la section du Temple, ordonnant cette seconde arrestation le 9 septembre 1793, la motiva plus largement : « *rien n'est plus funeste aux progrès de l'esprit public que les journaux aristocratiques et modérés qui nous inondent* ». Le 2 nivôse an II (22 décembre 1793), Bérard de Favas fut interrogé par Jean-Baptiste Baudrais, administrateur au département de police, « *en la maison de santé, rue de Charonne* », où il avait été transféré « *pour cause de maladie* [...] *étant précédemment détenu à la Force* ».

Sa première réponse nous renseigne sur son état civil : « *a dit se nommer Jean-François Bérard, âgé de trente-deux ans, né à Draguignan, département du Var* » [169], le 2 février 1762, « *imprimeur, demeurant enclos du Temple, numéro 37* ». Il fournissait les fonds de l'entreprise, et le coïnculpé Gallois rédigeait le *Bulletin* [170]. Le futur juge de paix de Louis XVIII « *fut mis en liberté après la demie heureuse journée du 9 Thermidor* » ; impliqué dans la révolte du 13 Vendémiaire (5 octobre 1795), il passa devant la commission militaire chargée d'en punir les auteurs.

Le calme revenu à l'époque consulaire, il devint au mois de janvier 1801 administrateur du bureau de bienfaisance du quartier du Temple, et le demeura jusqu'en 1815. Membre du deuxième collège électoral du département de la Seine, il fut élu candidat juge de paix par l'assemblée primaire de 1807, et tint effectivement la place de premier suppléant à partir de décembre 1808. L'année suivante, il fut nommé capitaine de la garde nationale. Toujours à la tête d'une compagnie lors de la réorganisation de janvier 1814, on le promut chef du 1er bataillon de la 6e légion au retour du roi.

Ses états de service, civils et politiques, expliquent le succès de la pétition qu'il présenta au Chancelier, le 27 octobre 1815, afin de se faire nommer juge de paix du VIe arrondissement de Paris. Avocat, propriétaire de plusieurs immeubles, il était à raison de ses bonnes œuvres généralement considéré dans le quartier qu'il habitait 8, rue d'Angoulême, depuis vingt-cinq ans [171]. Il devint, par ordonnance royale du 11 novembre 1815, juge de paix de l'arrondissement convoité en remplacement du sieur Lamouque, limogé [172], et prit la tête de la juridiction le 24 novembre [173]. En poste durant toute la Restauration, l'avènement de la famille d'Orléans marqua la fin de sa carrière.

---

168 Arch. nat. : BB^5 181.
169 Arch. nat. : BB^8 13.
170 Arch. nat. : W 21, dossier 1160.
171 Arch. nat. : BB^5 181.
172 Arch. nat. : BB^8 164.
173 Arch. de Paris : D6 U^1 115.

Le 30 novembre 1830, le garde des Sceaux demanda un rapport sur les juges de paix parisiens au premier président de la cour royale et au président du tribunal de première instance. L'avis du procureur du roi fut défavorable au juge de paix du VIe arrondissement, « *honnête homme, mais peu capable. Infirme* » [174]. Par lettre du 30 avril 1831, le ministre signifia à Bérard de Favas qu'il allait proposer son remplacement au roi, « *attendu la nécessité de donner à l'administration de la justice l'activité qu'elle doit avoir dans l'intérêt des justiciables* ». Après plusieurs protestations assurant le ministère de sa capacité intacte à remplir ses devoirs, le disgracié fut en définitive admis à faire valoir ses droits à la retraite, et Genreau, son successeur, nommé le 20 février 1832 [175].

BÉRAUD (Hugues)

L'état de la justice de paix, expédié le 5 ventôse an III (23 février 1795) au Comité de Législation, mentionne le premier assesseur, Hugues Béraud, élu à ce poste le 18 septembre 1792, comme vivant depuis d'un revenu modique [176]. Le 5 prairial suivant (24 mai 1795), l'assemblée générale de la section de l'Arsenal entreprit l'épuration des fonctionnaires publics. Le lendemain, Béraud, président du comité civil, exposa au Comité de Législation la situation du tribunal, qui se trouvait réduit à deux assesseurs après l'arrestation du juge de paix et du greffier, et le désarmement d'autres personnes encore. Il devenait urgent – écrivait-il avec prudence – « *de prendre une mesure qui n'expose ni le public, ni le membre* » qui assurerait l'intérim [177].

Il succéda lui-même au citoyen Etienne Antoine Rivière, incarcéré, le représentant du peuple Bailly et « *la députation de Paris* » ayant vivement appuyé sa présentation, attendu qu'il faisait depuis trois mois tout le travail du magistrat détenu ; un arrêté du 16 thermidor an III (3 août 1795) officialisa cet état de fait [178]. Le nouveau conciliateur était âgé d'environ cinquante-cinq ans [179].

L'année suivante, le Bureau central du département de Paris dénonça au ministre de la Justice « *le ton brusque et repoussant* » du juge de paix. Le ministre le somma de s'expliquer, « *le plus sûr moyen de faire aimer le régime républicain étant de mettre la douceur et l'affabilité de ses magistrats en opposition avec l'arrogance et la morgue de ceux du despotisme* ».

Sa forte personnalité lui fit répondre : « *Il y a des nuances dans ceux qui composent la société. Il est des citoyens que je respecte et qui m'honorent de leurs avis ; d'autres auxquels je parle comme un bon père parle à ses enfants ; d'autres comme à mes amis, et enfin, d'autres auxquels je parle au nom de la loi, en fonctionnaire public qui connaît ses devoirs, et qui doit réprimer l'insolence,*

174 Arch. nat. : BB^8 510.
175 Arch. nat. : BB^8 531.
176 Arch. nat. : D III 254, dossier 1.
177 Arch. nat. : D III 256^2.
178 Arch. nat. : D III 254, dossier 1.
179 Arch. nat. : BB^{16} 704.

l'inconduite et les délits, et qui sans cependant mériter des punitions infamantes, méritent des remontrances de ma part [...] *Vous jugerez si, menant une vie si active, je dois mériter et craindre des reproches* » [180]. Cet incident ne l'empêcha pas de tenir la juridiction jusqu'en l'an VI, époque à laquelle Charles Franchet le remplaça [181].

BÉRENGER (Henri Charles Antoine Louis)

Nommé premier suppléant de la justice de paix du XIe arrondissement le 22 octobre 1831, à la faveur des désignations massives effectuées par la monarchie de Juillet [182], cet avoué à la cour royale poursuivit sa rapide ascension en succédant, le 10 juin 1832, à Genreau, décédé juge de paix du VIe arrondissement. Il obtint ce poste « *par ordre de M. le garde des Sceaux* », si l'on en croit une note manuscrite de Renouard [183].

Muté au Ier arrondissement le 30 décembre 1846, à la mort de Forcade de la Roquette, on le confirma juge de paix du VIIIe , nouveau style, le 29 octobre 1859 [184]. Henri Bérenger demanda sa mise à la retraite et fut remplacé le 16 septembre 1870 : il était né le 23 août 1789 [185].

BLANDIN (Pierre Henri)

Ancien négociant, notable quadragénaire demeurant 22, rue Aubry-le-Boucher, Pierre Blandin fut élu, en 1790, deuxième des vingt-quatre électeurs [186], puis, le 20 décembre, juge de paix de la section des Lombards [187]. En 1791, sixième des vingt-cinq électeurs de la section, il rejoignit les rangs de la société des Amis de la Constitution [188] ; membre du conseil général de la Commune de Paris, il fut éliminé par tirage au sort le 6 novembre, en même temps que Paul Beaufils et Jean-Louis Delarsille [189].

L'année suivante, il se retrouva premier électeur, signa l'adresse du club de l'Évêché [190] et fut l'un des rares juges de paix confirmés dans leurs fonctions après la journée du 10 Août. Favorable au coup de force, il participa aux arrestations de ses deux collègues, Jean Buob et Charles Bosquillon, massacrés le 2 septembre [191].

Président d'assemblée primaire, les événements politiques continuèrent de seconder sa carrière judiciaire. Figurant sur la liste des candidats discutés pour la

---

180 Arch. nat. : BB^{16} 707.
181 *Almanach national*, an VII.
182 Arch. nat. : BB^{8} 510.
183 Arch. nat. : BB^{8} 531.
184 Arch. nat. : BB^{8} 769 et BB^{8} 973.
185 Arch. nat. : BB^{8} 1191.
186 Et. CHARAVAY, *Assemblée électorale de Paris*, I, p. 28.
187 Arch. nat. : D IV 3.
188 Et. CHARAVAY, *Assemblée électorale de Paris*, II, p. 24.
189 Paul ROBIQUET, *Municipal*, p. 467.
190 Et. CHARAVAY, *Assemblée électorale de Paris*, I, p. 514.
191 Arch. nat. : W 251, dossier 20 ; et W 252, dossier 6.

place de juge au tribunal civil, il se récusa au cours de la séance du 26 février 1793 [192] : « *réélu* [juge de paix] *depuis notre heureuse révolution du Dix-Août, jaloux de continuer des fonctions où mes concitoyens ont pensé que je pouvais être utile, je vous prie de porter vos suffrages sur d'autres bons citoyens* » [193].

Sa feinte modestie cachait une ambition plus haute. Ayant décliné la charge de directeur du jury près le Tribunal criminel du 17 Août, par lettre au procureur de la Commune signée du « *juge de paix, Président des Assemblées générales et du Comité permanent de la section des Lombards* » [194], Pierre Blandin fut élu, au premier tour et par cent vingt-trois voix sur cent quarante-six votants, vice-président du tribunal criminel de Paris le 10 avril 1793 [195]. Cette réussite entraîna sa démission nécessaire de la justice de paix : Pierre Lamouque lui succéda dès la fin du mois [196]. Confirmant son essor politique, Pierre Blandin devint vice-président de la société des Jacobins le 19 floréal an II (14 mai 1794) [197] ; arrêté le 6 prairial an III (25 mai 1795) [198], on le retrouve par la suite assesseur de juge de paix jusqu'en l'an VI [199].

BOBÉE (André François)

Né à Fry, dans le département de la Seine-Inférieure [200], cet avocat de quarante-cinq ans fut désigné neuvième des seize électeurs de la section des Enfants-Rouges ; capitaine de la 5e compagnie du bataillon des Blancs-Manteaux, il habitait 7, rue des Singes [201]. Après une réélection difficile, André Bobée se retrouva treizième électeur l'année suivante, en 1791 [202].

Nommé juge de paix par arrêté du Comité de Législation, le 7 germinal an III (27 mars 1795), il remplaça Jean-Louis Trescon, démissionnaire, et s'installa le 13 du même mois (2 avril 1795) [203]. Lors de l'épuration du 10 prairial (29 mai 1795), l'assemblée générale de la section le conserva et témoigna semblable confiance à son greffier [204]. Bobée présida la juridiction jusqu'au 4 germinal an IV (26 mars 1796) [205]; ce fut précisément Frédéric Fariau, greffier depuis la création, qui occupa le siège que rendait vacant sa démission [206]. Lui-même revint comme assesseur en l'an VII [207].

---

192 Et. CHARAVAY, *Assemblée électorale de Paris*, III, p. 31.
193 Et. CHARAVAY, *Assemblée électorale de Paris*, III, p. 374.
194 Arch. nat. : B 1 13.
195 Et. CHARAVAY, *Assemblée électorale de Paris*, III, p. LXXXVI, 31 et 483.
196 Arch. de Paris : D6 U^{1} 14.
197 Et. CHARAVAY, *Assemblée électorale de Paris*, III, p. 31.
198 SOBOUL - MONNIER, *Répertoire*, p. 215.
199 *Almanach national*, an VI.
200 Arch. nat. : BB^{16} 704.
201 Et. CHARAVAY, *Assemblée électorale de Paris*, I, p. 47.
202 Et. CHARAVAY, *Assemblée électorale de Paris*, II, p. 41.
203 Arch. nat. : D III 254, dossier 9.
204 Arch. nat. : D III 256^{5}.
205 Arch. de Paris : D7 U^{1} 13.
206 Arch. nat. : BB^{5} 181.
207 *Almanach national*, an VII.

BOCQUEAUX (Louis Michel)

Layettier-emballeur avant la Révolution [208] et parisien de naissance [209], Louis Bocqueaux remplaça Louis Meissen comme juge de paix de la section de la Halle-au-Blé le 18 septembre 1793 [210]. L'état nominatif des membres de sa juridiction, expédié le 2 frimaire an III (22 novembre 1794) au Comité de Législation, nous apprend qu'il résidait 41, rue de Grenelle-Saint-Honoré et n'exerçait, de même que son greffier, aucune autre activité publique [211]. Il assura son service sans interruption jusqu'au 17 nivôse an IV (7 janvier 1796), époque à laquelle lui succéda le citoyen Jean-Baptiste Baudrais [212].

L'acte de notoriété après décès, rédigé le 21 avril 1809, sur lequel l'ancien juge de paix figure à titre de témoin, atteste qu'il avait retrouvé sont premier état [213] ; il était alors âgé de cinquante-huit ans [214].

BOIVIN DE BLANCMUR (Claude Pierre)

Natif de Paris, fils d'un notaire au Châtelet, il exerça huit années consécutives la profession d'avocat au parlement et remplit, de 1784 à 1788, le rôle du ministère public « *en qualité de procureur fiscal général des justices seigneuriales de l'abbaye de Montmartre, ressortissantes nuement* » à la cour souveraine de la capitale [215]. Le 21 mars 1788, son oncle, monsieur de Mauroy, conseiller avocat en parlement, acheta pour lui l'office de conseiller au Châtelet dont était pourvu Jean Nicolas Rousselot, moyennant « *la somme de 20 000 livres, dont 18 000 livres pour le titre dudit office sur le pied de son évaluation, et 2 000 livres tant pour le prix des gages, fruits, profits et émoluments* [...] *que pour pot-de-vin de la* [...] *vente* ». Laquelle somme de 20 000 livres l'acquéreur s'obligea d'acquitter en un seul paiement, sitôt les lettres de provisions de son neveu scellées sans opposition [216]. Ce dernier fut reçu conseiller le 16 avril 1788 [217].

Aux débuts de la Révolution, « *Boivin, ci-devant de Blancmur* » prononça un discours enthousiaste, le 2 août 1790, à l'ouverture des élections [218], et la section du Palais-Royal l'élut deuxième de ses vingt-sept électeurs ; scrutateur du troisième bureau de l'Assemblée électorale, il obtint aussi des voix comme juge et comme juge suppléant du département. Il était alors âgé de quarante ans et demeurait 238

---

208 Arch. nat. : D III 253, dossier 14.
209 Arch. nat. : BB^{16} 704.
210 Arch. de Paris : D4 U^1 16.
211 Arch. nat. : D III 253, dossier 14.
212 Arch. de Paris : D4 U^1 19.
213 Minutier Central, VII, 1362.
214 Arch. nat. : BB^{16} 704.
215 Arch. nat. : BB^5 173.
216 Minutier Central, XVII, 1047.
217 Arch. nat. : BB^5 173.
218 Bibl. nat. : Lb^{40} 2025.

rue Saint-Honoré [219] ; on le choisit pour juge de paix, le 27 novembre, à une majorité de quatre cent soixante-seize voix sur cinq cent vingt-six votants, au premier tour de scrutin. Ce magistrat éphémère démissionna, le 1er janvier 1792, afin de protester contre l'attribution aux juges de paix des pouvoirs de police judiciaire, qu'il estimait incompatible avec leur ministère. Il ne fut remplacé que par arrêté du 19 mai [220], et Roger des Ifs vint présider le tribunal de paix à partir du mois de juin [221].

Arrêté, sans doute par méprise, le 30 ventôse an II (20 mars 1794) à dix heures du soir, les scellés apposés en vertu d'un ordre du comité de surveillance de la section Lepeletier, il écrivit une protestation stupéfaite : « *Lorsque l'on n'a cessé, depuis le 13 juillet 1789, de marcher ferme dans le chemin de la Révolution, lorsque durant trois années consécutives, j'ai* (sic) *occupé dans la section de la Montagne les principales fonctions civiles,* [...] *lorsque j'ai perdu ma santé par une suite de mon zèle et de travaux* [...] *je vous avoue, citoyens, qu'il m'a été bien dur d'être confondu avec des traîtres, des faux patriotes...* ». Mal connu de la section Lepeletier, qu'il habitait depuis très peu de temps, il en appelait au témoignage de celle de la Montagne, lequel détermina le Comité de Sûreté générale à le remettre en liberté dès le 6 germinal (26 mars 1794) [222].

Désigné, l'année suivante, commissaire civil de la section Lepeletier, il s'excusa de ne pouvoir accepter le 26 pluviôse an III (14 février 1795), ses affaires domestiques – le règlement de deux successions – l'éloignant quelque temps de la vie publique. Une note anonyme nous apprend qu'il résidait rue de la Loi depuis deux ans, et avait abandonné la section du Palais-Royal « *regretté de ses concitoyens, ayant exercé avec honneur la place de juge de paix* » [223].

Claude Boivin de Blancmur demanda, au mois d'août 1808, d'être nommé juge au tribunal de première instance de la Seine. Il était alors « *propriétaire d'une maison à Paris, rue de Richelieu numéro 76* », où il s'était installé [224].

BONENFAN (Claude Louis)

La confiance de ses concitoyens permit à Claude Bonenfan, ci-devant commis à la Gabelle [225], de devenir, en 1791, le onzième des vingt et un électeurs qui représentaient la section de la Fontaine-de-Grenelle. Le futur juge de paix était âgé de cinquante-huit ans et habitait 94, rue de Verneuil ; notable adjoint, il exerça la présidence du cinquième bureau de l'assemblée électorale, et l'adresse des partisans du club de l'Évêché recueillit son approbation [226]. L'année suivante, la société des

---

219 Et. CHARAVAY, *Assemblée électorale de Paris,* I, p. 5.
220 Arch. nat. : BB^5 173 ; et B I^a 11.
221 Arch. nat. : BB^5 167.
222 Arch. nat. : F^7 4607.
223 Arch. nat. : D III 256^5.
224 Arch. nat. : $BB^5$173.
225 Arch. nat.: D III 256^4.
226 Et. CHARAVAY, *Assemblée électorale de Paris,* II, p. 51 et Table.

Jacobins le comptait dans ses rangs lorsqu'il fut réélu dix-neuvième électeur et désigné commissaire de police de la section [227].

Nommé juge de paix en 1793, il remplaça Balthazar Laugier le 19 brumaire an II (9 novembre 1793) [228], mais sa conduite ne recueillit pas tous les suffrages : le comité civil, en sa note expédiée au Comité de Législation le 25 frimaire an III (15 décembre 1794), exprimait un jugement très mitigé sur cet homme « *de soixante-deux ans, marié et sans enfants* [...], *reconnu pour avoir l'intelligence nécessaire* ». En effet, commissaire de police, il s'était montré « *fort lié avec les membres du ci-devant comité révolutionnaire* », et, juge de paix, ne cessa de les fréquenter. Les citoyens modérés lui reprochaient d'avoir, par incurie, laissé démonétiser plus de 8 000 livres d'assignats et, par intérêt, facturé 15 à 20 sols des certificats de vie, quoique la République le rétribuât pour les délivrer gratuitement.

La liste des griefs n'était pas close, et si ses mœurs échappaient à la censure, la dureté qu'il manifestait envers ses justiciables méritait un blâme. Les 20 et 30 pluviôse suivants (8 et 18 février 1795), l'assemblée générale de la section déclara qu'il avait perdu sa confiance « *pour faits de tyrannie antérieurs au 9 thermidor de l'an II*^{e} » [229]. Claude Bonenfan, qui osa demander les motifs de sa disgrâce, se vit accuser d'avoir « *molesté les citoyens les plus justement estimés* [...], *constamment exercé dans l'assemblée générale le despotisme le plus insultant* [...], *journellement menacé du Luxembourg et du Tribunal révolutionnaire les citoyens assez courageux pour s'élever contre les mesures liberticides* » qu'il proposait [230]. Porté sur la liste des personnes à désarmer, son désarmement effectué sur ordre du Comité de Sûreté générale, le juge de paix cessa l'exercice de ses fonctions le 30 floréal an III (19 mai 1795) [231].

Le 5 prairial (24 mai), sa situation s'aggrava et l'assemblée générale, à l'unanimité, décréta l'arrestation immédiate des membres ou sympathisants de son ancien comité révolutionnaire, dont les noms étaient inscrits en lettres rouges sur le tableau d'infamie. L'ancien conciliateur, présent dans la salle, réclama la parole, mais on estima l'avoir déjà assez entendu : il fut appréhendé sur-le-champ et conduit à Port-Libre. Quatre jours plus tard, la section présentait au Comité de Législation plusieurs candidats à la place vacante.

Sa détention menaçant de se prolonger, Bonenfan se mit à rédiger des mémoires justificatifs ; les 27 prairial (15 juin) et 3 messidor (21 juin), il insista surtout sur sa non-appartenance au comité révolutionnaire, lequel l'avait seulement invité à assister à ses séances lorsque ses fonctions le lui permettaient ; grâce à cette faculté, il avait été « *assez heureux pour conserver à la liberté des citoyens poursuivis par l'intrigue* » [232]. Ses arguments convainquirent si peu, que le

---

[227] Et. CHARAVAY, *Assemblée électorale de Paris*, III, p. 66.
[228] Arch. de Paris : D10 U^1 3.
[229] Arch. nat. : D III 253, dossier 6.
[230] Arch. nat. : F^7 4607.
[231] Arch. de Paris : D 10 U^1 4.
[232] Arch. nat. : F^7 4607.

6 thermidor an III (24 juillet 1795) un arrêté du Comité de Législation nomma François Violette à son fauteuil de juge de paix [233].

Devant l'insuccès de ses démarches, Bonenfan ne se découragea pas et, le 14 thermidor (1er août), tenta de réfuter la triple accusation d'avoir secondé la tyrannie de Robespierre, d'être resté jacobin depuis le 9 Thermidor et d'avoir traité un citoyen de contre-révolutionnaire parce qu'il déplorait les massacres perpétrés à Versailles au mois de septembre 1792. Ce nouveau plaidoyer, qui laissait dans l'ombre le point crucial de sa fréquentation du comité révolutionnaire, n'eut guère plus d'effet que les précédents, et, le 26 (13 août), son épouse, la citoyenne Desmoulins, écrivit au Comité de Sûreté générale pour exposer le malheur de sa situation. A soixante-sept ans passés, elle ne pouvait se priver du soutien de son mari, auquel l'unissaient trente-huit ans de vie commune. Elle insistait en outre sur la conduite que l'ex-pacificateur, alors commissaire de police, avait eue au 10 Août, sauvant « *d'une vengeance que les événements du moment semblaient légitimer, Limier de Chamilly, premier valet de chambre de Capet, ainsi que quatre suisses de sa garde et quelques autres individus* ».

Le 23 fructidor an III (9 septembre 1795) enfin, Claude Bonenfan obtint sa mise en liberté, sous la surveillance de la section et sans être réarmé [234]. Il devint secrétaire en chef de la XIe municipalité au cours de l'an IV [235].

BOSQUE (Charles)

Le 21 décembre 1790, la section de la Bibliothèque ordonna l'impression d'un épais mémoire adressé par Charles Bosque à l'Assemblée nationale, sur « *les persécutions éprouvées par les Français à Tobago, et notamment par* [lui-même] *pour avoir donné des preuves de civisme* » [236]. Élu juge de paix au mois d'août 1792, en remplacement de Jean Delorme, il prononça lors de son installation, le 29, un discours par ses soins adressé en vingt-cinq exemplaires à l'Assemblée. Celui-ci débutait par l'habituel éreintement des magistrats d'Ancien Régime, qui accumulaient « *sur leurs têtes les richesses, les égards et cette monstrueuse considération que nous avons énervée* ». Suivait la célébration de la justice de paix « *si essentiellement liée* » à la Révolution, dont les vues larges et bienfaisantes créaient des juges « *guidés par l'humanité en tout ce qui ne blesse pas la justice* » [237].

Son engagement politique le fit nommer commissaire national, et la Convention l'autorisa, par décret du 13 janvier 1793, à se rendre en Belgique à ce titre [238]. Il semble bien abandonner son tribunal la même année, sans que les

---

233 Arch. nat. : D III 254, dossier 6.

234 Arch. nat. : F^7 4607.

235 Et. CHARAVAY, *Assemblée électorale de Paris*, III, p. 66.

236 Bibl. nat. : Lk^{12} 706.

237 Arch. nat. : C 167.

238 Arch. nat. : AD II 37.

archives jurisprudentielles permettent de préciser la date de son départ. Louis Houet prit sa succession [239].

BOSQUILLON (Charles Pierre)

Auteur d'un *Code national* dédié aux États généraux et publié à Genève en 1788 [240], l'avènement des idées nouvelles sembla servir sa destinée : inscrit au barreau depuis 1776, électeur de 1789, Charles Bosquillon fut confirmé l'année suivante en cette qualité quatrième des dix-sept représentants de la section de l'Observatoire. Secrétaire du quatrième bureau, par la suite scrutateur et président du cinquième, il recueillit en outre des suffrages pour la présidence de l'Assemblée électorale [241].

L'assemblée primaire fit de cet avocat de trente-huit ans le premier juge de paix de la section de l'Observatoire. Il inaugura la juridiction le samedi 22 janvier 1791, à midi, en sa demeure, place de l'Estrapade « *en conséquence de l'affiche imprimée, mise et apposée dans l'étendue de la section, indicative que l'ouverture des audiences de la justice de paix aurait lieu lesdits jour et heure* [...] *et que les audiences se tiendraient les lundis, mercredis et vendredis de chaque semaine à la même heure* » ; personne ne s'étant présenté, il reporta l'audience au lundi suivant [242].

Membre du club de la Sainte-Chapelle en 1791, son influence personnelle s'affirma : désigné premier électeur, il obtint des voix pour le mandat de député, de député suppléant, d'administrateur du département [243]; en outre, sa place de juge de paix ne l'empêcha pas de rassembler certains suffrages pour le poste de substitut du président du tribunal criminel, puis de juge suppléant au même tribunal [244]. Il contesta par ailleurs, à titre de citoyen actif, l'élection de Manuel au poste de procureur de la Commune de Paris [245].

Arrêté chez lui le 12 août 1792 à quatre heures du matin, par Delabarre et Sigault, commissaires nommés par le conseil général de la Commune, il les suivit sans résistance. Les scellés apposés par Pierre Blandin, juge de paix de la section des Lombards, Charles Bosquillon fut emmené à la prison de l'Abbaye [246]. Le 2 septembre, après Montmorin, ci-devant ministre, et Thierry, valet de chambre du roi, il y fut massacré avec son collègue Buob, sous le prétexte de s'être associés au comité des juges de paix tenu au château des Tuileries afin d'enquêter sur la journée du 20 Juin [247]. Cinq jours plus tard, des scellés furent apposés à son domicile, à la

---

[239] Arch. nat. : D III 253, dossier 15.

[240] Bibl. nat. : Lb[39] 741, et F 31876.

[241] Et. CHARAVAY, *Assemblée électorale de Paris*, I, p. 76 et Table.

[242] Arch. de Paris : D12 U[1] 30.

[243] Et. CHARAVAY, *Assemblée électorale de Paris*, II, p. 146 et 542.

[244] Et. CHARAVAY, *Assemblée électorale de Paris*, II, p. 429 et 433.

[245] Bibl. nat. : Lb[39] 5586.

[246] Arch. nat. : W 252, dossier 6.

[247] François BARRIERE, *Bibliothèque des mémoires*, XVIII, p. 263-264 ; et Paul ROBIQUET, *Municipal*, p. 67.

requête de demoiselle Françoise Moreau, agissant « *pour raison des loyers dus* » par l'infortuné magistrat. A la nouvelle du décès de son locataire, elle s'était adressée « *au domestique dudit sieur Bosquillon qui, sur les renseignements qu'elle lui a demandés à ce sujet, lui a répondu que cela n'était que trop vray* ». La description des effets qui garnissaient l'appartement semblait indiquer des revenus tout à fait modiques ; treize oppositions, du reste, se formèrent à la levée des scellés.

Le 24 septembre, Jean-Baptiste Laffitte prit la tête du tribunal de paix [248].

La similitude de patronyme incite à penser que la victime des massacres était parente du docteur Bosquillon qui, de novembre 1799 à mars 1800, soigna Paul-Louis Courier, lequel avait habité, au temps de la Révolution, rue de l'Estrapade, à deux pas du logement qu'occupait à l'époque le conciliateur [249].

BOTOT (François Marie)

Dentiste sous l'Ancien Régime et inventeur de l'eau dentifrice qui porte son nom [250], il fut désigné, en 1790, premier des quatorze électeurs de la section du Temple, qui le choisit aussi pour juge de paix, et connut l'année suivante un renouvellement difficile, se retrouvant dernier électeur [251].

Ses activités judiciaires lui permirent d'adresser, le 30 juin 1792, un rapport au ministre de la Justice, Duranthon, sur les effets du décret du 23, relatif à la tranquillité publique : « *la salutaire sévérité de nos lois correctionnelles a fait fuir une foule d'escrocs et de filous, qui malheureusement a été remplacée par des fanatiques et des contre-révolutionnaires. On m'amène moins d'ivrognes* [...], *mais beaucoup de cochers de fiacre dont l'insolence envers les citoyens est extrême* » [252].

L'un des rares juges de paix épargnés par le 10 Août, on le nomma dès le lendemain membre du conseil général de la Commune [253], puis commissaire national près le Tribunal criminel établi par la loi du 17 août. Ce fut d'ailleurs à ce titre qu'on l'inquiéta. Interrogé le 1er septembre 1792 à onze heures et quart du soir, « *François Marie Botot, âgé de trente-quatre ans, demeurant boulevard du Temple vis à vis la rue Charlot, homme de loi et juge de paix de la section avant et depuis la nouvelle nomination* », était accusé d'avoir, « *par abus de ses fonctions, influencé et provoqué le jugement* » favorable à Montmorin. Le 1er octobre, le Tribunal criminel l'acquitta purement et simplement, puis ordonna sa mise en liberté [254]. François Botot présida la justice de paix jusqu'au 9 juillet 1793, époque d'une démission aux motifs incertains, et Jean-Baptiste Dournel le remplaça [255].

---

248 Arch. de Paris : D12 U^1 23.

249 Paul-Louis COURIER, *Œuvres complètes*, Bibliothèque de la Pléiade, p. 671 et 672, commentaire d'une lettre au ministre de la Guerre, du 9 germinal an VIII (29 mars 1800).

250 E. de Las Cases, *Mémorial*, Bibliothèque de la Pléiade, II, p. 874, notice « *Bottot* » (sic).

251 Et. CHARAVAY, *Assemblée électorale de Paris*, I, p. 35 et II, p. 30.

252 Arch. nat. : BB^{30} 18.

253 Ferdinand BRAESCH, *Commune*, p. 245 et s.

254 Arch. nat. : W 242, dossier 18.

255 Arch. de Paris : D6 U^1 42.

La réaction thermidorienne l'employa comme chef de bureau au Comité de Sûreté générale, puis Barras lui fit diriger son secrétariat particulier et remplir plusieurs missions délicates [256], parmi lesquelles celle d'agent de liaison auprès de Bonaparte, qui le reçut avec fraîcheur au milieu de l'état major de l'armée d'Italie. Aux dires de Las Cases, cet « *agent intime* » du vicomte régicide, envoyé juste après le 18 fructidor (4 septembre 1797), pour sonder les intentions politiques du général victorieux, rassura, malgré ses préventions et non sans naïveté, le Directoire sur la loyauté du vainqueur de Rivoli [257].

L'ex-juge de paix devait encore par deux fois se trouver sur le chemin de Bonaparte. Le 18 Brumaire (9 novembre 1799), son maître l'expédia aux nouvelles du côté de Saint-Cloud, et François Botot aperçut à la sortie du Conseil des Anciens l'imminent Premier consul, qui l'accueillit sans plus d'aménité [258]. Enfin, le 3 nivôse an IX (24 décembre 1800), l'attentat manqué de la rue Saint-Nicaise et l'aveugle répression qui le suivit mirent un point final à leur mauvaise entente : l'arrêté du 17 nivôse (7 janvier 1801) comprit dans la liste des personnes à mettre sous surveillance « *dans l'intérieur de la République* » l'émissaire habituel du Directoire [259].

Le ministre de la Police lui délivra un passeport pour Bruxelles, où le préfet de la Dyle, chargé de le recevoir, ne le vit jamais arriver. Le proscrit avait demandé l'autorisation de séjourner trois décades à Cayolles, dans le département de l'Aisne, où il possédait une propriété, et parvint en définitive à fixer sa résidence – étroitement surveillée, on l'imagine – dans l'Yonne, puis, se rapprochant encore de la capitale, près de Villers-Cotterêts. Le 16 thermidor an XII (4 août 1804) ses sœurs sollicitèrent le retour à Paris de leur frère, qui en était éloigné depuis l'an IX en dépit de la sympathie du ministre Abrial qui le jugeait « *incapable de rentrer dans aucune espèce de complot* ». Trois mois plus tard sa fille renouvela cette prière : son père devait rencontrer « *les gens de l'art pour le rétablissement de sa santé* ». On ajourna cependant la réponse à cette double requête.

Peut-être se décida-t-il à consulter à l'étranger, car une note de la police de sûreté générale au préfet Frochot, datée du 6 pluviôse an XIII (26 janvier 1805), nous apprend que Fouché autorisait le « *secrétaire de l'ex-directeur Barras,* [...] *en ce moment à Genève* » à rentrer à Paris [260]. François Botot devait mourir en 1838 [261].

BOUCRY SAINT VENANT (Alexandre Jacques)

Au mois de juin 1791, cet ancien avocat au parlement de Paris [262] habitait 98 rue Saint-Honoré ; membre du club de la Sainte-Chapelle, il devint péniblement

---

256 E. DE LAS CASES, *Mémorial*, II, p. 874, notice « *Bottot* ».

257 E. DE LAS CASES, *Mémorial*, I, p. 760.

258 E. DE LAS CASES, *Mémorial*, II, p. 874, notice « *Bottot* ».

259 Arch. nat. : F^7 6271.

260 Arch. nat. : F^7 6272 ; voyez en outre Jean DESTREM, *Déportations*, p. 303.

261 E. DE LAS CASES, *Mémorial*, II, p. 874, notice « *Bottot* ».

262 Arch. nat. : BB^8 25.

dix-neuvième et dernier électeur de la section de la Halle-au-Blé, à l'âge de trente et un ans [263].

Boucry Saint Venant était alors commissaire de police depuis l'année précédente et fut renouvelé à ce poste en 1792, avant d'être incarcéré pendant plusieurs mois, du 9 pluviôse au 1er fructidor an II (28 janvier - 18 août 1794) [264]. Il sollicita pour survivre, le 5 ventôse an III (23 février 1795), une place d'officier public chargé de constater l'état civil des citoyens, et l'obtint peu après [265] dans le IVe arrondissement. Il la déserta vite, puisqu'une note anonyme datée du 15 vendémiaire an IV (7 octobre 1795) nous apprend son absence, attendu sa condamnation à la peine de mort, prononcée par contumace [266] par la commission militaire jugeant les partisans du coup d'État royaliste du 13 Vendémiaire [267].

La sentence ne l'empêcha pas de succéder à Jean-Baptiste Baudrais, juge de paix de la division, dont il ne présida le tribunal qu'un semestre durant, du 14 germinal au 18 fructidor an V (3 avril - 4 septembre 1797), laissant alors le siège à Pierre Fardel [268] ; durant cette même année, il adressa un mémoire au Corps législatif sur le mode de nomination des huissiers [269]. Ce remuant personnage se retrouva néanmoins, à l'époque de la réduction, deuxième suppléant de la justice de paix du IVe arrondissement. En messidor an X (juin - juillet 1802), « *marié et père de cinq enfants tous existants* », il demanda la place de magistrat de sûreté que libérait le décès du sieur Chiniac ; sa requête à Cambacérès ne fut pas accueillie [270], et il resta suppléant de l'arrondissement jusqu'en septembre 1806 [271].

Outre un certificat d'identité, à lui délivré le 22 pluviôse an X (11 février 1802) [272], subsiste dans les archives notariales une procuration, donnée le 6 brumaire an XII (29 octobre 1803) à son épouse, Catherine Digoin de Varigny, afin de toucher du receveur général des Hospices civils à Paris les appointements qui lui étaient dus. Boucry Saint Venant travaillait alors comme « *inspecteur des nourrices de l'Hospice de la Maternité et de la Division* » [273], emploi qu'il conserva au moins jusqu'en juillet 1807 [274].

BOUIN (Mathurin)

Le 24 août 1792, l'assemblée générale de la section du Marché – bientôt rebaptisée des Halles – désigna son commissaire de police pour occuper la place de

263 Et. CHARAVAY, *Assemblée électorale de Paris*, II, p. 15.
264 SOBOUL - MONNIER, *Répertoire*, p. 133.
265 Arch. nat. : D III 256⁴.
266 Arch. nat. : D III 239.
267 Arch. nat. : BB⁵ 182.
268 Arch. de Paris : D4 U¹ 19.
269 Bibl. nat. : Lf¹¹⁶ 70.
270 Arch. nat. : BB⁵ 167.
271 Arch. nat. : BB⁸ 25.
272 Minutier Central, IX, 867.
273 Minutier Central, IX, 877.
274 Arch. nat. : BB⁸ 25.

juge de paix [275]: dès le 29, Mathurin Bouin remplaça Herbault des Pavaux, suspendu le 12 du même mois [276]. Lui-même fut destitué deux ans plus tard, le 4 frimaire an III (24 novembre 1794), par arrêté du Comité de Législation ; le comité civil de la section ne lui avait pourtant pas été défavorable : « *le citoyen Bouin, juge de paix, a pu quelquefois, par un excès de zèle et de patriotisme, s'emporter un peu trop dans ses discours, mais il est bon père, bon mari, bon conciliateur, aimant à obliger* ». Ce fut son prédécesseur qui lui succéda, de nouveau nommé juge de paix par la Convention le 9 nivôse an III (29 décembre 1794).

Deux mois après, le 19 pluviôse (7 février 1795), le Comité de Sûreté générale ordonna qu'il fût arrêté et détenu au Plessis, au double motif de manifestation « *de principes contraires à l'ordre actuel des choses et tendant à avilir la représentation nationale* » et de colportage du journal *Le Tribun du Peuple*. Le lendemain à une heure du matin, les scellés furent apposés en son domicile, sis 14, rue Denis, et Bouin se soumit sans discuter à la mesure prise à son encontre.

Malgré le bon témoignage du représentant du peuple Maure, qui entraîna sa libération le 25 floréal (14 mai 1795), l'assemblée générale de sa section ne désarma point. Elle fit connaître sans ménagement à la commission des Dix-Sept, nommée pour examiner « *la conduite des Terroristes et Buveurs de sang* », le jugement qu'elle portait sur « *Bouin, ouvrier en bas* [...] *que l'on peut regarder comme le chef de la cabale jacobite de la section des Marchés,* [qui] *a été du comité formé aux Jacobins pour l'insurrection du 13 mai,* [...] *a, sans cesse, prêché les massacres, les pillages,* [...] *a été en mission dans différents départements,* [...] *a parlé en faveur de Carrier.* [...] *La section s'est empressée de voter la mise en arrestation le 5 prairial an III* » (24 mai 1795).

A nouveau arrêté le 13 messidor an III (1er juillet 1795), Mathurin Bouin fut conduit à la maison de Port-Libre, puis à la Force, et renvoyé le 29 fructidor (15 septembre 1795) devant l'officier de police de son arrondissement, Herbault des Pavaux. Il rédigea plusieurs suppliques, afin que l'on arrachât « *son épouse et ses enfants aux chagrins* » que leur causait sa captivité [277].

Les mois qui suivirent sa libération ne laissèrent pas inactif l'ancien magistrat, impliqué dans les menées babouvistes. Passible de la Haute cour de Justice de Vendôme, établie le 20 thermidor an IV (7 août 1796) pour réprimer le complot, il fut accusé d'avoir soutenu la conspiration en qualité d'agent du IVe arrondissement de Paris. Sa correspondance avait été saisie « *au local que Babeuf occupait au moment de son arrestation* ». S'étant soustrait au mandat lancé contre lui, il fut jugé par contumace. La sentence rendue le 7 prairial an V (26 mai 1797) condamnait « *Gracchus Babeuf, et Augustin Alexandre Darthé à la peine de mort, et Philippe Buonarotti, Charles Antoine Guillaume Germain, Just Moroy, Jean-Baptiste Cazin, Louis Jacques Blondeau, Bouin et Menessier à la peine de la*

---

275 *Almanach royal*, 1791 ; et Arch. nat. : D III 253, dossier 17.

276 Arch. de Paris : D4 U^1 24.

277 Arch. nat. : F^7 4611.

déportation » [278]. Par la suite, le fugitif se constitua prisonnier devant le tribunal criminel de la Seine, qui l'acquitta [279].

Cet heureux dénouement ne mit pas fin à ses malheurs, et son lourd passé politique lui valut de figurer sur la liste des cent trente républicains que désigna Fouché dans son rapport sur l'attentat de la rue Saint-Nicaise, perpétré le 3 nivôse an IX (24 décembre 1800). Pourtant convaincu de la culpabilité des royalistes, le ministre de la Police sacrifiait les anciens jacobins à la colère du maître.

Bouin fut arrêté, puis expédié à Bicêtre afin qu'on le mît en surveillance « *hors du territoire européen de la République* ». Il partit avec le premier convoi pour Nantes, le 22 nivôse (12 janvier 1801), et, le 20 pluviôse (9 février), embarqua sur la corvette *La Flèche*, laquelle accosta l'île Mahé, l'une des Seychelles, le 7 fructidor (25 août 1801) [280]. Le captif ne manifesta guère de repentir excessif : évadé lors d'une escale, mais repris, il déclara que « *loin de se croire coupable, il se considérait dans ces défilés comme Marius dans les marais de Minturnes* » [281].

Les colons de l'île, peu soucieux de voir la colonie indigène mise au contact d'idées pernicieuses, obtinrent l'éloignement de trente-trois des réprouvés estimés les plus dangereux et, le 27 ventôse an X (18 mars 1802), *Le Bélier* emporta vers l'île d'Anjouan, dans l'archipel des Commores, Mathurin Bouin et plusieurs de ses compagnons d'infortune. L'endroit était inhospitalier : à peine débarqué, l'ex-juge de paix mourut le 14 floréal an X (4 mai 1802)[282], et vingt-huit déportés subirent le même sort [283].

BOULLANGER (Denis)

Né à Foulanges, dans l'Oise [284], et depuis 1753 huissier à cheval au Châtelet de Paris, Denis Boulanger devint en 1790 commissaire de police de la section de l'Oratoire ; nommé juge de paix le 17 août 1792, en remplacement d'Antoine Gerdret [285], il entra en activité dès le 24 [286]. Agé de soixante-deux ans, le nouveau magistrat, également désigné treizième des dix-huit électeurs de la section – désormais dénommée des Gardes-Françaises – résidait 237, rue Bailleul [287].

Il présida le tribunal de paix six années consécutives, jusqu'au 3 vendémiaire an VII (25 septembre 1799) ; après quelques jours d'intérim, Antoine Goyenval lui succéda [288].

---

[278] Arch. nat. : W 564, dossier 5.
[279] Robert LEGRAND, *Babeuf*, p. 301.
[280] Arch. nat. : F^7 6271.
[281] M. FESCOURT, *Conspiration*, p. 91.
[282] G. LENOTRE, *Terroristes*, p. 127.
[283] Arch. nat. : F^7 6271 ; voyez en outre SOBOUL - MONNIER, *Répertoire*, p. 203.
[284] Arch. nat. : BB^{16} 704.
[285] Arch. nat. : D III 253, dossier 11.
[286] Arch. de Paris : D4 U^1 9.
[287] Et. CHARAVAY, *Assemblée électorale de Paris*, III, p. 17.
[288] Arch. de Paris : D4 U^1 13.

BOURGOIN (Simon Edme Marie)

Natif de Paris, peintre de profession [289], Simon Bourgoin fut, le 15 août 1792, « *proclamé juge de paix par le vœu unanime de la section du Finistère, ci-devant celle des Gobelins* », en remplacement d'Antoine Thorillon, démissionnaire depuis plusieurs mois [290]. La même année, la section le désigna troisième de ses douze électeurs ; il y demeurait rue des Fossés-Saint-Marcel [291], au numéro 21 [292], depuis 1786.

L'état de la justice de paix qu'il rédigea le 6 pluviôse an III (25 janvier 1795) le dit quadragénaire, ayant accepté la place de commissaire de bienfaisance pendant un an et n'exerçant pas d'autre charge que celle de conciliateur [293]. Il cessa de siéger le 25 ventôse (15 mars 1795) [294] et fut arrêté quatre jours plus tard, prévenu d'avoir concouru « *1° à des arrestations faites sans ordre légal dans la commune d'Ivry, hors l'étendue de sa section, 2° à des enlèvements et soustractions d'argent, assignats, argenterie et autres effets commis dans la dite commune* » selon les termes de l'accusateur public près le tribunal criminel [295]. Le 15 prairial (3 juin 1795), détenus à la Force depuis plus de trois mois, les coïnculpés se plaignirent de n'avoir toujours pas été entendus sur une imputation « *aussi calomnieuse* », et réitérèrent leur requête deux semaines plus tard, sans réussir à faire accélérer le cours de la procédure [296].

L'heure du jugement ne devait jamais venir pour le pacificateur, qui décéda « *en la maison d'arrêt du Palais de Justice* », le 13 thermidor suivant (31 juillet). Sa veuve, venue le lendemain demander l'apposition des scellés au domicile conjugal, déclara « *ne savoir signer* » [297]. Le 10 fructidor (27 août), l'assemblée générale de la section désigna, pour succéder au défunt, Antoine Thorillon, commissaire civil et son prédécesseur [298].

BOURGOIND (Claude Marcel)

Il quitta Saint-Marcel en Franche-Comté, son village natal, pour venir travailler avec le procureur au parlement de Paris Joseph Lachaise, du début de 1780 à Pâques 1781. Il se retrouva ensuite maître-clerc chez le notaire Mussey, de février 1784 au mois d'avril 1786 ; puis chez le notaire Delamotte, de juillet de la même année au mois d'août 1787. Ce dernier employeur lui reconnaissait, comme ses prédécesseurs, « *de bonnes vie et mœurs* » et soulignait l'intérêt que portait son clerc

289 Arch. nat. : D III 254, dos. 8.
290 Arch. de Paris : D12 U^1 36.
291 Et. CHARAVAY, *Assemblée électorale de Paris*, III, p. 86.
292 Arch. de Paris : D12 U^1 37.
293 Arch. nat. : D III 254, dossier 8.
294 Arch. de Paris : D12 U^1 37.
295 Arch. nat. : F^7 4774^{90}, dossier Renoult.
296 Arch. nat. : F^7 4774^{27}, dossier Luisette.
297 Arch. de Paris : D12 U^1 37.
298 Arch. nat. : D III 254, dossier 8.

à l'étude du droit ; sa peine fut récompensée par le grade de licencié et par sa réception comme avocat audit parlement le 29 janvier 1788.

La Révolution infléchit la carrière judiciaire de Claude Bourgoind sans peser sur ses convictions politiques. Nommé greffier de la justice de paix de la section de la Place-Royale dès sa création, le 1er février 1791, il participa en l'an IV avec un zèle ardent – selon le notaire Laisné, alors président de la section – à « *l'honorable projet d'un grand nombre de royalistes de se réunir pour rétablir le Roy légitime* ». A la suite de l'échec du 13 Vendémiaire (5 octobre 1795), il fut contraint de fuir pour échapper au jugement de la Commission militaire [299].

Âgé de trente-sept ans, il fut élu juge de paix en remplacement d'Antoine Jabel, à la majorité des suffrages, le 16 brumaire an IV (7 novembre 1795) [300], puis continué dans ses fonctions jusqu'en l'an X, époque de la réduction [301]. Il devint alors premier suppléant du tribunal de paix du VIIIe arrondissement, Pierre Pinatel étant juge ; mais son opposition à l'Empire lui valut de disparaître en 1807.

En 1814, marié et père de famille, résidant à Paris, cloître des Bernardins numéro 11, il se permit de rappeler au Chancelier ses préférences politiques : « *quoique chargé d'une famille assez nombreuse, qu'il a élevée dans les devoirs d'honneur et d'amour pour le souverain légitime, il n'a rien sollicité du gouvernement qui vient d'être détruit, ses sentiments y étant contraires. Aujourd'hui que le gouvernement est fondé sur la justice et l'équité, il supplie Monsieur le Chancelier de vouloir bien le rétablir dans des fonctions qu'il a remplies avec honneur pendant plus de quinze années* » [302].

Son vœu ne fut pas exaucé.

BOURSIER (Marie Louis Séverin)

Introduit au sein des justices de paix à la faveur du retour des Bourbons, qui le nommèrent suppléant du XIe arrondissement, le 7 février 1816, en remplacement de Jean-François Behourt [303], Marie-Louis Boursier continua sa carrière en passant, le 15 juillet 1818, au Xe arrondissement, dont avait démissionné le suppléant Jean-François Charpentier. Le procureur général près la cour royale de Paris l'avait proposé en priorité [304].

Il retrouva son arrondissement d'origine le 25 avril 1820, lorsqu'une ordonnance le nomma juge de paix après le décès du titulaire, Jean-Philippe Normand. Le procureur général l'avait de nouveau présenté en première ligne. Si l'on en croit le dépit d'un candidat malheureux, Dières, ses alliances avaient en cette affaire secondé le nouveau juge : « *rien de plus naturel* – écrivait le malchanceux à monsieur Rebut de la Rhoëllerie, chef de la division du personnel au ministère de la

---

[299] Arch. nat. : BB5 182.
[300] Arch. nat. : BB16 704.
[301] Arch. de Paris : D8 U1 11.
[302] Arch. nat. : BB5 182.
[303] Arch. nat. : BB8 203.
[304] Arch. nat. : BB8 222.

Justice – *que vous ayez servi monsieur votre beau-frère, monsieur Boursier, en lui faisant obtenir la place de juge de paix du XIe arrondissement de Paris, que d'après mes services établis dès 1777, j'avais cru pouvoir demander...* » [305].

Il siégea jusqu'aux événements de 1830. À cette époque, le procureur du roi près le tribunal de première instance de la Seine répondit défavorablement à la demande de renseignements formulée par le garde des Sceaux le 30 novembre : « *Ancien agent d'affaires, peu estimé, emporté. Il y a peu de temps, il a déchiré une ordonnance rendue par le Président du Tribunal qui blâmait une apposition de scellés faite par lui. On le présente comme très avide de vacations. Est le beau-père de M. Champanhet, substitut du Procureur Général. Je propose néanmoins de le remplacer.* »

Instruit de ces rumeurs contraires, Marie-Louis Boursier envoya sa démission au procureur général, qui écrivit au ministre de la Justice, le 28 avril 1831 : « *Comme sa famille, et surtout M. Champanhet son gendre, craignent qu'une ordonnance de destitution ne soit insérée auparavant au Moniteur, je viens vous supplier en leur nom, d'en retarder la publication, ou de faire ajouter au nom de M. Boursier, celui de démissionnaire. Sa démission est fondée sur des infirmités, et par cela même, elle rend explicable l'ordonnance qui lui donne un remplaçant* » [306]. L'honneur était sauf.

Le 5 mai, Antoine Roullion prit en main la direction de la justice de paix, vacante depuis le 27 avril [307].

BOYER (Claude)

Le Directoire nomma successivement trois personnes en remplacement du juge de paix Nicolas, dit Grandmaison, décédé. La première, choisie par arrêté du 7 pluviôse an VII (26 janvier 1799), étant morte avant sa nomination, l'arrêté fut rapporté le lendemain et le citoyen Daugy, homme de loi, nommé à sa place. Non-acceptant, celui-ci s'effaça au profit de Claude Boyer, laborieusement devenu juge de paix de la division de la Fontaine-de-Grenelle par arrêté du 22 pluviôse (10 février) [308].

Le choix directorial était-il judicieux ? Claude Boyer s'installa le 9 ventôse an VII (27 février 1799), la justice de paix étant vacante depuis le 11 nivôse (31 décembre 1798), et sa signature disparut des minutes dès le 30 germinal (18 avril 1799). Jean Godard succéda plus durablement à ce magistrat éphémère [309].

---

305 Arch. nat. : BB8 256.
306 Arch. nat. : BB8 510.
307 Arch. de Paris : D11 U1 142.
308 Arch. nat. : BB5 410.
309 Arch. de Paris : D10 U1 9.

BRUNEAU (Jean)

En 1789, la Révolution naissante fit de ce négociant de quarante-deux ans le président du district des Petits-Pères, puis des assemblées primaires de 1790 et 1791 [310]. Désigné premier des treize électeurs de la section de la Place-Louis XIV, en 1790 comme l'année suivante, d'ailleurs élu scrutateur général à l'une et l'autre session, Jean Bruneau s'affilia vers cette époque à la société des Amis de la Constitution [311]. Toujours friand d'emplois civils, il fit partie de la commission des Douze pour l'acquisition des Domaines nationaux [312].

Élu juge de paix à la fin de 1790, ce notable adjoint inaugura le tribunal en janvier 1791 : son premier acte de juridiction est daté du vendredi 28 « *à dix heures du soir, attendu que le cas requiert célérité* » [313] ; au cours de l'année, « *outrageusement calomnié dans un libelle par M. Chauveau de La Garde* », il lui répondit par écrit et à deux reprises, la polémique s'éternisant [314]. Jean Bruneau siégea jusqu'au 7 août 1792 et fut ensuite suspendu, comme ses collègues parisiens ; au mois de septembre, Nicolas Baron assura sa relève à la tête du tribunal de paix [315].

Lui-même devint membre du conseil général de la Commune au mois de décembre, et le demeura jusqu'en avril 1793. Il fit également partie du comité civil de la section, mais son incarcération « *par les ennemis de l'ordre* », le 12 frimaire an II (2 décembre 1793), mit un terme brusque à ses activités. Après huit mois de détention, il recouvra la liberté le 23 thermidor (10 août 1794), sauvé *in extremis* par la chute de Robespierre. Nommé commissaire de la section le 18 floréal an III (7 mai 1795), il refusa ce poste par lettre adressée au Comité de Législation : « *je puis assurer qu'aucun citoyen n'a plus que moi montré de zèle et de civisme* », mais les occupations dont dépendaient son existence et celle de sa famille ne souffraient pas d'interruption. Il était alors directeur de la liquidation de l'ancienne Compagnie de la Guyane française [316].

BRUZELIN (Antoine Marie)

Né le 27 juillet 1749 [317] à Châtillon-les-Dombes, département de l'Ain, de Jean-Baptiste Bruzelin et de Marguerite Serdan son épouse, il célébra son mariage avec demoiselle Antoinette Jacob, de onze ans sa cadette, le 17 août 1790 à Paris [318], où il habitait 10, rue du Faubourg-Montmartre [319].

---

310 Arch. nat. : D III 256^4.

311 Et. CHARAVAY, *Assemblée électorale de Paris*, I, p. 19.

312 Arch. nat. : D III 256^4.

313 Arch. de Paris : D3 U^1 19.

314 Bibl. nat. : Ln^{27} 3161 et 3162.

315 Arch. de Paris : D3 U^1 20.

316 Arch. nat. : D III 256^4.

317 Arch. nat. : BB^8 13.

318 Minutier Central, IX, 863.

319 Et. CHARAVAY, *Assemblée électorale de Paris*, I, p. 11.

Il avait accompli son service dans la garde nationale du 14 juillet au 31 août 1789, jour de sa désignation au poste de commissaire de son arrondissement ; l'un des notables adjoints le 23 octobre suivant [320], la considération qui l'entourait lui permit de se retrouver, le 11 octobre 1790, à quarante ans, septième des neuf électeurs de la section de la Grange-Batelière [321], puis, le 27, commissaire de police, fonction qu'il ne quitta que pour devenir juge de paix à la faveur de l'insurrection, le 19 août 1792, en remplacement de Jean Defresne [322].

Lors des épurations de l'an III, époque à laquelle il disait aimer « *bien les braves et honnêtes gens et fort peu les autres* » [323], il conserva son siège sous les applaudissements de ses concitoyens réunis en assemblée générale le 20 messidor (8 juillet 1795) [324]. La seule interruption connue de sa judicature se produisit cette année-là : le congé sollicité auprès du Comité de Salut public le 26 vendémiaire (17 octobre 1794) lui fut accordé pour sept décades : « *des affaires d'un intérêt majeur pour mes enfants* – avait-il expliqué – *m'appellent depuis longtemps dans le département de l'Ain où j'ai pris naissance, dans ceux de Rhône et Loire, et celui de l'Isère* » [325]. Revenu à son tribunal, il ne le quitta plus « *malgré la tourmente et le passage de plusieurs réélections, jusqu'à exécution de la loi sur la réduction des justices de paix* » [326]. Bonaparte accorda une audience au malchanceux et « *parut prendre intérêt à lui, comme à son ancien juge de paix, et lui promit son souvenir* » [327].

La déconvenue publique s'ajoutait là aux malheurs domestiques : son divorce avait été prononcé le 14 floréal an IX (4 mai 1801). On dressa quatre jours après l'inventaire des biens dépendant de la communauté légale « *établie entre eux aux termes de la coutume de Paris, dans l'étendue de laquelle ils se sont mariés, n'y ayant point eu de contrat qui ait réglé les conditions civiles de leur mariage* ». A cette occasion, Antoinette Jacob, ci-devant son épouse, était représentée par le sieur Portevin, greffier de la même justice de paix. Liquidation et partage, effectués le 6 messidor an IX (25 juin 1801), firent apparaître un retard de neuf cents francs dans le paiement de ses appointements judiciaires. L'actif net de la communauté s'éleva finalement à la somme de huit mille sept cent soixante-quinze francs. Le juge de paix se vit confier par ailleurs l'éducation de ses cinq enfants – quatre filles et un fils – « *quoiqu'aux termes de la loi, ledit citoyen Bruzelin ne dût être chargé que du dernier, comme étant le seul enfant mâle* » pour les mettre « *dans le cas de recevoir*

---

320 Arch. nat. : BB⁵ 171.
321 Et. CHARAVAY, *Assemblée électorale de Paris*, I, p. 11.
322 Arch. nat. : BB⁵ 171.
323 Arch. nat. : D III 253, dossier 18.
324 Arch. nat. : D III 256⁶.
325 Arch. nat. : D III 253, dossier 18.
326 Arch. nat. : BB⁵ 171.
327 Arch. nat. : BB⁵ 139.

une éducation beaucoup plus soignée que la fortune de la dite Dame Jacob ne lui permettrait de leur donner »[328].

La vie publique continua de l'occuper : électeur en l'an IV, en l'an VI, en l'an IX, il fut encore élu, le 14 pluviôse en XI (3 février 1803), membre du collège électoral et candidat, par deux cent trente-quatre suffrages sur trois cent dix-huit, à la place de juge de paix du IIe arrondissement. Le 3 mars 1809, l'empereur, se rappelant peut-être la promesse du Premier consul, le nomma second suppléant du IIe arrondissement[329]; Antoine Bruzelin était alors recommandé par le général Kellerman[330].

Au mois de janvier 1812, une note du premier président de la cour impériale lui interdit de remplacer Jean Delorme, décédé juge de paix : « *Le sieur Bruzelin a des dettes, a divorcé ; il est lié avec un homme méprisable ; il n'a point l'existence et les qualités nécessaires pour être juge de paix de cet arrondissement* »[331]. Il se retrouva tout de même premier suppléant de la juridiction et le demeura jusqu'au retour des Bourbons, qui le nommèrent, en 1816, commissaire de police du quartier du Roule[332]. En 1827, Bruzelin se retira ; on lui accorda que son fils – et greffier depuis 1818 – lui succédât[333].

BUCQUET (Jean Antoine)

Procureur du roi au présidial de Beauvais, il remporta un prix académique, en 1783, pour un discours relatif aux « *moyens de rendre la justice en France avec le plus de célérité et le moins de frais possible* », publié en 1789[334]. Jean Bucquet remplaça Jean-Louis Decaudin, juge de paix de la section Notre-Dame – rebaptisée de la Cité – après l'épuration du 10 août 1792.

Toujours en poste en l'an III, il envoya le 8 frimaire (28 novembre 1794) à la Commission des administrations civiles, police et tribunaux, un état de la justice de paix des plus laconiques. Il se bornait à nommer ses assesseurs et à demander le remplacement de son greffier, parti pour la Vendée, puis à l'armée du Nord, cette absence l'accablant de besogne[335]. Il devait laisser son siège à François Laurent, au mois de germinal an VI (mars-avril 1798)[336].

Le 7 messidor an X (26 juin 1802), Jean Bucquet sollicita l'emploi vacant de magistrat de sûreté ; il demeurait alors 14, rue des Trois-Bornes, faubourg du Temple. Il rappelait dans sa lettre au ministre de la Justice l'entrevue accordée, la promesse faite de lui être utile, et ses propres aptitudes : « *Je désire cette place ; je*

---

[328] Minutier Central, IX, 863.
[329] Arch. nat. : BB^5 174, et BB^8 47.
[330] Arch. nat. : BB^8 25.
[331] Arch. nat. : BB^8 30.
[332] Arch. nat. : BB^8 203.
[333] *Almanach royal*, 1818 – 1827.
[334] Bibl. nat. : Lf^{23} 58.
[335] Arch. nat. : D III 254, dossier 2.
[336] Arch. nat. : AF III 260.

crois être en état de la remplir, ayant exercé les fonctions de juge de paix officier de police judiciaire l'espace de six ans, sans avoir mérité de reproches ». Sa lettre à Cambacérès, datée du même jour, se faisait plus pressante : « *Je suis sans place, ayant besoin de travailler...* » [337].

BUOB (Jean Valentin)

Membre de la Commune provisoire de Paris en 1789, et à ce titre choisi comme administrateur chargé des établissements publics [338], Jean Buob, devenu le premier juge de paix de la section Poissonnière le 17 novembre 1790, prononça un discours de remerciements à l'adresse de ses concitoyens [339]; il inaugura le tribunal le 25 janvier 1791 [340] et le présida jusqu'au 24 juillet de l'année suivante [341]. Suspendu par la Commune du 10 Août, on le rechercha, comme certains de ses anciens collègues : Bosquillon, Fayel, Menjaud... pour avoir avec eux formé « *au château des Tuileries un comité secret destiné à venger la cour de la journée du 20 juin et à en punir les auteurs* » [342].

Le 12 août, à une heure du matin, Sigault et Delabarre, commissaires nommés par le Conseil général à l'effet de s'assurer de la personne du conciliateur, se transportèrent à son domicile, « *où, étant dans une chambre au deuxième étage dépendante de la maison occupée par le marchand de vin* », ils trouvèrent Buob couché, « *lequel, après qu'on lui eut exhibé l'ordre du Conseil général,*[...] *s'est habillé et a déclaré y obéir* ». Naïvement, le juge de paix fit toutes réserves sur la légalité de son arrestation, demandant à être interrogé dans les vingt-quatre heures. Pierre Blandin, pacificateur de la section des Lombards, apposa les scellés, et Jean Buob parapha le procès-verbal d'une signature tremblée, méconnaissable, presque illisible [343].

Détenu à l'Abbaye Saint-Germain, il y fut massacré le 2 septembre en même temps que Charles Bosquillon [344]. Un rapport de l'enquête menée par la commission des Douze, adressé le 27 novembre au Conseil général, indiquait que des vols s'étaient commis de surcroît : on y trouve une demande de restitution des effets manquants du juge de paix exécuté [345].

Clément Pinard, qui avait pris, dès le 19 août, la tête de la juridiction [346], à son tour arrêté à la suite des émeutes de prairial an III (20 - 23 mai 1795), fit alors une tardive et surprenante oraison funèbre de son prédécesseur, « *banqueroutier à*

---

337 Arch. nat. : BB^5 167.

338 Paul ROBIQUET, *Municipal*, p. 223 et 257.

339 Bibl. nat. : Lb^{40} 2120.

340 Arch. de Paris : D3 U^1 42.

341 Arch. de Paris : D3 U^1 43.

342 François BARRIERE, *Bibliothèque des mémoires*, XVIII, p. 263.

343 Arch. nat. : W 251, dossier 20.

344 François BARRIERE, *Bibliothèque des mémoires*, XVIII, p. 264.

345 Ferdinand BRAESCH, *Commune*, p. 694.

346 Arch. nat. : D III 253, dossier 23.

Strasbourg, à Paris dilapidateur de la fortune du citoyen Duvernois ». Il ajouta que le simple citoyen actif qu'il était lui-même à l'automne de 1790, soucieux de ce que les postes nouveaux fussent attribués à des « *hommes probes et vertueux* », n'avait pu empêcher l'élection de cet individu dont pourtant la conduite « *devait être assez connue pour le faire rejeter* » [347].

CEYRAT (Joachim)

Clermont-Ferrand le vit naître en 1751 ; clerc tonsuré, affilié à la Chambre de Paris au Grand Orient en 1784 [348], avocat avant la Révolution [349], commissaire civil de la section du Luxembourg depuis le 13 juillet 1789 [350], Joachim Ceyrat fut, en novembre 1790, élu cinquième des vingt et un électeurs et commissaire de police ; il habitait alors 10, rue Férou [351].

Le 10 Août le transforma en juge de paix : le 24, il remplaça Etienne Harmand, destitué par la Commune [352]. Son activité politique semble extrême à dater de ce jour, s'il faut en croire les griefs que formula le comité civil de la section, le 4 frimaire an III (24 novembre 1794) : « *il ambitionnait d'être élu juge de paix, il le fut. Il commença à donner des preuves qu'il était indigne de porter sur le pectre le médaillon de la paix, en présidant l'assemblée de la section le 2 septembre 1792* [...] *Tous les procès-verbaux des séances de l'assemblée générale présidées par lui déposent de son despotisme* [...] *Ceyrat est l'homme du monde le plus astucieux ; il est impossible de prouver toutes ses prévarications, mais en voilà assez pour prouver aux Comités de gouvernement le danger qu'il y a à le laisser en place* ».

Le 29 nivôse (18 janvier 1795), le juge de paix opposa sans modestie excessive « *l'honnêteté, la douceur, la probité, l'intégrité, l'impartialité et la justice* » qui avaient toujours guidé sa conduite [353], mais en vain. Jean Fialin, secrétaire-greffier de la section [354], lui succéda le 1er ventôse an III (19 février 1795) à la suite de sa destitution [355], mais ses concitoyens ne désarmèrent pas pour autant. Employé le même mois dans la commission des Secours, puis dans les bureaux de la Guerre [356], Ceyrat fut arrêté en vertu d'un décret rendu le 5 prairial (24 mai 1795) « *par les individus composant l'assemblée générale et conspiratrice de la section du Luxembourg* » [357].

Le 22 fructidor (8 septembre 1795), le Comité de Sûreté générale le renvoya devant le tribunal criminel du département, avec d'autres prévenus, pour répondre de

---

347 Arch. nat. : F^7 4774^{75}, dossier Pinard.

348 Et. CHARAVAY, *Assemblée électorale de Paris*, I, p. 69.

349 Arch. nat. : F^7 6272 et F^7 4708.

350 Arch. nat. : D III 254, dossier 13.

351 Et. CHARAVAY, *Assemblée électorale de Paris*, I, p. 69.

352 Arch. de Paris : D11 U^1 2.

353 Arch. nat. : D III 254, dossier 13.

354 Arch. nat. : D III 239.

355 Arch. de Paris : D11 U^1 5.

356 Arch. nat. : F^7 6272.

357 Arch. nat. : AA 6 319 ; et Edmond SELIGMAN, *Justice*, II, p. 347.

l'accusation d'avoir pris part aux massacres de Septembre. L'ex-conciliateur avait alors été transféré de la Force à la prison de Port-Libre [358]. Toujours incarcéré le 9 frimaire an IV (30 novembre 1795), il écrivit au ministre de la Justice pour protester : à l'époque de son arrestation, « *une infinité de patriotes, sous les dénominations vagues et absurdes de Septembriseurs, Buveurs de sang, Terroristes, etc.* [avaient] *été entassés dans les prisons* ». Il demanda, en outre, d'être interrogé par le juge de paix du Luxembourg – qu'un autre document nous montre son obligé – à la faveur des lois des 12 fructidor et 2 vendémiaire précédents (29 août et 24 septembre 1795) [359].

Sans doute à la suite de cet interrogatoire, le Comité de Sûreté générale ordonna, le 27 vendémiaire an IV (19 octobre 1795), une mise en liberté que le concierge refusa en faisant valoir que l'inculpé était de surcroît détenu en vertu de l'ordre de l'accusateur public près le tribunal criminel. Cette déconvenue permit à l'ancien clerc de méditer sur le prolongement de sa détention dans une lettre qu'il écrivit, le 6 brumaire (27 novembre 1795), à sa bonne amie, la citoyenne Civand : « *Je suis bien fâché que cette circonstance m'ait privé du plaisir de vous voir et j'aurai celui de vous embrasser, vous ne devez pas douter de mon impatience* » [360]. Il dut attendre encore, car le tribunal criminel ne l'acquitta que le 23 floréal an IV (12 mai 1796) [361].

Tenace, sa mauvaise réputation le poursuivit néanmoins : sous le titre peu flatteur de « *président des assassins de Septembre* », il figura parmi les cent trente républicains que le sénatus-consulte du 14 nivôse an IX (4 janvier 1801) promettait à la déportation ; il se cacha, et la police ne réussit pas à l'arrêter [362]. Le 1er germinal an IX (22 mars 1801), les députés du Puy-de-Dôme, membres du Corps législatif et du Tribunat, le réclamèrent pour le retirer de la liste des individus « *mis en surveillance au-delà des mers* » [363].

Au mois de pluviôse an XIII (janvier-février 1805), « *toujours fugitif, privé de son état, éloigné de sa femme et de son enfant* », il sollicita de résider dans son département natal. Le 11 prairial (31 mai 1805), le ministre de la Police l'envoya en surveillance à Clermont-Ferrand : sa conduite était satisfaisante depuis l'an IV et d'ailleurs – précisait un rapport – « *s'il a eu quelques torts dans les temps orageux de la Révolution, il paraît certain qu'il n'a jamais eu celui de présider à des massacres, ni de commander des crimes* ». Ceyrat n'avait plus occupé aucun emploi public depuis cette période et s'était consacré au professorat de mathématiques pour subvenir aux besoins de sa famille, vivant « *d'une manière très paisible et faite pour inspirer confiance* » [364].

---

358 Arch. nat. : F^7 4636.

359 Arch. nat. : AA 6 319.

360 Arch. nat. : F^7 4736.

361 Arch. nat. : F^7 6272 ; et Jean DESTREM, *Déportations*, p. 303.

362 Arch. nat. : F^7 6271.

363 Arch. nat. : F^7 6272, lettre du préfet du Puy-de-Dôme.

364 Arch. nat. : F^7 6272, pièces diverses.

CHARPENTIER (Jean-François)

Natif d'Illiers, près de Chartres [365] ce marchand épicier fut élu commissaire de police de la section des Invalides « *dès le commencement de la Révolution* », c'est-à-dire en 1790, puis juge de paix, en septembre 1792 [366] : le 20, il remplaça Mathieu-Lépidor qui avait tenu la juridiction jusqu'au 13 août et que la Commune élimina [367]. Lors des épurations de l'an III, le comité civil témoigna en sa faveur : « *jouit dans la section de l'estime et de la considération que lui ont justement méritées sa probité, sa douceur, et son assiduité à remplir ses fonctions* » [368], et Jean-François Charpentier se retrouva électeur l'année suivante.

Au bout de six ans de présidence du tribunal de paix, sa réélection par les assemblées primaires tenues les 7, 8 et 9 germinal an VI (27, 28 et 29 mars 1798) fut pourtant mise en cause, l'une des trois assemblées chargées d'élire le nouveau juge de paix ayant invalidé le lendemain ses opérations de la veille, et choisi « *le citoyen Marcelin, son secrétaire* ». Jean-François Charpentier défendit la validité de sa réélection dans une lettre au ministre de la Justice : « *Il s'agissait, Citoyen Ministre, de savoir si, ma nomination étant consommée, une des trois assemblées avait pu la rendre illusoire, en annulant son scrutin dont le résultat était connu* ».

Jean-Baptiste Duperron, juge de paix de la division voisine, lui apporta son soutien : il écrivit au Directeur La Revellière-Lépeaux, lui rappelant la réclamation du quartier des Invalides, déjà remise au Directoire et demandant que le gouvernement « *autorise le citoyen Charpentier, juge de paix actuel, à continuer ses fonctions jusqu'à ce que le Conseil des Cinq-Cents ait prononcé sur la pétition qu'il se propose de présenter* » [369]. Assez vite, le ministre de la Justice permit à Charpentier de reprendre, à titre provisoire, la présidence de son tribunal, ce qu'il fit le 16 messidor (4 juillet 1798) [370]. Une loi du 3 germinal an VII (23 mars 1799) annula les opérations irrégulières menées au détriment de Charpentier [371], dont le mandat prit fin le 7 ventôse an X (26 février 1802) [372] car le scrutin de pluviôse avait consacré Jean-Baptiste Jeanson juge de paix du Xe arrondissement.

Jean-François Charpentier contesta cette élection comme il avait contesté celle de l'an VI. Sa défense consistait en ce que le scrutin de la division de l'Unité, où exerçait Jeanson, ne fut remis que le 19 pluviôse (8 février 1802) après midi, trois jours après le délai fixé par la loi ; en outre, le défaut d'une série d'électeurs inscrits dans sa division le priva « *du suffrage de ses plus sincères amis, de ses voisins,*

---

[365] Arch. nat. : BB^{16} 704.

[366] Arch. nat. : D III 254, dossier 12.

[367] Arch. de Paris : D10 U^{1} 49.

[368] Arch. nat. : D III 254, dossier 12.

[369] Arch. nat. : BB^{5} 167.

[370] Arch. de Paris : D10 U^{1} 51.

[371] Arch. nat. : BB^{5} 167.

[372] Arch. de Paris : D10 U^{1} 52.

même de ses assesseurs ». Sa voix ne fut pas entendue : il se retrouva premier suppléant.

Chargé « *d'une femme, trois filles et un fils qui, conscrit, servait en qualité de sergent-major dans la 95e demi-brigade* » [373], il avait retrouvé son ancien état d'épicier en avril 1804 ; il était âgé de soixante ans. Le président du tribunal de première instance le disait « *homme de bien, attaché au gouvernement, mais pouvant être facilement remplacé* ». Des témoignages plus favorables assuraient au contraire que le vœu unanime des citoyens de la division des Invalides le rappelait à la place de juge de paix qu'il avait remplie de manière à « *mériter l'estime et la reconnaissance des gens de bien* » [374].

Jean-François Charpentier démissionna de sa suppléance en 1818, et Marie-Louis Boursier, futur juge de paix de l'arrondissement, lui succéda le 15 juillet [375].

CHAUVET (François Stanislas)

Il naquit à Tuchan, dans l'Aude, le 19 novembre 1791, et reçut sa licence en droit le 1er juillet 1813 ; docteur le 24 août 1820, il exerçait la profession d'avocat à la cour royale de Paris depuis le 13 décembre 1815 [376].

Lorsque se libéra, au mois de février 1822, une suppléance dans le XIe arrondissement, François Chauvet se porta sur les rangs, présenté au garde des Sceaux par le premier président Séguier, lequel vanta la position familiale de son protégé, « *né de parents très aisés* », et alerta en outre le secrétaire général du ministère sur l'intérêt qu'il portait au jeune candidat. Les raisons de l'auguste parrainage n'étaient pas d'ordre strictement juridique : une mention anonyme nous apprend que « *Monsieur Chauvet a été gouverneur de M. Séguier fils* », et qu'en retour le premier président lui voulait le plus grand bien. Une ordonnance royale du 27 mars le nomma au poste convoité, que diverses protections lui permirent d'abandonner rapidement.

Une lettre du procureur Bellart informa le garde des Sceaux que François Chauvet était, au mois de juillet 1822, sur le point d'épouser la petite-fille de Jean Odent, juge de paix du VIIe arrondissement ; « *ce magistrat* – expliqua-t-il avec force détails – *désirerait que son gendre futur, qui, après la célébration du mariage, va demeurer avec lui, passât en qualité de suppléant dans la justice de paix du VIIe arrondissement* ». Le caractère manifestement inhabituel de la demande, appuyée pourtant par l'auteur de la missive, était dénoncé par une mention marginale des plus circonspectes : « *Attendre le retour de Son Excellence* ». Le ministre accorda la faveur désirée : une ordonnance du 11 septembre organisa la permutation avec un suppléant du VIIe, Froidure, lequel acceptait « *sous réserve que*

---

[373] Arch. nat. : BB5 171.
[374] Arch. nat. : BB8 25.
[375] Arch. nat. : BB8 222.
[376] Arch. nat. : BB8 333bis.

les autorités soient instruites de ce changement, et qu'il puisse réintégrer lui-même [...] *son quartier d'origine* » si une suppléance venait à y vaquer [377].

Deux ans plus tard, à peine, Jean Odent se retira et la manœuvre, préparée de longue main, se déroula sans encombre. François Chauvet rappela sa double qualité de suppléant du tribunal et de « *petit-gendre* » du démissionnaire, ayant épousé – par amour ? – « *mademoiselle Agasse, dont le père est sous-caissier au Trésor royal, le grand-père paternel Secrétaire des commandements de S. A. S. Monseigneur le duc de Bourbon, Grand Maître de France pour la Maison du Roi, et chevalier de l'ordre royal de Saint Michel ; le grand-père maternel, M. Odent, juge de paix du VII*e *arrondissement* ». Le premier président Séguier exerça de nouveau son puissant patronage, et Villèle, alors ministre secrétaire d'Etat des Finances, le recommanda aussi : l'ordonnance du 12 mai 1824 le nomma juge de paix [378]. Le 22, il prêta serment de « *fidélité au roi, obéissance à la Charte constitutionnelle* » et jura de « *bien et fidèlement* » remplir la charge qui lui était confiée [379].

Passé la révolution de 1830, le procureur du roi conseilla son remplacement dans l'intérêt des justiciables, quoiqu'il soulignât en même temps la forte protection que lui accordait « *Monsieur Séguier* ». La monarchie de Juillet conserva néanmoins ce magistrat « *capable, mais minutieux à l'excès* » aux dires des avoués de son ressort, lesquels se plaignaient de ce qu'il fallût le solliciter deux mois à l'avance pour obtenir une audience de conciliation [380].

François Chauvet devait mourir en 1832, sans doute au mois d'octobre, et le 24, son second suppléant Alban Trouillebert vint présider la juridiction [381].

CHAUVIN (Pierre)

Né à Soise, dans la Sarthe, vers 1733 [382], Pierre Chauvin devint propriétaire d'une fabrique de chapeaux qui employait dix ouvriers [383]. Il travaillait rue de Lappe depuis 1756, lorsqu'on le désigna dernier des onze électeurs de la section de Montreuil en 1790, cinquième en 1791, et septième en 1792 [384], mandat qu'il cumula, durant ces trois années, avec celui de commissaire civil qu'il devait exercer jusqu'en l'an III [385].

Affilié à la société des Amis de la Constitution [386], de plus en plus distrait par les affaires publiques, au mois d'avril 1792 le chapelier cessa de diriger lui-même son atelier [387], qui participa, au cours de l'année suivante, à l'effort de guerre

---

377 Arch. nat. : BB8 298.
378 Arch. nat. : BB8 333bis.
379 Arch. de Paris : D7 U1 94.
380 Arch. nat. : BB8 510.
381 Arch. nat. : BB8 531.
382 Arch. nat. : BB16 704.
383 Arch. nat. : F7 4634 ; voyez en outre Raymonde MONNIER, *Saint-Antoine*, p. 131.
384 Et. CHARAVAY, *Assemblée électorale de Paris*, I, p. 38 ; II, p. 32 et III, p. 41.
385 Raymonde MONNIER, *Saint-Antoine*, p. 133.
386 Raymonde MONNIER, *Saint-Antoine*, p. 118.
387 Arch. nat. : D III 253, dossier 19.

par la confection de casques pour les troupes [388]. Pierre Chauvin se retrouva juge de paix de sa section au soir du 17 août, Jean-Louis Delarsille étant suspendu par la Commune insurrectionnelle [389]. Sa prudence, ou sa précision, lui firent mentionner sur les actes, du 31 août au 27 novembre, la précarité de sa situation : « *Chauvin, exerçant provisoirement les fonctions de juge de paix...* » [390].

Confirmé à son poste, il écrivit au Comité de Législation, le 11 pluviôse an III (30 janvier 1795), que la juridiction n'avait « *éprouvé aucune mutation* » depuis l'époque trouble où disparut la royauté [391]. Cette stabilité régna jusqu'en l'an VI : le 13 nivôse (2 janvier 1798), le juge de paix décéda « *place de la Porte-Antoine numéro 2* », âgé de soixante-neuf ans et laissant pour héritier son fils, Pierre Noël, chapelier au 43, rue Saint-Denis [392]. Ses assesseurs désignèrent au fauteuil vacant Pierre Pinatel, « *le premier d'entre eux* » [393].

CHÉPY (Jean Nicolas)

Ce juriste d'Ancien Régime, procureur au parlement de Paris pendant vingt et un ans [394], rejoignit dès le 14 juillet 1789 les rangs de la Révolution. Premier membre du comité civil de la section du Louvre le 18 septembre, « *il était chargé de la police et du criminel* » ; notable adjoint le 29 novembre suivant [395], la section l'élut neuvième de ses vingt électeurs le 16 octobre 1790. Il était âgé de cinquante ans et demeurait 29, rue Boucher [396]. Ballotté pour le poste de juge de paix le 8 novembre, il devint seulement assesseur ; président d'assemblée primaire le 19 février 1791 [397], septième électeur en juin [398], il prit sa revanche en se faisant désigner, le 23, commissaire de police de la section et abandonna sa place au comité civil [399].

Puis le durcissement de la vie publique favorisa son ascension : devenu premier électeur l'année suivante [400], il présidait la section le 10 août 1792 et fut nommé juge de paix le 21, à la place de Moreau de Mersan [401] ; toutefois, pris par l'agitation politique, il ne signa sa première minute que le 9 septembre [402]. Cet ancien député extraordinaire à l'Assemblée constituante, puis à l'Assemblée

388 Arch. de Paris : Aa 173 ; voyez en outre Raymonde MONNIER, *Saint-Antoine*, p. 67.
389 Arch. nat. : D III 253, dossier 19.
390 Arch. de Paris : D8 U^1 13.
391 Arch. nat. : D III 253, dossier 19.
392 Arch. de Paris : DQ^8 55.
393 Arch. nat. : BB^5 167.
394 Arch. nat. : BB^5 168.
395 Arch. nat. : BB^5 169.
396 Et. CHARAVAY, *Assemblée électorale de Paris*, I, p. 13.
397 Arch. nat. : BB^5 169.
398 Et. CHARAVAY, *Assemblée électorale de Paris*, II, p. 10.
399 Arch. nat. : BB^5 169.
400 Et. CHARAVAY, *Assemblée électorale de Paris*, III, p. 14.
401 Arch. nat. : D III 253, dossier 20.
402 Arch. de Paris : D4 U^1 1.

législative, se consacra dès lors presque exclusivement à sa carrière judiciaire ; il ne conserva de surcroît que ses charges de commissaire des pauvres et de trésorier de la bienfaisance de sa section.

L'état de la justice de paix demandé par le Comité de Législation lui permit d'insister sur le grand nombre de ses justiciables et de réclamer, le 6 pluviôse an III (25 janvier 1795), une salle d'audience « *soit au ci-devant Châtelet, soit dans l'enclos du Museum. Souvent* – expliquait-il dans son courrier – *la maison du juge de paix est si pleine, qu'il y a des citoyens jusque près des escaliers* ». Toutefois, l'épuration des fonctionnaires, effectuée quelques semaines plus tard, lui fut fatale : le 6 ventôse (24 février), fut dénoncé le soutien qu'il avait apporté au régime terroriste [403], puis l'assemblée générale prononça son désarmement.

En dépit des décisions du Comité de Sûreté générale qui, le 4 germinal (24 mars), retira le gendarme affecté à la garde du juge de paix « *vu son civisme et sa bonne conduite* », puis, le 14 floréal (4 mai), raya de la liste des personnes désarmées les citoyens Chépy père et fils, attendu qu'ils ne pouvaient « *être considérés comme ayant participé aux horreurs commises sous la tyrannie qui a précédé le 9 thermidor* » [404], le comité civil présenta, le 9 prairial (28 mai), au choix du Comité de Législation les candidats Monniot et Le Sèvre, tous deux hommes de loi. Nommé juge de paix le 10 messidor an III (28 juin 1795), Monniot refusa pour conserver sa place d'officier public à l'état civil [405].

Pourtant, quelques particuliers s'élevèrent en faveur de Jean Chépy, à l'image du sieur Lorphèvre, dont la section du Museum fit passer le témoignage au Comité de Sûreté générale. Cet homme affirmait que, pressé à plusieurs reprises de dénoncer des propos anti-jacobins, le pacificateur s'y était toujours refusé ; qu'un jour même, il avait rappelé à la prudence deux bavards qui s'échauffaient contre Robespierre « *dans un endroit public où souvent la vérité était dangereuse à dire* ». Bien plus, le 9 Thermidor, Jean Chépy, qui venait de porter à la Convention une pétition qu'il avait rédigée, dit au citoyen Lorphèvre : « *Dieu merci, je crois que cette journée abattra le parti des terroristes et des hommes sanguinaires ; il y a longtemps que cela devrait être fait* ».

Soutenu par ce courant favorable, le juge de paix, « *qui avait donné sa démission en demandant de n'être remplacé que comme démissionnaire* », argua d'un nouvel arrêté, signé le 24 messidor an III (12 juillet 1795) au Comité de Sûreté générale et qui ordonnait son réarmement [406]. Il mit en cause le caractère définitif de sa démission, assurant qu'il y avait contre lui dans la section « *un parti nombreux et déterminé* ». Au mois de brumaire an IV (novembre 1795), les citoyens assemblés de la division du Museum lui préférèrent effectivement le second candidat présenté :

---

403 Arch. nat. : D III 253, dossier 20.
404 Arch. nat. : F^7 4645.
405 Arch. nat. : D III 253, dossier 20.
406 Arch. nat. : F^7 4645.

Jean Le Sèvre [407]. Chassé de la justice de paix qu'il avait présidée, Jean Chépy ne renonça pas pour autant, et le Directoire récompensa son obstination en le nommant, le 4 nivôse an IV (25 décembre 1795), juge de paix de la Place-Vendôme en conséquence de la démission offerte le 28 frimaire (19 décembre 1795) par Dominique Marmouget [408]. Il revint siéger le 13 nivôse (3 janvier 1796) et se maintint jusqu'au 13 germinal an V (2 avril 1797), époque à laquelle lui succéda Jean-François Michel [409].

Nommé juge au tribunal civil de la Seine le 20 fructidor an V (6 septembre 1797) [410], une liste adressée aux Directeurs le 18 germinal an VII (7 avril 1799) le disait « *dévoué au gouvernement, très instruit, mais accessible, par la faiblesse de son caractère, aux insinuations de l'intrigue* » [411]. Il devint cette année-là président de la troisième section du tribunal, et le demeura jusqu'au 18 Brumaire (9 novembre 1799).

En l'an X, il écrivit au Premier consul afin d'occuper une place quelconque dans l'ordre judiciaire : « *âgé de soixante-deux ans, infirme, père de trois enfants, dont un vient d'être comblé de vos bontés, dont un autre, sous-lieutenant de cavalerie, a quitté le service par suite de ses blessures, je languis depuis ce moment sans emploi et dans la plus déplorable détresse* » [412]. Sa situation malheureuse le contraignit à se départir, le 23 ventôse de la même année (14 mars 1802), du cinquième indivis de différentes pièces de terre qu'il avait reçues à raison du décès de sa mère, Jeanne Grulet, « *veuve de Jean Chépy, receveur des domaines du ci-devant Clermontois* ». Il les vendit à son fils Pierre, commissaire aux Relations commerciales, moyennant le prix de 2 100 francs payé le jour même [413].

L'ex-juge de paix mourut à Paris, 37 place Saint-Germain, le 20 mai 1810 [414].

COLMET DE SANTERRE (Armand Adélaïde)

« *L'an 1744, le mardi 18 février, a été baptisé Armand Adélaïde, né le jour précédent...* ». Ainsi débutait l'extrait baptistaire que cet ancien avocat et procureur au parlement de Paris devait joindre un jour à sa demande de place dans l'ordre judiciaire. Son attitude pendant la période révolutionnaire, quoique prévisible, n'est guère connue, sinon par l'allusion que fit l'intéressé lui-même, et en 1815, sur son « *parfait dévouement à la personne de Sa Majesté ainsi qu'à son auguste famille* » [415].

---

[407] Arch. nat. : D III 253, dossier 20.
[408] Arch. nat. : BB^5 376.
[409] Arch. de Paris : D1 U^1 46.
[410] Arch. nat. : BB^5 404.
[411] Arch. nat. : BB^5 167.
[412] Arch. nat. : BB^5 169.
[413] Minutier Central, IX, 867.
[414] A. M. CASENAVE, *Tribunaux civils*, II, p. 875.
[415] Arch. nat. : BB^8 164.

La seule trace contemporaine de la tourmente n'intéresse que sa vie privée. Le 29 janvier 1791, il fit avec ses deux frères – Frédéric Baltazar, comme lui ci-devant avocat et procureur au parlement, et Auguste Angélique, prêtre du diocèse de Paris – cesser l'indivision portant sur une fraction du patrimoine paternel. Jean Baltazar, décédé procureur au parlement, laissait à ses trois fils, parmi d'autres biens, la moitié de la finance d'un office de contrôleur du receveur et payeur des gages du Grand Conseil, supprimé par édit du mois de mai 1775. La finance liquidée à la somme de 35 000 livres le 11 décembre 1776, l'opération finale laissait au futur juge de paix 5 833 livres, six sols et huit deniers [416].

En 1812, Colmet de Santerre habitait 17, rue des Roziers ; avocat à la cour impériale, marié, père de trois enfants, il devint quatrième candidat aux fonctions de juge de paix, au troisième tour de scrutin, par deux cent dix-neuf voix sur deux cent soixante-six exprimées [417], ce qui le servit quelque temps plus tard. Avocat en la cour royale de Paris et membre du collège électoral, il écrivit en 1815, parmi beaucoup d'autres, au garde des Sceaux : « *après avoir établi mon fils en ma place d'avoué en la cour royale, à laquelle Sa Majesté a daigné le nommer, mon unique ambition est aujourd'hui de répondre à la confiance de mes concitoyens qui m'ont élu, il y a déjà cinq ans, candidat juge de paix. C'est en cette qualité, c'est aussi au titre d'électeur de la commune, et d'ancien juge de la Pairie de Saint-Cloud pour monsieur de Juigné, archevêque de Paris, que j'ose recourir à votre équité pour obtenir une des places, soit de juge de première instance à Paris, soit de juge de paix de la même ville* » [418].

Les recommandations des procureurs généraux Bellart [419] et Mourre, du premier président Séguier, des présidents Brisson et Try, de la maison de Rohan et de messieurs les comtes Armand et Jules de Polignac lui assurèrent le succès [420] : le samedi 7 octobre 1815, à trois heures de l'après-midi, Armand Colmet de Santerre, comparaissant au greffe du tribunal de paix, présenta l'expédition « *d'une ordonnance de Sa Majesté, rendue au château des Tuileries le 4 octobre présent mois* » qui le nommait juge de paix du IXe arrondissement à la place de Léon Wisnick, décédé [421]. Il présida la juridiction durant quatre années à peine, et, le 10 septembre 1819, démissionna sans donner les raisons de son départ ; par ordonnance du 22 septembre, Jean Lambert Sainte Croix occupa le poste vacant [422].

---

416 Minutier Central, III, 1213.

417 Arch. nat. : BB^{8} 13.

418 Arch. nat. : BB^{5} 181.

419 Ancien avocat au parlement de Paris, nommé procureur général près la cour royale de cette ville le 14 août 1815, il occupa ce poste jusqu'à son décès, survenu le 7 juillet 1826, et fut inhumé au cimetière du Père-Lachaise. Voyez la notice insérée *in* GILLE-FLEURY, *Dictionnaire biographique*, p. 47-50.

420 Arch. nat. : BB^{5} 181.

421 Arch. de Paris : D9 U^{1} 22.

422 Arch. nat. : BB^{8} 236.

COMBOUZON (Jean-Baptiste)

Ce futur magistrat parisien entama sa carrière en province : une note du ministère de la Justice, datée du 10 octobre 1815, précise qu'il devint en l'an IV juge au tribunal de district du Lot ; en l'an VIII, juge au tribunal d'appel du ressort ; qu'en 1811 enfin, l'empereur le destitua pour ses opinions politiques.

« *Particulièrement connu de monsieur le Premier Président Séguier* », il bénéficia de sa protection efficace, et l'ordonnance du 11 novembre 1815 le nomma juge de paix en remplacement de Jean Le Sèvre [423], qui continua de tenir la juridiction jusqu'au 21, date de la prestation de serment de son successeur [424]. Jean-Baptiste Combouzon siégea quinze années durant : il mourut le 14 avril 1830 à onze heures, âgé de soixante-seize ans [425]. Depuis une semaine, Antoine Decagny, son premier suppléant, présidait la justice de paix ; il apposa les scellés au domicile du défunt, 14, rue des Fossés-Saint-Germain-l'Auxerrois, le jour même, à six heures de relevée. Le juge de paix laissait pour présomptives héritières trois filles majeures, dont deux absentes de Paris ; on leva les scellés le 10 mai suivant.

Jean-François Guichard assura sa relève [426].

CORBIN (René)

En 1792, la section du Roule, désigna pour douzième de ses treize électeurs cet huissier de trente-sept ans, établi rue du Faubourg du Roule, numéro 198 [427], et la suspension des juges de paix que décida la Commune insurrectionnelle lui permit d'accéder, le 20 septembre, au fauteuil de Nicolas Anquetil [428].

Pourtant, dès le 22 mai suivant, ses convictions politiques le poussèrent à laisser la présidence du tribunal aux assesseurs, qui remplirent désormais « *la fonction du juge de paix enrôlé et parti pour la Vendée* ». De retour de campagne le 22 frimaire an II (12 décembre 1793), René Corbin ne connut qu'un repos de quelques mois, à la suite desquels les minutes de la justice de paix commencèrent à mentionner pudiquement son « *absence* », puis, celle-ci se prolongeant, se mirent à qualifier les assesseurs de « *juges de paix par intérim* » [429]. Le Comité de Sûreté générale avait ordonné, le 7 floréal an II (26 avril 1794), « *que le nommé Corbin* [serait] *conduit dans une maison d'arrêt, pour y rester détenu par mesure de sûreté générale* » et les papiers suspects trouvés à son domicile, apportés au Comité [430].

Le juge de paix retrouva sa juridiction après quatre mois de captivité, le 4 fructidor an II (21 août 1794), et la présida sans incidents jusqu'à l'épuration de

---

[423] Arch. nat. : BB^8 164.
[424] Arch. de Paris : D4 U^1 57.
[425] Arch. nat. : BB^8 482.
[426] Arch. de Paris : D4 U^1 85.
[427] Et. CHARAVAY, *Assemblée électorale de Paris*, III, p. 6, qui toutefois ne le mentionne comme juge de paix qu'à partir de 1793.
[428] Arch. de Paris : D1 U^1 12 ; et Arch. nat. : D III 253, dossier 25.
[429] Arch. de Paris : D1 U^1 18.
[430] Arch. nat. : AF* II 254.

l'an III. Il semble bien qu'il ait alors été victime d'une tentative d'éviction sans rapport véritable avec l'assainissement officiel des administrations publiques. Par-là s'explique la pétition des citoyens du Roule demandant au Comité de Législation qu'il « *soit conservé ainsi que les assesseurs qui ont géré avec lui depuis sa nomination, vu leur bonne conduite, et qu'ils n'ont pas démérité de leurs concitoyens* ». Les quarante-deux signataires arguaient de ce que les quatre commissaires nommés le 30 prairial an III (18 juin 1795) s'étaient eux-mêmes désignés aux places qu'ils convoitaient, Thomas Daussy, le meneur, s'instituant juge de paix [431].

Réélu au mois de brumaire an IV (octobre-novembre 1795), puis à nouveau le 8 germinal an VI (28 mars 1798), mais écarté par la réduction de l'an X, René Corbin tint sa dernière audience le 18 pluviôse (7 février 1802). À cette époque, devenu second suppléant d'Antoine Lamaignère dans le Ier arrondissement, il sollicita une place de greffier ; mais en dépit de la recommandation de « *madame Bonaparte* » et de son expérience d'huissier audiencier de la ci-devant prévôté de Chaillot, il échoua dans sa tentative [432].

Cinq années plus tard, au mois d'août 1807, il perdit sa suppléance [433].

COUSIN (François)

Né à Versailles, François Cousin était âgé d'une cinquantaine d'années et résidait 158, rue de la Verrerie [434] lorsqu'il devint juge de paix de la section des Arcis au décès de son prédécesseur, Florentin Phulpin [435] ; il signa sa première minute le 3 prairial an II (22 mai 1794) [436].

Les renseignements qu'il expédia au Comité de Législation le 17 pluviôse an III (5 février 1795) nous apprennent qu'il fut toujours « *commis dans différents bureaux* » sous l'Ancien Régime, et, depuis la Révolution, « *employé à la poste* » [437]. Sans doute retourna-t-il à ces travaux sans gloire lorsque s'acheva l'intermède judiciaire, le 28 nivôse an IV (18 janvier 1796). Philippe Viget lui succéda dix jours après [438] ; lui-même resta lié à la vie publique par son mandat d'électeur.

CRETON (Charles Augustin)

Ce fils d'un « *bâtonnier-marchand vinaigrier* » commença des études de théologie au séminaire d'Amiens en 1788 [439]; maître de pension quatre années plus

---

431 Arch. nat. : D III 253, dossier 25.
432 Arch. nat. : BB^5 168.
433 Arch. nat. : BB^8 25.
434 Arch. nat. : BB^{16} 704.
435 Arch. nat. : D III 253, dossier 2.
436 Arch. de Paris : D7 U^1 2.
437 Arch. nat. : D III 253, dossier 2.
438 Arch. de Paris : D7 U^1 4.
439 A. M. CASENAVE, *Tribunaux civils*, II, p. 879.

tard, il exerçait au canton de Saint-Denis, qui le choisit pour troisième électeur, et fut élu aux fonctions de juge le 4 mars 1793 ; affecté au tribunal civil du Ier arrondissement, il abandonna l'enseignement [440] et conserva son siège malgré l'épuration du 14 nivôse an III (3 janvier 1795) [441].

Prévenu d'être l'auteur d'une révolte survenue à Franciade [Saint-Denis], « *Charles Augustin Creton, âgé de vingt-neuf ans, natif d'Amiens, département de la Somme,* [...] *demeurant rue Philippeau numéro 15* », fut incarcéré à la Force le 7 prairial an III (26 mai 1795). Ses collègues au tribunal le défendirent avec énergie : « *nous avons toujours reconnu en lui l'esprit de justice et d'impartialité qui caractérise le juge digne de la confiance de la loi. Nous lui connaissons aussi des sentiments de patriotisme fort éloigné de tout esprit de faction et de désordre* ». Dès le 23 prairial (11 juin 1795), le Comité de Sûreté générale, « *considérant que le citoyen qui a pour lui le témoignage unanime de sa section* » ne pouvait être « *l'ennemi de sa patrie* », le remit en liberté [442].

L'année suivante, le Directoire le nomma juge de paix de la division des Amis-de-la-Patrie, par arrêté du 25 nivôse an IV (15 janvier 1796) en vertu de la loi du 24 frimaire précédent (15 décembre 1795). Le nouveau juge, qui remplaçait Pierre Imbault, démissionnaire [443], s'installa dès le 3 pluviôse (23 janvier 1796) et siégea quinze mois durant [444]. Puis, le 17 germinal an V (6 avril 1797), Pierre Rousselet, nommé juge de paix par l'assemblée primaire de la section, vint présider le tribunal jusqu'à l'intervention de la loi du 19 fructidor an V (5 septembre 1797), laquelle le suspendit [445] et autorisa le Directoire à réitérer le choix déjà manifesté en faveur de Charles Creton, confirmé juge de paix dès le lendemain 20 fructidor (6 septembre 1797) [446]. Le gouvernement lui conféra une marque nouvelle de satisfaction le 16 vendémiaire an VII (7 octobre 1798) en le maintenant à son poste, que n'avait point pourvu l'assemblée primaire de l'an VI [447]; celle-ci le désigna en outre électeur [448].

La dernière élection à laquelle s'exposa Charles Creton, celle de l'an X, lui fut fatale : les suffragants préférèrent le juge de paix de la division des Lombards, Pierre Lamouque, à celui des Amis-de-la-Patrie, qui présida sa dernière audience le 6 ventôse (25 février 1802) et devint second suppléant du VIe arrondissement [449]. Après le scrutin, il postula, parmi tant d'autres, une place de magistrat de sûreté. Le 7 thermidor an X (26 juillet 1802), il écrivit en ce sens au citoyen Cambacérès, alors

---

440 A. M. CASENAVE, *Tribunaux civils*, III, p. 91 ; Arch. nat. : B1 13.

441 A. M. CASENAVE, *Tribunaux civils*, II, p. 879.

442 Arch. nat. : F^{7} 4657.

443 Arch. nat. : BB^{5} 376 et BB1 60^{A}.

444 Arch. de Paris : D6 U^{1} 32.

445 Arch. de Paris : D6 U^{1} 33.

446 Arch. nat. : BB^{5} 404.

447 Arch. nat. : BB^{5} 410.

448 Arch. nat. : AF III 260.

449 Arch. de Paris : D6 U^{1} 37.

consul, insistant avec dignité sur sa position malheureuse : « *J'aurais l'honneur de vous exposer que je suis chargé de cinq enfants, dont un infirme, d'une femme paralytique et d'une mère sexagénaire* » ; il argua aussi de ses huit années de travail en matière de police judiciaire, soit comme directeur de jury d'accusation, soit comme juge de paix [450].

Il n'obtint pas davantage le greffe de justice de paix vacant à la même époque [451], et demeura suppléant jusqu'au mois d'août 1807. Il était alors huissier près le tribunal de première instance de la Seine, et, en dépit du témoignage du procureur impérial attestant l'estime professionnelle qui l'entourait, le président du tribunal lui reprocha son absence de l'arrondissement et les renseignements «*faiblement avantageux* » rassemblés sur son nom : Charles Creton dut quitter sa suppléance [452].

DANJAN (Jean-Baptiste Cyprien)

Il naquit le 15 juin 1785 et entama sa carrière judiciaire au tribunal de première instance de Paris lorsqu'on le nomma, le 19 mai 1811, juge suppléant. Quatorze ans plus tard, le 19 mai 1825, promu suppléant de juge d'instruction, il apparaissait aux yeux du procureur du roi, Jacquinot-Pampelune, « *peu riche, père de quatre enfants, plein de capacité* » ; le président du tribunal, Moreau, lui reconnaissait « *beaucoup de zèle et d'assiduité* » : il le présenta en première ligne pour une place de juge de paix, ce qui détermina l'appui du premier président Séguier.

Charles X le nomma dans le XIe arrondissement le 9 février 1827 ; son service au tribunal de première instance interrompu au 1er mars, Jean-Baptiste Danjan prêta serment [453], et, huit jours après, vint présider la justice de paix qu'abandonnait Jean-Baptiste Guillonet-Merville [454]. Lui-même, à son tour, la déserta vite et, laissant son fauteuil à Pierre Marchand [455], rendit son dernier jugement le 4 septembre 1830 [456]. Désigné juge – à la faveur de la révolution de Juillet ? – au tribunal de Paris, qu'il retrouvait après trois ans et demi [457], il ne le quitta plus jusqu'à la fin de sa carrière ; le 15 juin 1837, il lui revint de prononcer l'oraison funèbre de M. Faure, conseiller à la Cour de cassation [458].

Le 23 juin 1853, le premier président de la cour impériale, Delangle, lui accorda un mois de congé pour cause de mauvaise santé. Jean-Baptiste Danjan avait continué, par son travail, à satisfaire ses supérieurs : devenu vice-président, admis à la retraite, il vit Delangle solliciter pour lui l'honorariat, mérité « *par l'honnêteté de*

---

450 Arch. nat. : BB^5 167.
451 Arch. nat. : BB^5 168.
452 Arch. nat. : BB^8 25.
453 Arch. nat. : BB^6 II 108.
454 Arch. de Paris : D9 U^1 34.
455 Arch. de Paris : D9 U^1 38.
456 Arch. de Paris : D9 U^1 37.
457 Marcel ROUSSELET, *Magistrature*, p. 296 et 487.
458 Bibl. nat. : 8° Ln^{27} 7407.

sa vie, et le désir qui l'a toujours animé de répondre aux exigences de sa fonction », et la Légion d'honneur « *qui adoucirait l'amertume de ses regrets* ». L'ex-juge de paix devint vice-président honoraire par décret du 20 juin 1855 [459].

DARNET (Philippe Simon)

Ancien commissaire de police de la section de Bon-Conseil, élu électeur et juge de paix le 5 germinal an VI (25 mars 1798), ce « *bon père et bon républicain* » [460] remplaça Pierre Dumeige à la tête de la juridiction le 8 floréal suivant (27 avril 1798) [461].

Sa vie politique ne fut cependant pas atone, si l'on en croit la dénonciation que l'un de ses justiciables expédia, le 30 nivôse an IX (20 janvier 1801), au préfet de police Dubois. Le juge de paix et ses amis, « *ennemis de tout gouvernement et du genre humain* », avaient participé à toutes les insurrections ; sur la manière dont lui-même avait « *escroqué sa place par la fraude* » – ce que nul n'ignorait – le dénonciateur anonyme en appelait au témoignage du citoyen Jouan, ex-commissaire de police et ancien juge de paix, à celui de Pierre Dumeige, huissier et prédécesseur de Philippe Darnet [462].

La délation semble avoir manqué son effet : l'accusé continua de tenir le tribunal de paix jusqu'au 7 ventôse an X (26 février 1802) [463]; il perdit alors son siège et – ce qui peut accréditer les propos malveillants de l'année précédente – ne se retrouva pas même suppléant du Ve arrondissement, désormais confié à Jean-Baptiste Le Blond [464].

DAUBANTON (Antoine Grégoire)

Greffier originel du tribunal de paix de la section Henry-IV, il communiqua au Comité de Constitution, le 5 décembre 1790, une série de questions sur des points obscurs de la loi des 16-24 août précédent, dont la seule suggestion positive était de faire résider les juges de paix et leurs greffiers dans la même maison, « *bien connue et immuable* », selon le vœu général des justiciables [465].

Deux ans plus tard, Antoine Daubanton parut abandonner sa charge pour devenir commis greffier du tribunal criminel de Paris ; rétabli dans sa place primitive, et « *ne pouvant en occuper deux* », il démissionna par lettre du 28 août 1792 [466]. Dès le lendemain, il consigna en cette qualité l'installation d'Etienne Lambert, nommé par la Commune juge de paix de la section du Pont-Neuf, ci-

---

[459] Arch. nat. : BB^6 II 108.
[460] Arch. nat. : AF III 260.
[461] Arch. de Paris : D5 U^1 4.
[462] Arch. de Paris : D 34 Z.
[463] Arch. de Paris : D5 U^1 5.
[464] *Almanach national*, an XI.
[465] Arch. nat. : D IV 50.
[466] Arch. nat. : W 251, dossier 14.

devant Henry-IV, en remplacement d'Estienne de la Rivière [467]. Son greffe, toutefois, ne semble pas l'avoir occupé à temps complet : il publia la même année un imposant *Manuel judiciaire journalier du citoyen* [468].

Son activité ne demeura pas, en ces temps troublés, exclusivement juridictionnelle. Il présida l'assemblée générale de sa section, mais bientôt les événements le débordèrent, et, le 17 avril 1793, ses concitoyens, dont il avait perdu la confiance, prirent à son encontre deux résolutions inquiétantes : ils se déterminèrent à l'exclure pour un an de leurs réunions, puis décidèrent de demander la marche à suivre pour le destituer de son greffe du tribunal de paix. Les choses s'envenimèrent encore quelques mois plus tard : le 7 septembre, l'assemblée générale procéda au « *baptême régénératif de la section* » et renouvela ses fonctionnaires publics, nommant Nicolas Thilly au poste de juge de paix. Le même jour, accusé de contre-révolution et d'incivisme, Antoine Daubanton échoua entre les mains du comité révolutionnaire, qui ordonna sa détention aux Madelonnettes.

On lui reprochait de s'être élevé contre les mesures prises par le conseil général de la Commune au sujet des certificats de civisme « *en disant qu'il se foutait de ces arrêtés, et ne reconnaissait que les décrets* ». D'autres charges aggravaient l'accusation : le refus obstiné de porter le bonnet rouge aux réunions, le placardage d'affiches satiriques contre les patriotes et la perpétuation de la chicane, « *uni en cela avec Larivière, premier juge de paix de la section* ».

Son renvoi devant le Tribunal révolutionnaire ordonné le 13 septembre 1793, le 23 débuta son interrogatoire : « *Daubanton, âgé de quarante-deux ans, natif de Paris, y demeurant, cour de la Sainte-Chapelle au Palais, ci-devant greffier du juge de paix* », déclara qu'il avait été avant la Révolution « *extrayer pour les conseillers au Parlement* » jusqu'au mois de mai 1789, et non secrétaire de conseiller, comme l'affirmaient les pièces fournies par le comité révolutionnaire ; que, « *greffier de Larivière* », celui-ci l'avait toujours éloigné de la police de sûreté, le sachant incapable de se prêter à aucune manœuvre [469], ce qu'il a prouvé en dénonçant les abus commis en cette partie dans son *Essai sur le bureau central et les juges de paix* [470]. Le 13 novembre déposaient les témoins à charge, au nombre desquels Nicolas Thilly, qui reprenait les accusations du comité révolutionnaire sans ajouter d'éléments nouveaux. Les faits étaient minces, les preuves plus encore : on relâcha Daubanton dans la journée [471].

Après une période plus calme sans doute, il revint aux affaires au début de l'an IV et remplaça Thilly, son détracteur, à la tête de la justice de paix [472]. Une plainte abusive du citoyen Magnon, juge au tribunal criminel, n'a pas atteint sa

---

467 Arch. de Paris : D11 U[1] 40.
468 Bibl. nat. : F 33 139.
469 Arch. nat. : W 10, dossier 438.
470 Bibl. nat. : 8° Lf [116] 56.
471 Arch. nat. : W 10, dossier 438.
472 Arch. de Paris : D11 U[1] 41.

carrière [473]: avec lui, la division, qui avait connu trois juges de paix en cinq ans, parvint à la stabilité. Réélu le 8 germinal an VI (28 mars 1798) [474], tenant toujours ses audiences dans la cour de la Sainte-Chapelle, Antoine Daubanton demeura en poste jusqu'à l'époque de la réduction [475] et se retrouva second suppléant, Louis Guérin étant juge de paix du XIe arrondissement.

Un rapport établi au mois d'avril 1804 remarqua sa présentation comme avoué au tribunal de première instance de Paris, qui ne l'admit pas. Deux ans plus tard cependant, le procureur impérial, honnête, ajouta : « *il a des ennemis qui peut-être le calomnient* », mais Daubanton disparut des tribunaux de paix lors du renouvellement de juillet 1807 [476]. Il n'en continua pas moins à s'intéresser à la procédure, et fit paraître cette année-là trois ouvrages destinés aux praticiens : un *Manuel pratique des juges de paix* [477], un *Dictionnaire* [...] *des frais et dépens* judiciaires et notariaux [478] et un *Formulaire général des actes commandés* aux juges de paix, arbitres, avoués [479]. Auteur prolifique, il traita en outre des codes civil, de procédure, d'instruction criminelle et de commerce ; il écrivit par ailleurs sur le divorce, l'état civil, les actes sous seing privé ; en 1812, il produisit encore un *Manuel des officiers de police judiciaire* [480].

Antoine Daubanton devait mourir en 1813 [481].

DAUCOURT (Louis)

Né à Paris en 1753, il était âgé de quarante-sept ans lorsque la section de la Place-Vendôme l'élut, en 1790, premier de ses douze électeurs ; il habitait alors 32, rue de Caumartin, et travaillait comme directeur de correspondance des Fermes. Volontaire de la Ire compagnie des Jacobins, il suivit le courant révolutionnaire et devint juge de paix de sa section à la fin de l'année.

Louis Daucourt rétrograda lors des consultations suivantes et se retrouva neuvième électeur en 1791 [482]; il présida son tribunal jusqu'au mardi 7 août 1792, puis disparut du monde judiciaire lors du coup de force, laissant la juridiction à Nicolas Mathieu [483].

Allié à son improbable moralité, son dernier emploi – il était devenu directeur des charrois de l'armée des Alpes – abrégea son destin. Le décret de la Convention rendu le 19 frimaire an II (9 décembre 1793), qui l'accusait « *d'avoir compromis le salut de la République en retenant malicieusement par ses mains une*

473 Arch. nat. : BB^5 167.
474 Arch. nat. : F^7 3054.
475 Arch. de Paris : D11 U^1 42.
476 Arch. nat. : BB^8 25.
477 Bibl. nat. : F 33 143.
478 Bibl. nat. : F 33 127.
479 Bibl. nat. : F 33 135.
480 Bibl. nat. : F 33 137.
481 A. MARTIN et G. WALTER, *Catalogue*, V, p. 77.
482 Et. CHARAVAY, *Assemblée électorale de Paris*, I, p. 8.
483 Arch. de Paris : D1 U^1 36.

somme considérable de deniers publics qui lui avait été remise pour en faire le versement [...] *à Grenoble* » empêchant, par sa cupidité, le paiement des charretiers, muletiers et autres préposés, ordonna sa comparution comme conspirateur devant le Tribunal révolutionnaire [484]. L'issue n'était pas douteuse : condamné à la peine capitale le 7 nivôse an II (27 décembre 1793) [485], Louis Daucourt fut exécuté le jour même [486].

DAUSSY (Thomas Magloire)

À la fin du mois de fructidor an II (septembre 1794), le comité civil de la section de la République présenta en deuxième position, pour le poste d'officier public à l'état civil, Thomas Daussy, « *ci-devant employé à la marine à la partie des plans, et père de famille* » [487], qui, le 1er frimaire de l'année suivante (21 novembre 1794), fut pareillement candidat au commissariat de bienfaisance de la section [488].

Mais l'ancien ingénieur maritime, âgé de trente-six ans, ne dut qu'à l'épuration des fonctionnaires publics de connaître, et pour peu de temps, l'univers des tribunaux : le 30 prairial an III (18 juin 1795) [489], l'assemblée générale de la section – ce jour-là rebaptisée du Roule [490] – décida de ne conserver ni son juge de paix, René Corbin, ni aucun de ses assesseurs. À la suite de cette décision, Thomas Daussy, qui avait orchestré la manœuvre, se retrouva juge de paix d'après le « *vœu unanime* » de l'assemblée [491].

Devant ce résultat, le 11 messidor (29 juin 1795), le juge et les assesseurs évincés écrivirent une lettre de protestation : « *Nous avons été épurés depuis quatre mois par diverses commissions inquisitoriales* [...] *lesquelles n'ont pu depuis cette époque, trouver aucun défaut dans notre moralité et les qualités requises pour remplir nos places* ». De même, certains justiciables exigèrent, quelques jours plus tard, la réintégration immédiate des exclus [492].

Indice du mécontentement soulevé, le nouveau tribunal n'était toujours pas installé un mois après : si les anciens membres de la juridiction n'avaient nullement la confiance de la section, l'assemblée générale reconnaissait que ceux qu'elle avait désignés à leur place ne possédaient pas celle du gouvernement. Un mémoire défavorable à Daussy se colportait « *dans le quartier de la Pologne, de cafés en cafés, de cabarets en cabarets* » et on le faisait signer « *jusques sur les bornes des rues* ». En conséquence, le 10 thermidor (28 juillet 1795) s'organisa une remise aux voix, et chaque candidat individuellement proposé, à commencer par le nouveau

---

484 Arch. nat. : W 509.

485 Arch. nat. : W 305, dossier 364.

486 Voyez la *Liste des victimes du Tribunal révolutionnaire à Paris.* (ANONYME).

487 Arch. nat. : D III 239.

488 Arch. nat. : D III 256[1].

489 Arch. nat. : D III 256[7].

490 SOBOUL - MONNIER, *Répertoire*, p. 61.

491 Arch. nat. : D III 256[7].

492 Arch. nat. : D III 253, dossier 25.

juge, affronta la censure des citoyens présents, lesquels confirmèrent en définitive la composition arrêtée le 30 prairial (18 juin 1795) [493].

L'installation effective dut néanmoins soulever quelques remous : la signature de Thomas Daussy n'apparut sur les minutes qu'à la date du 7 fructidor an III (24 août 1795), et Corbin, la veille encore, présidait le tribunal ; elle disparut dès le 7 brumaire de l'année suivante (29 octobre 1795). Une semaine plus tard, réélu par ses justiciables, René Corbin reprit possession de la justice de paix, chassant son rival peu scrupuleux [494].

DECAUDIN (Jean-Louis)

Il résidait à l'hôtel Pépin, 8 rue Saint-Eloi, lorsque la section de Notre-Dame le choisit, en 1790, pour troisième de ses seize électeurs ; à cette occasion, scrutateur du quatrième, puis du deuxième bureau, il obtint aussi des voix comme scrutateur général de l'assemblée de district. Âgé de quarante-sept ans, ce juriste exerçait la charge d'huissier-priseur depuis 1773 : son expérience professionnelle et la confiance qu'il inspirait à ses concitoyens lui permirent, à la fin de l'année, de devenir le premier juge de paix de la section [495]. Jean Bucquet lui succéda en 1792, quand l'épuration lui fit quitter son tribunal [496].

Jean-Louis Decaudin siégea par la suite au Conseil de la Commune de Paris, puis devint administrateur de police ; on le destitua pour actes de violence le 27 novembre 1793 [497]. Il semble retourner dès lors à l'anonymat dont l'avaient extirpé les circonstances.

DECOURCHANT (Alexandre Auguste)

Né le 5 mars 1755 [498] à Montlhéry, département de Seine-et-Oise, il vint s'établir à Paris vers l'âge de dix-neuf ans et commença par travailler quatre années aux côtés de son père, subdélégué de l'intendance de la capitale, « *ce qui correspond*, devait-il expliquer en l'an X, *aux travaux de sous-préfet* » [499]; à cette époque, il rédigea un mémoire sur les travaux de sûreté dans les carrières sous Paris et dans les environs [500]. Ensuite, il fut pendant sept années chef de trois bureaux ministériels – expérience qui lui permit de livrer, en 1790, ses réflexions sur « *la trop grande influence des ministres* » et sur « *l'extinction des dettes de l'Etat* » [501]– qui, tous, traitaient de matières commerciales [502]. Deux ans avant qu'il ne quitte ce

[493] Arch. nat. : D III 256^7.
[494] Arch. de Paris : D1 U^1 19.
[495] Et. CHARAVAY, *Assemblée électorale de Paris*, I, p. 56.
[496] *Almanach national*, 1793.
[497] Et. CHARAVAY, *Assemblée électorale de Paris*, II, p. 543.
[498] Arch. nat. : BB^8 13.
[499] Arch. nat. : BB^5 167.
[500] Bibl. nat. : 4° V Pièce 4915.
[501] Bibl. nat. : Lb^{39} 9317 et 9477.
[502] Arch. nat. : BB^5 167.

dernier emploi, ses concitoyens le proposèrent pour compléter le comité civil de la section de la Montagne, arguant de ses qualités d'homme de loi ; la Convention l'y nomma au mois de frimaire an III (novembre-décembre 1794) [503].

Devenu secrétaire du comité civil, Alexandre Decourchant adressa au Comité de Législation, le 7 nivôse an III (27 décembre 1794), un état de la justice de paix qui rendait un compte favorable « *de la moralité civique et des talents personnels* » des membres de la juridiction. Mais trois semaines après, le juge de paix Jean-Baptiste Lacoste démissionna et le comité civil, en sa séance du 1er pluviôse an III (20 janvier 1795), proposa pour lui succéder son propre secrétaire, « *connu pour son aménité, ses lumières, son intégrité et son caractère conciliateur* ». Docile aux suggestions émises, le Comité de Législation appela, le 17 ventôse (7 mars 1795), Decourchant à la présidence du tribunal de paix ; celui-ci prêta serment le 26 (16 mars 1795) au comité civil et s'installa le lendemain. Il habitait alors cul-de-sac de la Corderie numéro 35, en face de la rue Sourdière [504]. L'assemblée générale de la section le confirma dans sa place, puis, la désignation élective restaurée par le Directoire, les assemblées primaires le réélurent deux fois. Au total juge de paix pendant sept années « *dans la division la plus laborieuse de Paris* », Alexandre Decourchant perdit son siège lors de la réduction qui plaça le citoyen Delorme à la tête du IIe arrondissement.

À l'issue de cette consultation malheureuse, âgé de quarante-six ans, il postula, au mois de messidor an X (juin-juillet 1802), l'emploi de magistrat de sûreté que laissait vacant le décès de son titulaire. Fort de la lourde charge de police judiciaire qu'il avait supportée lorsqu'il était juge de paix de la division de la Butte-des-Moulins, laquelle recevait, outre sa population de vingt mille âmes, « *la plus grande partie des habitants des départements et presque tous les étrangers* » qui venaient à Paris, et rappelant sa dépense de 20 000 francs de frais de bureau dont il ne fut jamais remboursé, Decourchant usa d'un langage inopportun pour obtenir le poste convoité [505].

Son dévouement à la chose publique avait très durement grevé sa fortune, qui s'abîma sans retour : professeur à l'académie de Législation [506], présenté au poste de suppléant lors du renouvellement de septembre 1806, il vit le préfet lui reconnaître des talents et louer son patriotisme onéreux, mais signaler sur sa moralité quelques nuages et sa détention pour dettes ; sur quoi, le procureur impérial du tribunal de première instance ajouta « *qu'un défaut notable de conduite lui avait fait perdre les avantages de son instruction* » [507].

C'était plus qu'il n'en fallait pour interdire à l'ancien juge de paix l'accès à de nouvelles responsabilités officielles.

---

503 Arch. nat. : D III 255-256¹.
504 Arch. nat. : D III 253, dossier 7.
505 Arch. nat. : BB⁵ 167.
506 Arch. nat. : BB⁸ 8.
507 Arch. nat. : BB⁸ 25.

DEFRESNE (Jean Thomas)

Né le 2 août 1748 [508], il devint commissaire au Châtelet en 1786, et ensuite avocat ; il profita des places nouvelles qu'offrait la Révolution naissante : électeur de 1789, il conserva l'année suivante le même mandat, au huitième rang, juste derrière son futur collègue Antoine Bruzelin. Il habitait alors section de la Grange-Batelière, 81, rue de la Chaussée-d'Antin [509]; il s'intéressait aux questions que soulevait l'approvisionnement de Paris [510].

Dès la fin de 1790, ses concitoyens lui confièrent le siège de juge de paix de la section, auquel le prédestinait son expérience professionnelle de juriste et qu'il perdit au mois d'août 1792, époque à laquelle Bruzelin lui succéda. Le 22 floréal an II (11 mai 1794), le Comité de Sûreté générale lança un ordre d'arrestation contre « *ce juge de paix destitué, prévenu de royalisme et de fédéralisme* », qui ne fut pas exécuté, Jean Defresne demeurant introuvable [511].

Il était assesseur en l'an VI [512], et l'assemblée cantonale l'élut en l'an X second candidat à la suppléance du tribunal de paix du IIe arrondissement, présentation que le pouvoir entérina. L'ancien commissaire au Châtelet vivait rue du Mont-Blanc, numéro 26 ; marié, père de trois enfants, il était devenu commis greffier à la cour d'appel et touchait 3 000 francs de revenus en plus de son traitement [513]. Le préfet de la Seine, Frochot, l'estimait et vantait dans un rapport du 29 floréal an XII (19 mai 1804) « *la connaissance et l'habitude des affaires, jointes à la probité et à l'amour du gouvernement* » dont témoignait l'ex-magistrat [514].

En 1807, il devint difficilement troisième candidat au poste de juge de paix, au troisième tour de scrutin, par deux cent soixante-dix-huit voix sur six cent cinquante-deux suffrages exprimés [515]; et malgré ce résultat sans gloire, ce fut lui que l'empereur choisit, le 16 janvier 1812, pour remplacer Antoine Delorme, décédé. Il est vrai que les avis de l'ordre judiciaire lui furent toujours favorables. Le premier président de la cour impériale, à laquelle il était attaché depuis huit ans, le disait dans l'aisance et bien allié ; « *c'est le plus capable des greffiers d'audience* – poursuivait-il – *la cour impériale le regrettera, mais elle fait des vœux pour lui* » [516].

Il est exact aussi que Jean Defresne occupait officiellement la première suppléance depuis le mois de juin 1809 et que le président du tribunal civil de la Seine rappelait qu'à ce titre, et comme ancien juge de paix de 1790 à 1792, il en avait supporté la charge avec succès dans les derniers temps du sieur Delorme,

---

508 Arch. nat. : BB8 13.
509 Et. CHARAVAY, *Assemblée électorale de Paris*, I, p.11.
510 Bibl. nat. : 8° Lk7 6602.
511 Arch. nat. : AF II 254.
512 *Almanach national*, an VI.
513 Arch. nat. : BB8 13.
514 Arch. nat. : BB8 8.
515 Arch. nat. : BB8 13.
516 Arch. nat. : BB8 30.

ajoutant un compliment dont il n'était guère coutumier : « *je crois sa nomination utile dans l'intérêt public. Il donnerait un exemple dont plusieurs juges de paix ont besoin* » [517].

Le nouveau promu tint sa première audience le 27 janvier 1812[518]; quelques années plus tard, malade à son tour, il dut abandonner sa juridiction le 16 mars 1816. Les minutes de la justice de paix permettent de situer approximativement la date de son décès : le 13 avril encore, le suppléant siégea « *vu l'empêchement par maladie* » ; mais dès le 17 apparut la mention funeste « *à défaut de feu monsieur Defresne* » [519].

Lerat de Magnitot prit sa succession.

DELARSILLE (Jean-Louis)

Il naquit à Reims le 14 mai 1751, de François Antoine Delarsille, « *marchand fabricant en ladite ville* », et vint à Paris au mois de décembre 1771 pour faire ses études de droit. Celles-ci achevées, il prêta serment d'avocat et entra chez maître Trudon, notaire, avec lequel il travailla près de dix ans. En 1791, il acheta 85 600 livres une charge sur laquelle la Révolution lui fit perdre – comme il l'expliquera sous l'Empire, en 1806 – près de la moitié.

Dès 1789, ses concitoyens lui avaient confié différentes missions en qualité de membre du comité civil du district de la Rue-de-Montreuil [520], où il résidait 2, rue et porte Saint-Antoine. Il participa aux activités du conseil général de la Commune [521] et devint, dès la création et à l'unanimité, juge de paix de la section. Jean-Louis Delarsille présida la juridiction jusqu'au mois d'août 1792, époque à laquelle la Commune le destitua [522]. La succession semble pourtant s'être passée sans heurts : les minutes du tribunal indiquent qu'il siégeait encore le 24 août « *du consentement de monsieur Chauvin, nommé à nos dites fonctions* », lequel, « *exerçant provisoire-ment* », s'installa le 31 [523]. Découragé sans doute, et peut-être apeuré, l'ancien magistrat se retira de la vie publique jusqu'à la chute de Robespierre ; il déménagea et vint habiter dans le quartier du Temple, 92 rue du Ménil-Montant,[524].

Il vivait de son cabinet d'affaires lorsqu'en l'an III le Comité de Législation, qui l'estimait « *rempli de talents, de vertus et de civisme* », le nomma membre du comité civil de sa section [525]. L'année suivante, désigné comme électeur et assesseur du tribunal de paix, il conserva ce dernier poste jusqu'à la réduction de l'an X ;

---

517 Arch. nat. : BB[8] 29.
518 Arch. de Paris : D2 U[1] 71.
519 Arch. de Paris : D2 U[1] 94.
520 Arch. nat. : BB[5] 171.
521 Et. CHARAVAY, *Assemblée électorale de Paris*, I, p. 37.
522 Arch. nat. : BB[5] 171.
523 Arch. de Paris : D8 U[1] 13.
524 Arch. nat. : BB[5] 171.
525 Arch. nat. : D III 255-256.

alors, il tenta sans succès de se faire élire juge de paix du VIe arrondissement [526], dont, présidant l'assemblée primaire, il avait été l'un des électeurs en l'an VI [527].

Une année plus tard, Jean-Louis Delarsille se retrouva cependant premier candidat au poste de suppléant, et, en 1807, troisième pour la place de juge de paix. Il demeurait à cette époque 182, Vieille-rue-du-Temple ; il était marié, père de trois enfants et, sous la qualification d'homme de loi, jouissait de 2 400 francs de revenus [528]. Assez laudatif, le président du tribunal de la Seine indiquait qu'il tenait toujours son cabinet d'affaires, était très instruit, possédait la confiance publique, et demandait la place de juge de paix par plusieurs pétitions [529].

Il ne devait jamais l'obtenir mais, le 12 août 1807 [530], reçut une suppléance dans le VIIIe arrondissement, qu'il perdit en 1814, enfui pour indélicatesses [531].

DELORME (Jean Antoine)

Natif de Lyon, département du Rhône, où il vit le jour en 1745, Jean Delorme devint sous-chef au ministère des Finances. Chargé en 1784 « *de parcourir l'intérieur de la France pour prendre des renseignements sur l'élan de l'agriculture, du commerce et des arts* », il fut rappelé à Paris où la première Assemblée des notables le nomma, en 1787 et l'année suivante, sous-chef dans son secrétariat.

En 1789, les événements lui permirent de siéger au comité civil de la section de la Bibliothèque [532], puis d'être élu juge de paix en 1790. Jean Delorme perdit son fauteuil au profit du citoyen Bosque lors de la révolution du 10 Août, « *duquel temps il s'est constamment montré l'ennemi des patriotes Sans-culottes et le soutien le plus ardent de tous les contre-révolutionnaires* ». Il obtint néanmoins la place de commissaire de police, « *par cabale réitérée à différentes fois avec tous les gens suspects* », à ce que prétendirent ses adversaires politiques.

Son courage, dans les temps les plus durs de la Révolution, excita la haine du comité révolutionnaire de la section, qui le signala comme suspect au Comité de Sûreté générale, le 4 prairial an II (23 mai 1794) [533]. Cette dénonciation hargneuse ne suffit cependant pas à l'éliminer : toujours commissaire de police au mois de nivôse an III (janvier 1795), il affirma que son travail lui interdisait d'aller compléter le Tribunal révolutionnaire en qualité de juré. Lui répugna-t-il d'user à son tour des procédés mêmes de ceux qu'il avait combattu ? Dès le 29 (18 janvier 1795) pourtant, le Comité de Législation, sans tenir compte de ses scrupules,

---

526 Arch. nat. : BB^5 171.
527 Arch. nat. : F^7 3054, et AF III 260.
528 Arch. nat. : BB^8 13.
529 Arch. nat. : BB^8 25.
530 Arch. nat. : BB^8 52.
531 Arch. nat. : BB^8 40.
532 Arch. nat. : BB^8 16.
533 Arch. nat. : F^7 4668.

l'informa que l'on ferait accomplir ses travaux par intérim, mais qu'il ne lui appartenait pas de se soustraire à son devoir [534].

Redevenu juge de paix à la faveur des élections restaurées, il remplaça Louis Houet en l'an IV, et conserva son siège jusqu'à l'époque de la réduction, qui en fit en l'an X le premier juge de paix du IIe arrondissement [535], dont il avait été l'un des électeurs de l'an VI [536] et l'un des présidents d'assemblée primaire en l'an VII [537]. Assumant à diverses reprises plusieurs missions discrètes, confiées soit par le gouvernement, soit par le ministre de la Police, Jean Delorme, spécialiste de la poursuite des délits en matière de faux, resta bien entendu juge de paix lors du renouvellement de juillet 1807. Le préfet de la Seine nota d'ailleurs à son propos : « *Capacité reconnue dans son arrondissement. Sentiments probes et honnêtes. Ardent à poursuivre les malfaiteurs et à maintenir la sûreté des personnes et des propriétés. Il a dû son élection* [de l'an X] *à sa bonne conduite* » [538]. Le général Menou et Dupont de Nemours lui offrirent en outre leur recommandation [539].

Delorme habitait à cette époque 28, rue Feydeau ; il était marié, père de trois enfants, mais ne disposait que d'une fortune médiocre : 2 000 francs de revenus, non compris ses vacations [540], car la Révolution avait lourdement éprouvé son patrimoine au moment du siège de Lyon [541]. Le 25 août 1809, il se retrouva créancier par subrogation d'une somme de 14 000 francs, exigible dans un délai de deux ans, à condition que les intérêts, payables de trois mois en trois mois, lui en fussent versés à raison de cinq pour cent par an, en son nouveau domicile, rue d'Antin, numéro 7 [542].

Il demeura magistrat jusqu'à son décès, survenu avant le 20 novembre 1811 [543]; sa dernière audience tenue le 9 octobre, deux jours après, Jean Defresne, le suppléant qui devait lui succéder, vint présider la juridiction [544].

DESGAUX (Jean-Baptiste)

Ce négociant continua de vivre de son état lorsque la Révolution se fut installée. À l'époque du 10 Août, il devint assesseur de la justice de paix de la section de Bonne-Nouvelle et n'occupa, de même que ses collègues, nul autre emploi public. Le 12 frimaire an III (2 décembre 1794), le président du comité civil, adressant au Comité de Législation le rapport des deux commissaires chargés de se renseigner sur les qualités morales des citoyens qui composaient le tribunal, souligna

---

534 Arch. nat. : D III 251-252.

535 *Almanach national*, an IV – an XI.

536 Arch. nat. : AF III 260.

537 Arch. nat. : AF III 261.

538 Arch. nat. : BB^8 16.

539 Arch. nat. : BB^8 25.

540 Arch. nat. : BB^8 13.

541 Arch. nat. : BB^8 16.

542 Minutier Central, XVII, 1120.

543 Arch. nat. : BB^8 29.

544 Arch. de Paris : D2 U^1 67.

« *leur réputation intacte* » [545]. Jean-Baptiste Desgaux participa régulièrement à l'activité de la juridiction, et c'est à lui qu'échut de remplacer le juge de paix Mollard, le 24 germinal an VIII (14 avril 1800). Il siégea jusqu'à ce que la réduction de l'an X l'écartât, le 3 ventôse (22 février 1802) [546], au profit d'Antoine Le Blond.

Par acte passé le 20 messidor an XI (11 juillet 1803), un particulier se reconnut son débiteur de 383 francs et 60 centimes pour prêt de pareille somme, remboursable par tiers de trimestre en trimestre. Les archives notariales ne fournissent que ce maigre renseignement financier, mais si l'ancien juge de paix demeurait à Paris, 206, rue de Beauregard [547], il n'en possédait pas moins une propriété à Versailles qui constituait toute sa fortune.

Âgé de cinquante-huit ans au mois d'avril 1804, il s'était retiré du négoce, mais non des affaires publiques : sa retraite lui laissait le loisir de conserver la seconde suppléance que la dernière élection directe lui avait confiée dans le Ve arrondissement. Au moment du renouvellement d'avril 1804, le préfet de la Seine fit de lui un « *éloge sous tous les rapports* » ; le président du tribunal de première instance garantit sa réputation d'honnête homme et son attachement au gouvernement. Ces louanges administratives permirent son maintien au sein de la justice impériale, mais Jean-Baptiste Desgaux, entre temps devenu commissaire de bienfaisance, ne put jouir longtemps de l'estime qui l'entourait : le 30 juillet 1807, un rapport officiel annonça la vacance de sa place pour cause de décès [548].

DEVILLERS (Jean-Baptiste)

Lorsque éclata la Révolution, il était depuis huit ans principal clerc de commissaire au Châtelet ; ce dernier supprimé, on le nomma l'un des commis greffiers du tribunal du IIIe arrondissement et le détacha près le directeur du jury d'accusation.

Au moment de la disparition des premiers tribunaux parisiens, ses concitoyens le désignèrent à une forte majorité secrétaire greffier de la section du Panthéon-Français, responsabilité qu'il assuma durant deux années avec un dévouement dont sa section le remercia par l'offre d'une place lucrative dans la fabrication des armes. Jean-Baptiste Devillers la refusa par attachement à son secrétariat et reconnaissance de son incompétence en la matière [549]. Le comité civil le présenta ensuite, à la fin du mois de fructidor an II (septembre 1794), pour l'emploi d'officier public à l'état civil du XIe arrondissement, qu'il remplit quinze mois, jusqu'à l'installation des nouvelles administrations municipales de Paris, dont il devint l'un des secrétaires avant d'être destitué, comme royaliste et anti-révolutionnaire, au 18 Fructidor (4 septembre 1797).

---

545 Arch. nat. : D III 253, dossier 5.
546 Arch. de Paris : D5 U^{1} 14.
547 Minutier Central, XIII, 522.
548 Arch. nat. : BB^{8} 25.
549 Arch. nat. : D III 239.

Six mois plus tard se déroula l'élection du juge de paix : l'assemblée primaire convoquée se tint en l'église Saint-Sulpice ; « *des plus orageuses* », elle vit s'affronter Naulin, ex-substitut de Fouquier-Tinville, et Devillers, que l'on élut au second tour [550]. À la suite de Claude Thuillier, il présida la juridiction du 1er floréal an VI (20 avril 1798) [551] au mois de pluviôse an X [552]. À l'issue de cette ultime consultation – dont il contestait du reste la bonne tenue –, il se retrouva premier suppléant de Louis Guérin [553].

Assez mécontent, soutenu par le maire du XIe arrondissement et ses adjoints, qui rendaient hommage « *à ses vertus publiques et privées* », pour l'avoir vu tenir son rôle de juge de paix « *avec la plus grande distinction* », recommandé en outre par le général Brune auprès du Premier consul, il sollicita de ce dernier la charge de greffier du tribunal de paix du XIIe arrondissement, dont le détenteur était à la tête d'un bureau d'affaires. Le 4 messidor an X (23 juin 1802), le préfet de la Seine le présenta au meilleur rang pour obtenir le greffe désiré, auquel le nomma Bonaparte [554]. Le gouvernement n'eut pas à regretter sa décision. Lors du renouvellement d'avril 1804, les magistrats du tribunal de première instance attestèrent qu'il fut un juge de paix aimé, estimé, qu'il l'était encore comme bon citoyen ; le préfet, toujours favorable, précisa que Jean-Baptiste Devillers, âgé de quarante-sept ans, avait « *de la famille et une fortune médiocre* » [555].

Après la disparition de l'empereur, en 1815, il réclama les bontés de la monarchie restaurée, vanta son « *parfait dévouement* » et celui de sa famille à la personne de Louis XVIII, et rappela fort à propos que son fils, « *l'un des fidèles gardes du corps du Roy* », avait rejoint Sa Majesté à Gand. Cette attitude lui permit, « *homme honnête et estimable* » qui se conduisait très bien dans son métier [556], de conserver son greffe jusqu'en 1816. Le 24 octobre, Jean-Baptiste Devillers remit sa démission en faveur d'Alexandre Sané, le gendre de Pierre Pinatel, alors juge de paix du VIIIe arrondissement [557].

DISNEMATIN (Jean-Baptiste)

Cet ancien négociant ne dut son fauteuil de juge de paix qu'à de troubles circonstances : son prédécesseur, Antoine Ballin, arrêté après le 9 Thermidor avait été seulement suspendu ; libéré, il écrivit au Comité de Législation le 24 frimaire an III (14 décembre 1794) afin de connaître ses devoirs : il convenait de statuer « *sur sa destitution, ou sur la continuation de son mandat* ». En réalité, le registre des délibérations du comité civil de la section des Quinze-Vingts nous apprend que

---

550 Arch. nat. : BB^5 181.
551 Arch. de Paris : D11 U^1 24.
552 Arch. de Paris : D11 U^1 29.
553 *Almanach national*, an XI.
554 Arch. nat. : BB^5 168.
555 Arch. nat. : BB^8 25.
556 Arch. nat. : BB^8 164.
557 Arch. nat. : BB^8 193.

quelques jours auparavant, le 18 frimaire (8 décembre 1794), s'était déroulée une première élection, cassée pour vice de forme. On recommença donc le scrutin le 1er nivôse (21 décembre 1794), et le dépouillement porta Jean-Baptiste Disnematin, « *ci-devant marchand et ancien juge consul vivant de son revenu* », à la tête de la justice de paix. Le nouveau magistrat était âgé de soixante-huit ans, demeurait rue de Picpus, numéro 35bis, et ses concitoyens le considéraient comme un « *homme capable ayant toutes les qualités requises* » [558].

Ici s'achèvent nos certitudes : le défaut d'archives jurisprudentielles ne permet pas de retracer sa carrière avec précision ; cependant, tout porte à croire qu'il ne présida pas longtemps le tribunal. Les minutes, très fragmentaires, indiquent que dès l'année suivante, sans doute au début de brumaire an IV (octobre 1795), Disnematin céda la place à Jean-Baptiste Duclos [559].

DORIVAL DE CRIEL (Vulfranc Jean-Baptiste)

Avec lui apparut le plus royaliste sans doute des juges de paix parisiens. Il vint au monde à Drosai-en-Caux, élection de Cagny, le 6 août 1766, et entra le 20 mars 1782 au régiment de Boulonnais, où il servit en qualité d'officier d'infanterie.

Inquiété dès le commencement de la Révolution, il abandonna son village, accompagné de son épouse et de ses deux enfants, dut se cacher, puis émigra en 1791 à l'armée de Condé, avec laquelle il fit campagne de 1792 à 1795. Rentré en France, il rejoignit « *l'armée royale* » sous le commandement du général Mallet ; membre de l'administration de Saint-Valéry-en-Caux, il fut destitué lors du coup d'Etat du 18 Fructidor (4 septembre 1797) et dut encore prendre quelques précautions jusqu'à ce que le 18 Brumaire lui permît de reparaître. Ce fut à cette époque qu'il s'établit à Paris et devint juriste [560].

Le 17 avril 1806, présenté d'office par le procureur impérial de première instance, soutenu par le juge de paix Véron et par « *Monsieur Costé, législateur* », à raison du zèle qu'il témoignait, du temps dont il disposait et de la bienfaisance qu'il dispensait, Vulfranc Dorival de Criel se retrouva suppléant de la justice de paix du IIIe arrondissement de la capitale [561]. Dès l'année suivante, l'assemblée primaire le désigna candidat au poste même de juge de paix, au premier tour de scrutin ; il demeurait alors rue du Sentier, jouissait de 17 000 francs de revenus, et possédait plusieurs immeubles qui lui assuraient une position plus que confortable [562]. Son patrimoine s'arrondit encore, le 6 septembre 1810, lorsqu'il acquit quatre fermes, quatre pièces de terre, la nue-propriété d'une habitation et deux rentes perpétuelles d'un montant total de 2 250 livres, le tout pour la somme principale de 98 765 francs

558 A.N. : D III 253, dossier 24.
559 Arch. de Paris : D8 U1 18.
560 Arch. nat. : BB5181.
561 Arch. nat. : BB8 17 et BB8 52.
562 Arch. nat. : BB8 17.

et 43 centimes, représentant cent mille livres tournois. Dorival de Criel avait changé de domicile, et emménagé au numéro 38 de la rue du Rocher [563].

En 1812, on l'élut aussi au collège électoral de Paris, où il se trouvait au retour de l'empereur ; mais, pressentant peut-être la fin d'un régime ébranlé par la conspiration interne et la défaite extérieure, « *il ne se rendit point aux nominations des députés du Champ de Mai* ». Cette politique de recul se confirma lors des Cent-Jours : le 20 mars 1815, il s'enrôla parmi les volontaires royalistes à Vincennes ; aux mois de juin et de juillet, il fit « *partie des rassemblements armés pour la cause du roi dans l'intérieur de Paris* » sous l'autorité du lieutenant-général Villate. Au moment des élections législatives, bien qu'il fût à soixante lieues de la capitale, il y revint exprès pour assister à la désignation des députés de la Restauration [564].

Dorival de Criel était alors premier suppléant depuis dix ans, et avait eu souvent l'occasion de remplacer le juge de paix Véron « *à la satisfaction des justiciables* ». La Chancellerie rappela en outre les éminents services autrefois rendus, les preuves multiples d'attachement aux princes, notant que l'ancien officier espérait obtenir la croix de Saint-Louis. Par ordonnance du 11 novembre 1815, il prit la tête de la justice de paix du IIIe arrondissement [565], puis vint siéger à partir du 17 courant [566]. Il continua paisiblement d'occuper une charge qu'il connaissait bien ; mais l'avènement de Louis-Philippe vint interrompre la carrière de cet « *honnête homme* [...] *d'une incapacité absolue* », en nommant Moureau de Vaucluse à sa place, le 20 février 1832 [567]. Sept jours après, Dorival de Criel tint son ultime audience [568].

DOURNEL (Jean-Baptiste)

Clerc de procureur au Châtelet pendant sept années, il cessa son travail en octobre 1790 lorsque ses concitoyens de la section du Temple le choisirent pour greffier de police, puis pour greffier de paix. Jean-Baptiste Dournel devint commissaire de police [569] puis assesseur, ce qui lui permit, quand François Botot démissionna au mois de juillet 1793, d'assurer, dès le 17, l'intérim d'une présidence que sa nomination comme juge de paix officialisa bientôt [570]. Lors des épurations de l'an III, il conjugua les suffrages du comité civil, qui le jugeait « *instruit et digne d'occuper la place* » [571], et ceux du comité de surveillance révolutionnaire, qui notait

---

563 Minutier Central, XVIII, 1045.
564 Arch. nat. : BB^{5}181.
565 Arch. nat. : BB^8 164.
566 Arch. de Paris : D3 U^1 87.
567 Arch. nat. : BB^8 510.
568 Arch. de Paris : D3 U^1 132.
569 Arch. nat. : D III 253, dossier 26.
570 Arch. de Paris : D6 U^1 42.
571 Arch. nat. : D III 253, dossier 26.

à son sujet : « *quoique jeune, n'en est pas moins revêtu de la confiance de ses concitoyens* » [572].

Électeur de son arrondissement en l'an IV puis en l'an VI [573], le juge de paix ne déçut sans doute pas ses justiciables, car il conserva son siège sept années durant, jusqu'au 7 ventôse an X (26 février 1802) [574], époque de la réduction qui porta Pierre Lamouque à la tête du tribunal de paix du VIe arrondissement. Néanmoins, les assemblées cantonales l'élurent, dès l'année suivante, deuxième candidat pour la suppléance ; âgé de trente-neuf ans, Jean-Baptiste Dournel, qui avait exercé sa judicature à la satisfaction générale, vivait d'un modeste revenu de 500 francs ; il était « *avantageusement connu pour sa moralité et pour son attachement au gouvernement* » [575], ce qui lui permit de devenir premier suppléant et de le rester lors du renouvellement de juillet 1807.

L'ancien juge de paix était à ce moment commis au tribunal civil, et les magistrats consultés l'estimaient très méritant [576]. Il devait tenir son poste jusqu'à son décès, qui se produisit à la fin de 1808 ; Jean-François Bérard de Favas, futur juge de paix, vint occuper sa suppléance [577].

DUCHESNE (Augustin)

Si l'on en croit le témoignage rendu par l'assemblée générale de la section de Popincourt, le 20 nivôse an III (9 janvier 1795), sur les activités politiques d'Augustin Duchesne, ce dernier se montra le partisan le plus zélé du nouvel ordre des choses : « *capitaine d'une compagnie, membre du comité civil, juré d'accusation, membre de la Commune du 10 Août, sous-chef d'atelier pour l'habillement des troupes de la République* », il s'acquitta « *en vrai républicain* » de ces diverses tâches, méritant plusieurs certificats de ses concitoyens reconnaissants. Il semble pourtant que ce tableau idyllique doive être, pour le moins, nuancé.

Un rapport anonyme le présente, avant 1789, comme « *logeur à deux sous* [...] *non pas tailleur, mais ravaudeur des hardes de ceux qui logeaient chez lui* », tandis que sa femme – selon le comité de surveillance de la VIIIe municipalité, qui accusera de surcroît Duchesne d'être devenu juge de paix « *par cabale et à force de vin* » –, tenait une boutique où, précisément, se vendait de l'eau de vie [578]. Quoi qu'il en soit, lorsque Joachim Duguit décéda le 24 vendémiaire an II (15 octobre 1793), ce fut vers lui que l'assemblée générale de la section tourna les yeux, le nommant juge de paix le 8 brumaire (29 octobre 1793). Dès le 13, l'ex-tenancier prêta serment, et aussitôt s'installa [579].

---

572 Arch. nat. : D III 255-256 ; et 256^4.
573 Arch. nat. : AF III 260.
574 Arch. de Paris : D6 U^1 49.
575 Arch. nat. : BB^8 8.
576 Arch. nat. : BB^8 25.
577 Arch. nat. : BB^8 26.
578 Arch. nat. : F^7 4684.
579 Arch. de Paris : D8 U^1 16.

Son attitude à la tête de la juridiction n'entraîna pas l'unanime adhésion de ses justiciables, et ses assesseurs, dit-on, eurent « *à rougir plusieurs fois d'être à ses côtés* ». « *Ivrogne, emporté, méchant, factieux* », tel le décrivirent les victimes de ses débordements, et tel le présenta le comité civil dans son rapport du 8 frimaire an III (28 novembre 1794) : « *il est universellement reconnu que ce citoyen ne réunit pas au titre honorable de juge de paix les talents, les qualités, les lumières et l'esprit de pacification qu'exige cette place* [...] *qu'il est fort sujet à s'enivrer* [...] *que dans tous les moments orageux* [...] *loin de ramener le calme et de remettre les choses à leur juste valeur, il n'a jamais montré que des principes incendiaires* [...] *qu'il a quelquefois confié son cachet au premier venu pour aller apposer ou lever des scellés* ». Dans ces conditions, il était bien improbable qu'Augustin Duchesne conservât son siège, et le Comité de Législation nomma le citoyen Perrot juge de paix de la section le 9 nivôse an III (29 décembre 1794) [580]. Duchesne présida son tribunal jusqu'au 16 (5 janvier 1795), et, deux jours plus tard, rendit les sceaux dont il avait si mal usé [581].

Sa destitution était un signe avant-coureur de la vindicte des modérés contre l'agitateur attardé qui rêvait encore aux chaudes journées de 1792. Le 13 germinal an III (2 avril 1795), le Comité de Sûreté générale ordonna de l'arrêter « *pour avoir tenu une assemblée générale au lieu ordinaire des séances* [...] *rempli les fonctions de président et de secrétaire de cette assemblée illégale,* [...] *prêché le terrorisme et l'insurrection* ». De nouveau arrêté les 1er floréal (20 avril) et 4 prairial (23 mai 1795), on le conduisit à la Conciergerie ; sa situation n'était guère enviable : ce détenu de quarante-deux ans avait à charge sa femme, trois enfants, sa mère et trois orphelins [582]. La Commission des administrations civiles, police et tribunaux le fit transférer le 22 (10 juin 1795) à la maison d'arrêt du Plessis [583], dont il sortit le 21 fructidor (7 septembre 1795). La tenue des assemblées primaires de germinal an VI (avril 1798) lui offrit sa revanche : membre du Cercle constitutionnel après l'avoir été de la société des Quinze-Vingts [584], l'ancien sans-culotte, présidant l'assemblée du VIIIe arrondissement, devint septième de ses trente-six électeurs [585].

Le commissaire du Directoire près l'administration municipale rappela dans son compte rendu au ministre de la Justice que l'ex-militant de la Commune de Paris, établi marchand de tabac, n'était plus dangereux que quand il avait bu [586].

DUCLOS (Pierre Jean-Baptiste)

Parisien de naissance [587], âgé de trente-neuf ans, il vivait de son état de sculpteur grande rue du Faubourg-Saint-Antoine, passage de la Boule-Blanche

---

580 Arch. nat. : D III 253, dossier 22.

581 Arch. de Paris : D8 U1 17.

582 Arch. nat. : F7 4684.

583 Arch. nat. : F7 3297.

584 SOBOUL - MONNIER, *Répertoire*, p. 273-274.

585 Arch. nat. : F7 3054.

586 Arch. nat. : AF III 260.

numéro 257, lorsqu'en 1792 on le désigna premier des vingt électeurs de la section des Quinze-Vingts. Secrétaire de l'assemblée primaire la même année, et membre du comité civil, il figura en outre sur la liste des citoyens qui demandaient l'emploi de directeur des Postes [588].

Rien ne le destinait particulièrement à pourvoir le fauteuil de juge de paix que le suffrage de ses concitoyens lui offrit, avec le mandat d'électeur, au début de l'an IV ; il remplaça Jean-Baptiste Disnematin au mois de brumaire [589] et tint ses audiences au 223, rue du Faubourg-Saint-Antoine, hors de son domicile, sis 22, rue Lenoir [590]. Malgré des séances orageuses et l'agitation des partis, en dépit de l'opposition furieuse d'extrémistes de gauche, au premier rang desquels Vacret, Brisvin, Humblet, le juge de paix, « *ami du gouvernement* [...] *n'ayant jamais tergiversé des principes républicains* » selon un rapport policier du 8 germinal an VI (28 mars 1798) vit, le surlendemain, son mandat prolongé de deux ans, par trois cent quarante et une voix sur cinq cent soixante et une [591].

Avec Pierre Duclos, les Quinze-Vingts connurent une certaine constance, car il conserva son siège jusqu'au 6 ventôse an X (25 février 1802) [592]; alors, la dernière élection directe effectuée au sein du VIIIe arrondissement l'écarta au profit de Pierre Pinatel. Fait surprenant, il ne figure pas au milieu des suppléants élus, ni des candidats présentés par la suite, lors des renouvellements de fonctionnaires [593], et sa trace se perd définitivement.

DUGUIT (Joachim Jean)

Lorsque les citoyens de Popincourt, en 1792, le choisirent pour onzième et dernier électeur, Joachim Duguit, âgé de trente et un ans [594], était commissaire de police de la section [595]. Le 31 mars 1793, son élection comme juge suppléant au tribunal civil le rapprocha du monde judiciaire [596], et, quelques semaines plus tard, au mois de juin, il apparut à la place du juge de paix Salvigny, décédé peu de jours auparavant [597].

Il ne devait guère présider longtemps le tribunal : dès le 2 vendémiaire an II (23 septembre 1793), les assesseurs remplirent son rôle pour cause de maladie, et, le 24 (15 octobre 1793), sa sœur Marie-Thérèse Julienne vint requérir l'apposition des scellés sur les titres et papiers du défunt, mort le jour même « *vers les quatre heures du matin* », en son domicile, 25 rue de Popincourt. Joachim Duguit ne laissait

---

587 Arch. nat. : BB^{16} 704.

588 Et. CHARAVAY, *Assemblée électorale de Paris*, III, p. 42 et Table.

589 Arch. de Paris : D8 U^{1} 18.

590 *Almanach national*, an V .

591 Arch. nat. : F^{7} 3054 ; AF III 260.

592 Arch. de Paris : D8 U^{1} 19.

593 Arch. nat. : BB^{8} 25.

594 Et. CHARAVAY, *Assemblée électorale de Paris*, III, p. 40.

595 Arch. nat. : D IV 51.

596 Et. CHARAVAY, *Assemblée électorale de Paris*, III, p. 461.

597 A N. : D III 253, dossier 22.

d'autres héritières que la requérante et une autre sœur, « *parfaitement d'accord sur leurs intérêts* » [598]. Augustin Duchesne assura sa relève.

DUMEIGE (Pierre)

Huissier à cheval au Châtelet, demeurant rue Montorgueil, paroisse Saint-Eustache, le fils de « *défunt Claude Dumeige, marchand à Varloy en Picardie, et de Marguerite Flamand, décédée sa femme* », établit le 5 juillet 1790 un contrat en vue d'épouser Marie Marguerite Hémard, fille majeure de Thomas Hémard, ancien maître traiteur à Paris. Les futurs époux adoptèrent le régime de meubles et de conquêts immeubles, aux termes de la coutume de Paris. Pierre Dumeige apportait la somme de 12 000 livres, sa charge d'huissier comprise, et sa fiancée, celle de 3 000 livres ; un douaire préfix de 1 500 livres complétait les termes pécuniaires de leur alliance [599].

Le début de la Révolution, s'il lui coûta son office, lui permit en revanche de détenir des responsabilités nouvelles : commissaire civil de la section de Mauconseil, secrétaire greffier de police en 1792, puis commissaire l'année suivante [600], il succéda le 9 nivôse an II (29 décembre 1793) au juge de paix François Therrin [601], mais dut céder son siège à Philippe Darnet quatre ans plus tard, le 30 germinal an VI (19 avril 1798) [602].

Lors de la convocation des assemblées primaires, le 1er germinal an VII (21 mars 1799), scrutateur du deuxième bureau du Ve arrondissement, il en devint l'un des électeurs [603], mais nous ignorons comment il vécut depuis son départ du tribunal de paix, car ce ne fut que le 27 vendémiaire an IX (19 octobre 1800), que le ministre de la Justice, Abrial, lui confirma sa nomination d'huissier au tribunal de première instance de la Seine, signée le 17 (9 octobre 1800) [604].

Pierre Dumeige ne put jouir longtemps de son nouvel état : le 19 floréal an XIII (9 mai 1805), « *au lit, malade de corps, mais ayant l'esprit sain, mémoire et bon jugement* », il dicta son testament aux notaires Bordin et Gobin, dans le dessein d'étendre les avantages résultant pour sa femme de leur contrat de mariage, et l'institua sa légataire universelle [605]. Âgé de quarante-neuf ans [606], il mourut chez lui, cloître Saint-Jacques-l'Hôpital, numéro 1er, le 10 prairial (30 mai 1805) ; l'inventaire des biens meubles, dressé le 23 (12 juin), révéla un actif de 1 180 francs et 50 centimes [607].

---

598 Arch. de Paris : D8 U1 16.
599 Minutier Central, X, 787.
600 Arch. nat. : D III 253, dossier 3.
601 Arch. de Paris : D5 U1 2.
602 Arch. de Paris : D5 U1 4.
603 Arch. nat. : AF III 261.
604 Minutier Central, X, 861 (pièce annexée à l'acte testamentaire).
605 Minutier Central, X, 861.
606 Arch. nat. : BB16 704.
607 Minutier Central, X, 861.

DUPERRON (Jean-Baptiste Gaston Thomas)

Natif de Troyes [608], il collectionna les mandats électifs dès 1789 : président du district des Théâtins le 21 juillet, représentant de la commune du district le 3 août, réélu président le 29 octobre [609], il assuma ces charges jusqu'à leur disparition [610]. Désigné l'année suivante huitième des dix-neuf électeurs de la section de la Croix-Rouge, cet avocat de cinquante-cinq ans [611] devint tout naturellement premier assesseur du juge de paix, le 28 octobre 1790. Il tint effectivement sa place au sein du tribunal, remplaçant même, du 10 septembre 1791 [612] – époque de sa reconduction au cinquième rang des électeurs [613] – jusqu'au 6 août 1792, Beauvais de Préau, démissionnaire [614]. L'agitation politique ne l'épargna pas, et, au mois de septembre 1793, il fut contraint de fuir la guillotine dont il se sentait menacé [615].

Le 30 nivôse an III (19 janvier 1795), l'assemblée générale de sa section, considérant que Jean-Baptiste Duperron, « *homme de loi aussi désintéressé par patriotisme qu'éclairé par état* », exerçait comme assesseur la réalité des tâches de juge de paix lorsque la Commune le destitua, proposa qu'il retrouvât sa place à l'occasion de l'épuration des fonctionnaires, car Joseph Lebrun, le titulaire, avait depuis longtemps perdu sa confiance [616]. La Convention le nomma par décret du 4 pluviôse an III (23 janvier 1795), l'assemblée primaire ultérieure confirma sa décision [617], et le Directoire, par arrêté du 28 frimaire an IV (19 décembre 1795), lui ordonna de rester en poste [618].

En l'an VII, cependant, parvint au ministre de la Police générale une dénonciation fondée sur deux griefs. Le premier était de ne pas se servir de l'appellation officielle de « *Citoyen* » quand il s'adressait à ses justiciables. Le ministre de la Police, informé, écrivit le 19 nivôse (8 janvier 1799) au juge de paix pour le réprimander, mais ce dernier protesta de ses principes et langage respectueux de la République. Le second reproche devait avoir de plus rudes conséquences. « *On se plaint de ce que ce fonctionnaire* – écrivait l'informateur – *pour se faire renommer aux prochaines élections, commence à remettre en œuvre des moyens qui, dit-on, lui ont réussi l'année dernière* ». La sanction ne se fit pas attendre, et, le 22 pluviôse an VII (10 février 1799), un arrêté du Directoire nomma François Gitton

---

608 Arch. nat. : BB^{16} 704.
609 Arch. nat. : BB^{5} 168.
610 Arch. nat. : BB^{5} 167.
611 Et. CHARAVAY, *Assemblée électorale de Paris*, I, p. 68.
612 Arch. nat. : BB^{5} 168.
613 Et. CHARAVAY, *Assemblée électorale de Paris*, II, p. 58.
614 Arch. de Paris : D10 U^{1} 27.
615 Arch. nat. : BB^{5} 167.
616 Arch. nat. : D III 254, dossier 3.
617 Arch. nat. : BB^{5} 168.
618 Arch. nat. : BB^{1} 60^{A}.

au lieu de Duperron, que les assemblées primaires de germinal ramenèrent sur son siège [619] et désignèrent de surcroît électeur [620].

Seule, la réduction du nombre des justices de paix mit fin à sa carrière judiciaire, le 7 ventôse an X (26 février 1802) [621] ; deux jours plus tôt, pressentant son échec, il avait sollicité des Consuls « *une place analogue à ses talents* », suggérant même celle de juge d'appel [622]. L'évincé dut rabattre de ses prétentions, puisqu'au mois de messidor (juin 1802), on le vit postuler l'emploi de substitut du commissaire du gouvernement près le tribunal criminel, rappelant qu'il s'était affairé, plus qu'un autre, comme officier de police judiciaire au sein de la division de l'Ouest [623].

DUPORTAIL (Louis Augustin Benoît)

Avocat au parlement de Paris depuis 1780, il résidait 26, rue Mazarine. En 1790, il devint président de la section des Quatre-Nations, qui le désigna en outre premier de ses trente-trois électeurs et juge de paix [624].

Il inaugura son tribunal au mois de janvier 1791 et rendit ses jugements en sa nouvelle demeure, « *size enclos de la ci-devant abbaye Saint-Germain-des-Prez, cour de l'église* » [625]. Il se retrouva quatorzième électeur à la fin de l'année [626], et continua d'exercer activement sa charge judiciaire, comme en témoignent et la lettre qu'il écrivit au ministre de l'Intérieur en février 1792 – plaidant pour ses collègues peu fortunés qui tenaient « *un état aussi pénible que dispendieux* » sans percevoir encore de traitement [627] – et le rapport qu'il adressa au ministre de la Justice, le 3 juillet suivant, sur le régime de la police dans Paris et « *les travaux des juges de paix qui sont immenses en cette partie* » [628]. Louis Duportail siégea jusqu'au 9 août 1792 [629] et s'enfuit alors, laissant le champ libre au citoyen Lerou, que la section nomma pour le remplacer [630].

DUROUZEAU (Denis)

Denis Durouzeau [631] habitait à Paris, paroisse Saint-Benoît, au numéro 24 de la rue des Noyers ; avocat au parlement depuis 1755 [632], il avait épousé sous le

---

619 Arch. nat. : BB^5 167.

620 Arch. nat. : AF III 261.

621 Arch. de Paris : D10 U^1 48.

622 Arch. nat. : BB^5 168.

623 Arch. nat. : BB^5 167.

624 Et. CHARAVAY, *Assemblée électorale de Paris*, I, p. 61.

625 Arch. de Paris : D10 U^1 14.

626 Et. CHARAVAY, *Assemblée électorale de Paris*, I, p. 61.

627 Arch. nat. : F^{1c} III Seine 27.

628 Arch. nat. : BB^{30} 18.

629 Arch. de Paris : D10 U^1 15.

630 Arch. nat. : D III 254, dossier 17.

631 A. M. CASENAVE, dans son ouvrage sur *Les tribunaux civils...*, p. 888 et s., semble bien confondre, dans sa notice biographique Denis Durouzeau, le père, juge de paix de la section Sainte-Geneviève dès 1791, et Pierre Denis, son fils, envoyé à la même époque dans le département de la Loire comme secrétaire des

régime de la communauté Marie Adélaïde Badin, qui possédait une maison rue Montmartre [633].

En 1790, âgé de soixante ans, il présida la section de Sainte-Geneviève, qui l'élut troisième de ses trente-deux électeurs et lui confia le mandat de juge de paix. Toujours féru de politique, membre de la société des Amis de la Constitution [634] et dixième électeur l'année suivante [635], il fréquenta le club de la Sainte-Chapelle [636]. Le 24 juin 1792, Durouzeau recueillit différents témoignages sur l'échauffourée de la journée du 20, dont celui, très détaillé, du citoyen Fontaine [637]. Cette attitude lui valut sans doute quelque animosité de la part de certains justiciables, et, s'il tint ses audiences jusqu'au 28 juillet, il ne semble pas avoir attendu jusqu'au 10 Août pour s'éclipser. Charles Hu occupa son siège au mois de septembre [638].

Durouzeau eut sa revanche et revint à la tête de son tribunal le 25 germinal an V (14 avril 1797), succédant à Sylvain Lardy. Invalidé par la loi du 19 fructidor (5 septembre), il dut encore céder sa place, cette fois-ci à Jean-Pierre Leroy [639], mais au bout d'un an, le 4 fructidor an VI (21 août 1798), il reprit la présidence de la justice de paix [640].

De nouveau, la vie publique le sollicita : président d'assemblée primaire, électeur du XIIe arrondissement au début de germinal an VII (mars 1799) [641], il ne disparut du monde judiciaire qu'à l'époque de la réduction, qui sacra Thorillon juge de paix à son détriment [642]. Deux ans plus tard, le 7 germinal an XII (28 mars 1804), son fils Pierre Denis, magistrat de sûreté à Meaux que Renaud de Saint-Jean-d'Angély soutenait en ces termes : « *il est mon parent et homme instruit* », demanda sa mutation au tribunal du IIIe arrondissement de Paris afin de se rapprocher de son père, « *octogénaire et aveugle* » [643].

ESTIENNE DE LA RIVIERE (Jean-Baptiste)

Vergniaud, l'orateur de la Gironde, qui le connaissait personnellement, certifia devant ses collègues de la Législative qu'Estienne de la Rivière était né à Limoges, et que son patronyme n'était pas Larivière – « *un nom de fief ou de terre, ou un nom en l'air* » –, mais son prénom Etienne et son nom de famille Tequielle [644].

---

commissaires nationaux Bigot Préameneu, Godart et Robin.
[632] Et. CHARAVAY, *Assemblée électorale de Paris*, I, p.73.
[633] Minutier Central, XVIII, 885.
[634] Et. CHARAVAY, *Assemblée électorale de Paris*, I, p. 73.
[635] Et. CHARAVAY, *Assemblée électorale de Paris*, II, p. 63.
[636] Et. CHARAVAY, *Assemblée électorale de Paris*, II, p. 542.
[637] Arch. nat. : BB^{30} 17 ; Edmond SELIGMAN, *Justice*, II, p. 530.
[638] Arch. de Paris : D12 $U^1$13.
[639] Arch. de Paris : D12 U^1 16.
[640] Arch. de Paris : D12 U^1 17.
[641] Arch. nat. : AF III 261.
[642] Arch. de Paris : D12 U^1 22.
[643] Arch. nat. : BB^5 171.
[644] *Archives parlementaires*, XLIII, p. 581.

Quel que fût son état civil, le futur conciliateur, avocat au parlement depuis 1780, résidait cour de la Sainte-Chapelle et était âgé de trente-quatre ans lorsqu'on le désigna, en 1789, électeur pour le district des Barnabites et administrateur de la ville de Paris [645].

Il se démena courageusement, durant les troubles de juillet, « *pour arracher Bertier de Sauvigny à la populace* » [646] et devint, l'année suivante, septième des neuf électeurs de la section Henri-IV et son juge de paix [647], après avoir rallié quelques suffrages comme juge suppléant aux tribunaux d'arrondissement [648]. Troisième électeur en 1791 [649], il s'opposa résolument aux brissotins, et offrit une salle pour la formation du club de la Sainte-Chapelle [650], aux réunions duquel il se signala plusieurs fois [651].

Son engagement politique provoqua sa disparition lorsque se tendirent encore les relations du roi et de l'Assemblée. Le journaliste Carra avait accusé, dans les *Annales patriotiques*, deux anciens ministres de Louis XVI, Montmorin et Bertrand de Molleville, de faire partie du « *comité autrichien* ». Le 14 mai 1792, les deux intéressés déposèrent une plainte en diffamation [652] par-devant Estienne de la Rivière, qui interrogea Carra, lequel répondit tenir ses renseignements de trois députés : Merlin, Basire et Chabot. Le 18, le juge de paix annonça devant l'Assemblée son intention d'instruire l'affaire, mais les représentants du peuple, qui suspectaient sans doute des retombées politiques disproportionnées, passèrent à l'ordre du jour [653].

Malgré cette fin de non-recevoir, l'imprudent magistrat décerna des mandats d'amener contre les trois membres du corps législatif, ce que l'on dénonça le lendemain « *comme une violation de la Constitution, et un attentat à la liberté individuelle des représentants* ». Le 20 mai, lecture faite en séance des trois pièces litigieuses, les députés, après audition de leurs trois collègues « *sur la manière injurieuse et vexatoire dont on les avait traités* », décrétèrent d'accusation [654] le juge convoqué pour rendre compte de sa conduite. Celui-ci, prévenu de crime contre la Constitution, devrait s'en disculper devant la Haute Cour nationale [655].

Estienne de la Rivière faisait les frais de l'épreuve de force engagée entre la Cour et le pouvoir législatif. Le 21 mai, Roland, ministre de l'Intérieur, informa la

---

645 Et. CHARAVAY, *Assemblée électorale de Paris*, I, p. 58.
646 Edmond SELIGMAN, *Justice*, II, p.106.
647 Et. CHARAVAY, *Assemblée électorale de Paris*, I, p. 58.
648 Et. CHARAVAY, *Assemblée électorale de Paris*, I, Table.
649 Et. CHARAVAY, *Assemblée électorale de Paris*, II, p. 49.
650 Edmond SELIGMAN, *Justice*, II, p.106.
651 Et. CHARAVAY, *Assemblée électorale de Paris*, II, p. 542.
652 Arch. nat. : W 242.
653 Edmond SELIGMAN, *Justice*, II, p.104-107.
654 Arch. nat. : F^7 4774^{42}. Par une assimilation significative, le décret se trouve dans le dossier de Jean Menjaud, juge de paix de la section des Tuileries, qui avait reçu la plainte de Louis XVI à la suite de la journée du 20 Juin.
655 Arch. nat. : BB^3 54.

Législative de l'arrestation du juge de paix, effectuée la veille, vers minuit. Aussitôt conduit à l'Abbaye, il fut transféré le matin même vers Orléans, où se tenait la haute juridiction [656] ; depuis le 3 mai, il ne siégeait plus à son tribunal, qu'Etienne Lambert vint présider après le 10 Août [657]. Son interrogatoire se déroula le 9 juin 1792 ; il dénia que la délivrance de mandats pût constituer un manque de respect de sa part envers l'Assemblée, et prit pour défenseur un ancien Constituant : Gaultier de Biauzat, l'un des juges du tribunal du IVe arrondissement de Paris [658]. Cette précaution était bien inutile : le 4 septembre, sans être jugés, Estienne de la Rivière et les autres prévenus quittèrent leur prison orléanaise afin de regagner Paris. Lorsque le convoi pénétra dans Versailles, le 9 septembre, la population les massacra [659] dans la rue de l'Orangerie. On inhuma les quarante-quatre dépouilles le surlendemain [660].

FANTIN (Jean-Jacques)

Né à Paris vers 1736 [661], il était avant la Révolution commis greffier de la prévôté de l'hôtel au Châtelet, et devint en 1790 secrétaire greffier de police de la section des Tuileries [662], qu'il habitait au numéro 497 de la rue Saint-Nicaise [663]. Il tint son greffe jusqu'au 10 août 1792 [664], époque vers laquelle disparut le juge de paix Menjaud, dont il assura la succession. Son premier acte judiciaire fut une apposition de scellés qu'il effectua le 11 septembre [665], bien que sa nomination officielle n'intervînt que le 14 octobre suivant.

Deux ans plus tard, le 23 frimaire an III (13 décembre 1794), le comité civil, chargé de renseigner le Comité de Législation sur la moralité civique des membres du tribunal de paix, rendit un bon témoignage de Jean-Jacques Fantin, dont il reconnut l'intelligence et l'exactitude, ajoutant : « *ses principes nous ont toujours paru ceux d'un franc républicain* » [666]. Maintenu en poste, il fut ensuite remplacé lors de la réunion des assemblées primaires de germinal an V (avril 1797) par Nicolas Regnault, qui vint présider le tribunal déserté depuis le 11 ventôse (1er mars 1797) [667].

---

656 *Archives parlementaires*, XLIII, p. 619.
657 Arch. de Paris : D11 U1 40.
658 Edmond SELIGMAN, *Justice*, II, p.111.
659 Edmond SELIGMAN, *Justice*, II, p.268 et 273 ; Paul ROBIQUET, *Municipal*, p. 73.
660 François BARRIERE, *Bibliothèque*, XVIII, p.304 et 312.
661 Arch. nat. : BB16 704.
662 Arch. nat. : D III 253, dossier 27.
663 *Almanach national*, 1793.
664 Arch. nat. : D III 253, dossier 27.
665 Arch. de Paris : D1 U1 29.
666 Arch. nat. : D III 253, dossier 27.
667 Arch. de Paris : D1 U1 28.

FARDEL (Pierre)

Le troisième jour complémentaire de l'an V (19 septembre 1797), le Directoire nomma cet « *ex-juge au tribunal civil du département des Deux-Nêthes* » juge de paix de la division de la Halle-au-Blé, en remplacement du citoyen Boucry Saint Venant, dont la loi du 19 fructidor (5 septembre 1797) avait annulé l'élection. Quelques jours plus tard, le 9 vendémiaire an VI (27 septembre 1797), il se retrouva de surcroît juge suppléant au tribunal civil de la Seine [668]; cette nouvelle désignation ne l'empêcha pas de venir siéger au tribunal de paix, dont il avait pris possession la veille [669]. Pierre Fardel demeurait alors rue Bailleul, numéro 263 [670].

Sans doute donna-t-il satisfaction, au gouvernement en tout cas, puisque le Directoire, le 16 vendémiaire an VII (7 octobre 1798), le confirma dans sa place, à laquelle les assemblées primaires de l'an VI n'avaient pas pourvu [671]. En fait, il avait été mis en situation de ballottage avec un sieur Goupilleau de Fontenay ; la considération qui l'entourait joua peut-être un rôle déterminant dans son maintien à la tête de la juridiction : au mois de germinal, il présidait en effet la dixième assemblée primaire qui l'élut électeur [672].

Pierre Fardel conserva son fauteuil judiciaire jusqu'au 28 ventôse an IX (19 mars 1801), date à laquelle Denis Leguay le remplaça [673]. En l'an XII, magistrat de sûreté du 1er arrondissement du département de la Seine, substitut du commissaire du gouvernement près le tribunal criminel, il dut se disculper, par deux écrits, auprès du Grand Juge, d'une dénonciation portée contre lui [674], puis, de 1804 à 1806, continua son travail auprès du procureur général impérial de la cour de justice criminelle [675].

FARIAU (Frédérik Marie Michel)

Ce fut à Blois, aux premiers jours d'avril 1758, qu'il naquit au sein d'une famille de juristes implantée de longue date. Son père était en effet greffier en chef de l'élection de Blois – charge qui se transmettait de père en fils depuis cent trente ans – et son oncle paternel, avocat au parlement de Paris ; deux de ses frères enfin devaient se distinguer dans l'enseignement à l'université de la même ville, et l'un, dénommé Fariau de Saint-Ange, mourut au début du XIXe siècle membre de l'Institut dans la classe des Belles-Lettres [676].

Sans doute l'oncle favorisa-t-il l'arrivée du neveu dans la capitale, où il s'établit, avant la Révolution et jusqu'en 1790, clerc d'un notaire, puis de Jean

---

668 Arch. nat. : BB^{5} 404.
669 Arch. de Paris : D4 U^{1} 20.
670 Arch. nat. : BB^{5} 167.
671 Arch. nat. : BB^{5} 410.
672 Arch. nat. : AF III 261.
673 Arch. de Paris : D4 U^{1} 22.
674 Bibl. nat. : Ln^{27} 7363 et 32498.
675 *Almanach national*, an X - an XII ; *Almanach impérial*, an XIII – 1806.
676 Arch. nat. : BB^{5} 181.

Gruter des Roziers, alors commissaire au Châtelet, qui apprécia son travail : devenu, dès la création, juge de paix de la section des Enfants-Rouges, ce dernier se souvint de son subordonné, et le nomma greffier du nouveau tribunal. Pierre Fariau s'y consacrait en son domicile 43, rue Avoye, lorsque sa section le présenta, à la fin du mois de fructidor an II (septembre 1794) comme officier public à l'état civil parisien [677].

Fort affairé à son greffe, il évita le renouvellement auquel songea, le 8 prairial an III (27 mai 1795), le Comité de Législation [678]. Bien plus, le 2 germinal an IV (22 mars 1796), ce fut lui que choisit le Directoire pour remplacer André Bobée, juge de paix démissionnaire [679]. Frédérik Fariau était à pied d'œuvre depuis bien longtemps ; il s'installa le 8 germinal (28 mars 1796)[680] pour dix-huit années consécutives. En effet, les Directeurs le confirmèrent par deux fois, le 20 fructidor an V (6 septembre 1797) [681] et le 16 vendémiaire an VII (7 octobre 1798) [682], après infirmation du choix des assemblées primaires. Fariau passa ensuite le cap difficile de la réduction, quoique le citoyen Hombert, l'un de ses concurrents, « *juge de paix très estimable et très estimé* » aux dires de Frochot, eût contesté la validité de sa désignation.

Le préfet de la Seine, qui reconnaissait de même au vainqueur la considération méritée dont il jouissait, nous renseigne aussi sur sa vie privée : le juge de paix du VIIe arrondissement était marié, père de cinq enfants, propriétaire d'une maison à Blois et d'une rente sur l'Etat de 514 francs. Sa conduite régulière, sa soumission aux lois et au gouvernement consulaire lui valaient le soutien du haut fonctionnaire qui le disait encore « *juste et conciliateur* » en son rapport du 19 ventôse an X (10 mars 1802) [683]. L'intéressé conserva son siège lors du renouvellement de juillet 1807 [684] et tant que dura l'Empire.

Alors commencèrent ses ennuis : au cours de la première Restauration, le 11 août 1814, il éprouva le besoin de rappeler à la Chancellerie l'ensemble de ses services judiciaires. Les Cent-Jours suspendirent un temps la menace, mais, le 3 novembre 1815, il écrivit encore pour retracer sa carrière [685]. Sa démarche fut mal reçue : les royalistes, qui l'estimaient « *beaucoup trop avide* » et sensible aux avantages financiers de sa place, qui réprouvaient en outre sa « *très mauvaise conduite politique* », le comprirent au nombre des juges de paix à éliminer.

---

677 Arch. nat. : D III 139.
678 Arch. nat. : D III 256[5].
679 Arch. nat. : BB[5] 378.
680 Arch. de Paris : D7 U[1] 13.
681 Arch. nat. : BB[5] 404.
682 Arch. nat. : BB[5] 410.
683 Arch. nat. : BB[8] 16.
684 Arch. nat. : BB[8] 25.
685 Arch. nat. : BB[5] 181.

L'ordonnance du 11 novembre 1815 lui donna Jean Odent pour successeur [686], et le 17, Frédérik Fariau tint sa dernière audience [687].

FAYEL (Louis Gilles Camille)

Natif de Dreux [688], avocat et procureur au parlement depuis 1779, Louis Fayel résidait rue de la Tixeranderie, numéro 107, quand la section du Roi-de-Sicile l'élut, en 1790, quatrième de ses dix-sept électeurs et juge de paix ; il était en outre capitaine d'une compagnie du bataillon du Petit-Saint-Antoine [689]. L'année suivante, âgé de quarante-trois ans, il vit confirmer au septième rang son mandat d'électeur [690] et participa aux réunions du club de la Sainte-Chapelle [691].

Ses opinions royalistes ne tardèrent pas à faire de lui l' « *une des victimes de l'épouvantable catastrophe du 20 juin* », selon la parole de son frère [692]. En effet, le dimanche 24 juin 1792, à neuf heures du matin, Fayel, à titre d'officier de police du district de Paris, reçut en sa demeure, 18, rue Ecouffet, paroisse de Saint-Gervais, les déclarations de divers comparants « *affligés des désordres* » qui avaient eu lieu le mercredi précédent au château des Tuileries. Très prudent, le juge de paix – qui estimait compromise par ces dépositions la conduite de Pétion et de quelques autres officiers municipaux – rappela que les magistrats ne pouvaient citer devant eux des administrateurs à raison de leurs fonctions, et, vu son incompétence, transmit purement et simplement copie de son procès-verbal au département de Paris [693].

Louis Fayel présida son tribunal sans incident jusqu'au 8 août [694], mais, le 12, le conseil général de la Commune ordonna son arrestation. « *Surpris soupant au sein de sa famille* », il suivit sans résistance les commissaires Sigault et Julien qui le conduisirent « *à Saint-Lazare, sous bonne et sûre garde* » [695]. Il se trouvait à la Conciergerie lors des massacres de Septembre, qui l'épargnèrent « *par une espèce de miracle* » [696]. Sans doute parvint-il à s'évader, à se cacher ; ce fut à ce moment que Claude Pointard, ancien avocat au parlement de Paris [697], vint occuper le fauteuil qu'il avait déserté [698].

Quelque temps après, le 12 frimaire an II (2 décembre 1793), à quatre heures du soir, Bernard et Houdaille, deux membres du comité révolutionnaire de la section, l'interpellèrent et ledit comité imposa une nouvelle arrestation. Interrogé le

---

686 Arch. nat. : BB[8] 164.
687 Arch. de Paris : D7 U[1] 77.
688 Arch. nat. : F[7] 4708
689 Et. CHARAVAY, *Assemblée électorale de Paris*, I, p. 49.
690 Et. CHARAVAY, *Assemblée électorale de Paris*, II, p. 42.
691 Et. CHARAVAY, *Assemblée électorale de Paris*, II, p. 541.
692 Arch. nat. : BB[5] 178.
693 Arch. nat. : BB[30] 17.
694 Arch. de Paris : D7 U[1] 27.
695 Arch. nat. : W 251, dossier 30.
696 Arch. nat. : BB[5] 178.
697 Et. CHARAVAY, *Assemblée électorale de Paris*, I, p. 42.
698 Arch. nat. : D III 254, dossier 4.

15 (5 décembre 1793), il répondit s'être réfugié à « *Arcueil du Bourg de l'Egalité* » et vivre « *des recouvrements des sommes dues par différents clients de son ancien état de procureur au parlement* » [699].

Incarcéré à la Conciergerie le 21 frimaire (11 décembre 1793) comme suspect de royalisme et prévenu de propos inciviques, il passa devant le Tribunal révolutionnaire le 29 (19 décembre 1793). Fouquier-Tinville exploita sans vergogne l'affaire du 20 Juin, et le tribunal, après l'avoir entendu, condamna Louis Fayel, « *l'un des complices le plus ardent de Capet et de l'infâme Marie-Antoinette* », à la peine capitale [700].

Il fut exécuté le lendemain, place de la Révolution, laissant une veuve et cinq enfants à la charge de son frère. Le destin continua d'accabler sa famille, puisque son fils aîné, caporal de la 9e de ligne, trouva la mort sous les murs d'Ulm, et que le cadet, maréchal des logis au 24e régiment de chasseurs à cheval, disparut outre-Manche, captif des Anglais [701].

FEBVÉ (Jean-Baptiste)

Il vit le jour à Lunéville, le 31 mars 1742, et embrassa d'emblée la carrière juridique : l'université de Strasbourg le reçut docteur en droit en 1768, et, la même année, le parlement de Nancy vit ses débuts d'avocat. Au mois de janvier 1770, il s'inscrivit à celui de Paris, mais conserva son cabinet de province, « *qui le faisait vivre honorablement* », jusqu'à ce que ses concitoyens de Nancy [702] – ville dont il suivit avec intérêt la vie politique du début de la Révolution à l'épisode de la Terreur, publiant plusieurs brochures sur divers événements : l'apparition des premiers comités en 1789, l'installation de l'évêque constitutionnel en 1791, puis l'établissement du culte de l'Etre suprême [703] – lui confient, à la fin de 1790, le mandat de juge de paix. Il abandonna cette judicature au mois de novembre 1792 pour occuper la présidence du tribunal criminel de la Meurthe, au sein duquel il cessa de siéger au cours de frimaire an III (novembre-décembre 1794).

Ce fut vers la même époque qu'il choisit de délaisser la province qui lui avait offert différents emplois administratifs en plus des précédents : au comité d'administration de la garde nationale de Nancy, pendant un an ; au conseil général de la commune, de novembre 1790 au mois de frimaire an III ; comme électeur enfin, à quatre reprises, et président d'assemblées primaires [704]. Il s'établit à Paris – qu'il avait revu en 1790 comme député à la fête de la Fédération [705] – malgré le souvenir désagréable de son passage, le 1er pluviôse an II (20 janvier 1794), devant

---

699 Arch. nat. : F^7 4704.

700 Arch. nat. : W 302, dossier 341.

701 Arch. nat. : BB^5 178.

702 Arch. nat. : BB^5 168.

703 Bibl. nat. : 8° Lf^{133} 1108 ; 8° Ld^4 3648 ; 8° Lb^{41} 3907.

704 Arch. nat. : BB^5 168.

705 A. M. CASENAVE, *Tribunaux civils*, II, p. 890.

le Tribunal révolutionnaire. Prévenu de complicité dans le complot tendant à porter atteinte « *à l'unité et à l'indivisibilité de la République* », le Nancéien ressortit acquitté de l'accusation de fédéralisme [706].

Le 1er germinal an IV (21 mars 1796), le Directoire le désigna juge de paix de la division de la Fraternité à la place d'Alexandre Poulletier [707]. Le 25 ventôse (15 mars 1797) de l'année suivante, il dut se disculper auprès du ministre de la Justice d'une dénonciation de l'huissier Calonne, qui lui reprochait d'encaisser des revenus indus ; son greffier lui-même écrivit au ministère pour prendre sa défense : « *loin de rien recevoir, il avance même journellement de sa poche pour subvenir aux frais de la juridiction* ... ». Rien n'y fit : les assemblées primaires élurent de nouveau Poulletier le 15 germinal an V (4 avril 1797) [708]; invalidé, celui-ci ne put cependant conserver son siège, et Jean-Baptiste Febvé se retrouva, une fois encore, juge de paix à la fin du mois de fructidor (mi-septembre 1797) [709].

Le Directoire le nomma de surcroît, le 2 ventôse an VI (20 février 1798), juge suppléant au tribunal civil de la Seine [710], mais il ne quitta sa justice de paix – que vint présider le citoyen Ravant [711], nommé par l'Exécutif – pour siéger effectivement au tribunal civil qu'au mois de vendémiaire an VII (septembre-octobre 1798). Il travailla au sein de cette juridiction jusqu'en floréal an VIII (avril-mai 1800) [712], malgré sa présence sur la liste des juges dont les Directeurs devaient se méfier, que le gouvernement reçut le 18 germinal an VII (7 avril 1799). Jean-Baptiste Febvé y était qualifié de « *tyran subalterne, pétri d'orgueil et d'amour-propre* [...] *n'ayant que le masque du patriotisme* » [713].

Il présida six mois le tribunal correctionnel, siégea pour le même temps au tribunal criminel, mais ses activités devinrent alors confuses. Il semble que la réorganisation judiciaire de l'an VIII l'ait privé d'emplois lucratifs : il n'apparaît, en l'an IX et en l'an X, qu'à titre d'assesseur de la justice de paix de la division de la Cité [714]. Le 4 messidor an X (23 juin 1802), « *notable du département de la Seine, demeurant Cloître Notre-Dame numéro 7* », il sollicita d'être nommé substitut près le tribunal de première instance de Paris, cette place vaquant « *par la promotion du citoyen Jaubert au Corps législatif* » [715].

---

706 Arch. nat. : W 312, dossier 423.
707 Arch. nat. : BB^5 378.
708 Arch. nat. : BB^{16} 711. Et non le 15 germinal an IV, comme le note, par erreur, A. M. CASENAVE, *Tribunaux civils*, II, p. 890, qui raccourcit à quinze jours, du 1er au 15 germinal an IV, la présidence de Febvé.
709 Arch. nat. : BB^5 168.
710 Arch. nat. : BB^5 404.
711 Arch. nat. : BB^5 410.
712 Arch. nat. : BB^5 168.
713 Arch. nat. : BB^5 167.
714 *Almanach national*, an IX, an X.
715 Arch. nat. : BB^5 168.

FIALIN (Jean)

À la fin du mois de fructidor an II (mi-septembre 1794), âgé de cinquante et un ans et père de deux jeunes enfants, il était établi au numéro 937 de la rue de Vaugirard. Secrétaire greffier du commissaire de police et du comité civil de la section Mutius-Scævola, ci-devant du Luxembourg, il n'avait d'autres moyens d'existence que les 1 800 livres de son traitement, « *insuffisant pour pourvoir à son plus étroit nécessaire* ». Ce fut peut-être la raison qui détermina ses concitoyens à le présenter au premier rang pour la place d'officier public à l'état civil [716].

En dépit d'une très brève incarcération, et rassuré par l'attitude du Comité de Sûreté générale, qui avait reconnu « *son innocence et la pureté des ses principes* », le comité civil proposa de nouveau Jean Fialin, le 28 frimaire an III (18 décembre 1794) pour succéder au juge de paix Joachim Ceyrat, qui avait perdu sa confiance [717]. La Convention agréa cette présentation le 22 pluviôse (10 février 1795), et le secrétaire greffier du commissaire de police, qui abandonnait une place à laquelle il était très urgent de pourvoir [718], tint sa première audience le 1er ventôse (19 février 1795) [719].

Ses justiciables approuvèrent sa nouvelle affectation le 10 prairial (29 mai 1795), ce qui lui permit de refuser, le 6 messidor (24 juin 1795), le greffe du bureau de l'état civil du XIe arrondissement que le Comité de Législation venait enfin de lui attribuer. Malgré le « *doux plaisir* » qu'il goûtait à concilier ses semblables, son défaut de fortune le contraignit à quitter son tribunal. Il écrivit plusieurs lettres à la Convention afin d'exposer son dénuement extrême : « *les délais qu'on a mis à satisfaire à mes réclamations, que je crois justes, m'ont forcé à vendre mon petit mobilier pour donner du pain à mes enfants. Il ne me reste qu'un matelas. Faudra-t-il que je le vende pour vivre encore un mois ?* »

Sa missive du 11 fructidor an III (28 août 1795) s'acheva sur l'offre de sa démission, car il ne put supporter davantage son état de détresse [720]. Jean Fialin signa son ultime minute le 26 vendémiaire an IV (18 octobre 1795) et Louis Guérin, son greffier, vint présider la justice de paix [721]. Quelque temps après, il sollicita de servir dans l'ordre judiciaire, soit comme juge au tribunal civil – ce que méritaient ses trente-trois années d'étude des lois –, soit en qualité de commissaire du gouvernement près le tribunal correctionnel – hypothèse qui emportait sa préférence pour lui donner l'agrément de voir souvent d'anciens collègues dont il avait conservé l'estime [722]. L'ex-juge de paix de la section du Luxembourg eut la demi satisfaction d'être nommé substitut du commissaire du pouvoir exécutif près le

716 Arch. nat. : D III 239.
717 Arch. nat. : D III 254, dossier 13.
718 Arch. nat. : BB1 59.
719 Arch. de Paris : D11 U1 5.
720 Arch. nat. : D III 2565.
721 Arch. de Paris : D11 U1 6.
722 Arch. nat. : BB5 167.

tribunal correctionnel le 1er frimaire an IV (22 novembre 1795) [723], emploi qu'il conserva jusqu'en l'an VI [724].

FONTAINE (Jean Mathias)

Marchand orfèvre rue Saint-Antoine numéro 256, il fut élu, sous l'Ancien Régime, conseiller de la justice consulaire de Paris par le corps des orfèvres, et siégea en cette qualité durant les sessions de 1786 et 1787.

En 1789, la future section de la Place-Royale, qu'il habitait près de son atelier, le désigna membre du comité civil, puis « *commissaire des pauvres en la distribution de la bienfaisance* ». Le 6 octobre 1790, on le chargea, dès sa création, du poste de commissaire de police qu'il exerça jusqu'au 25 août 1792, époque à laquelle « *la grande majorité* » de ses concitoyens le choisit pour succéder au juge de paix Thomas Lemaistre, suspendu par la Commune [725].

Jean Fontaine s'installa le lendemain [726] et présida la juridiction jusqu'au 8 vendémiaire an II (29 septembre 1793) [727]. Il perdit alors son siège, car « *le comité révolutionnaire crut devoir faire un choix plus analogue à ses principes* », le 17 (8 octobre 1793) ; ainsi fut-il destitué « *sans formes légales* », bien que l'assemblée générale – irrégulièrement convoquée, il le reconnut plus tard – lui eût octroyé l'unanimité des suffrages. On cassa le scrutin, remit l'assemblée à huitaine, et le comité révolutionnaire profita du délai pour dissuader les électeurs de confirmer leur choix initial. Antoine Jabel, dont les opinions politiques plaisaient davantage, devint juge de paix.

Le 10 prairial an III (29 mai 1795), l'assemblée de la section, rappelant cet épisode peu glorieux, présenta Jean Fontaine pour premier candidat au remplacement de Jabel, mais ne fut pas suivie [728] ; il se retrouva cependant électeur l'année suivante [729].

FORCADE DE LA ROQUETTE (Jean)

En dépit de sa jeunesse – il était âgé de trente et un ans – ce fut lui que présentèrent d'office les magistrats du tribunal de première instance de Paris pour succéder à Pierre Gobert, démissionnaire. Leur rapport du 24 juillet 1811 mettait l'accent sur sa position sociale : riche, grâce à 10 000 francs de revenus, considéré, car sa famille était « *honorablement connue dans le militaire et la magistrature* », capable, par sa réputation « *de probité, de zèle et d'activité* », bien marié, avec la

[723] Arch. nat. : BB[1] 60[A].
[724] *Almanach national*, an VI.
[725] Arch. nat. : D III 254, dossier 11.
[726] Arch. de Paris : D8 U[1] 2.
[727] Arch. de Paris : D8 U[1] 4.
[728] Arch. nat. : D III 254, dossier 11.
[729] *Almanach national*, an V.

veuve du préfet et tribun Le Roy, le candidat bénéficiait en outre de la vigoureuse protection de Renaud de Saint-Jean-d'Angély [730].

Sa formation d'avocat, son stage d'auditeur de justice témoignaient enfin de ses mérites professionnels [731] : « *Sa Majesté l'Empereur et Roi* » le nomma dès le lendemain juge de paix du XIIe arrondissement [732]. Il prêta serment le 31 juillet et s'installa le 3 août 1811 [733] à la tête de la juridiction vacante depuis le 2 avril [734].

Jean Forcade de la Roquette travailla sans incidents jusqu'à la seconde Restauration ; à cette époque, la recommandation puissante dont il s'était prévalu faillit lui être fatale : le compte rendu rédigé le 18 octobre 1815 le qualifia de « *créature de Renaud de Saint-Jean-d'Angély* », lequel l'avait fait venir du département des Landes et nommer à cette place [735]. Néanmoins, les Bourbons le conservèrent, sans toutefois lui accorder la faveur qu'il sollicita en 1827 – en qualité de doyen des juges de paix de Paris et de père de famille – de passer du XIIe au Xe arrondissement, financièrement plus avantageux [736].

En 1831, la famille d'Orléans, malgré des notations peu flatteuses : « *on le dit vain, querelleur, et sans caractère, et sans opinion fixe* », s'accommoda de lui. Son décanat judiciaire l'avait sauvé [737], et sans doute aussi, sans qu'il soit permis d'être tout à fait affirmatif, la sympathie de la reine Marie-Amélie. En effet, trois ans plus tard, la souveraine intervint en personne lorsqu'il s'agit de pourvoir au fauteuil de juge de paix du Ier arrondissement que libérait la démission de Pierre Pinart. « *Avec beaucoup d'insistance* », elle recommanda « *monsieur de Forcade-Laroquette* » à son royal époux, et même écrivit au garde des Sceaux.

Grâce à son appui, le protégé, qui d'ailleurs s'était entendu avec le démissionnaire depuis le début de l'année, fit reconnaître son droit d'ancienneté. Le 25 avril 1834, il put quitter le XIIe arrondissement « *le plus fatigant dans son exercice* » et le moins lucratif – dorénavant confié au fils de Pierre Pinart – pour le Ier, moins pénible et plus attrayant, « *récompense de ses constants efforts* » en matière judiciaire. Sa situation sociale s'était encore améliorée : s'il ne put obtenir qu'en 1823 l'institution royale, car Louis XVIII lui reprochait ses convictions orléanistes, il était devenu, lors du sacre de Charles X et à la demande de ses collègues, chevalier de la Légion d'honneur [738]. Il siégea une douzaine d'années encore, et mourut en poste au mois de décembre 1846 [739].

---

730 Arch. nat. : BB8 29.
731 Arch. nat. : BB8 558.
732 Arch. nat. : BB8 47.
733 Arch. de Paris : D12 U1 66.
734 Arch. de Paris : D12 U1 65.
735 Arch. nat. : BB8 164.
736 Arch. nat. : BB8 413.
737 Arch. nat. : BB8 510.
738 Arch. nat. : BB8 558.
739 Arch. nat. : BB8 769.

FORMENTIN [?]

Le citoyen Formentin, que la section de Bonne-Nouvelle élut juge de paix à l'automne de 1790, vit les événements politiques ruiner sa carrière. Il inaugura son tribunal en janvier 1791 [740], et s'inquiéta auprès du Comité de Constitution, le 2 février, de la nécessité d'enregistrer les scellés. Il demeurait à cette époque 54, rue de Beauregard [741].

Ce magistrat scrupuleux exerça jusqu'au 10 août 1792, date à laquelle Joseph Mollard le remplaça [742], car « *la Commune conspiratrice* [...] *confondant tous les pouvoirs* » élimina les juges « *qui avaient refusé de tremper dans ses complots parricides* ». Lui-même se savait particulièrement menacé pour avoir accepté la mission confiée par Louis XVI, « *après la trop funeste journée du 20 Juin* », d'instruire, avec Bosquillon, Fayel et Menjaud, sur la violation des appartements des Tuileries. Il dut se cacher « *dans les armées des Alpes, d'Italie et d'Irlande* » pour échapper à la vengeance haineuse des bourreaux de Bosquillon et de Fayel, et ne s'occupa plus des affaires publiques.

Il ne reparut qu'en février 1815, obtint une audience du Chancelier et la promesse de retrouver bientôt une place au sein de l'organisation judiciaire. Le 11 mars 1817, l'ancien proscrit, propriétaire à Belleville près de Paris, présenta sa candidature à la succession d'Antoine Le Blond, décédé juge de paix du Ve arrondissement. Malgré les droits que le ministre lui reconnut « *à la munificence du roi* », en dépit des pertes matérielles occasionnées par la Révolution et de ses sentiments profonds de royalisme, sa démarche échoua [743].

FRANCHET (Charles)

Né le 6 février 1744 [744], il fut avocat au parlement de Paris sous l'Ancien Régime ; en 1790, âgé de quarante-six ans, il devint président de la section de l'Arsenal, qu'il habitait quai Saint-Paul, et septième de ses treize électeurs [745], mandat que les suffrages de ses concitoyens prolongèrent en 1791 en le plaçant au deuxième rang [746]. Il fréquentait à cette époque le club de la Sainte-Chapelle [747].

Les assemblées primaires convoquées au 1er germinal an VI (21 mars 1798) firent de l'assesseur qu'il était devenu le remplaçant du juge de paix, Hugues Béraud, et Charles Franchet se retrouva électeur du IXe arrondissement l'année suivante [748]. Il tint sa juridiction durant quatre ans, mais le scrutin de l'an X l'élimina

---

740 *Almanach royal*, 1791.
741 Arch. nat. : D IV 50.
742 *Almanach national*, 1793.
743 Arch. nat. : BB8 203.
744 Arch. nat. : BB8 13.
745 Et. CHARAVAY, *Assemblée électorale de Paris*, I, p. 54.
746 Et. CHARAVAY, *Assemblée électorale de Paris*, II, p. 45.
747 Et. CHARAVAY, *Assemblée électorale de Paris*, II, p. 542.
748 Arch. nat. : AF III 261.

au profit de Léon Wisnick, dont il devint le premier suppléant [749]. Le soutien du préfet de la Seine et des magistrats du tribunal de première instance lui permit d'être conservé lors du renouvellement de septembre 1806 [750]: ceux-ci rappelèrent qu'il avait occupé « *différentes places honorables* » et jouissait de 6 000 francs de rente [751]. Il s'était d'ailleurs fait reconnaître, le 13 nivôse an XII (4 janvier 1804), une créance de 12 000 francs pour prêt de pareille somme, remboursable dans les deux ans, avec les intérêts sur le pied de 5% par an, de six mois en six mois, hypothèque prise sur maison et terres sises en Seine-et-Marne, par le sieur Lenouvel, ancien négociant [752].

En 1807, il était devenu veuf et résidait rue de l'Etoile, numéro 2 ; les assemblées cantonales l'élurent candidat juge de paix par deux cent dix-neuf voix sur deux cent quatre-vingt-quinze [753], mais ce succès ne l'empêcha pas de démissionner de sa suppléance au cours du premier semestre de 1810, sans que soient précisés les motifs de son départ [754].

FRÉZARD (Pierre Joseph)

Natif de Noirmont, dans le département du Mont-Terrible [755], il demeurait à Paris, 230, rue du Faubourg-Saint-Martin, lorsqu'en 1790 la section du Faubourg-Saint-Denis le choisit pour troisième de ses treize électeurs et l'élut juge de paix [756]. Il siégea jusqu'au mois d'août 1792, et, suspendu par la Commune, dut céder la place à Pierre Isambert [757]: ce n'était que le premier épisode de sa carrière à éclipses.

Il retrouva son tribunal quand le comité civil de la section le proposa par deux fois, les 30 germinal (19 avril) et 6 floréal an III (25 avril 1795), afin de remplacer Pierre Isambert, destitué. Ses concitoyens rappelèrent que cet homme de quarante-sept ans avait à charge sept jeunes enfants, qu'il avait acquis la confiance de ses justiciables pendant les vingt et un mois de sa judicature, dont le terrorisme l'avait injustement privé [758]. Le Comité de Législation le nomma le 12 prairial (31 mai 1795) et il se réinstalla le 24 (12 juin) [759]. Les assemblées primaires réunies au mois de brumaire an IV (fin octobre 1795) le confirmèrent à son poste, mais la loi du 24 frimaire suivant (15 décembre 1795) invalida cette désignation [760], et le

---

749 *Almanach national*, an XI.
750 Arch. nat. : BB[8] 52.
751 Arch. nat. : BB[8] 25.
752 Minutier Central, V, 902.
753 Arch. nat. : BB[8] 13.
754 Arch. nat. : BB[8] 28.
755 Arch. de Paris : D5 U[1] 17.
756 Et. CHARAVAY, *Assemblée électorale de Paris*, I, p. 42.
757 Arch. de Paris : D5 U[1] 14.
758 Arch. nat. : D III 254, dossier 5.
759 Arch. de Paris : D5 U[1] 16.
760 Arch. nat. : BB[5] 378.

29 pluviôse (18 février 1796), il dut de nouveau quitter sa présidence au profit de Louis Népoux [761].

Réélu le 7 germinal an V (27 mars 1797) par les assemblées primaires du Ve arrondissement, Pierre Frézard se présenta, le 1er floréal (20 avril 1797) à dix heures du matin, devant Népoux qui l'installa derechef et reçut son serment « *de demeurer attaché fidèlement à la République et à la Constitution de l'an III, et de les défendre de tout son pouvoir contre les attaques de la Royauté et de l'Anarchie* » [762]. Une fois encore invalidé, le juge de paix tint sa dernière audience le 19 fructidor de la même année (5 septembre 1797), et Pierre Mussey prit la relève quelques jours plus tard [763].

GARNIER (Claude Charles)

Aux premiers jours de mai 1830, lorsque mourut Jacques Lefuel, juge de paix du Ve arrondissement, Claude Garnier, ancien président du tribunal de Gray et juge suppléant à la septième chambre du tribunal civil de la Seine, se mit sur les rangs. Sa demande tardive fut cause que ni le président ni le procureur du roi ne le comprirent dans leurs présentations. Ils le rajoutèrent à la hâte, une fois connu son désir d'accéder à la justice de paix, désir que motivaient des considérations familiales « *dignes du plus vif intérêt* ». « *Probité sévère, capacité, instruction, amour de l'étude et du devoir* », tels furent les titres qui retinrent l'attention des deux magistrats, qui louèrent encore l'excellence des sentiments religieux et politiques du candidat que Charles X nomma le 19 mai [764] ; le 31, Claude Garnier vint présider sa juridiction [765].

Après la révolution de 1830, son fils fut promu procureur du roi à Pontoise et lui-même, « *homme très capable* », conserva son siège [766], que ne put lui arracher une dénonciation datée du 14 mai 1832. « *Le plus cruel ennemi du gouvernement actuel* » ne cachait pas, d'après le délateur, « *son opinion henriquiniste* », mais huit jours plus tard, la feuille était classée sans suite. En 1835, il souhaita retrouver le tribunal de première instance qu'il avait quitté cinq ans plus tôt, mais la permutation ne se fit pas [767], et il termina sa carrière en demandant son admission à la retraite au mois de décembre 1849. Âgé de plus de soixante-douze ans, peut-être malade, il ne voulut pas attendre que ses facultés déclinantes le rendissent plus impropre aux devoirs de sa charge, et compromissent l'intérêt des justiciables. Le Prince-Président le fit remplacer le 15 janvier 1850 [768].

---

761 Arch. de Paris : D5 U^1 16.
762 Arch. de Paris : D5 U^1 17.
763 Arch. de Paris : D5 U^1 16.
764 Arch. nat. : BB^8 842.
765 Arch. de Paris : D5 U^1 49.
766 Arch. nat. : BB^8 510.
767 Arch. nat. : BB^8 842.
768 Arch. nat. : BB^8 851.

GENREAU [?]

Il ne fit qu'une apparition au sein des justices de paix, et ne dut son entrée qu'à la disgrâce de Jean-François Bérard de Favas, victime des épurations de 1831 et 1832. Devenu juge de paix du VIe arrondissement le 20 février 1832 [769], Genreau s'installa le 26, sans manifester d'enthousiasme excessif aux dires de son prédécesseur : au contraire, il lui exprima ses regrets de le voir remercié, lui assura n'avoir jamais sollicité la place – à laquelle il ne tenait pas autrement – au point qu'il « *ignorait entièrement sa nomination avant de l'avoir apprise par le Moniteur* » [770].

Nous pouvons l'en croire, car les magistrats ne l'avaient pas inclus dans les présentations officielles. Une santé défaillante ou un âge avancé expliquent peut-être ses réticences : il mourut au début du mois de juin suivant, et Henri Bérenger accéda au fauteuil vacant [771].

GERDRET (Antoine Christophe)

Fournisseur de souliers pour les armées, il devint en 1789 commandant de bataillon et membre du comité militaire de la ville pour le district de l'Oratoire [772]. A la fin de 1790, auteur de mémoires ou d'observations en matière économique [773], âgé de quarante et un ans, Antoine Gerdret, qui vivait de son état de négociant 5, rue des Bourdonnais « *au coin du cul-de-sac de la Fosse-aux-chiens* », se vit désigner troisième des dix-huit électeurs de la section de l'Observatoire et juge de paix [774].

Le nouveau magistrat inaugura son tribunal le 1er février 1791 [775], tout en continuant ses activités politiques, s'adressant par brochure interposée à ses collègues, dont Herbault des Pavaux, ou offrant ses réflexions sur la mendicité [776]. Quatrième électeur quelques mois plus tard, il signa l'adresse du club de l'Evêché [777], qui l'épaula pour obtenir quelques fonctions internes au sein de l'assemblée électorale, dans les bureaux de vote particuliers ou comme scrutateur général. S'il réunit, à de multiples reprises, des suffrages pour le mandat de député – notamment les 16 et 19 septembre 1791, contre Hérault de Séchelles et l'abbé Mulot [778] – les résultats ne lui furent en définitive jamais favorables et il ne put siéger à la Législative. Il réussit néanmoins à se faire élire avec brio administrateur du département de Paris, le 9 novembre [779], époque à laquelle on souscrivait chez lui pour acquérir la gravure du *Serment du jeu de paume*, de David [780].

---

769 Arch. nat. : BB^{8} 510.

770 Arch. nat. : BB^{8} 531.

771 Arch. nat. : BB^{8} 510.

772 Sigismond LACROIX, *Département*, p. 456.

773 Bibl. nat. : Vp 26085 et Vp 2281.

774 Et. CHARAVAY, *Assemblée électorale de Paris*, I, p. 14.

775 Arch. de Paris : D4 U^{1} 9.

776 Bibl. nat. : 8° Lb^{39} 10241 et Rp 10481.

777 Et. CHARAVAY, *Assemblée électorale de Paris*, II, p. 12 et 513.

778 Et. CHARAVAY, *Assemblée électorale de Paris*, II, p. 241 et 251.

779 Et. CHARAVAY, *Assemblée électorale de Paris*, II, p. 397.

780 Et. CHARAVAY, *Assemblée électorale de Paris*, II, p. XXXIV.

Antoine Gerdret se démit de sa charge judiciaire le 30 mars 1792, et, après un long interim, Denis Boullanger le remplaça [781]. Il se retrouva premier électeur en 1792, mais ne rassembla plus qu'un seul suffrage pour le mandat de député [782] ; en outre, il dut se justifier publiquement à propos d'une fourniture de chaussures militaires [783]. En revanche, sa section – désormais dite des Gardes-Françaises – l'élut administrateur au Conseil provisoire du département de Paris après le 21 août 1792 ; le 20 novembre suivant, la Convention le mit en accusation, puis l'en déchargea, le 8 décembre. Au mois de janvier 1793, l'ancien juge de paix quitta le Conseil par expiration de son mandat et reprit son négoce [784].

GITTON (François)

Le 22 pluviôse an VII (10 février 1799), le Directoire nomma [785] cet homme de loi, ex-administrateur et juge de paix du canton de Rouvres, dans le département de la Seine-et-Oise, à la tête du tribunal de paix de la division de l'Ouest, dont le titulaire, Jean-Baptiste Duperron avait été chassé sur délation. En poste dès le 28 (16 février 1799), le nouveau juge se vit bientôt ravir son siège par son prédécesseur, que les assemblées primaires investirent de nouveau de leur confiance.

Vaincu, François Gitton prit mal la chose, et, le 24 germinal (13 avril 1799), manifesta son dépit par une lettre au ministre de la Justice contestant le droit des assemblées à pourvoir la place que le gouvernement lui avait attribuée en vertu de la loi du 19 fructidor an V (5 septembre 1797). Le 16 floréal (5 mai 1799), le ministère répondit à ce piètre juriste qu'il devait sa nomination aux lois des 12 prairial (31 mai 1798) et 7 thermidor an VI (25 juillet 1798), lesquelles légitimaient la décision des assemblées primaires. Désormais privé d'emploi, ce que ne pouvaient tolérer ni son désir d'être utile, ni ses besoins matériels, François Gitton, qui s'était établi à Paris, 61, rue des Blancs-Manteaux, sollicita la bienveillance du ministre, qui l'inscrivit sur diverses listes de candidatures [786].

GOBERT (Pierre Louis)

Il naquit à Paris le 7 novembre 1762, poursuivit ses études juridiques jusqu'à l'obtention de la licence [787], et travailla trois ans chez le citoyen Debelissieu, puis deux chez le citoyen Denis, l'un et l'autre procureur au Châtelet. Abordant le notariat, il collabora trois ans et demi avec le sieur Boulard père, notaire parisien, et enfin créa son propre cabinet à l'époque de la Révolution, qui lui permit de s'introduire dans le monde judiciaire. Au mois de juin 1792, le tribunal du

---

781 Arch. de Paris : D4 U^1 9.

782 Et. CHARAVAY, *Assemblée électorale de Paris*, III, p. 16 et Table.

783 Bibl. nat. : Fol Lb^{41} 2443.

784 Sigismond LACROIX, *Département*, p. 456.

785 Arch. nat. : BB^5 410.

786 Arch. nat. : BB^5 167.

787 Arch. nat. : BB^8 13.

VIe arrondissement lui confia le rôle d'accusateur public, qu'il tint ensuite près les tribunaux des IVe et V^e^ arrondissements [788].

Le 3 vendémiaire an III (24 septembre 1794), Pierre Gobert, « *majeur fils de défunt Louis François Gobert, et de Marie Marthe Chenu, sa veuve, demeurant à Paris rue de Bièvres, numéro 39* », approuva le contrat établi en vue de son mariage avec Marie Anne Trotteur, épouse divorcée d'Etienne Delatouche, tailleur d'habits. Ils adoptaient le régime de la coutume de Paris, de communauté de meubles et de conquêts immeubles. Douze mille livres, provenant de ses gains et épargnes, représentaient les biens du futur époux, tandis que sa fiancée apportait 2 549 livres de créances et 1 200 livres de biens meubles, et bénéficiait en outre de 1 000 livres de douaire préfix. Pierre Joseph Redouté, peintre et beau-frère du futur juge de paix, était présent lors de la signature [789].

Défenseur officieux près des tribunaux parisiens, Pierre Gobert devint en l'an IV secrétaire en chef de l'administration municipale du XIIe arrondissement. Cette double activité ne l'empêcha pas de postuler, le 12 ventôse an IX (13 mars 1801), l'emploi d'avoué près le tribunal de première instance du département de la Seine [790], mais en vain. En l'an XI, les assemblées primaires l'élurent candidat à la suppléance du tribunal de paix du XIIe arrondissement et le Premier consul le nomma second suppléant ; il était alors père de deux enfants et jouissait de 400 livres de revenus [791]. Le 29 germinal an XII (19 avril 1804), il remplaça son juge de paix, Antoine Thorillon, qu'éliminait le renouvellement des fonctionnaires. Les magistrats consultés, sans faire d'éloges dithyrambiques, lui avaient reconnu les qualités adéquates [792].

Pierre Gobert prit son poste le 14 floréal (5 mai 1804) [793] et siégea plusieurs années sans attirer l'attention. En 1809 cependant, une maladie nerveuse le frappa, dont l'évolution devait briser sa carrière. Au mois de janvier 1810, les magistrats de première instance firent un rapport favorable à ce sujet, puis, le 14 décembre, revinrent sur leur impression ; le procureur impérial releva « *les propos peu convenables* » que tenait parfois le malade. En mars 1811, ils appelèrent le juge de paix devant eux et reconnurent « *au peu de suite de ses discours et à la faiblesse de sa santé* » son incapacité à tenir son rang [794]. L'infortuné promit d'être six mois sans exercer sa charge et, dès le 2 avril, son premier suppléant assura l'intérim pour empêchement [795]. L'ordre judiciaire obtint finalement la démission du malheureux

788 Arch. nat. : BB[5] 168 ; et A. M. CASENAVE, *Tribunaux civils*, II, p. 898.
789 Minutier Central, VII, 1310.
790 Arch. nat. : BB[5] 168.
791 Arch. nat. : BB[8] 13.
792 Arch. nat. : BB[8] 25.
793 Arch. de Paris : D12 U[1] 47.
794 Arch. nat. : BB[5] 178.
795 Arch. de Paris : D12 U[1] 65.

qui mourut quelques mois plus tard [796], et Jean Forcade de la Roquette prit sa relève le 3 août 1811 [797].

GODARD (Jean)

Il vit le jour le 22 septembre 1740 [798] à Busssy-en-Nottes, dans le département de l'Yonne [799], au sein d'une famille dont la position lui permit de suivre des études juridiques, avant de devenir maître clerc de procureur et de notaire, d'être reçu avocat au parlement de Paris, puis de se tourner vers les affaires [800] en travaillant comme « *administrateur de Domaines et Finances jusques à la Révolution* ».

Ses opinions royalistes, qu'il exprima sans prudence sous la Terreur, le conduisirent en prison, d'où il ne sortit qu'une année plus tard, à la mort de Robespierre. Il avait essuyé des pertes importantes dans sa fortune, mais continua de s'occuper des affaires publiques comme membre des divers comités de sa section, assesseur de la justice de paix, et président de l'administration municipale du Xe arrondissement. Le 10 germinal an V (30 mars 1797), les assemblées primaires l'élurent juge de paix de la division de la Fontaine-de-Grenelle en remplacement de Pierre Nicolas, dit Grandmaison [801]. Jean Godard prit possession du tribunal le 26 germinal (15 avril 1797), mais son exercice fut de courte durée : le Directoire l'invalida le 19 fructidor (5 septembre), et Pierre Nicolas retrouva son siège [802]. Lors des assemblées primaires de germinal an VI (fin mars 1798), on le signala encore comme « *royaliste prononcé* » [803], ce qui ne l'empêcha pas de se faire élire de nouveau juge de paix l'année suivante, désignation que facilita peut-être sa présidence d'assemblée primaire [804].

Il s'installa de façon plus durable, le 5 floréal an VII (24 avril 1799), au fauteuil que libérait Claude Boyer [805], et seule la réduction de l'an X mit fin à son mandat, tout en le conservant à titre de second suppléant de Jean-Baptiste Jeanson. En l'an XI, Jean Godard se retrouva même candidat élu aux fonctions de juge de paix, et cette désignation ne fut pas inutile à sa carrière [806]. Dès l'année suivante, en effet, le juge de paix du Xe arrondissement disparut à l'occasion du renouvellement par cinquième, et ce fut tout naturellement vers le seul candidat officiel – de surcroît suppléant effectif signalé à l'attention consulaire comme « *un homme très essentiel* » – que se tourna le pouvoir, le 29 germinal an XII (19 avril 1804). « *Instruit, honnête*

[796] Arch. nat. : BB^5 182.
[797] Arch. de Paris : D12 U^1 66.
[798] Arch. nat. : BB^8 13.
[799] Arch. de Paris : D10 U^1 120.
[800] Arch. nat. : BB^5 168.
[801] Arch. nat. : BB^5 168 et 182.
[802] Arch. de Paris : D10 U^1 6.
[803] Arch. nat. : F^7 3054.
[804] Arch. nat. : AF III 261.
[805] Arch. de Paris : D10 U^1 9.
[806] Arch. nat. : BB^8 13.

et bon citoyen », ses 12 000 francs de revenus le mettaient à l'abri du besoin [807] et de fortes protections se manifestèrent en sa faveur : Portalis et Réal, conseillers d'Etat, Dubois, préfet de police, Lebrun, ex-troisième consul de la République, l'appréciaient depuis longtemps [808].

Le 11 floréal an XII (1er mai 1804) Jean Godard prit la tête de la justice de paix du Xe arrondissement [809], et la présida durant tout l'Empire. En 1809, un rapport de police souligna sa discrétion : « *renfermé dans son intérieur, sa moralité et ses opinions politiques* » [810], le juge de paix se souvenait sans doute du prix dont il paya ses maladresses à l'époque de l'Incorruptible. Son adhésion lointaine au pouvoir impérial lui permit d'ailleurs de rester en poste lors du retour des Bourbons.

Il écrivit au Chancelier, le 1er juin 1814, protestant de son « *attachement à la Maison de France* », rappelant son dévouement à l'instruction des enfants pauvres de son quartier et son travail d'administration de l'église de sa paroisse [811]. L'ordonnance du 11 novembre 1815 l'épargna, en dépit des termes peu chaleureux du rapport ministériel, qui lui reprochait d'avoir métamorphosé sa charge judiciaire « *en une place de chanoine* » dont il appréciait avant tout honneurs et profits [812]. Jean Godard conserva sa juridiction cinq années encore et mourut le 14 novembre 1819 vers les dix heures du matin, en son domicile, 11 rue de l'Université. Doyen des juges de paix parisiens, il était chevalier de l'ordre royal et militaire du Saint-Sépulcre de Jérusalem et laissait une veuve avec, pour présomptifs héritiers, des collatéraux absents [813]. Nicolas Thomassin de la Fortelle reprit le tribunal vacant [814].

GOYENVAL (Anne-Joseph)

Il était, sous l'Ancien Régime, magistrat à la Cour des Monnaies [815] et se retrouva, en l'an II, greffier du tribunal de police municipale de Paris, demeurant rue de l'Egalité, ci-devant Condé, numéro 7 [816]. Par la suite, Anne-Joseph Goyenval fut administrateur municipal, poste dont on le destitua au mois de fructidor an V (septembre 1797), scrutateur de l'assemblée primaire séant au Châtelet en l'an VI [817], et enfin succéda au juge de paix de la division des Gardes-Françaises, Denis Boullanger, le 26 vendémiaire an VIII (18 octobre 1799) [818].

---

807 Arch. nat. : BB^8 25.
808 Arch. nat. : BB^5 168.
809 Arch. de Paris : D10 U^1 64.
810 Arch. nat. : F^7 2532.
811 Arch. nat. : BB^5 182.
812 Arch. nat. : BB^8 164.
813 Arch. de Paris : D10 U^1 120.
814 Arch. nat. : BB^8 236.
815 Arch. nat. : BB^8 25.
816 *Almanach national*, an II.
817 Arch. nat. : AF III 260.
818 Arch. de Paris : D4 U^1 13.

Il siégea jusqu'au 7 ventôse an X (26 février 1802), date à laquelle la dernière élection directe l'élimina [819], faisant de Jean Le Sèvre le juge de paix du IVe arrondissement. Toutefois, au mois de septembre 1806 [820], âgé de soixante-cinq ans, « *rentier bien noté* », Anne-Joseph Goyenval fut proposé d'office et agréé – quoique le préfet ne lui reconnût pas tout à fait les qualités suffisantes – afin d'occuper la seconde suppléance [821], qu'il perdit du reste en 1812 pour avoir refusé de prêter le serment requis [822].

GRUTER DES ROZIERS (Jean Vincent)

Avocat et commissaire au Châtelet sous l'Ancien Régime [823], il devint en 1790 le premier juge de paix de la section des Enfants-Rouges[824] ; le 28 juillet 1792, avant que la Commune ne le suspendît, il déserta son tribunal que vint présider Jean-François Roulleau [825].

Nous le retrouvons au mois de septembre 1806, propriétaire âgé de cinquante-six ans et qualifié d'homme de loi, lorsque le préfet de la Seine et les magistrats de première instance, qui le disaient « *intègre et attaché au gouvernement* », le présentèrent d'office comme candidat à la suppléance dans le Ve arrondissement. Le 23 septembre [826], l'empereur le nomma second suppléant au départ de Philippe Plancher-Valcour [827], et l'année suivante – il habitait alors 247 rue Saint-Denis – le suffrage de l'assemblée cantonale lui permit d'occuper désormais la première suppléance [828]. Jean Gruter des Roziers mourut en poste, au cours du troisième trimestre de 1811 [829].

GUÉRIN (Louis Nicolas)

Né le 12 mai 1749 à Saint-Maur, arrondissement de Sceaux, département de la Seine [830], il fut avant la Révolution employé des Fermes, puis, pour son malheur, agent d'affaires [831]: il fit banqueroute au commencement de 1789 et se retrouva débiteur de la somme de 147 312 livres dont il ne put s'acquitter. Le 23 mai, par acte passé devant Pezé de Corval, notaire à Paris, il céda une modeste maison sise à Montmartre, dont son épouse réclama le prix après qu'une sentence du Châtelet eut

---

[819] Arch. de Paris : D4 U1 14.
[820] Arch. nat. : BB8 52.
[821] Arch. nat. : BB8 25.
[822] Arch. nat. : BB8 91.
[823] Arch. nat. : BB8 25.
[824] Arch. nat. : BB5 181.
[825] Arch. de Paris : D7 U1 8.
[826] Arch. nat. : BB8 52.
[827] Arch. nat. : BB8 25.
[828] Arch. nat. : BB8 13.
[829] Arch. nat. : BB8 29.
[830] Arch. nat. : BB8 16.
[831] Arch. nat. : D III 254, dossier 13.

prononcé la séparation de biens entre eux, le 29 août suivant [832]. Cette délicate affaire devait le poursuivre des années durant.

Lorsque s'accéléra la Révolution – il siégeait, le 10 août 1792, au Conseil général de la Commune au sein duquel le citoyen Marcenay le remplaça le 12 [833]–, il devint greffier du comité civil de la section du Luxembourg, dont le commissaire de police, Joachim Ceyrat, le prit l'année suivante pour secrétaire, et, le 1er nivôse an II (21 décembre 1793), une fois devenu juge de paix, pour greffier de la juridiction [834]. Après la destitution de Ceyrat, Louis Guérin continua de tenir le greffe de la justice de paix, désormais présidée par Jean Fialin, puis, ce dernier démissionnaire, lui succéda – sans doute aidé par la faction royaliste – le 21 brumaire an IV (12 novembre 1795) [835], entamant une carrière qui devait durer vingt ans tout juste. Quelques semaines plus tard, le 12 frimaire (3 décembre 1795), chargé d'interroger Joachim Ceyrat, il se récusa noblement auprès du ministre de la Justice, invoquant la reconnaissance qu'il devait au prévenu pour les nombreux services que lui avait rendus ce dernier [836].

Les assemblées primaires de germinal an VI (mars 1798) le réélurent à son poste, mais non sans difficultés : des intervenants avaient mis en cause son éligibilité même, aux termes de la loi du 9 frimaire précédent (29 novembre 1797), qui excluait les ci-devant nobles des mandats électifs. Louis Guérin avait en effet pris des titres de noblesse dans des actes publics, et son frère était rayé de la liste des citoyens admis à voter en assemblée primaire, « *comme tous les membres d'une ancienne caste* ». Bien plus, le juge de paix était frappé d'un mandat d'amener pour avoir favorisé l'évasion d'un émigré placé sous sa surveillance. Le procès-verbal de cette double accusation fut porté à l'administration municipale, qui rendit sans doute un arbitrage favorable puisque Guérin conserva son fauteuil [837]. Au même moment, toujours poursuivi par ses difficultés financières, il partagea devant notaire la propriété de trois rentes sur l'Etat, deux de 360 livres, la dernière de 305 livres, 2 sols et 10 deniers, avec divers membres de sa famille [838]. Le désordre de sa fortune servit dorénavant de toile de fond aux appréciations portées sur son compte.

Ainsi, lorsqu'il eut passé sans encombre la redoutable élection de l'an X, qui en fit le juge de paix du XIe arrondissement, le préfet souligna-t-il, en regard de ses bonnes mœurs et de l'estime qui l'entourait, son défaut d'argent, bien qu'il fût marié et père de cinq enfants [839]. De même, une dénonciation expédiée le 17 ventôse an XII (8 mars 1804) – c'est-à-dire juste avant que ne s'opérât le premier renouvellement par cinquième – rappela au ministre de la Justice son état de débiteur

---

832 Arch. nat. : BB^{5} 171.

833 Ferdinand BRAESCH, *Commune*, p. 245 et s.

834 Arch. nat. : D III 254, dossier 13.

835 Arch. de Paris : D11 U^{1} 5 et D11 U^{1} 6.

836 Arch. nat. : AA^{6} 319.

837 Arch. nat. : F^{1c} III Seine 1.

838 Minutier Central, XIV, 545.

839 Arch. nat. : BB^{8} 16.

failli en vue de faire « *prononcer la destitution d'un homme qui, d'après les lois, ne peut ni ne doit remplir* » le rôle de juge de paix, n'ayant jamais obtenu de jugement de réhabilitation [840]. Le délateur manqua son but : Louis Guérin, que les magistrats de première instance plaçaient au meilleur rang, que le préfet notait avec faveur, et que Boulay de la Meurthe, conseiller d'Etat, soutenait en personne, demeura juge de paix. Deux ans plus tard, en 1806, il produisit enfin l'acte de désintéressement de ses créanciers, et, de toute la durée de l'Empire, il ne fut plus question de son aventure malencontreuse. L'empereur, par décret du 12 août 1807, le confirma dans sa place [841].

Paradoxalement, ce fut la Restauration qui brisa la carrière de ce magistrat jadis inquiété pour activités royalistes. Malgré la lettre qu'il écrivit le 10 mars 1815 au duc de Sérent, pair de France, l'ordonnance du 11 novembre destitua ce « *fils d'un chevalier de Saint-Louis* [...] *à l'époque du 13 Vendémiaire mis en arrestation* » [842]. Le nouveau pouvoir le tenait en effet pour « *un homme de rien* [...] *hors d'état, par son peu de connaissances* » de remplir ses devoirs [843]. Louis Guérin signa son dernier acte judiciaire le 18 novembre, et Jean-Philippe Normand prit la relève [844] sans que pût l'inquiéter la pétition que son prédécesseur adressa au garde des Sceaux le 14 février 1817. « *Guérin de Lacombe, écuyer* » – qui accréditait par là les attaques du mois de germinal an VI – exposait que son seul moyen d'existence consistait en une pension de 800 francs qu'il venait d'obtenir, et sollicitait sa réintégration [845]. Il renouvela sa tentative le 23 avril 1820, lors du décès de son successeur, « *pour être utile et servir la cause royale pendant plusieurs années* », mais le monarque ne l'entendit pas davantage [846].

GUICHARD (Jean-François)

Il naquit le 12 août 1793, et commença comme secrétaire du parquet de la cour royale de Besançon une carrière judiciaire qu'il continua en qualité de commis greffier près la même cour à partir du 13 novembre 1815. Nommé greffier au tribunal de Gray le 22 août 1821, Jean-François Guichard y travailla jusqu'au 1er juillet 1828.

Lorsque mourut, dans le IVe arrondissement, le juge de paix Jean-Baptiste Combouzon, le procureur du roi du tribunal de première instance de Paris – à qui plusieurs magistrats, dont monsieur de Saint-Marc, conseiller à la Cour de cassation, avaient fait grand éloge de l'ancien greffier provincial – estima qu'il ferait « *un excellent juge de paix* » et le présenta pour occuper le fauteuil que libérait ce décès. Le procureur général de la cour royale avait, lui aussi, recueilli de très bons

---

840 Arch. nat. : BB5 171.
841 Arch. nat. : BB8 25.
842 Arch. nat. : BB5 181.
843 Arch. nat. : BB8 164.
844 Arch. de Paris : D11 U1 78.
845 Arch. nat. : BB8 155.
846 Arch. nat. : BB8 256.

témoignages à son sujet. Mais la principale qualité de Jean-François Guichard était en fait, à l'époque où s'ouvrit la vacance, sa position de secrétaire particulier du Chancelier. On le nomma le 19 mai 1830 [847], et il prit possession de son tribunal le 9 juin [848].

Quatre ans plus tard, le 21 mai 1834, il fut acculé à démissionner pour avoir étourdiment souscrit des lettres de change dans le dessein de secourir son frère, négociant à Besançon. Les effets ne furent pas honorés à temps, et l'imprudent sentit « *qu'il ne pourrait pas exposer un magistrat aux discussions, aux poursuites* » inévitables. Son seul souci fut que le ministre de la Justice reconnût à sa situation « *l'intérêt qui s'attache à un malheur immérité* » [849]. Le démissionnaire tint sa dernière audience le 30 avril 1834 et laissa la justice de paix à Jacques Ancelle [850].

GUILLONET-MERVILLE (Jean-Baptiste Thérèse)

Sa carrière se déroula sous le signe ambigu du népotisme familial et des candidatures multiples. Il ambitionna d'abord d'être suppléant de la justice de paix du VIe arrondissement ; avoué au tribunal de première instance, il subit la concurrence d'un collègue près la même juridiction « *fort bien recommandé* » à la Chancellerie. Cependant, le procureur général de la cour royale, Bellart, écrivit le 11 septembre 1817 au garde des Sceaux que s'il présentait les deux hommes à capacité égale, il attirait l'attention sur le premier, « *frère de Monsieur de Merville, président en la Cour, qui désir*[ait] *vivement le voir porter à cette place* ». Bien plus, il se fit l'avocat de la thèse de la famille qui, voyant « *quelque inconvénient à ce que le frère d'un magistrat supérieur reste avoué* », souhaitait « *préparer la retraite du candidat, en l'acheminant à une place de juge de paix dont l'obtention* [...] *le placerait dans une position relativement mieux assortie aux convenances* ». Ainsi fut fait, et, le 1er octobre 1817, le protégé du président de chambre devint titulaire de la suppléance convoitée [851].

Au mois de novembre 1819, l'impatient se manifesta pour succéder à Jean Godard, décédé juge de paix du Xe arrondissement, mais l'ex-avoué, devenu avocat près la cour royale, échoua dans sa tentative prématurée [852]. De même, en avril 1820, quoique remise par son frère à Portalis, sa lettre de candidature n'obtint pas le résultat escompté : la justice de paix du XIe lui échappa aussi [853]. La troisième démarche fut la bonne : à la mort de Jean Lambert Sainte-Croix, juge de paix du IXe arrondissement, le procureur général Bellart exprima « *le désir bien vif* » de voir appeler au siège vacant « *Monsieur de Merville, frère de notre excellent président de ce nom* ». Sa fortune solide, son évidente influence sur le quartier, ses sentiments

---

847 Arch. nat. : BB8 482.
848 Arch. de Paris : D4 U1 85.
849 Arch. nat. : BB8 558.
850 Arch. de Paris : D4 U1 104.
851 Arch. nat. : BB8 203.
852 Arch. nat. : BB8 236.
853 Arch. nat. : BB8 256.

« *religieux et monarchiques* » constituaient des atouts superfétatoires : le ministre de la Justice fit savoir que « *même à mérite égal, monsieur Merville devrait encore être nommé, à cause de l'excellent effet que cette nomination produirait dans la cour de Paris* ». Le 30 décembre 1823, Jean-Baptiste Guillonet-Merville se retrouva juge de paix du IXe arrondissement [854], et, le 13 janvier suivant, commença de présider ses audiences [855].

Trois ans plus tard, à peine, l'insatiable magistrat profita du décès de Pierre Lizot pour solliciter « *un changement, qui serait un encouragement pour les juges de paix en exercice* », c'est-à-dire sa mutation du IXe au Xe arrondissement, beaucoup plus lucratif. Son frère, devenu conseiller à la Cour de cassation, soutint bien entendu sa demande et, le 9 février 1827, son souhait fut exaucé [856]. Jean-Baptiste Danjan reprit la justice de paix où lui-même cessa de siéger le 28 février [857]. Installé en son nouveau tribunal le 2 mars [858], il franchit l'épuration de 1831, grâce au témoignage du procureur du roi, qui le jugea capable et désintéressé et garantit la rigueur de ses opinions politiques [859]. Puis, désireux d'un repos apprêté de longue main, il remit sa démission le 23 mars 1838 [860].

GUYOT SAINTE HÉLÈNE (Etienne)

Né à Nevers, dans le futur département de la Nièvre, en 1740 [861], il fut reçu avocat au parlement en 1768, métier qu'il exerça pendant vingt-deux ans [862]. La Révolution lui permit d'accéder au poste de commissaire de police de la section de la Cité en 1793, qu'il occupa trois années [863], avant de se retrouver juge au tribunal civil de la Seine le 1er frimaire an IV (22 novembre 1795). Il ne fut pas réélu au mois de germinal an V (avril 1797), mais réintégra la juridiction par nomination directoriale le 19 fructidor suivant (5 septembre 1797) [864]; il demeurait à cette époque au 43 rue des Marmouzets. Le 18 germinal an VII (7 avril 1799), une note anonyme l'estima favorable au gouvernement, tout en lui reprochant un excès de sévérité en matière criminelle, ce qui ne l'empêcha pas de rester attaché au tribunal comme juge suppléant, titre qu'il détenait toujours et conserva lorsqu'il devint, au terme de l'an VIII, juge de paix de la division de la Cité à la place du citoyen Laurent [865].

---

854 Arch. nat. : BB⁸ 298.
855 Arch. de Paris : D9 U¹ 31.
856 Arch. nat. : BB⁸ 413.
857 Arch. de Paris : D9 U¹ 34.
858 Arch. de Paris : D10 U¹ 145.
859 Arch. nat. : BB⁸ 510.
860 Arch. nat. : BB⁸ 609.
861 A. M. CASENAVE, *Tribunaux civils*, II, p. 902.
862 Arch. nat. : BB⁵ 167.
863 *Almanach national*, an II, an III.
864 A. M. CASENAVE, *Tribunaux civils*, II, p. 902.
865 Arch. nat. : BB⁵ 167.

Les dernières élections directes l'éliminèrent en l'an X au profit de Léon Wisnick, mais il obtint tout de même dans le IXe arrondissement la seconde suppléance [866], qu'il garda pendant trois ans. Lors du renouvellement du 22 germinal an XII (12 avril 1804), Etienne Guyot Sainte Hélène, âgé de cinquante-sept ans, jouissant de 3 000 francs de revenus, bénéficia de l'appui des magistrats du tribunal civil, près lequel lui-même était juge suppléant [867]. Ceux-ci, faisant écho à sa lettre du 8 frimaire précédent (30 novembre 1803) – par laquelle il sollicitait d'être admis comme juge à leurs côtés, rappelant qu'une année plus tôt « *le Premier consul,* [le] *trouvant en tête d'une liste, et ne pouvant* [lui] *accorder la place dont il s'agissait, eut la bonté de prendre* [son] *nom par écrit et de le mettre dans son portefeuille, sans doute pour le placer à la première occasion* » – l'avaient même présenté quelques jours auparavant pour le poste de magistrat de sûreté du IIIe arrondissement [868], auquel le nomma l'empereur [869].

Il conserva cette fonction de substitut du procureur général impérial près la cour de justice criminelle jusqu'à la réforme judiciaire de 1810 [870], et dès lors se retrouva substitut près le tribunal de la Seine, puis, le 15 octobre 1815, juge honoraire et retraité. Etienne Guyot Sainte Hélène mourut à Paris, le 5 mars 1821 [871].

HANOTEAU (Pierre Benoît)

Greffier du tribunal de paix de la section du Faubourg-Montmartre depuis sa création, il démissionna le 23 brumaire an III (13 novembre 1794), mais devint assesseur quelques semaines après [872]. Il l'était encore en l'an V, lorsque le Directoire le nomma juge de paix de la division du Mail le 19 frimaire (9 décembre 1796) [873], en remplacement de Joseph Valant [874].

Les assemblées primaires le réélurent à ce poste [875], auquel le confirmèrent les Directeurs par arrêté du 22 fructidor an V (8 septembre 1797)[876], et Pierre Hanoteau présida sa juridiction une année tout juste. Le 22 fructidor an VI (8 septembre 1798), il céda son siège à Jean Arsandaux, que le gouvernement désigna pour lui succéder au bout de quelques jours [877]. Au mois de germinal an VII (fin mars 1799), il fut choisi pour électeur [878] et reconduit à la tête de la justice de paix, qu'il réintégra le 8 floréal (27 avril 1799), pour un an.

---

866 *Almanach national*, an XI.
867 Arch. nat. : BB[8] 25.
868 Arch. nat. : BB[5] 171.
869 Arch. nat. : BB[8] 25.
870 *Almanach impérial*, an XIII – 1810.
871 A. M. CASENAVE, *Tribunaux civils*, II, p. 902.
872 Arch. nat. : D III 253, dossier 10.
873 Arch. nat. : BB[5] 394.
874 Arch. de Paris : D3 U[1] 21.
875 Arch. nat. : BB[5] 167.
876 Arch. nat. : BB[5] 404.
877 Arch. nat. : BB[5] 167.
878 Arch. nat. : AF III 261.

Pierre Hanoteau démissionna le 2 prairial an VIII (22 mai 1800) afin de régler des affaires de famille dont le dénouement l'obligeait à quitter Paris, et, le jour même, ses assesseurs désignèrent Antoine Aufauvre pour le remplacer provisoirement [879].

HARMAND (Etienne Nicolas)

Homme de loi sous l'Ancien Régime, il devint juge de paix de la section du Luxembourg à l'automne de 1790. Il inaugura son tribunal au mois de janvier suivant, et, la même année, ses concitoyens le désignèrent dix-neuvième électeur parmi les vingt et un qu'ils avaient à choisir. Il était alors âgé de trente-sept ans, et habitait rue du Petit-Bourbon, numéro 13 ; il fréquentait le club de la Sainte-Chapelle [880], ce qui explique sans doute qu'il ait abandonné, le 11 août 1792, la juridiction aux mains de Joachim Ceyrat [881].

Étienne Harmand avait pourtant accompli un travail sur l'excellence duquel, deux ans plus tard, le comité civil de la section ne tarit pas d'éloges, n'ayant pas souvenir d'un fonctionnaire qui ait montré « *autant d'exactitude, de lumières et de désintéressement* ». Le 4 frimaire an III (24 novembre 1794), il proposa même au Comité de Législation que cette victime de la Commune succédât à son successeur, destitué [882].

Un décret du 9 nivôse (29 décembre 1794) lui rendit effectivement le fauteuil qu'il n'aurait, semble-t-il, jamais dû quitter, mais l'ancien magistrat, plein de reconnaissance, déclina cet honneur, « *n'ayant pas les forces physiques nécessaires* » pour en assumer la charge [883].

HERBAULT DES PAVAUX (Nicolas Alexandre)

Né le 7 mars 1735 [884], il fut reçu avocat au parlement de Paris le 6 septembre 1759. Représentant de la Commune provisoire en 1789 [885], il devint, l'année suivante, septième des douze électeurs de la section du Marché-des-Innocents où il demeurait, rue de l'Aiguillerie [886]. Après l'octroi de certains suffrages pour le mandat de juge, ou de juge suppléant, aux tribunaux d'arrondissement nouvellement créés [887], ses concitoyens l'élurent, le 14 octobre 1790, premier assesseur, puis juge de paix, devant le refus de celui qu'ils avaient d'abord désigné [888].

---

879 Arch. de Paris : D3 U^1 36.

880 Et. CHARAVAY, *Assemblée électorale de Paris*, II, p. 60 et 542.

881 Arch. de Paris : D11 U^1 2.

882 Arch. nat. : D III 254, dossier 13.

883 Arch. nat. : BB^1 59.

884 Arch. nat. : BB^8 13.

885 Arch. nat. : D III 253, dossier 17.

886 Et. CHARAVAY, *Assemblée électorale de Paris*, I, p. 28.

887 Et. CHARAVAY, *Assemblée électorale de Paris*, I, Table.

888 Arch. nat. : D III 253, dossier 17.

Le 17 janvier 1791, Nicolas Herbault des Pavaux, simple soldat dans la garde nationale, écrivit au Comité de Constitution afin de savoir si cette qualité n'était pas incompatible avec son ministère, qu'il brûlait d'exercer dès que ses assesseurs auraient prêté serment, car il avait dans son quartier « *presque toutes les halles* », dont les « *pauvres gens* » attendaient avec impatience de faire juger « *une infinité de petites contestations* » [889]; son tribunal ouvrit ses portes le 23 janvier [890].

Confirmé cinquième électeur en cours d'année [891], le juge de paix répondit par écrit aux accusations de son collègue Antoine Gerdret [892] fréquenta le club de la Sainte-Chapelle [893] ; en 1792, il travailla au comité de secours, d'armement et d'équipement [894], et tint ses audiences jusqu'au 11 août, époque à laquelle, suspendu par la Commune, il dut laisser sa juridiction à Mathurin Bouin [895]. D'abord désarmé, puis incarcéré comme suspect le 29 brumaire an II (19 novembre 1793) [896], il fut « *sur le point de perdre la vie* » pour avoir commis la triple faute de manquer d'amitié à l'égard des jacobins, de fréquenter les aristocrates et de désapprouver « *les mesures que l'on prenait pour faire triompher les patriotes* » [897].

Après sa libération, le Comité de Législation se renseigna sur lui auprès du comité civil, le 13 frimaire an III (3 décembre 1794). Persuadée que l'ancien détenu réunissait tous les mérites propres à « *faire aimer le magistrat du peuple* » [898], la Convention le nomma de nouveau juge de paix de sa section le 9 nivôse (29 décembre 1794) [899]. Il remplaça Mathurin Bouin le 15 (4 janvier 1795), après un mois d'intérim [900], et eut l'élégance de se récuser, le 11 vendémiaire an IV (3 octobre 1795), lorsqu'on le chargea, à titre d'officier de police de sûreté, de l'interrogatoire de son prédécesseur destitué : « *D'après les persécutions que j'ai éprouvées de la part des comités révolutionnaires et de leurs amis* [...], *pourra-t-on jamais croire que j'aie assez de vertu pour oublier les maux que j'ai soufferts, et banni de mon cœur tout ressentiment et toute partialité ?* » [901].

Il continua de présider la justice de paix sans autre incident. Président d'assemblée primaire dans le IVe arrondissement en l'an VII, il devint électeur et conserva son mandat judiciaire [902] jusqu'à l'époque de la réduction : il cessa de

---

889 Arch. nat. : D IV 50.

890 Arch. de Paris : D4 U^{1} 23.

891 Et. CHARAVAY, *Assemblée électorale de Paris*, II, p. 23.

892 Bibl. nat. : 8° Ln^{27} 9718.

893 Et. CHARAVAY, *Assemblée électorale de Paris*, II, p. 540.

894 Arch. nat. : D III 253, dossier 17.

895 Arch. de Paris : D4 U^{1} 24.

896 Arch. nat. : D III 253, dossier 17.

897 Arch. nat. : F^{7} 4611.

898 Arch. nat. : D III 256^{6}.

899 Arch. nat. : D III 253, dossier 17.

900 Arch. de Paris : D4 U^{1} 27.

901 Arch. nat. : F^{7} 4611.

902 Arch. nat. : AF III 261.

siéger le 6 ventôse an X (25 février 1802) [903], car ce dernier scrutin l'évinça au profit de Jean Le Sèvre, désormais juge de paix du IVe arrondissement.

En dépit de sa qualité de premier suppléant, au mois de prairial an X (mai-juin 1802), il demanda le greffe de la justice du IIe arrondissement avec le soutien de Jean Locré, ancien conciliateur devenu secrétaire général du Conseil d'Etat. N'ayant pu l'obtenir, le 25 thermidor (13 août 1802) il postula la fonction de substitut du commissaire du gouvernement près le tribunal civil du département de la Seine, sans plus de succès [904]. Ce n'était pourtant pas faute d'appuis : au mois de septembre 1806 [905], pour conserver sa suppléance, Herbault des Pavaux put compter sur « *madame Joséphine Bonaparte* », qui le recommandait « *avec intérêt* » [906]. Peut-être son âge avait-il joué contre lui, ce qui ne l'empêcha pas pourtant d'être élu par les assemblées cantonales candidat juge de paix en 1807. Il avait alors soixante-douze ans, était marié, sans enfants, demeurait 47, rue Saint-Denis et jouissait de 3 000 francs de revenus outre le « *produit de son état* » [907].

Sa vieillesse écourta sa carrière : le 18 mars 1812, le juge de paix dont il dépendait écrivit au ministère de la Justice pour se plaindre de ce que son premier suppléant, infirme, fût incapable de le remplacer. Le 20 mai, Nicolas Herbault des Pavaux remit sa démission entre les mains de l'empereur [908].

HOMBERT (Jean Mathieu)

Il fit ses études à Paris, où il vit le jour [909] le 1er novembre 1755. Employé « *dans les finances du gouvernement français* » depuis 1776, il devint sous-chef au contentieux des droits indirects en 1783 [910]. Mais, à l'en croire, son impartialité dans l'instruction des affaires fiscales lui attira désagréments et injustices au point qu'il se tourna, en 1787, vers la gestion d'intérêts privés. Ce fut ainsi qu'on lui confia, en 1790, l'administration des biens dépendants de la succession, passablement embrouillée, de Pierre Etienne Bourgeois, ci-devant Boynes, dans le Gâtinais [911]; il dut pour cela quitter la capitale et vivre dans le Loiret pendant trois ans [912]. Malgré l'insistance des autorités constituées de Pithiviers, qui voulaient le faire entrer au directoire du district, il abandonna la province afin de remettre leurs titres de propriété aux acquéreurs des biens successoraux adjugés, et, le 1er avril 1793, s'établit à Paris, 178 rue du Temple [913].

---

903 Arch. de Paris : D4 U^1 30.
904 Arch. nat. : BB^5 168.
905 Arch. nat. : BB^8 52.
906 Arch. nat. : BB^8 25.
907 Arch. nat. : BB^8 13.
908 Arch. nat. : BB^8 91.
909 Arch. nat. : D III 254, dossier 18.
910 Arch. nat. : BB^5 168.
911 Arch. nat. : D III 254, dossier 18.
912 Arch. nat. : BB^5 168.
913 Arch. nat. : D III 254, dossier 18.

La Convention le nomma, en l'an III, juge au « *tribunal central* » des directeurs de jury d'accusation [914]. Puis le comité civil de la section de la Réunion le présenta par deux fois, le 20 prairial (8 juin) et le 10 thermidor an III (28 juillet 1795), mais au second rang, afin de remplacer Melchior Péligot, juge de paix qui avait perdu sa confiance. Léonard Robin, proposé en priorité, obtint la place vacante [915], mais ne sut s'imposer aux assemblées primaires qui, convoquées quelques semaines plus tard, lui préférèrent Jean Hombert. Le 8 frimaire an IV (29 novembre 1795), celui-ci vint plus durablement présider la juridiction [916].

En effet, seule la réduction de l'an X parvint à l'éliminer au mois de ventôse (fin février 1802) [917]; mais l'exclu contesta la validité de la consultation électorale qui avait consacré Frédérik Fariau juge de paix du VIIe arrondissement, alors que lui-même obtenait la première suppléance. Le préfet de la Seine reconnut l'irrégularité matérielle dont se plaignait Jean Hombert, mais n'en conclut pas pour autant à l'annulation du scrutin, d'autant moins d'ailleurs, que le « *principal objet* » de la réclamation semblait à ses yeux l'octroi d'un nouveau poste. Ce fut ce qu'il écrivit au ministre de l'Intérieur le 25 ventôse (16 mars 1802), soulignant les « *témoignages avantageux* » qu'il avait recueillis sur la victime, désormais incapable de soutenir sa famille [918].

« *Veuf, ayant trois enfants du sexe féminin, et pourvoyant à la subsistance de son père octogénaire* », l'infortuné ne pouvait se passer de travail. Au mois de prairial an X (fin mai 1802), recommandé par le citoyen Verneuil, juge au Tribunal de cassation, et par le conseiller d'Etat Duchâtel, il postula l'un des douze greffes des justices de paix de Paris, sans succès. Le 4 messidor (23 juin 1802), fidèle à sa promesse, Frochot tenta même de le faire nommer à celui du XIIe arrondissement, détenu « *par un homme sans capacité* », mais en vain [919]. Sans plus de réussite, il sollicita quelques jours plus tard d'être nommé substitut du commissaire du gouvernement près le tribunal criminel, fonctions que désaffectait la mort du citoyen Chignac [920]. Il poursuivit ses tentatives le 10 ventôse an XI (1er mars 1803), lors de la création de huit juges supplémentaires au tribunal civil de la Seine, et rappela qu'une année sans emploi avait épuisé ses ultimes ressources.

Enfin, le 23 fructidor (10 septembre 1803), les magistrats du tribunal criminel de la Seine le présentèrent au meilleur rang à la succession du sieur Verrier, lui aussi décédé magistrat de sûreté [921]. La chance sourit enfin à l'ex-juge de paix : installé substitut du commissaire du gouvernement au début de vendémiaire an XII

---

914 Arch. nat. : BB^5 168.
915 Arch. nat. : D III 256^7.
916 Arch. de Paris : D7 U^1 20.
917 Arch. de Paris : D7 U^1 25.
918 Arch. nat. : F^{1c} III Seine 2.
919 Arch. nat. : BB^5 168.
920 Arch. nat. : BB^5 167.
921 Arch. nat. : BB^5 169.

(fin septembre 1803), Jean Hombert crut sans doute sa détresse effacée [922], mais ne put jouir longtemps de la position qu'il avait tant souhaitée : dès le mois de germinal suivant (mars-avril 1804), plusieurs candidats briguèrent sa place, vacante pour cause de décès [923].

HOTTETERRE (Jacques Louis)

Parisien de naissance [924], il avait suivi sous l'Ancien Régime une formation de juriste et occupa divers emplois publics dès le 15 juillet 1789, sans jamais encourir le plus léger reproche ni susciter la moindre plainte. La confiance de ses concitoyens lui permit ainsi de siéger aux différents comités de la section des Quatre-Nations jusqu'au 24 août 1792, date à laquelle le renouvellement des autorités constituées en fit l'un des assesseurs du tribunal de paix [925].

Ce fut en cette qualité qu'il remplaça Gabriel Lerou, absent à partir du 5 juin 1793 [926] et pendant presque une année. Son dévouement reçut alors sa récompense, et, le 20 germinal an II (9 avril 1794), on le désigna juge de paix de la section, désormais dite de l'Unité [927]. Il conserva son siège lors des épurations de l'an III, le comité civil reconnaissant, le 16 frimaire (6 décembre 1794), son comportement irréprochable : affabilité, vertu, civisme, aptitude, assiduité, Jacques Hotteterre, reçut une avalanche de compliments [928].

Par malheur, il dut abandonner sa juridiction plus tôt que ne le souhaitaient ses justiciables : âgé de cinquante-cinq ans [929], malade, il signa son dernier acte – un avis de parents – le 8 germinal an IV (28 mars 1796), et, pour recouvrer ses forces, laissa les assesseurs assurer l'interim « *en son cabinet, rue du Colombier, numéro 1156* ». Il ne devait jamais reprendre son travail et mourut, le 26 pluviôse an V (14 février 1797), laissant la justice de paix aux mains de Jean-Baptiste Jeanson [930].

HOUET (Louis)

Ancien membre du comité civil, il remplaça Charles Bosque comme juge de paix en 1793 [931], et la section Lepeletier le conserva lors des épurations de l'an III, indice d'une attitude modérée sous la Terreur. Le 6 frimaire (26 novembre 1794), Louis Houet envoya « *pour la troisième fois* » à la Convention un état de la justice de paix qui nous le présente comme un homme de soixante et un ans, demeurant rue Chabanois, au numéro 26, et « *connu du citoyen Cambacérès que le Comité de*

---

922 Arch. nat. : BB^5 171.
923 Arch. nat. : BB^5 172.
924 Arch. nat. : BB^{16} 704.
925 Arch. nat. : D III 254, dossier 17.
926 Arch. de Paris : D10 U^1 16.
927 Arch. de Paris : D10 U^1 17.
928 Arch. nat. : D III 254, dossier 17.
929 Arch. nat. : BB^{16} 704.
930 Arch. de Paris : D10 U^1 19.
931 *Almanach national*, an II.

Législation pourra consulter sur le degré de confiance que peut mériter le soussigné ».

Il exprimait dans cet écrit le souhait que le juge de paix fût présent au sein des comités de bienfaisance, et se plaignait par ailleurs de n'avoir que trois assesseurs. Il faisait enfin valoir, au chapitre « *des éclaircissements définitifs* [...] *que ce qui le gên*[ait] *le plus, surtout pour l'ordre à tenir aux registres, c'*[était] *la longue détention du greffier* » et proposait un candidat qui fut agréé [932]. Son âge joua peut-être à son encontre, car les élections de l'an IV l'évincèrent au profit de Jean Delorme [933], de dix ans plus jeune [934].

HU (Charles Louis Mathias)

Natif d'Armentières dans le département du Nord[935] – ville qu'il se défendra plus tard « *d'avoir voulu livrer à l'ennemi* »[936] –, cet épicier de trente-quatre ans devint en 1791 le deuxième des vingt-huit électeurs de la section de Sainte-Geneviève, où il résidait rue de la Tournelle. Signataire de l'adresse des électeurs du club de l'Evêché [937], il faisait partie du conseil municipal à la veille du 10 Août [938], et le 24, remplaça Denis Durouzeau à la tête de la justice de paix de la section, rebaptisée du Panthéon-Français [939]. Le cours des événements politiques parut favoriser son ascension : élu secrétaire de l'Assemblée électorale de Paris le 4 septembre 1792, il se retrouva premier électeur, et ses concitoyens lui accordèrent des voix pour le mandat de député et pour les fonctions d'administrateur de département [940]. L'assemblée générale de la section le confirma juge de paix le 31 mai 1793 [941].

Par la suite, l'ancien épicier connut une morne période, qui le conduisit de prison en prison. Le 29 frimaire an II (19 décembre 1793), sur la dénonciation d'un nommé Vaquette, qui l'accusait d'avoir discrédité les assignats, Charles Hu fut écroué à Sainte-Pélagie ; il y resta plusieurs semaines [942] – rédigeant sa défense contre cette accusation d'escroquerie [943] – et en sortit le 9 pluviôse (28 janvier 1794), après que le Tribunal révolutionnaire eut jugé l'accusation « *fausse et calomnieuse* ». Il retrouva sa juridiction, mais pour peu de temps. Le 25 germinal an II (14 avril 1794), un autre dénonciateur mit en cause l'amitié qu'il prétendait avoir pour Pétion. Cinq jours plus tard, le Comité de Sûreté générale ordonna de le

---

932 Arch. nat. : D III 253, dossier 15.
933 *Almanach national*, an IV.
934 Arch. nat. : BB[8] 16.
935 Arch. nat. : W 216, dossier 952.
936 Bibl. nat. : 4° Lb[41] 2332.
937 Et. CHARAVAY, *Assemblée électorale de Paris*, II, p. 63 et 513.
938 Ferdinand BRAESCH, *Commune*, p. 297.
939 Arch. de Paris : D12 U[1] 13.
940 Et. CHARAVAY, *Assemblée électorale de Paris*, III, p. 79 et Table.
941 Arch. nat. : D III 254, dossier 15.
942 Arch. nat. : F[7] 4745.
943 Bibl. nat. : 8° Ln[27] 9906.

conduire à la Force, ce qui fut fait le 1er floréal (20 avril 1794). De sa cellule, Charles Hu adressa maintes suppliques à la Convention ; il indiqua qu'il avait à sa charge sa mère, sa femme et – bien qu'il eût eu, au cours de sa première détention, « *le malheur de perdre un de ses garçons, prodigieusement fort pour son âge, qui est mort du chagrin causé par l'absence de son père* » – trois enfants, dont deux jumeaux « *bien constitués et bien portants* » nés quelques jours auparavant [944].

Ses requêtes demeurèrent vaines, mais le 27 messidor an II (15 juillet 1794), le Tribunal révolutionnaire, considérant que le magistrat n'était pas convaincu « *d'avoir voulu diviser les citoyens les uns des autres et avilir les autorités constituées* », l'acquitta de nouveau [945]. Le juge de paix sortit, mais presque aussitôt se retrouva en posture d'accusé. Son propre greffier, Garnier, l'assigna devant le tribunal d'arrondissement pour abus d'autorité, ayant, de sa seule initiative, apposé et levé les scellés sur le greffe, inventorié les pièces déposées, sans que lui-même, alors détenu, fût présent. La sentence rendue le 5 fructidor an II (22 août 1794) condamna le magistrat fautif et, le 13 (30 août), le tribunal ordonna l'exécution par provision car l'affaire intéressait l'ordre public, « *troublé par Hu de la manière la plus répréhensible* » [946].

L'incartade fit mauvais effet : déjà l'assemblée générale de la section du Panthéon-Français avait émis, le 7 prairial an II (26 mai 1794), toutes sortes de réserves sur la conduite de son juge de paix – qu'elle déclarait coupable des massacres de Septembre par les arrestations arbitraires qu'il avait ordonnées. Le comité civil écrivit à deux reprises, aux mois de vendémiaire et de brumaire an III (octobre - début novembre 1794) pour exprimer au Comité de Législation son désir de reprendre un mandat que son titulaire devait à l'emprise « *qu'il avait su s'arroger* » dans le quartier, et non à des qualités personnelles qui lui manquaient au point que « *différents bruits* » couraient sur son attitude à l'égard du sexe féminin. L'affaire du greffier et du juge, qui s'accusaient réciproquement de concussion au lieu d'établir la concorde, acheva de convaincre la Convention [947].

Par son arrêté du 5 frimaire an III (25 novembre 1794), le Comité de Législation destitua Charles Hu, qui lui écrivait fièrement deux jours plus tôt, « *jugé et acquitté, deux fois réintégré* », afin que l'on complétât son tribunal « *surchargé d'affaires* » [948]. Il siégea un mois de plus, jusqu'au 5 nivôse (25 décembre 1794), puis laissa la juridiction à Sylvain Lardy [949]. Tant de mésaventures en auraient découragé d'autres ; lui se distingua encore : on l'arrêta pour la troisième fois à la suite des journées de prairial an III (20-23 mai 1795) ; le Comité de Sûreté générale le remit en liberté le 12 thermidor (30 juillet), puis revint sur sa décision le 16 (3 août) et ordonna son internement à la maison d'arrêt du Plessis. Le 20 fructidor

---

944 Arch. nat. : F7 4745.
945 Arch. nat. : W 216, dossier 952.
946 A. M. CASENAVE, *Tribunaux civils*, II, p. 21.
947 Arch. nat. : D III 254, dossier 15 et D III 256[6].
948 Arch. nat. : D III 254, dossier 15.
949 Arch. de Paris : D12 U1 15.

(6 septembre 1795), on le renvoya pour interrogatoire devant l'officier de police de l'arrondissement [950].

Nous le retrouvons au mois de germinal an VI (fin mars 1798), président d'assemblée primaire du XIIe arrondissement et onzième électeur [951], toujours aussi turbulent : le commissaire du Directoire chargé de rendre compte du climat politique de la réunion nota en regard de son nom : « *tête chaude, capable de se réunir aux patriotes de 93* » [952].

HULLIN DE BOISCHEVALIER (Louis Joseph)

Il naquit le 18 janvier 1742 [953] et devint en 1769 procureur des comptes, puis syndic de sa corporation ; la confiance qu'il avait inspirée à ses confrères influença plus tard ses concitoyens qui le désignèrent, à la fin de 1790, premier des treize électeurs et juge de paix de la section de l'Arsenal, qu'il habitait rue Saint-Antoine, numéro 305 [954].

Louis Hullin de Boischevalier commença de siéger au mois de janvier 1791 ; rétrogradé au huitième rang dans son mandat d'électeur, il fréquenta le club de la Sainte-Chapelle [955] et n'attendit probablement pas, pour s'éloigner, que la Commune du 10 Août ordonnât la suspension générale des pacificateurs ; Etienne Rivière occupa sa place au mois de septembre 1792 [956].

Il rédigea plusieurs ouvrages d'histoire contemporaine publiés de 1797 à 1807, peut-être à titre de délassement : un *Almanach historique de la Révolution française*, de l'assemblée des Notables au Consulat ; une *Série exacte et complète de tous les représentants du peuple*, depuis la Constituante jusqu'au Conseil des Cinq-Cents ; un *Répertoire historique de l'Empire français*, de la paix d'Amiens aux traités de Tilsitt [957].

Hullin de Boischevalier ne négligeait pas pour autant ses obligations professionnelles, puisqu'il se retrouva conseiller référendaire de première classe à la Cour des Comptes ; il mourut à Paris, le 24 mars 1823, et fut enterré au cimetière de Montparnasse [958].

IMBAULT (Pierre Louis Edme)

Brodeur rue Saint-Denis[959], il était âgé de trente ans lorsqu'en 1792 la section du Ponceau – bientôt dénommée des Amis-de-la-Patrie – l'élut vingt et

---

950 Arch. nat. : F^{7} 4745.

951 Arch. nat. : F^{7} 3054.

952 Arch. nat. : AF III 260.

953 Et. CHARAVAY, *Assemblée électorale de Paris*, II, p. 46.

954 Et. CHARAVAY, *Assemblée électorale de Paris*, I, p. 53.

955 Et. CHARAVAY, *Assemblée électorale de Paris*, II, p. 46 et 542.

956 Arch. nat. : D III 254, dossier 15.

957 Bibl. nat. : 8° Lc^{22} 65, 66, 66^{A}, 67, 68.

958 Et. CHARAVAY, *Assemblée électorale de Paris*, II, p. 46.

959 Et non Denis Pierre, comme l'indique Etienne. Charavay, qui le confond peut-être avec Pierre Denis Imbault, son frère.

unième de ses vingt-cinq électeurs, puis assesseur au tribunal de paix et commissaire civil [960].

Le 11 nivôse an II (31 décembre 1793), après huit mois d'intérim, il succéda au juge de paix Patry, démissionnaire [961]. Consciencieux, il emporta l'estime de ses concitoyens, qui reconnurent sa probité et le jugèrent très apte à tenir son poste [962], même si plusieurs indices nous permettent de douter de ses capacités juridiques. Ainsi, sa lettre du 11 nivôse an III (31 décembre 1794) qui demandait s'il pouvait admettre de lui-même d'autres motifs de récusation d'arbitres que ceux explicitement prévus par la loi, n'était-elle pas faite pour rassurer. Le Comité de Législation dut lui apprendre qu'il s'agirait en l'occurrence d'une violation ouverte des textes. De même, le courrier qu'il adressa le 25 pluviôse suivant (13 février 1795) sur l'étendue de sa propre compétence en matière gracieuse étonne autant que la réponse officielle qui dissipa ses doutes : « *Tu dois te considérer comme l'ange de paix parmi tes frères* » [963]. Pierre Imbault démissionna au début de l'an IV, mais continua de présider la juridiction « *en attendant la décision du Corps Législatif sur les opérations de la dernière assemblée primaire* », c'est-à-dire jusqu'à ce que le Directoire lui donnât un successeur, ce qu'il fit le 25 nivôse an IV (15 janvier 1796) en désignant Charles Creton [964]. Il tint son ultime audience quatre jours plus tard, et disparut dès lors du monde judiciaire [965].

Le 16 août 1817, « *au nom et comme maître des droits et actions* [...] *de Dame Jeanne Sophie Denis son épouse* » avec laquelle il était commun en biens, Pierre Imbault, « *artiste demeurant à Paris, rue du Faubourg-Saint-Martin numéro 158* », signa un contrat de bail portant location pour trois ans, moyennant 300 francs de loyer annuel, d'une maison sise à Saint-Cloud, 13 rue d'Angoulême, dans le département de Seine-et-Oise. La demeure était propriété indivise de sa femme, de la sœur de celle-ci – que son frère Pierre Denis Imbault, débitant de tabac établi à Paris, 20 rue aux Ours, avait épousée – et de leur frère à toutes deux, Pierre Denis, « *ancien sous-chef au ministère de l'administration de la Guerre, division de l'habillement* » [966].

ISAMBERT (Pierre)

Reçu avocat en 1750, il se spécialisa dans la partie des domaines « *ci-devant dits domaines du roi* », à titre d'inspecteur itinérant dans la province de Bretagne, travail qu'il effectua jusqu'en 1767. Ce fut alors qu'il se fixa définitivement à Paris ; reconverti dans le contentieux des affaires de banque, il se vit offrir la place de

---

960 Et. CHARAVAY, *Assemblée électorale de Paris*, III, p. 28.

961 Arch. de Paris : D6 U^1 29 et 30.

962 Arch. nat. : D III 256^4.

963 Arch. nat. : D III 253, dossier 1.

964 Arch. nat. : BB^5 376.

965 Arch. de Paris : D6 U^1 32.

966 Minutier Central, XX, 863.

premier commis « *de la Trésorerie du feu citoyen Penthièvre* », qu'il occupa pendant quinze ans [967].

Le mouvement révolutionnaire le porta aux affaires publiques : premier commissaire de la section du Faubourg-Saint-Denis, qu'il habitait 58, rue du Faubourg-Saint-Martin, il suppléa dès le 18 août 1792 le juge de paix Pierre Frézard, suspendu par la Commune [968]. Quelques jours plus tard, réunis sous sa présidence en assemblée primaire, ses concitoyens élurent cet homme de cinquante-cinq ans cinquième des treize électeurs qu'ils avaient à choisir. Affilié à la société des Amis de la Constitution, nommé de surcroît conciliateur [969], administrateur au conseil provisoire du département de Paris depuis le 21 août – il ne le quitta qu'au mois de janvier 1793 [970] – Pierre Isambert allait sans mesure dominer son quartier. Président de l'assemblée générale pendant deux ans, juré au Tribunal criminel du 17 août, « *arrogant et despotique* », il se montra le plus ferme soutien « *du monstre Robespierre et de ses complices* », terrorisant son quartier avant de « *s'imposer tout à coup le silence le plus absolu* » aux alentours du 9 Thermidor. Ses victimes, qui recouvraient la parole, ne manquèrent pas de réclamer sa destitution dès le 10 ventôse an III (28 février 1795) [971].

Le 1er floréal (20 avril) [972], un flot de dénonciations circonstanciées atteignit la Commission des administrations civiles, police et tribunaux, sur la manière honteuse dont le juge de paix avait abusé de ses pouvoirs : appositions illégales de scellés, déprédations de biens, affirmations calomnieuses, arrestations arbitraires, refus de certificats de civisme, il semble que le conciliateur n'ait pas lésiné sur les moyens d'asseoir son autorité personnelle [973]. Le 6 floréal (25 avril), le comité civil proposa de restituer à Pierre Frézard la justice de paix qu'il avait injustement perdue [974], et le 29 (18 mai 1795), Pierre Isambert rendit son dernier jugement [975].

Là ne devaient pas se borner ses déboires, et les journées de prairial eurent pour lui de fâcheuses conséquences. Dès le 3 (22 mai 1795) porté sur la liste des désarmements, il fut conduit le lendemain au comité civil puis à celui de Sûreté générale, qui le fit déposer à la maison d'arrêt de la rue du Bouloy, puis incarcérer, dans la soirée du 7 (26 mai), à celle du Plessis. En messidor, il rédigea un mémoire à la Convention : prévenu « *d'être ennemi de la paix et de l'exécution des lois* », il affirma avoir toujours rendu la justice en conscience et dans le respect des textes ; suspecté d'avoir provoqué une révolte du bataillon de sa section, il répondit que l'on savait très bien « *qu'étant juge de paix et dans* [sa] *soixante-sixième année* », il

---

967 Arch. nat. : D III 254, dossier 5.
968 Arch. de Paris : D5 U1 15.
969 Et. CHARAVAY, *Assemblée électorale de Paris*, III, p. 48.
970 Sigismond LACROIX, *Département*, p. 459.
971 Arch. nat. : D III 254, dossier 5.
972 Arch. de Paris : D5 U1 15.
973 Arch. nat. : BB3 83.
974 Arch. nat. : D III 254, dossier 5.
975 Arch. de Paris : D5 U1 15.

n'était pas présent, n'ayant jamais monté ses gardes en personne ; il défia enfin quiconque d'apporter la preuve de son hostilité déclarée à la Convention, et conclut en évoquant ses parents nonagénaires, son père surtout, à qui soixante ans de notariat avaient gagné la confiance publique.

Mais la défense de cet « *époux et père de trois enfants* » n'attendrit guère ses détracteurs, et le comité civil indiqua à celui de Sûreté générale qu'Isambert, atteint « *jusques à ce moment même de l'ivresse jacobine dans sa rage la plus excessive* », devait répondre de ses crimes devant les tribunaux. Il fut pourtant libéré le 20 fructidor an III (6 septembre 1795) [976].

JABEL (Antoine)

Commis, puis marchand de charbon de terre en 1788 [977], il continua d'exercer son état 269, rue Saint-Antoine [978] jusqu'au mois d'août 1793. A cette époque, il se tourna vers les fonctions publiques et finit par se faire nommer juge de paix le 17 vendémiaire an II (8 octobre 1793), avec l'appui du comité révolutionnaire de la section de l'Indivisibilité [979]. Sans même attendre que sa désignation devînt définitive, il s'était emparé de la juridiction et remplaçait Jean Fontaine depuis le 9 vendémiaire (30 septembre 1793) [980].

Membre de plusieurs comités de la section, il profita du courant terroriste pour présider l'assemblée générale avec partialité, fréquenta sans retenue le comité révolutionnaire auquel il devait quelque reconnaissance, et le suivit dans sa chute. Désarmé le 2 floréal an III (21 avril 1795) [981], connu pour participer à des conciliabules où l'on prêchait « *le désordre et l'anarchie* » [982], Antoine Jabel perdit son fauteuil judiciaire le 10 prairial (29 mai 1795), lorsque ses concitoyens, réunis en assemblée générale, déclarèrent qu'il n'avait, « *pendant tout le temps que la Terreur était à l'ordre du jour* », nullement observé la conduite sereine et discrète que ses justiciables pouvaient attendre d'un magistrat de paix. Ils arrêtèrent qu'il n'avait jamais eu leur confiance et proposèrent plusieurs candidats à son remplacement, dont Jean Fontaine, et le greffier de paix, Claude Bourgoind [983].

Ce dernier reprit le tribunal abandonné depuis le 8 prairial an III (27 mai 1795) [984]. Pourtant, le 19 thermidor (6 août 1795), le Comité de Sûreté générale, estimant les motifs invoqués à son encontre « *trop vagues pour le priver plus longtemps de l'exercice de ses droits politiques* », décida de réarmer l'ex-juge de

---

976 Arch. nat. : F^7 4747.
977 Arch. nat. : D III 254, dossier 11.
978 Arch. nat. : D III 256^2.
979 Arch. nat. : D III 254, dossier 11.
980 Arch. de Paris : D8 U^1 4.
981 Arch. nat. : D III 254, dossier 11.
982 Arch. nat. : F^7 4748.
983 Arch. nat. : D III 254, dossier 11.
984 Arch. de Paris : D8 U^1 7.

paix [985], qui revint siéger comme assesseur dès l'année suivante et jusqu'en l'an VI [986].

JAQUOTOT DE CHANGEY (Antoine Edme Nazaire)

Né le 19 avril 1758 [987], fils d'un greffier en chef du Châtelet de Paris, il fut deux ans clerc de procureur, puis cinq années maître clerc, avant d'être reçu avocat en 1782. Trois années plus tard, il devint conseiller à l'Amirauté générale de France à Paris, charge qu'il occupa jusqu'à sa suppression en 1791 [988].

La Révolution lui offrit une compensation relative lorsque les citoyens de la section du Roi-de-Sicile l'élurent, en 1790, huitième de leurs dix-sept électeurs ; Antoine Jaquotot de Changey demeurait alors rue des Deux-Portes-Saint-Jean ; il se retrouva sous-lieutenant de la 2e compagnie du bataillon du Petit-Saint-Antoine, puis, en 1792, siégea au conseil général de la Commune [989]. Officier de l'état civil parisien « *chargé de la prononciation des mariages* », il demanda quelques précisions sur son travail le 22 mars 1793 [990], mais ne le conserva guère, car la Convention le nomma en l'an III agent national près le tribunal de police correctionnelle, qu'il abandonna deux ans plus tard lors de son élection comme juge de paix de la division des Arcis [991].

Il s'installa le 13 germinal an V (2 avril 1797) au fauteuil que quittait Philippe Viget et que lui-même dut céder peu de mois après, sous l'effet de la loi du 19 fructidor (5 septembre 1797) [992]. Antoine Jaquotot présidait l'une des assemblées primaires du VIIe arrondissement convoquées en l'an VII (mars 1799) quand ses concitoyens le désignèrent électeur et lui offrirent sa revanche en le choisissant de nouveau pour juge de paix [993]. Le 3 floréal (22 avril 1799), il remplaça Antoine Maire – qui lui avait succédé [994] – et conserva son siège jusqu'à la réduction de l'an X, qui porta Frédérik Fariau à la tête de l'arrondissement [995].

Second suppléant, il s'opposa au juge de paix dont il contestait – sans doute à juste titre – la désignation. Il écrivit au troisième consul Lebrun, le 2 ventôse an X (21 février 1802), afin de retrouver « *une place de juge ou autre dans l'ordre judiciaire* », ayant perdu la sienne « *par une intrigue* » dont il préférait ne pas parler [996]. Il obtint d'être nommé, au début de l'an XI, avoué près le tribunal de

---

985 Arch. nat. : F7 4748.
986 *Almanach national*, an V, an VI.
987 Arch. nat. : BB8 13.
988 Arch. nat. : BB5 170.
989 Et. CHARAVAY, *Assemblée électorale de Paris*, I, p. 49.
990 Arch. nat. : D III 239.
991 Arch. nat. : BB5 170.
992 Arch. de Paris : D7 U1 4.
993 Arch. nat. : AF III 261.
994 Arch. de Paris : D7 U1 5.
995 Arch. de Paris : D7 U1 6.
996 Arch. nat. : BB5 170.

première instance de la Seine ; le juge de paix Fariau, qui lui rendait son antipathie, essaya de se débarrasser de lui en arguant d'une prétendue incompatibilité de fonctions que le ministre ne voulut pas admettre, et Antoine Jaquotot demeura suppléant [997]. Rallié à l'Empire, il avait été confirmé dans sa suppléance le 12 août 1807 [998], et, toujours avoué à la cour impériale de Paris en 1809, disposait de 3 000 francs de revenus sans compter ceux de sa charge. Il habitait rue Planche-Mibray, numéros 6-8, et faisait élever en pension son fils de quatorze ans [999].

Les Bourbons le conservèrent – songeant même à le promouvoir juge de paix par l'ordonnance du 11 novembre 1815 [1000] – satisfaits de son travail et surtout de ce qu'il ait « *manifesté hautement son attachement au roi après l'événement du 20 mars* » [1001]. Mais justement, ses convictions royalistes fléchirent ; en 1823, si le président du tribunal de première instance reconnut qu'il avait accompli *avec distinction* » son travail d'avoué, le préfet de police signala « *ses mauvaises opinions aux dernières élections de Paris* » et son vote « *plus que douteux* » [1002]. L'année suivante, lorsqu'il s'agit de nommer un juge de paix dans le Ve arrondissement, le suppléant, recommandé « *par sa parente, Madame Jacquotot, peintre du roi* », perdit toute chance de succès par ses idées « *équivoques* » [1003].

Antoine Jaquotot démissionna de sa suppléance le 15 mars 1828, pour raisons de santé ; il demanda la faveur de voir appeler à sa place Arcis Antoine, son fils unique, qui résidait à Paris rue du Mail numéro 7. Celui-ci possédait plusieurs propriétés dans le Ier arrondissement, jouissait de 10 000 à 12 000 francs de revenus, non compris le produit de l'état d'« *avocat avoué à la cour royale de Paris* » qu'il tenait de son père depuis 1819. Ce fut précisément cette qualité – jointe au discrédit paternel ? – qui lui coûta le poste convoité : le ministre de la Justice estima « *fâcheux et abusif* » que les justices de paix fussent « *dévolues à des avoués en exercice* » [1004].

JEANSON (Jean-Baptiste Pierre Alexis)

Né en 1756 à Paris, il fut sous l'Ancien Régime procureur au Châtelet [1005] ; membre de la Commune constitutionnelle [1006], il devint commissaire de police de la section des Quatre-Nations au mois de décembre 1791, puis employé aux contributions de la ville de Paris [1007].

---

997 Arch. nat. : BB^5 171.
998 Arch. nat. : BB^8 52.
999 Arch. nat. : F^{7*} 2532.
1000 Arch. nat. : BB^8 164.
1001 Arch. nat. : BB^8 203.
1002 Arch. nat. : BB^8 298.
1003 Arch. nat. : BB^8 333bis.
1004 Arch. nat. : BB^8 434.
1005 Arch. nat. : BB^8 16.
1006 Ferdinand BRAESCH, *Commune*, p. 255.
1007 Arch. nat. : BB^8 16.

Le 2 ventôse an V (20 février 1797), le Directoire le nomma juge de paix de sa division – désormais dite de l'Unité – en remplacement de Jacques Hotteterre, décédé [1008]. Il s'installa le 17 (7 mars)[1009] pour plusieurs années, car le gouvernement le confirma dans son poste le 23 fructidor (9 septembre 1797), après le coup d'Etat du 18 [1010], puis ses justiciables le choisirent de nouveau lors des consultations ultérieures, le nommant même électeur au mois de germinal an VII (fin mars 1799) [1011].

Jean-Baptiste Jeanson triompha des élections très difficiles de l'an X, et se retrouva juge de paix du Xe arrondissement. Le préfet de la Seine estimait sa probité professionnelle et la vie « *modeste et retirée* » que lui imposait son défaut d'aisance financière [1012] – quoiqu'il ait pu, le 13 frimaire an VIII (4 décembre 1799), prêter 400 francs remboursables dans les quatre ans sur le pied de 5% d'intérêts [1013]. Mais en dépit d'autres témoignages honorables, sans qu'aucun grief particulier fût officiellement invoqué à son encontre et bien qu'il fût indiqué au premier rang par les autorités préfectorale et judiciaire, le 29 germinal an XII (19 avril 1804), le Premier consul le comprit au nombre des fonctionnaires à renouveler [1014]. L'exclu tint sa dernière audience le 10 floréal (30 avril 1804), et Jean Godard, son second suppléant, ex-juge de paix de la section de la Fontaine-de-Grenelle, prit sa succession [1015].

JOSSIER (Jean-Baptiste)

Les archives ne conservent guère de traces de Jean-Baptiste Jossier, que la section des Gravilliers, qu'il habitait rue du Vert-Bois, choisit pour juge de paix à l'automne de 1790, puis, l'année suivante, pour vingt-huitième de ses trente-trois électeurs [1016].

À la suite de la scission électorale, cet homme de trente-sept ans fréquenta le club de la Sainte-Chapelle[1017] et ses opinions politiques lui firent laisser, dès le 6 août 1792, son tribunal aux mains des « *commissaires et membres de la section* » ; Jean-Claude Robineau, son greffier, reprit la tenue des audiences [1018].

1008 Arch. nat. : BB^{5} 394.
1009 Arch. de Paris : D10 U^{1} 19.
1010 Arch. nat. : BB^{5} 404.
1011 Arch. nat. : AF III 261.
1012 Arch. nat. : BB^{8} 16.
1013 Minutier Central, VIII, 1326.
1014 Arch. nat. : BB^{8} 25.
1015 Arch. de Paris : D10 U^{1} 64.
1016 Et. CHARAVAY, *Assemblée électorale de Paris*, II, p. 36.
1017 Et. CHARAVAY, *Assemblée électorale de Paris*, II, p. 541.
1018 Arch. de Paris : D6 U^{1} 2.

JOUAN (Jacques)

Âgé de quarante-cinq ans et domicilié cloître Saint-Jacques à la fin du mois de fructidor an II (mi-septembre 1794), cet ex-secrétaire greffier de police devenu commissaire vit la section de Bon-Conseil le présenter comme officier d'état civil [1019]. Ce fut toutefois à la division du Mail que le Directoire l'affecta, le 22 prairial an IV (10 juin 1796), lorsque le juge de paix Baron eut démissionné [1020]. Jacques Jouan entra immédiatement en activité, mais quitta dès le 23 fructidor (9 septembre 1796) [1021] la juridiction où vint siéger Joseph Valant [1022].

Il semble sortir alors du monde judiciaire et n'apparaît plus que comme électeur du Ve arrondissement au mois de germinal an VII (fin mars 1799) [1023].

LACOSTE (Jean-Baptiste)

Il occupa divers emplois publics dès le commencement de la Révolution, en 1789. Commissaire civil de la section du Palais-Royal lors de leur institution provisoire, président des assemblées générales « *dans toutes les crises orageuses et époques remarquables depuis 1791* », Jean-Baptiste Lacoste suivit le mouvement insurrectionnel et accepta « *provisoirement et à cause des circonstances difficiles* », de succéder au juge de paix André Roger des Ifs, qu'avait suspendu la Commune [1024].

Il était âgé de trente-deux ans et résidait 32, rue des Moulins ; le 13 août 1792, il remplaça Choderlos-Laclos au conseil général de la Commune [1025], et, quelques jours plus tard, se retrouva deuxième des vingt-sept électeurs de sa section, nouvellement dénommée de la Butte-des-Moulins [1026]. Au mois d'octobre éclata l'affaire du notaire Guillaume, caissier en chef de la Maison des secours, qui s'était enfui en Hollande. La section des Tuileries ordonna l'arrestation de Jean-Baptiste Lacoste pour avoir facilité son évasion, mais le juge de paix se lava de l'accusation et dénonça la section au conseil général pour manœuvres illégales. Les deux commissaires chargés de la surveillance du notaire furent confondus, et l'incident n'atteignit pas le crédit du magistrat [1027].

1019 Arch. nat. : D III 239.
1020 Arch. nat. : BB^{1} 60^{B}.
1021 Arch. de Paris : D3 U^{1} 21.
1022 Arch. nat. : BB^{5} 394.
1023 Arch. nat. : AF III 261.
1024 Arch. nat. : D III 253, dossier 7.
1025 Ferdinand BRAESCH, *Commune*, p. 249, 256.
1026 Et. CHARAVAY, *Assemblée électorale de Paris*, III, p. 6.
1027 Ferdinand BRAESCH, *Commune*, p. 817.

Le comité civil de la section, qui appréciait son travail, fit l'éloge de ses vertus civiques et de ses talents le 7 nivôse an III (27 décembre 1794). Pourtant, le 28 (17 janvier 1795), le Comité de Législation, qui avait à plusieurs reprises refusé la démission du juge de paix, accorda le retrait qu'il sollicitait avec insistance : « *j'apprends que mes semences se font difficilement, qu'on me presse pour la réquisition des grains, et qu'on ne peut y faire droit, n'ayant personne à qui ces intérêts puissent être confiés* [...] *Si mes services révolutionnaires peuvent me faire jouir de la liberté dont j'ai besoin en ce moment,* [...] *le Comité peut être assuré que j'aurais toujours une part active dans tout ce qui pourra assurer la marche du gouvernement* » [1028].

Alexandre Decourchant reprit la juridiction qu'il laissait vacante ; lui-même ne se chargea plus de fonctions judiciaires, mais continua sans doute ses activités politiques. Lors de la convocation des assemblées primaires en l'an VI, le commissaire du Directoire près l'administration municipale du IIe arrondissement, qui estimait mauvaises les désignations effectuées, nota : « *les patriotes espèrent faire nommer ce soir le citoyen Lacoste pour troisième électeur, mais on craint qu'il n'y réussiront pas* » [1029].

LACOSTE (Philibert Jean)

Natif de Dijon, département de la Côte-d'Or [1030], il fut sept années avocat, en même temps que substitut du procureur général du Conseil supérieur du Port-au-Prince. Une fois rapatrié, il obtint l'office de conseiller maître à la chambre des comptes de Bourgogne ; ce fut là que le surprit la Révolution, qui le métamorphosa en homme de lettres [1031] vivant de son revenu. Il s'établit à Paris au mois de juillet 1790, puis vint habiter la section de Bondy au début de 1793 [1032], dont l'assemblée générale, le 30 prairial an III (18 juin 1795), le désigna pour succéder au juge de paix Pierre Letellier, mis en état d'arrestation.

Sans doute son poste de président adjoint du comité civil l'aida-t-il en la circonstance [1033], mais ses capacités juridiques ne pouvaient être mises en cause, et, le 19 messidor (7 juillet 1795), le Comité de Législation entérina le choix de ce quadragénaire estimé [1034]. Philibert Lacoste présida la justice de paix du 23 messidor an III (11 juillet 1795) au 18 brumaire an IV (9 novembre 1795), époque à laquelle les assemblées primaires lui préférèrent Jean Lemaire [1035].

1028 Arch. nat. : D III 253, dossier 7.
1029 Arch. nat. : AF III 260.
1030 Arch. nat. : D III 256^2.
1031 Arch. nat. : D III 251-252.
1032 Arch. nat. : D III 256^2.
1033 Arch. nat. : D III 253, dossier 4.
1034 Arch. nat. : D III 251-252.
1035 Arch. de Paris : D5 U^1 7.

LAFFITTE (Jean-Baptiste)

« *Cultivant son esprit et sa raison, et trouvant toujours qu'il avait fort peu de l'un et de l'autre ; vivant d'un revenu modeste, le fruit du travail de son père* », Jean-Baptiste Laffitte, avant la Révolution, ne faisait rien [1036].

Ses concitoyens ne l'élurent pas moins, en 1791, dixième de leurs dix-sept électeurs [1037], et, l'année suivante, le placèrent au premier rang des représentants de la section de l'Observatoire, après l'avoir nommé secrétaire de l'assemblée primaire. Parisien de naissance [1038], âgé de quarante-huit ans, il demeurait alors 177 rue du Faubourg-Saint-Jacques [1039].

Le 24 septembre 1792, il prit le fauteuil de feu Charles Bosquillon, massacré au début du mois [1040], et présida la justice de paix durant de longues années. La conduite modérée qu'il adopta sous la Terreur lui valut l'estime de sa section, dont l'assemblée générale le conserva – tout en se débarrassant d'assesseurs aux « *sentiments robespierristes* » trop prononcés – le 10 prairial an III (29 mai 1795) [1041]. Jean-Baptiste Laffitte se maintint de consultation en consultation, toujours investi de la confiance de ses justiciables. Mais la dernière élection directe lui fut fatale, et, au cours de pluviôse an X (février 1802), il se vit préférer Antoine Thorillon, qui devint juge de paix du XIIe arrondissement [1042]. Il ne bénéficia d'aucune suppléance et ne chercha pas à se faire nommer à d'autres postes ; peut-être retourna-t-il à ses loisirs d'antan.

LAMAIGNÈRE (Antoine)

Né le 16 décembre 1745 [1043], à Philippeville dans les Ardennes, Antoine Lamaignère, qui était instituteur, s'établit maître de pension à Chaillot à partir du mois de juillet 1770. Il devint secrétaire de la section des Champs-Elysées le 14 juillet 1789, tâche qu'il abandonna le 25 octobre 1790 pour celle de commissaire de police, qu'il détint jusqu'au 10 août 1792. Le 17, sa section le choisit pour juge de paix [1044], puis l'élut premier de ses sept électeurs [1045].

Succédant à Charles Salmon, il rendit son premier jugement le 25 août [1046] et ses concitoyens confirmèrent son mandat au mois de juin 1793 [1047] : le 2, présidant l'assemblée générale, il profita de sa réélection pour lancer un « *appel à*

1036 Arch. nat. : D III 254, dossier 14.

1037 Et. CHARAVAY, *Assemblée électorale de Paris*, II, p. 66.

1038 Arch. nat. : BB^{16} 704.

1039 Et. CHARAVAY, *Assemblée électorale de Paris*, III, p. 82.

1040 Arch. de Paris : D12 U^{1} 23.

1041 Arch. nat. : D III 256^{6}.

1042 Arch. de Paris : D12 U^{1} 32.

1043 Arch. nat. : BB^{8} 13.

1044 Arch. nat. : D III 253, dossier 8.

1045 Et. CHARAVAY, *Assemblée électorale de Paris*, III, p. 3, qui l'indique, par erreur semble-t-il, juge de paix à partir de 1793 seulement.

1046 Arch. de Paris : D1 U^{1} 1.

1047 Arch. nat. : D III 253, dossier 8.

l'union » [1048]. Le magistrat ne suivit pas un parcours politique de tout repos : fonctionnaire d'une section plutôt conservatrice, il signa l'adresse des parisiens à l'armée après l'affaire du 20 Juin [1049] et s'en prit ensuite ouvertement « *à la faction des hébertistes, des Danton et des Chaumette* ». Bien pis, il eut l'imprudence de déclarer à Lubin, l'» *agent fidèle* », dans la section, de l'Incorruptible, que ce dernier « *marchait au dictatoriat par l'anarchie et l'oppression, et que la Commune de Paris le secondait afin de couvrir les dépenses énormes dont on ne pouvait obtenir les comptes* ».

De tels propos ne pouvaient passer inaperçus : Antoine Lamaignère fut arrêté le 25 germinal an II (14 avril 1794) et conduit à la prison de Saint-Lazare, malgré ses « *travaux immenses pour la Révolution* [...] *et le patriotisme le plus pur* » [1050]. On le sortit trois fois de sa cellule pour qu'il assistât aux levées de scellés, les 7 et 14 floréal (26 avril - 3 mai 1794) [1051] dans le dessein de récupérer » *quatre cahiers relatifs au paiement des sommes accordées aux parents des citoyens partis pour la Vendée* », et le 22 messidor (10 juillet 1794), afin de consulter certains papiers déposés chez lui [1052].

La chute de Robespierre lui rendit confiance : le 10 thermidor an II (28 juillet 1794), il adressa une requête au Comité de Salut public, de la « *Maison Lazarre, corridor frimaire numéro 8* », réclamant qu'un décret lui accordât la liberté [1053]. Il sortit bientôt et reprit sa place au tribunal de paix le 22 thermidor (9 août 1794) [1054]. Le comité civil de la section le conserva bien entendu lors des épurations de l'an III, notant à son sujet, le 14 frimaire (4 décembre 1794), qu'il avait « *manifesté en tous temps les principes de la justice et de l'humanité* » désormais restaurés [1055] ; il continua de siéger sans incidents jusqu'aux élections de l'an VI.

A cette époque, président d'assemblée primaire dans le Ier arrondissement, on le désigna électeur, ce que le commissaire du Directoire jugeait « *un bon choix, quoique non du goût du Cercle constitutionnel* » dans son rapport daté du 3 germinal (23 mars 1798) ; le 8 (28 mars), il exprimait la certitude qu'Antoine Lamaignère serait prolongé comme juge de paix : il le fut le soir même, dépassant la majorité absolue des suffrages [1056]. Les choses se gâtèrent dans la soirée du 24 (13 avril 1798), lorsque débuta la discussion sur la loi du 5 ventôse an VI (23 février 1798) : il s'agissait de savoir à qui l'appliquer. Notre homme fut le premier sujet de dispute : dès lors, la séance devint « *tumultueuse et très orageuse* » entre royalistes et

---

1048 Bibl. nat. : 4° Lb^{40} 1769.
1049 Ferdinand BRAESCH, *Commune*, p. 138.
1050 Arch. nat. : F^7 4436.
1051 Arch. nat. : AF * II 254.
1052 Arch. nat. : F^7 4760.
1053 Arch. nat. : F^7 4436.
1054 Arch. de Paris : D1 U^1 3.
1055 Arch. nat. : D III 253, dossier 8.
1056 Arch. nat. : AF III 260.

républicains. Les uns défendaient le juge de paix au motif que seuls pouvaient être concernés les « *rebelles de la Vendée* » et ceux « *pris les armes à la main* » ; les autres réclamaient son expulsion pure et simple. Après deux votes consécutifs, Antoine Lamaignère fut exclu pour avoir pris part à la révolte du 13 Vendémiaire (5 octobre 1795) [1057].

Ces remous ne l'empêchèrent pas de mener sa carrière au contentement de ses justiciables, et il remporta encore la dernière élection judiciaire directe, celle de l'an X. Le 5 germinal (26 mars 1802), il quitta la justice de paix de la division des Champs-Elysées – qui dès lors disparaissait – pour prendre en main celle du Ier arrondissement de Paris [1058]. Le préfet de la Seine en fit à cette occasion un portrait flatteur : bon époux, ami zélé, son courage lui avait fait garder son rang sans faiblir, et ses concitoyens le reconnurent, qui l'élurent sans avoir subi « *ni sollicitations ni intrigues* ». Sa compétence professionnelle égalait ses qualités morales : « *possédant bien la lettre et l'esprit de la loi* », il était conciliant et débrouillait les affaires au point que le préfet ne se rappelait pas « *qu'aucune de ses décisions ait été infirmée* ». En outre, sa position sociale était convenable puisqu'il possédait un héritage dont le revenu s'élevait à 300 francs [1059].

Après tant d'éloges, il eût été surprenant que l'empereur ne conservât pas à son service un tel auxiliaire. Le 12 août 1807, il le renouvela pour la durée de l'Empire, en dépit d'une plainte – la seule de toute sa carrière – que porta contre lui une certaine veuve Berniey. Celle-ci l'accusait d'avoir fait émanciper sa fille pour s'emparer de ses biens, mais les membres de l'ordre judiciaire estimèrent abusive la dénonciation, qui n'eut pas de suites [1060].

Le retour des Bourbons interrompit l'activité de ce magistrat jadis inquiété pour menées royalistes. Le rapport fait à son endroit restait mitigé, reconnaissant qu'il n'avait pas mauvaise réputation, mais soulignant son grand âge pour annoncer une certaine négligence des devoirs de sa place. Ceux-ci paraissaient « *au-dessus de ses forces* », de telle sorte que sa juridiction, « *une espèce de pétaudière, où chacun, jusqu'au clerc d'huissier, donne des conseils, se fait écouter et s'érige en petit protecteur qui a souvent une certaine influence* », gagnerait à changer de titulaire. Ce fut ce que décida l'ordonnance royale du 11 novembre 1815, qui le révoqua au terme de vingt-trois années de services permanents – sinon lors de son internement pour déclarations anti-robespierristes [1061] – et Pierre Pinart, greffier depuis l'Ancien Régime [1062], vint présider la justice de paix qu'il lui fallait abandonner [1063].

1057 Arch. nat. : F^7 3054.
1058 Arch. de Paris : D1 U^1 11.
1059 Arch. nat. : BB^8 16.
1060 Arch. nat. : BB^8 25.
1061 Arch. nat. : BB^8 164.
1062 Arch. nat. : BB^5 181.
1063 Arch. de Paris : D1 U^1 87.

LAMBERT (Etienne)

Seul nous est connu son passage rapide à la tête du tribunal de paix de la section du Pont-Neuf. Elu à ce poste « *en conséquence d'un arrêté pris par les commissaires des quarante-huit sections réunis le 10 du présent mois à la Maison commune* », il remplaça Jean-Baptiste Estienne de la Rivière le 29 août 1792 [1064].

Donna-t-il satisfaction dans l'accomplissement de son travail ? Il semble avoir manifesté une certaine nonchalance, si l'on en croit la correspondance que lui adressa le ministre de la Justice, le 29 mars 1793, à propos de l'installation du Tribunal révolutionnaire. Le juge de paix aurait dû, depuis longtemps déjà, assurer le déménagement des minutes du Tribunal du 17 août, de la salle Saint-Louis « *au greffe des cy-devant requêtes du Palais* ». Il était prié de s'en acquitter à l'instant, sans éprouver davantage la patience ministérielle [1065].

Abusa-t-il aussi de l'indulgence de ses concitoyens ? Le 4 septembre 1793, l'assemblée générale de la section proposa le renouvellement de ses fonctionnaires, et, trois jours plus tard, confia la juridiction à Nicolas Thilly [1066].

LAMBERT SAINTE CROIX (Jean Barthélémy)

Sous l'Ancien Régime, procureur que la suppression du Châtelet métamorphosa en avoué, il exerça cette profession pendant trente ans « *avec honneur et désintéressement* », ce qui le fit appeler au syndicat de sa compagnie.

Lors de la préparation de l'ordonnance royale qui devait opérer un certain nombre de remplacements parmi les suppléants des justices de paix de Paris, les magistrats de la capitale le présentèrent sous le jour le plus favorable : « *probe, instruit, généralement aimé, d'un esprit conciliant* », cet avoué près le tribunal de première instance qu'ils voyaient travailler quotidiennement leur parut un candidat d'autant plus idéal, que ses idées légitimistes étaient avérées. Le 7 février 1816, Louis XVIII le nomma premier suppléant de la justice de paix du IIe arrondissement [1067].

L'année suivante, lorsque mourut Jean-Baptiste Le Blond, juge de paix du Ve arrondissement, Jean Lambert Sainte Croix, que recommandait le président à la Cour de cassation Brisson – lequel vantait un attachement au roi dont « *tout le Palais* » pouvait témoigner – et que présentaient les magistrats de première instance, se mit sur les rangs. Le 11 mars 1817, il rappela sa qualité d'ancien assesseur – il avait en l'an IX secondé le défunt, alors affecté à la division de Bonne-Nouvelle [1068] – et le dévouement dont il avait fait preuve en siégeant pendant trois mois au décès de Jean Defresne, sans qu'aucune rémunération ne lui fût versée. En dépit de son

1064 Arch. de Paris : D11 U^{1} 40.
1065 Arch. nat. : BB^{30} 24.
1066 Arch. nat. : W 10.
1067 Arch. nat. : BB^{8} 203.
1068 Arch. nat. : BB^{5} 168.

« *attachement inviolable à la dynastie régnante* », ce ne fut pas lui que choisit le souverain pour occuper le fauteuil [1069].

Cependant, les membres de l'ordre judiciaire ne l'abandonnèrent pas, et, lors de la démission d'Armand Colmet de Santerre, le procureur général de la cour royale le proposa en priorité : par ordonnance du 22 septembre 1819, il devint juge de paix du IXe arrondissement [1070]. Le 1er octobre, il s'installa en rendant hommage au zèle et à l'intégrité de son prédécesseur [1071], et présida la juridiction jusqu'au 28 août 1823. Vraisemblablement malade, il dut, dès le début du mois, demander le secours de ses suppléants. Il mourut à Saint-Mandé, le 5 octobre 1823, âgé de soixante ans et demi ; le 30 décembre suivant, le roi lui donna Jean-Baptiste Guillonet-Merville pour remplaçant [1072].

LAMOUQUE (Pierre Jean)

Ce fut à Ferrières, arrondissement de Neufchâtel, dans le département de la Seine-Inférieure, qu'il naquit, le 4 avril 1748. Huissier à cheval au Châtelet de Paris, il devint à la faveur de la Révolution commissaire de police de la section des Lombards le 25 octobre 1790, puis abandonna ces premières responsabilités le 24 avril 1793, lorsqu'on l'élut juge de paix [1073]. Le 2 mai suivant, il prit la tête du tribunal qu'avait délaissé Pierre Blandin, appelé à d'autres fonctions [1074]. Il conserva son siège lors des épurations thermidoriennes [1075], et fut confirmé à son poste par les assemblées primaires de l'an IV et de l'an VI, qui le choisirent même pour électeur du VIe arrondissement [1076].

Pierre Lamouque surmonta l'épreuve de la réduction du nombre des justices de paix, et le dernier scrutin direct le désigna pour prendre en main celle de son arrondissement ; le 7 ventôse an X (26 février 1802), il tint son ultime audience sur le ressort de sa division [1077]. Le préfet de la Seine, sans se prononcer sur sa moralité ou sa conduite politique, reconnaissait qu' » *aucune circonstance défavorable* » n'avait entouré son élection, mais lui reprochait néanmoins « *de manquer un peu d'activité* » dans l'accomplissement de ses devoirs judiciaires. Le juge de paix était veuf, père d'un enfant, et propriétaire d'un bien au revenu annuel de 36 francs [1078].

La remarque de Frochot porta ses fruits : au mois de septembre 1806, un rapport fait à l'empereur soulignait un revirement dans l'attitude laborieuse du magistrat, et le préfet convenait désormais qu'une « *longue expérience* » rendait Jean Lamouque propre à l'exercice d'une place que son attachement au

---

1069 Arch. nat. : BB^8 203.
1070 Arch. nat. : BB^8 236.
1071 Arch. de Paris : D9 U^1 26.
1072 Arch. nat. : BB^8 298.
1073 Arch. nat. : BB^8 16.
1074 Arch. de Paris : D6 U^1 14.
1075 Arch. nat. : D III 253, dossier 16.
1076 Arch. nat. : AF III 260.
1077 Arch. de Paris : D6 U^1 26.
1078 Arch. nat. : BB^8 16.

gouvernement lui méritait par ailleurs. En outre, seul candidat désigné par les assemblées cantonales, et présenté en première ligne par les magistrats de l'ordre judiciaire, il fut conservé lors du renouvellement de 1807, par décret du 12 août [1079]. Il ne devait pas changer de sentiments politiques : la statistique individuelle dressée en 1809 le considérait comme un « *fidèle sujet* », disposant de 12 000 francs de revenus ; il avait dès cette époque établi son fils comme huissier [1080].

Cette situation prêta précisément le flanc à la critique des Bourbons, lesquels, entre autres reproches, avancèrent que le juge de paix n'avait « *aucune décence dans la tenue de ses audiences* », et, de surcroît, faisait accomplir le travail de l'huissier de la juridiction par son fils – sous le nom d'un autre – et partageait honteusement le prix de cette combinaison. Plus nuancé, un rapport de provenance différente l'estima « *d'une lenteur extraordinaire* » parce que « *toujours obligé de s'instruire* », mais ne mit pas en cause sa probité. Il n'en demeure pas moins que l'ordonnance du 11 novembre 1815 nomma Jean-François Bérard de Favas à sa place [1081].

Pierre Lamouque siégea jusqu'au 20 novembre [1082] et eut bien du mal à accepter la décision royale ; soutenu par une pétition de ses anciens justiciables, qui, depuis vingt-trois ans, avaient eu le loisir d'apprécier ses « *mœurs antiques et irréprochables* » et demandaient sa réintégration [1083], ne mesurant guère l'étendue de sa disgrâce, le juge évincé eut l'inconscience de présenter, le 20 septembre 1817, sa candidature à la suppléance de son ancienne juridiction [1084].

LAPERDRIS (Antoine Marin)

Sous l'Ancien Régime, il habitait rue Montmartre, numéro 197 et vivait de son état de tapissier, qu'il conserva la Révolution venue [1085]. Élu assesseur de la justice de paix de la section du Contrat-Social au mois de septembre 1793, réélu par les assemblées primaires le 11 brumaire an IV (2 novembre 1795)[1086] comme en l'an VI, il se retrouva lui-même juge de paix l'année suivante et succéda, le 26 brumaire an VII (16 novembre 1798), à Claude Lindet [1087]. Au mois de germinal (fin mars 1798), scrutateur de l'une des assemblées primaires du IIIe arrondissement, il se vit confier le mandat d'électeur [1088], et ses justiciables lui accordèrent leur confiance jusqu'en l'an X.

À cette époque, Antoine Laperdris dut affronter la rude épreuve de la réduction et ne parvint pas à rallier la majorité des suffrages, accordée à Michel

1079 Arch. nat. : BB^{8} 25.
1080 Arch. nat. : F^{7*} 2532.
1081 Arch. nat. : BB^{8} 164.
1082 Arch. de Paris : D6 U^{1} 115.
1083 Arch. nat. : BB^{5} 181.
1084 Arch. nat. : BB^{8} 203.
1085 Arch. nat. : D III 253, dossier 9.
1086 Arch. de Paris : D3 U^{1} 1.
1087 Arch. de Paris : D3 U^{1} 2.
1088 Arch. nat. : AF III 261.

Véron. Pis, ses résultats ne lui permirent pas d'obtenir une suppléance : au mois de ventôse an X (fin février 1802), il siégea pour la dernière fois au sein de sa juridiction condamnée à disparaître [1089].

Chargé d'une nombreuse famille, le malheureux ne pouvait, semble-t-il, se passer d'un emploi public. Avait-il dû abandonner le métier qu'il exerçait naguère ? Le sénateur Villetard le recommanda, mais en vain, quand il postula, au début de prairial (fin mai 1802), l'un des douze greffes de justice de paix [1090].

LARDY (Sylvain Barnabé)

Natif de Paris, où il grandit dans le quartier qui deviendrait la section du Panthéon-Français, Sylvain Lardy suivit ses parents qui s'établirent à Choisy-le-Roi en 1773.Trois ans plus tard, il embrassa la carrière militaire en qualité de chasseur dans le régiment de Touraine, qu'il quitta en 1779 afin de recueillir la charge de son père, substitut du procureur du bailliage de Choisy [1091].

Le 13 juin 1786, le «*fils majeur de Monsieur Jean Barthélémy Lardy* [...] *et de défunte Marie Anne France Raymon son épouse* » signa son contrat de mariage en vue d'épouser Marie France Gallois, fille mineure de Jean-Baptiste Gallois, maître menuisier. De son côté furent présents Monsieur le duc de Coigny, premier écuyer du roi, gouverneur de Choisy ; Louis François de Paule Le Fèvre Dormesson de Noyseau, président à mortier du parlement, et Anne Louis François son frère, aussi président à mortier en survivance de son père. L'ancien substitut dotait de 2 000 livres de meubles et créances, et de diverses rentes, son fils – lequel apportait 4 000 livres pour sa part et constituait un douaire préfix de 5 000 livres – tandis que le maître menuisier assurait à sa fille 10 000 livres de dot [1092].

La suppression des tribunaux d'Ancien Régime fit revenir Sylvain Lardy dans la capitale, où il vécut quelque temps en qualité d'avoué sans rompre tout à fait avec son lieu de résidence antérieur : le 11 juillet 1789, les citoyens de Choisy l'avaient nommé commissaire auprès de l'état-major du régiment Royal-Allemand, alors cantonné sur leur commune, et, dès lors, l'ex-chasseur ne cessa « *d'être en activité dans le service militaire, tant à Paris qu'à Choisy, depuis le grade de commandant en chef jusqu'à celui de fusilier* », sans le moindre dédommagement, et ce, jusqu'en l'an III.

Ce fut donc à double titre qu'il servit la Révolution, car le 19 décembre 1792, la section du Panthéon-Français l'élut commissaire de police, responsabilité qu'il assuma – tout en étant trésorier de la section jusqu'au 13 frimaire an III (3 décembre 1794) [1093] – à l'entière satisfaction de ses concitoyens, qui le présentèrent, à la fin du mois de fructidor an II (début septembre 1794), pour la

---

[1089] Arch. de Paris : D3 U^1 11.

[1090] Arch. nat. : BB^5 168.

[1091] Arch. nat. : D III 254, dossier 15.

[1092] Minutier Central, XVIII, 858.

[1093] Arch. nat. : D III 254, dossier 15.

place d'officier d'état civil, en faisant l'éloge de son zèle et de son utilité [1094]. Il demeura commissaire de police jusqu'au 9 nivôse an III (29 décembre 1794), jour de sa nomination au fauteuil de juge de paix [1095].

Installé le 19 (8 janvier 1795) [1096], en remplacement de Charles Hu, destitué, il rendit son premier jugement le 28 (17 janvier 1795) [1097]. Sylvain Lardy était âgé de quarante-deux ans, demeurait 15 « *rue du Plâtre Jacques* » chez son beau-père, avec sa femme et ses trois enfants [1098] alors en bas âge [1099]. Il siégea jusqu'au 8 frimaire an V (28 novembre 1796), laissant, après trois mois et demi d'un intérim dont nous ignorons les causes, la juridiction à Denis Durouzeau [1100].

LAUGIER (Balthazar Marie)

Secrétaire dans une maison particulière [1101], et non, comme on se plut à le dire, commis d'intendant de maison avant 1789 [1102], puis receveur des rentes, Balthazar Laugier avait vingt-sept ans et habitait rue de Grenelle « *vis-à-vis la Fontaine* », lorsque ses concitoyens l'élurent quinzième des vingt et un électeurs de la section de la Fontaine-de-Grenelle. Il signa par la suite l'adresse des électeurs de l'Evêché et le manifeste d'octobre 1791 [1103].

Secrétaire de police de la section, il se trouva fort bien placé, quand la Commune décida la suspension des juges de paix, pour recueillir la succession judiciaire de Claude Le Seigneur, le 22 août 1792 [1104]. Il poursuivit son ascension politique et se fit proclamer premier électeur quelques jours plus tard ; affilié à la société des Jacobins [1105], auteur d'une *Epître aux Marseillois* publiée en 1793 [1106], il allait occuper différents emplois, tant au comité révolutionnaire de la section qu'à la commission des subsistances ou à celle de l'agriculture et d'arts [1107], mais quitta le 13 brumaire an II (3 novembre 1793) la justice de paix que vint présider Claude Bonenfan [1108].

Son passage aux affaires publiques ne souleva pas l'unanime adhésion de ses administrés : les 20 et 30 pluviôse an III (8 et 18 février 1795), l'assemblée générale de la section décida de stigmatiser le personnel de l'ancien comité révolutionnaire, dont les noms seraient « *écrits en lettres rouges dans un tableau*

1094 Arch. nat. : D III 239.
1095 Arch. nat. : D III 254, dossier 15.
1096 Arch. nat. : D III 256^6.
1097 Arch. de Paris : D12 U^1 15.
1098 Arch. nat. : D III 254, dossier 15.
1099 Arch. nat. : D III 239.
1100 Arch. de Paris : D12 U^1 16.
1101 Arch. nat. : F^7 4768.
1102 Arch. nat. : D III 256^4.
1103 Et. CHARAVAY, *Assemblée électorale de Paris*, II, p. 51 et Table.
1104 Arch. de Paris : D10 U^1 2.
1105 Et. CHARAVAY, *Assemblée électorale de Paris*, III, p. 65.
1106 Bibl. nat. : Ye 25 667.
1107 Arch. nat. : D III 256^4.
1108 Arch. de Paris : D10 U^1 3.

[...] *placé en face du président* » en raison de leur « *mépris pour tous les droits du peuple* » et de « *l'insolence de leur domination* » [1109]. Cette infamante inscription laissait prévoir de plus amples représailles. Le 5 prairial (24 mai), l'ex-conciliateur, qui s'était réfugié sur la commune d'Argenteuil, fut décrété d'arrestation à l'unanimité.

Le 4 fructidor (21 août), il rédigea un mémoire de défense : « *bon citoyen, père de famille et sans fortune, qui s'est élevé l'un des premiers dans la nuit du 9 Thermidor contre l'affreux système de la Terreur* », il en appelait au témoignage des députés Montmayou, Augui et Merlin de Thionville, qui avaient pu entendre lecture de la pétition dont il était l'auteur et par laquelle sa section proclamait sa fidélité à la Convention. Il fournissait aussi la caution de ses anciens collègues de la commission d'agriculture et des arts, qui affirmaient que « *rien n'*[était] *plus injuste que de le confondre avec les ennemis de la République* ».

Sensible aux certificats des représentants Merlin et Montmayou, qui attestaient que Laugier s'était « *supérieurement conduit* » lors de la chute de Robespierre, le Comité de Sûreté générale le remit en liberté le 25 fructidor an III (11 septembre 1795) [1110].

LAURENT (François)

Il naquit le 18 octobre 1754 à Vellexon, dans la Haute-Saône, et devint, à partir de 1779, clerc, puis maître clerc de procureur au parlement. Sensible aux premiers appels de la Révolution, il s'affilia au club des Jacobins dès le 13 juillet 1789 et, major du district de Saint-Séverin et major général de la Bazoche, la conduisit lors de la prise de la Bastille [1111]. Le 14 juin 1790, il adressa une lettre ouverte aux membres de la Société des amis de la Constitution [1112]; en 1791, douzième des dix-sept électeurs de la section Notre-Dame, il approuva l'adresse du club de l'Evêché, puis le manifeste du mois d'octobre [1113].

Favorable à la journée du 10 Août, il conjugua ses activités politiques et judiciaires : commissaire national provisoire près le tribunal du IIe arrondissement, du 24 septembre 1793 au 1er ventôse an II (19 février 1794), il présida sa section dans la nuit du 9 au 10 thermidor (27-28 juillet 1794) et la rallia contre Robespierre à la Convention [1114] – à laquelle il s'était par ailleurs adressé en qualité de juriste afin de proposer une diminution du nombre des tribunaux et une augmentation de la compétence des juges de paix [1115]– qui le nomma juge dans le Ve arrondissement, le 14 nivôse an III (3 janvier 1795), puis, le 12 pluviôse (31 janvier 1795), accusateur public dans le IIe arrondissement. Le Directoire lui conserva son poste de juge au

---

1109 Arch. nat. : D III 256^{4}.
1110 Arch. nat. : F^{7} 4768.
1111 A. M. CASENAVE, *Tribunaux civils*, II, p. 908.
1112 Bibl. nat. : 8° Lf^{109} 81.
1113 Et. CHARAVAY, *Assemblée électorale de Paris*, II, p. 48 et Table.
1114 A. M. CASENAVE, *Tribunaux civils*, II, p. 908.
1115 Bibl. nat. : 8° Lb^{41} 817.

tribunal civil de la Seine le 1er frimaire an IV (22 novembre 1795), et il se retrouva l'année suivante vice-président du tribunal criminel [1116]. Il s'engagea ensuite en des travaux plus administratifs, et se fit confier la responsabilité du Bureau des émigrés.

Ce fut dans le calme que, le 9 germinal an VI (29 mars 1798), la division de la Cité, où il résidait 12 rue des Marmouzets, le désigna juge de paix[1117] au lieu de Jean Bucquet [1118]. C'était une étonnante distinction pour un homme « *sans mœurs ni vertu, ivrogne* » de surcroît aux dires du commissaire du gouvernement près la IXe municipalité, qui rappelait que le nouvel élu s'était fait révoquer de son dernier emploi pour des motifs de nos jours ignorés, mais dont les Directeurs, disait-il, devaient être instruits. François Laurent – secondé par la « *cabale anarchiste* » ? – n'en devint pas moins électeur [1119] et vit ce mandat prolongé ultérieurement [1120]. Il adressa au Conseil des Cinq-Cents un mémoire « *sur l'organisation des hommes de loi* » [1121] et présida le tribunal de paix jusqu'à la fin de l'an VIII, époque à laquelle Etienne Guyot Sainte Hélène prit la relève [1122].

LE BLOND (Jean-Baptiste Antoine)

Issu du légitime mariage de Jean-Baptiste Louis Le Blond, marchand rue de la Pelleterie, et de Perette Charlotte Bouteille, sa femme, il vit le jour à Paris, paroisse Saint-Jacques-la-Boucherie, le 28 janvier 1746. À son baptême, il eut pour parrain Antoine Bouteille, « *chirurgien major de l'artillerie de France, et ordonnance de Son Altesse Royale madame la duchesse du Maine* », et pour marraine Marie Marguerite Locque, veuve de Jacques Petit, bourgeois de Paris, résidant aussi rue de la Pelleterie [1123].

Commissaire au Châtelet jusqu'à la suppression des tribunaux d'Ancien Régime, il se retrouva très tôt assesseur de la justice de paix de la section de Bonne-Nouvelle [1124], puis membre du comité de bienfaisance et employé à la liquidation des émigrés pour le département de la Seine. Il occupa ces emplois « *dans les temps orageux* », sans craindre de s'exposer, par « *attachement aux lois et au bon ordre* » comme devait le rappeler plus tard le préfet de la Seine [1125].

De nouveau assesseur de 1798 à 1801 [1126], Antoine Le Blond devint juge de paix du Ve arrondissement dans des conditions peu communes, c'est-à-dire au cours de l'élection la plus disputée qu'aient dû affronter les candidats : celle de l'an X. Il réussit à s'imposer aux quatre juges de paix sortants, et Frochot considéra son

1116 A. M. CASENAVE, *Tribunaux civils*, II, p. 908.
1117 Arch. nat. : AF III 260.
1118 *Almanach national*, an VII.
1119 Arch. nat. : AF III 260.
1120 Arch. nat. : AF III 261.
1121 Bibl. nat. : 8° Lf120 7.
1122 Arch. nat. : BB5 167.
1123 Minutier Central, XVIII, 858.
1124 *Almanach royal*, 1792 ; *Almanach national*, 1793 - an III.
1125 Arch. nat. : BB8 16.
1126 *Almanach national*, an VII - an X.

élection comme « *l'ouvrage des citoyens les plus recommandables de l'arrondissement* » [1127].

Dès l'année suivante, d'ailleurs, ceux-ci confirmèrent leur choix en élisant leur juge de paix seul candidat à sa propre succession, par 280 suffrages sur 319. Antoine Le Blond était marié, sans enfants, et habitait rue Thévenot ; il payait 2 963 livres de contributions [1128] et possédait « *plusieurs propriétés, tant à la ville qu'à la campagne* ». Dans un rapport présenté au mois d'avril 1804, les magistrats de première instance lui reconnurent toutes les qualités nécessaires à l'exercice de son mandat, et le préfet en fit un éloge appuyé : « *beaucoup de lumières et d'expérience, d'esprit et de délicatesse, de désintéressement* » devaient favoriser sa carrière [1129]. L'empereur le conserva lors du renouvellement de 1807, et le décret signé le 12 août [1130] lui permit de poursuivre sa présidence jusqu'à l'écroulement de l'Empire.

Les Bourbons, qui le jugeaient « *estimable, mais peu instruit et très âgé* »[1131], l'épargnèrent lors de la seconde Restauration. Antoine Le Blond siégea jusqu'à son décès : il signa son dernier acte le 4 mars 1817 [1132], et mourut le lendemain, à midi. Pierre Lizot lui succéda sans tarder [1133].

LEBRUN (Joseph Etienne Antoine)

Fils, frère et père de tapissiers, il vécut lui-même de cet état sous l'Ancien Régime, mais s'était retiré peu avant la Révolution, dont les premiers moments le portèrent à maintes places, offertes par « *l'estime et la confiance* » de ses concitoyens. Vice-président du district des Prémontrés en 1789, et sans interruption durant dix-huit mois, puis notable adjoint [1134], il devint en 1790 sixième des dix-neuf électeurs de la section de la Croix-Rouge ; âgé de soixante ans, il demeurait 185 rue du Petit-Vaugirard. Assesseur au tribunal de paix dès la création, et volontaire de la 5e compagnie du bataillon des Prémontrés [1135] malgré son âge et les fonctions civiles qui pouvaient l'en dispenser, Joseph Lebrun accomplit son service militaire « *en personne* » jusqu'au jour où il accéda au fauteuil de juge de paix [1136].

Charles Beauvais de Préau, qui en était titulaire, démissionna le 26 août 1791, et l'ancien tapissier, secondant Jean-Baptiste Duperron – lui aussi assesseur et futur conciliateur – exerça l'intérim toute une année [1137]. Le 27 août 1792, la section le nomma commissaire chargé des tâches judiciaires, et, le 10 septembre, juge de

---

1127 Arch. nat. : BB^8 16.
1128 Arch. nat. : BB^8 13.
1129 Arch. nat. : BB^8 25.
1130 Arch. nat. : BB^8 52.
1131 Arch. nat. : BB^8 164.
1132 Arch. de Paris : D5 U^1 36.
1133 Arch. nat. : BB^8 203.
1134 Arch. nat. : F^7 4774^8.
1135 Et. CHARAVAY, *Assemblée électorale de Paris*, I, p. 68.
1136 Arch. nat. : F^7 4774^8.
1137 Arch. de Paris : D10 U^1 27.

paix en titre [1138]. Au même moment, le nouveau magistrat, président d'assemblée primaire, se vit désigner premier électeur [1139], et obtint même des voix pour le mandat de député à la Convention [1140].

Si l'on en croit les reproches que ses concitoyens ne manquèrent pas de lui adresser deux ans plus tard, ce n'étaient certes pas ses qualités personnelles qui autorisèrent cet homme « *dur, violent, peu conciliant* » à se charger du ministère de paix. Comme nombre de ses collègues nommés à pareille époque, Joseph Lebrun bénéficia de l'activité fébrile des « *terroristes de la section* », lesquels renouvelèrent « *de leur chef les autorités constituées* » et l'imposèrent « *comme absolument dévoué à leur système oppressif* ». Une telle intronisation n'était pas faite pour rassurer les justiciables, et il semble qu'en effet, à partir du mois de mars 1793, son assiduité aux séances du comité révolutionnaire ait été assez peu compatible avec son rôle de pacificateur et que sa partialité, singulièrement dans ce qu'il appelait « *les grandes occasions* », ait trouvé à se distinguer. En outre, son amitié pour Gobeau, « *cet inséparable de Robespierre jusque sur l'échafaud* », ne pouvait se dissimuler [1141].

Le 18 vendémiaire an III (9 octobre 1794), le Comité de Sûreté générale lança contre lui un ordre d'arrestation qui fut exécuté le lendemain. Incarcéré au Luxembourg, Joseph Lebrun rédigea, le 17 brumaire (7 novembre), un mémoire relatif à sa situation familiale : « *je suis veuf depuis près de vingt ans, avec sept enfants, dont deux au service de la patrie depuis 1791, et un autre établi* [dans la] *section, enfin, père ou grand'père de quinze enfants* ». Parvint-il à attendrir ses juges ? Il sortit de prison le 13 frimaire an III (3 décembre 1794) [1142]. Cependant, ses victimes ne désarmèrent pas. La section, réunie en assemblée générale le 30 nivôse an III (19 janvier 1795), rappelant les circonstances douteuses de sa désignation et les excès de sa conduite politique, l'estima « *traître à son caractère de juge de paix* », déclara qu'il avait perdu sa confiance, et présenta Jean-Baptiste Duperron pour le remplacer [1143].

Cette destitution ne mit pas un terme à la vindicte de ses justiciables : le 5 prairial (24 mai), l'ancien conciliateur fut de nouveau arrêté, en même temps d'ailleurs que l'un de ses fils, « *ci-devant adjudant, puis commandant en second de la section armée* ». Incarcéré au Plessis, Joseph Lebrun adressa au Comité de Sûreté générale un mémoire justificatif qui répétait à peu près celui du 17 brumaire (7 novembre 1794), et insistait sur l'étendue des malheurs domestiques d'un « *vieillard blanchi sous le poids du travail* », qui depuis quarante ans habitait le même quartier. L'un de ses fils partis aux frontières, habillés et équipés à ses frais, venait en effet de

---

1138 Arch. de Paris : D10 U^1 28.

1139 Et. CHARAVAY, *Assemblée électorale de Paris*, III, p. 73, lequel, curieusement, ne l'indique comme juge de paix qu'à partir de 1793.

1140 Et. CHARAVAY, *Assemblée électorale de Paris*, III, Table.

1141 Arch. nat. : D III 254, dossier 3.

1142 Arch. nat. : F^7 4774^8.

1143 Arch. nat. : D III 254, dossier 3.

trouver la mort au siège de Mayence, et la seule des filles qui lui restât « *pour prendre soin de* [sa] *vieillesse* » était, elle aussi, emprisonnée par la barbarie des ennemis de son père.

Cette supplique se révéla insuffisante à le faire libérer : plus long que le précédent, cet emprisonnement se poursuivit jusqu'au mois de vendémiaire an IV : le 5 (27 septembre 1795), au cours de son interrogatoire, Joseph Lebrun dut trouver des réponses aux accusations portées contre lui d'avoir « *animé les gens peu instruits par des motions incendiaires et sanguinaires* » lancées contre les citoyens honnêtes et éclairés ; participé aux émeutes de septembre 1793 afin de « *détruire tous les prêtres et tous les aristocrates* » ; favorisé enfin l'insurrection du 31 mai, allant même, vers cette époque, prêter à la Commune, en qualité de juge de paix, « *un serment de rébellion contre la Convention nationale* ». Sans doute réussit-il à se disculper, car il fut élargi le 24 vendémiaire (16 octobre) [1144].

Un mois après, le 1er frimaire an IV (22 novembre 1795), le Directoire le nomma commissaire près l'administration municipale du IXe arrondissement [1145]. Banni de la capitale le 17 nivôse an IX (7 janvier 1801), l'ex-magistrat fut relégué à Perpignan, sa ville natale [1146].

LE CHEVALIER (Jean-Baptiste)

Natif de Paris [1147], « *écrivain et aide commissaire dans la marine* » [1148] au cours de sa jeunesse, il travailla par la suite dans l'administration des jeux, et le titre de commis principal de la Loterie royale de France [1149] récompensait, au moment où survint la Révolution, « *seize années et plus* » de bons et loyaux services. Cependant, séduit par le vent de la réforme, il abandonna son poste pour se faire élire à différents emplois publics, dès le 13 juillet 1789 et sans interruption jusqu'à l'époque du Consulat [1150].

Jean-Baptiste Le Chevalier avait cinquante-quatre ans et habitait 18 rue Cadet, quand ses concitoyens le choisirent pour quatrième des sept électeurs de la section du Faubourg-Montmartre ; il obtint aussi quelques voix comme scrutateur général de l'assemblée de district [1151]. Vers la même époque, le 20 novembre 1790, il devint commissaire de police de sa section, puis, le 16 août 1792, remplaça Jacques Le Scène des Maisons à la tête de la justice de paix [1152].

Quelques jours plus tard, président et de sa section et d'assemblée primaire, il améliora encore sa position et se fit confier le mandat de deuxième électeur en

---

1144 Arch. nat. : F^7 4774^8.
1145 Arch. nat. : BB^5 167.
1146 SOBOUL - MONNIER, *Répertoire*, p. 468.
1147 Arch. nat. : BB^{16} 704.
1148 Arch. nat. : BB^5 171.
1149 Et. CHARAVAY, *Assemblée électorale de Paris*, I, p. 32.
1150 Arch. nat. : D III 253, dossier 10.
1151 Et. CHARAVAY, *Assemblée électorale de Paris*, I, p. 32 et Table.
1152 Arch. nat. : BB^5 168.

même temps qu'attribuer des suffrages pour les fonctions d'administrateur de département [1153]. Il préféra néanmoins se consacrer à ses tâches judiciaires, et, comme il l'indiqua lui-même au Comité de Législation le 2 frimaire an III (22 novembre 1794), n'exerça plus aucune autre charge publique [1154]. Il sembla suivre une conduite modérée sous la Terreur – essuyant même l'accusation de délivrance d'un certificat de civisme « *à des êtres gangrenés d'aristocratie* » [1155] – et ses justiciables, le calme revenu, lui témoignèrent de nouveau leur confiance lorsque l'assemblée primaire le confirma, le 10 brumaire an IV (1er novembre 1795), à son fauteuil de juge de paix par cent vingt et une voix sur cent trente six [1156], et l'élut électeur.

Jean-Baptiste Le Chevalier mena tranquillement sa carrière jusqu'aux élections de l'an X, qui l'éliminèrent au profit d'Antoine Delorme, désormais juge de paix du IIe arrondissement. Il ne put obtenir de suppléance, et, le 10 pluviôse (30 janvier 1802), écrivit au citoyen Lacuée, conseiller d'Etat, pour pallier les désagréments de sa défaite – prévisible, assurait-il, vu la faible densité des habitants de sa section, en regard des trois autres, plus peuplées, qui concouraient aussi au scrutin.

Il souhaitait une place qui le fît exister « *sans faste ni morgue, mais avec décence* » jusqu'à la fin de sa vie, car sa position malheureuse ne lui offrait pas la moindre chance de le faire subsister, ainsi que sa femme, comme lui âgée de soixante-six ans. Son protecteur intervint immédiatement auprès du ministre de la Justice, lequel accepta d'appuyer toute candidature à une autre fonction judiciaire [1157]; mais la bonne volonté ministérielle ne fut d'aucun effet : le 18 brumaire an XII (10 novembre 1803), Jean-Baptiste Le Chevalier rédigea une lettre pressante au Grand Juge : manquant « *des premiers besoins de la vie, (même de pain)* », il en était réduit à vivre, avec son épouse, de 300 francs de pension versés par la Marine [1158].

LE FRANÇOIS (Claude Anne)

Il vit le jour vers 1750 à Regmalard [1159], département de l'Orne, et devint procureur au Châtelet. Le 30 mars 1780, maître Paulmier, notaire à Paris, établit le contrat, aujourd'hui disparu, du mariage qui devait l'unir à demoiselle Anne Victoire Quatremère [1160].

Dès l'abord conquis par la Révolution, qu'il défendit « *de sa personne et de sa bourse* », Claude Le François dut à l'estime des habitants de la section de la

1153 Et. CHARAVAY, *Assemblée électorale de Paris*, III, p. 35 et Table.
1154 Arch. nat. : D III 253, dossier 10.
1155 Arch. nat. : F^7 4774^8.
1156 Arch. nat. : BB^{16} 704.
1157 Arch. nat. : BB^5 168.
1158 Arch. nat. : BB^5 171.
1159 Arch. nat. : BB^{16} 704.
1160 Minutier Central, XX, 1221.

Fontaine-de-Montmorency de devenir juge de paix à la fin de 1790 ; son tribunal ouvrit ses portes au mois de janvier 1791 [1161]. Fait remarquable, il fut l'un des très rares juges de paix renouvelés au 10 août 1792, après que la Commune eut décidé leur suspension générale. Plus rare encore, il passa sans encombre le cap épineux de l'année 1793, fatale à plus d'un juge conservé à l'époque du coup de force.

Son attitude réservée sous la Terreur lui permit de conserver son siège lors des épurations thermidoriennes, et le comité civil, le 6 vendémiaire an III (27 septembre 1794), attesta « *sa probité sous tous les rapports* » au Comité de Législation [1162]. Il continua de jouir de la confiance de sa division, qui, le 17 germinal an VI (6 avril 1798), l'élut électeur et le confirma dans sa présidence du tribunal de paix. Le commissaire du Directoire qui rendait compte du déroulement des opérations du IIIe arrondissement souligna sa satisfaction de voir distinguer cet homme « *d'un civisme et d'une moralité purs, d'un patriotisme éclairé* », alors que les assemblées avaient sans cesse été tiraillées entre les factions ennemies des républicains prononcés et des ultra royalistes [1163].

Sa carrière s'annonçait sereine ; mais le 26 frimaire an VII (16 décembre 1798) – il siégeait continûment depuis huit ans –, il apposa pour la dernière fois sa signature au bas d'une minute. Les assesseurs commencèrent par signaler son « *absence momentanée* », puis son « *empêchement* » à partir du 11 pluviôse (30 janvier 1799) [1164] avant que ne lui succédât Jacques Liège. Malade, âgé d'environ quarante-huit ans, Claude Le François mourut le 13 ventôse an VII (3 mars 1799) à sept heures du soir, en son domicile, rue Neuve-Saint-Eustache, numéro 56. Dès le 6 prairial suivant (25 mai 1799), sa veuve renonça à la communauté, puis, le 7 fructidor an X (25 août 1802), au nom des trois orphelins mineurs laissés par le défunt, abandonna la succession paternelle « *plus onéreuse que profitable* », car grevée de dettes considérables. Elle ouvrait, suivant le jugement rendu le 17 vendémiaire an XI (9 octobre 1802) par le tribunal de première instance de la Seine, un passif énorme de 40 000 francs [1165].

LEFUEL (Jacques Gabriel)

Lorsque le juge de paix Pierre Lizot abandonna le Ve arrondissement de Paris au profit du Xe, Jacques Lefuel présenta sa candidature au poste vacant. À première vue, ce « *vieillard presque septuagénaire* », selon l'avis du préfet de police remis le 26 juin 1824 au ministre de la Justice, malgré sa moralité reconnue – mais combien d'autres postulants étaient dans le même cas ? – n'avait guère d'espoir d'obtenir le fauteuil convoité. Classé sans ménagement dans la quatrième et dernière catégorie des candidats officiellement présentés à la nomination, ses chances réelles paraissaient infimes d'accéder à la magistrature.

1161 Arch. de Paris : D3 U^{1} 13.
1162 Arch. nat. : D III 253, dossier 6.
1163 Arch. nat. : AF III 260.
1164 Arch. de Paris : D3 U^{1} 16bis.
1165 Minutier Central, XX, 1221.

Mais la Restauration se souvint parfois des services rendus naguère à la cause du monarque déchu. Alors modeste avoué à la cour royale, Jacques Lefuel eut le bonheur de voir évoquer la période héroïque de son existence, celle où il avait abrité divers « *chefs vendéens ou agents du roi* », parmi lesquels Hyde de Neuville et surtout Louis de Frotté, chef de l'insurrection normande, fusillé sur l'ordre du Premier consul le 29 pluviôse an VIII (18 février 1800). En outre, receveur de l'enregistrement à Saint-Germain, il avait perdu sous l'Empire cet emploi à la suite d'un rapport de Fouché.

Autant de titres lui valurent, en 1824, le soutien d'une dizaine de membres très royalistes de la chambre des députés. Ce parrainage politique se renforça encore de l'appui fort puissant de monsieur de Vatimesnil, secrétaire général du ministère de la Justice, qui recommanda personnellement à Son Excellence Jacques Lefuel comme étant son parent et l'ayant hébergé plusieurs années chez lui. Cette « *dette de reconnaissance* », contractée par le haut fonctionnaire à l'égard de son hôte, le conduisit à l'extraire de la place subalterne que lui assignait le rapport officiel pour dresser d'emblée son panégyrique.

Le résultat ne se fit pas attendre, et, le 7 juillet 1824, Louis XVIII le nomma juge de paix du Ve arrondissement [1166] ; le nouveau magistrat s'installa le 9 août [1167] et siégea jusqu'au 16 février 1830. Ses forces déclinantes l'obligèrent à se faire remplacer pendant plusieurs mois par son premier suppléant [1168], et le vieux royaliste mourut le 25 avril, dans le XIe arrondissement. Claude Garnier le remplaça quelques jours après [1169].

LEGIER (Nicolas Vincent)

Il naquit le 6 décembre 1754 à Blois, de Joseph Sylvain Prosper Legier – lui-même né à Amboise le 7 mai 1716, mort à Blois le 21 novembre 1785, en son vivant directeur du parc des calèches royales du château de Blois – et de Marie-Jeanne Compain, épousée en 1749. Affilié en 1783 à la loge maçonnique Saint-Louis de la Martinique, Nicolas Legier se maria le 1er juillet de la même année à Provins, d'où était originaire sa femme, Agathe Bardin, fille d'un avocat au parlement de Paris [1170].

Juriste d'Ancien Régime, comme tant d'autres de ses futurs collègues, il embrassa la carrière de procureur près la même cour en 1781. Il était âgé de trente-cinq ans et demeurait rue Plâtrière numéro 18, lorsque la section des Postes l'élut quatrième de ses seize électeurs, en 1790, et lui confia le mandat de juge de paix [1171]. Ses audiences ouvertes au mois de janvier 1791, il s'enorgueillit au bout de quelques

---

1166 Arch. nat. : BB^8 333bis.
1167 Arch. de Paris : D5 U^1 43.
1168 Arch. de Paris : D5 U^1 49.
1169 Arch. nat. : BB^8 482.
1170 Notice Legier, aimablement communiquée par son descendant, Philippe BOBY DE LA CHAPELLE.
1171 Et. CHARAVAY, *Assemblée électorale de Paris*, I, p. 18.

semaines d'avoir « *accommodé plus de trois cents affaires* » [1172]. Conservé comme électeur au cours de l'année [1173], il présida la justice de paix jusqu'au 3 août 1792, et s'effaça après la suspension décrétée par la Commune ; Claude Lindet vint siéger à sa place [1174].

Nommé commissaire du Directoire le 24 brumaire an IV (15 novembre 1795), il mit en place l'appareil administratif du département des Forêts, où il s'enrichit par l'achat de biens nationaux. Élu député au Conseil des Cinq-Cents le 4 ventôse an V (22 février 1797) [1175], il s'attacha surtout aux textes relatifs aux finances publiques : questions fiscales, hypothécaires, ou foncières avec les domaines nationaux ; mais aussi aux problèmes judiciaires : projet de résolution sur les droits de greffe, rapport sur le service des juges civils, criminels, ou de police correctionnelle [1176]. Favorable au 18 Brumaire, il siégea au Tribunat où il rejoignit les rangs de l'opposition libérale, ce qui lui valut d'être épuré en l'an X, entre autres pour avoir exprimé son avis en l'an VIII sur l'organisation des tribunaux en général et du Tribunal de cassation en particulier [1177] puis, au mois de pluviôse an IX (janvier 1801), sur la future loi portant réduction du nombre des justices de paix [1178].

Dès lors, Nicolas Legier regagna son département d'adoption, où il vécut de l'exploitation des forges de son domaine – ce qui fit de lui l'un des notables les plus imposés. Il y mourut le 26 janvier 1827, laissant pour héritiers son fils, Germain Nicolas, né le 30 mars 1789, et sa fille, Agathe Adélaïde, née en 1795 [1179].

LEGUAY (Denis Marie)

Grainier de son état, il avait quarante ans et habitait rue Croix-des-Petits-Champs quand il devint, en 1790, dixième des dix-sept électeurs de la section de la Halle-au-Blé. Il accomplissait en outre un service militaire actif en qualité de sergent major de la 1re compagnie du bataillon Saint-Honoré [1180].

Deux ans plus tard, réélu quinzième électeur par le vœu de ses concitoyens, il démissionna aussitôt [1181], mais accepta vers la fin de l'année la place de premier assesseur au tribunal de paix. Il l'occupait encore lorsque l'on expédia l'état de la juridiction au Comité de Législation, le 26 brumaire an III (16 novembre 1794), et pour la garder, dédaigna un siège offert au sein du comité révolutionnaire [1182] ; il la conserva jusqu'en l'an VI [1183].

1172 Arch. nat. : D IV 50.

1173 *Almanach royal*, 1792.

1174 Arch. de Paris : D3 U1 1.

1175 Notice Legier, par Philippe BOBY DE LA CHAPELLE.

1176 Bibl. nat. : 8° Le43 2410 et 2413.

1177 Bibl. nat. : 8° Le51 26 et 89.

1178 Bibl. nat. : 8° Le51 269.

1179 Notice Legier, par Philippe BOBY DE LA CHAPELLE.

1180 Et. CHARAVAY, *Assemblée électorale de Paris*, I, p. 17.

1181 Et. CHARAVAY, *Assemblée électorale de Paris*, III, p. 18.

1182 Arch. nat. : D III 253, dossier 14.

1183 *Almanach national*, an II - an VI.

Denis Leguay succéda au juge de paix Pierre Fardel le 28 ventôse an IX (19 mars 1801), mais ne présida pas longtemps les audiences : la réduction l'élimina l'année suivante au profit de Jean Le Sèvre, auquel échut le IVe arrondissement, et il signa son dernier acte le 6 ventôse an X (25 février 1802) [1184].

LEMAIRE (Jean)

Le 4 nivôse an III (24 décembre 1794), le comité civil de la section de Bondy le proposa parmi six candidats à la place d'assesseur au tribunal de paix [1185]. Le Comité de Législation agréa cette présentation, et ce fut lui qui assura l'intérim depuis l'arrestation du juge, Pierre Letellier, au début de prairial an III (fin mai 1795), jusqu'à la désignation d'un successeur, Philibert Lacoste, à la fin du mois de messidor (début juillet).

Les élections judiciaires restaurées lui confièrent la présidence de la justice de paix, et, le 19 brumaire an IV (10 novembre 1795), l'ex-assesseur prit la place de Philibert Lacoste [1186]. Il siégea une année à peine et rendit son ultime jugement le 24 brumaire an V (14 novembre 1796), empêché par la maladie d'exercer plus longtemps. Il mourut aux tout premiers jours du mois de nivôse [1187], et Louis Népoux prit la relève après quelques semaines [1188].

LEMAIRE (Jean-François)

Il apparut au sein des justices de paix sans doute à la faveur d'une épuration que la section de la Place-Vendôme, ci-devant des Piques, opéra au mois de prairial an III (mi-juin 1795). Le 4 messidor (22 juin 1795), Jean-François Lemaire remplaça Dominique Marmouget, mais pour quelques mois seulement, et disparut dès le 17 brumaire an IV (8 novembre 1795). Peu de jours après, son prédécesseur reprit son siège [1189].

LEMAISTRE (Thomas Claude)

La section de la Place-Royale, qu'il habitait rue des Douze-Portes [1190], le choisit pour juge de paix à l'automne de 1790 ; il tint sa première audience le 25 janvier 1791 [1191] et siégea jusqu'au 13 août 1792. Frappé par la mesure de suspension générale prise par la Commune, Thomas Lemaistre dut laisser son fauteuil à Jean Fontaine [1192].

1184 Arch. de Paris : D4 U^{1} 22.
1185 Arch. nat. : D III 253, dossier 4.
1186 Arch. de Paris : D5 U^{1} 7.
1187 Arch. de Paris : D5 U^{1} 8.
1188 Arch. nat. : BB^{5} 394.
1189 Arch. de Paris : D1 U^{1} 46.
1190 *Almanach royal*, 1791.
1191 Arch. de Paris : D8 U^{1} 1.
1192 Arch. de Paris : D8 U^{1} 2.

Qu'advint-il de lui durant toute la période révolutionnaire ? Nous le retrouvons seulement à la fin du Directoire, président d'assemblée primaire dans le VIIIᵉ arrondissement, qui l'élut électeur au mois de germinal an VII (fin mars 1799) [1193].

LEMOINE (Edme)

Il naquit le 26 janvier 1746 à Paris, paroisse Saint-Nicolas-du-Chardonnet, d'un conseiller du roi et procureur du grenier à sel de la capitale. Reçu conseiller au Châtelet le 22 mars 1769, il exerça jusqu'à ce que disparût cette juridiction, en 1791 ; il demeurait alors rue Saint-Victor, près l'Abbaye [1194]. Ses concitoyens l'élurent, dès la création, assesseur au tribunal de paix de la section du Jardin-des-Plantes, place qu'il perdit au moment du 10 Août [1195].

Il ne semble pas s'être exposé dans les temps troublés de la Révolution, et ses moyens de subsistance restent ignorés jusqu'à ce que le Directoire ne le nomme juge au tribunal civil de la Seine, le 14 frimaire an IV (5 décembre 1795) [1196] ; les assemblées primaires de germinal an V (mi-avril 1797) le confirmèrent à son poste, dont l'exclut la loi du 19 fructidor (5 septembre) [1197]. Le 18 floréal an VI (7 mai 1798), il remplaça plus durablement Jean-Baptiste Lessore à la tête de la justice de paix de la division du Jardin-des-Plantes [1198]: seule la réduction de l'an X lui coûta son siège et en fit, dans le XIIᵉ arrondissement, le premier suppléant d'Antoine Thorillon [1199].

Cette position aurait dû assurer sa carrière, car le pouvoir se débarrassa du juge de paix dès le premier renouvellement de germinal an XII (mi-avril 1804) [1200]. En toute logique, son rang garantissait à Edme Lemoine la préférence sur tout autre concurrent, d'autant que le préfet, qui le présentait à la succession, lui reconnaissait les talents nécessaires, une excellente réputation, et que les membres de l'ordre judiciaire attestaient son civisme. Son âge – il approchait la soixantaine – et son défaut de fortune lui coûtèrent-ils son avancement ? Le Premier consul choisit un candidat plus jeune et plus riche en la personne du second suppléant, Pierre Gobert [1201].

Dans ces conditions, il n'est pas étonnant que ses candidatures aux postes de juge de première instance, voire de juge dans les tribunaux d'appel, posées au cours de l'an XI [1202], puis le 29 thermidor an XIII (17 août 1805), soient restées lettres

---

1193 Arch. nat. : AF III 261.
1194 A. M. Casenave, *Tribunaux civils*, II, p. 913.
1195 *Almanach royal*, 1791, 1792.
1196 Arch. nat. : BB⁵ 171.
1197 A. M. Casenave, *Tribunaux civils*, II, p. 913.
1198 Arch. de Paris : D12 U¹ 5.
1199 Arch. de Paris : D12 U¹ 10.
1200 Arch. nat. : BB⁸ 52.
1201 Arch. nat. : BB⁸ 25.
1202 Arch. nat. : BB⁵ 169.

mortes [1203]. Edme Lemoine conserva sa suppléance quatre années encore et mourut à la fin de 1808 : un rapport du 30 novembre nous en apprend la vacance pour cause de décès [1204].

LÉPIDOR (dit **MATHIEU** -) (Michel Julien)

Il était âgé de cinquante ans et résidait 24 rue Saint-Dominique, lorsqu'en 1790 la section des Invalides choisit de lui confier différents emplois publics : membre du conseil général de la Commune, il devint en outre quatrième de ses dix électeurs et juge de paix. Sans profession connue – il se qualifiait de bourgeois –, il s'occupa de politique et fréquenta la société des Amis de la Constitution [1205].

Il tint sa première audience le 30 janvier 1791[1206], et présida son tribunal sans se désintéresser du cours des événements : cinquième électeur quelques mois après, il rejoignit les rangs du club de la Sainte-Chapelle et rallia quelques suffrages pour le mandat de député suppléant [1207].

Ces diverses activités ne le détournaient pas du soin de ses affaires domestiques : le 7 septembre 1791, Michel Lépidor fit donation à son fils Jean Michel Hypolite, homme de loi qui habitait à Paris cul-de-sac Saint-Dominique, section de l'Observatoire, du tiers lui appartenant d'une maison et autres immeubles réels, sis à Fontainebleau et indivis entre le donateur et ses frère et sœur, Julien Amable et Angélique Françoise. Cette part indivise, d'une valeur de 3 000 livres, revenait au juge de paix en qualité d'héritier de « *défunt Michel Mathieu, procureur du roi, et Jacqueline Françoise Barbier, sa femme* », ses père et mère [1208].

Malgré la suspension que décréta la Commune insurrectionnelle, Michel Lépidor siégea jusqu'au 13 août 1792, avant de disparaître au profit de Jean-François Charpentier [1209].

LERAT DE MAGNITOT [?]

Louis XVIII le nomma juge de paix du IIe arrondissement le 19 avril 1816, en remplacement de Jean Defresne, décédé ; le nouveau magistrat prêta serment le 27 [1210] et s'installa le 8 mai en la justice de paix séant à la mairie [1211], lui-même demeurant rue du Verdelet, numéro 6 [1212]. Sa conduite ne paraît pas avoir suscité l'enthousiasme unanime de ceux qui l'approchèrent, et le déroulement de sa carrière

---

1203 Arch. nat. : BB^5 171.

1204 A. M. CASENAVE paraît donc se tromper lorsqu'il émet l'hypothèse (*Tribunaux civils*, II, p. 913 et s.) de sa nomination comme adjoint au maire du XIe arrondissement le 18 mars 1808 *et* comme chevalier de la Légion d'honneur le 27 juillet 1814.

1205 Et. CHARAVAY, *Assemblée électorale de Paris*, I, p.58.

1206 Arch. de Paris : D10 U^1 49.

1207 Et. CHARAVAY, *Assemblée électorale de Paris*, II, p.50, 319 et 542.

1208 Minutier Central, VIII, 1296.

1209 Arch. de Paris : D10 U^1 49.

1210 Arch. nat. : BB^8 185.

1211 Arch. de Paris : D12 U^1 94.

1212 *Almanach royal*, 1816.

s'émaille de jugement mitigés sur son compte, de plaintes plus ou moins fondées, sans que l'on parvienne à se faire une opinion bien nette du personnage.

Lors des épurations que pratiqua la monarchie de Juillet, le procureur du roi, consulté, eut à son égard des propos teintés de défaveur : il le reconnut honnête, mais souligna son ignorance et, malgré l'intérêt que lui portait Louis-Philippe – qui le recommandait lui-même au garde des Sceaux – proposa courageusement sa révocation car, conclut-il, « *l'intérêt des justiciables doit passer avant tout* » [1213].

La Chancellerie dédaigna son avis et conserva le juge de paix. Trois ans et demi après, la vacance d'une suppléance offrit l'occasion d'apprécier la situation curieuse de Lerat de Magnitot. Hors de toute règle, celui-ci se permit de présenter, le 30 mai 1834, une liste de quatre candidats, classés « *dans l'ordre de* [ses] *affections personnelles* ». Le premier d'entre eux n'était autre que son propre fils, Paul Adrien Désiré, « *avocat, ancien liquidateur de l'indemnité accordée aux anciens colons de Saint-Domingue, âgé de plus de trente ans, marié, inspecteur dans les écoles primaires, demeurant rue Ventadour numéro 3* ».

Le tenait-on soigneusement éloigné de la procédure de nomination de son futur suppléant ? La veille était signée l'ordonnance qui affectait au poste concerné un homme que le juge de paix n'avait pas eu l'idée de proposer [1214]. En dépit de cette déconvenue, Lerat de Magnitot continua de siéger, sans s'attirer vraiment l'amour de ses justiciables : des plaintes s'accumulèrent, au point de provoquer une demande de rapport au chef de la division du personnel. Pourtant, le 27 octobre 1842, celui-ci conclut au classement de l'affaire, car le résultat de son enquête prouvait le labeur acharné du juge de paix mis en cause [1215].

Le 1er juillet 1846, ce dernier remit sa démission au ministre de la Justice : âgé de quatre-vingts ans, il avait consacré la majeure partie de sa vie à l'exercice de fonctions publiques, « *notamment dans l'ordre judiciaire* », et aspirait à prendre du repos. On l'admit à la retraite le 19 février 1847 [1216].

LEROU (Gabriel Jacques François)

Commissaire de la section des Quatre-Nations au mois d'août 1792, il effectua en cette qualité quelques appositions de scellés après la disparition du juge de paix Louis Duportail [1217], auquel il succéda selon le vœu de ses concitoyens réunis en assemblée générale le 24 [1218], et, le 8 septembre suivant, rendit son premier jugement [1219].

1213 Arch. nat. : BB⁸ 510.
1214 Arch. nat. : BB⁸ 558.
1215 Arch. nat. : BB⁸ 510.
1216 Arch. nat. : BB⁸ 791.
1217 Arch. de Paris : D10 U¹ 15.
1218 Arch. nat. : D III 254, dossier 17.
1219 Arch. de Paris : D10 U¹ 15.

La section le désigna vingt et unième de ses trente-trois électeurs ; il avait alors trente-six ans et habitait rue des Petits-Augustins, numéro 6 [1220]. Gabriel Lerou présida son tribunal jusqu'au 27 mai 1793, époque où l'hostilité envers les Girondins lui fit prendre la fuite et disparaître sans que ses justiciables aient su ce qu'il devînt, si l'on en croit la correspondance que le comité civil adressa le 16 frimaire an III (6 décembre 1794) au Comité de Législation [1221]. Pendant toute son absence, l'assesseur Jacques Hotteterre assura l'intérim, avant de prendre officiellement la place du fugitif le 20 germinal an II (9 avril 1794) [1222].

Gabriel Lerou reparut à quelque temps de là, et l'assemblée générale de la section, qui l'avait présenté au meilleur rang le 10 messidor an III (28 juin 1795), obtint que « *cette victime de la dernière tyrannie* » siégeât au comité civil [1223].

LEROY (Jean-Pierre)

Lorsque la loi du 19 fructidor an V (5 septembre 1797) invalida l'élection de Denis Durouzeau, juge de paix de la division du Panthéon-Français, le Directoire nomma l'ancien commissaire de police du quartier, Jean-Pierre Leroy [1224], qui s'installa dès le 28 (14 septembre 1797) [1225].

Celui-ci dut défendre son siège lors de la tenue des assemblées primaires de l'an VI « *contre une poignée de factieux, tous les présidents de vendémiaire nommés électeurs ainsi que la majorité de ceux qui ont dans tous les temps provoqué la dissolution du gouvernement républicain* », lesquels intriguaient et cabalaient contre la nomination directoriale au point de procéder à la désignation d'un nouveau juge de paix. Lorsque le Directoire reçut cette lettre, il la transmit au ministre de la Justice « *pour en faire un prompt rapport* » dont la teneur reste ignorée [1226].

Jean-Pierre Leroy se maintint en place quatre mois encore, et signa sa dernière minute le 15 thermidor an VI (2 août 1798) ; son prédécesseur reprit alors la juridiction [1227].

LE SCÈNE DES MAISONS (Jacques)

Il naquit en 1749 et vivait bourgeoisement sous l'Ancien Régime, publiant en 1788 une brochure sur ce qu'étaient « *les parlements en France* » [1228]. Il multiplia ses écrits à l'époque où survint la Révolution : proposant ses idées sur la vérification des pouvoirs des représentants de la nation et sur la forme de leurs délibérations [1229]; faisant paraître vingt et un numéros d'une *Feuille politique* qui portait son nom, ou

---

1220 Et. CHARAVAY, *Assemblée électorale de Paris*, III, p.69.
1221 Arch. nat. : D III 254, dossier 17.
1222 Arch. de Paris : D10 U[1] 17.
1223 Arch. nat. : D III 255-256[1].
1224 Arch. nat. : BB[5] 404.
1225 Arch. de Paris : D12 U[1] 16.
1226 Arch. nat. : BB[5] 167.
1227 Arch. de Paris : D12 U[1] 17.
1228 Bibl. nat. : 8° Lb[39] 575.
1229 Bibl. nat. : 8° Lb[39] 7299.

rédigeant une *Histoire de la Révolution en France* en deux volumes édités à Londres [1230]. Le bouleversement révolutionnaire lui offrit la possibilité d'exercer nombre d'emplois publics : administrateur de Paris pour la police en 1789 – il eut à ce titre quelques démêlés avec Bailly au sujet des spectacles –, puis deuxième des sept électeurs de la section du Faubourg-Montmartre à la fin de 1790, il se vit en outre confier le mandat de juge de paix [1231].

En cette qualité, il soutint au mois de mai 1791 le décret qui proposait l'abolition des droits d'entrée des villes. Quelques semaines plus tard, notable du conseil général de la Commune, il se trouva dernier électeur de sa section, et, lors de la scission de l'assemblée électorale, pencha en faveur du club de la Sainte-Chapelle [1232]; il rallia du reste plusieurs suffrages pour la députation [1233].

Au même moment, Jacques Le Scène des Maisons délaissa son tribunal de paix : on le nomma commissaire du roi et le dépêcha vers Avignon [1234], où il négocia le rattachement du Comtat Venaissin à la France ; il rendit compte de sa mission le 10 septembre 1791, et son rapport [1235] provoqua le décret de réunion de ce territoire [1236]. Au mois de février 1792, il n'avait toujours pas repris son siège [1237], une nouvelle fois envoyé à titre de commissaire dans les départements du Midi, mission dont il rendit compte à l'Assemblée nationale au mois d'avril 1792 [1238]. La documentation lacunaire nous permet seulement d'affirmer qu'il disparut de la justice de paix à l'occasion du 10 Août. Jean-Baptiste Le Chevalier accéda au fauteuil déserté [1239].

LE SEIGNEUR (Claude)

Né le 1er décembre 1744, il devint, sous l'Ancien Régime, commissaire au Châtelet de Paris[1240]. En 1790, la section de la Fontaine-de-Grenelle, qu'il habitait, 246 rue du Bac, l'élut treizième de ses vingt et un électeurs et juge de paix [1241]. Il présida son tribunal jusqu'au 7 août 1792, puis dut céder la place à Balthazar Laugier [1242].

Il ne devait reparaître au sein des justices de paix qu'au bout de longues années : les assemblées cantonales de 1807 l'avaient bien élu aux fonctions de

1230 Bibl. nat. : 8° Lc^2 158 et 8° La^{32} 1.
1231 Et. CHARAVAY, *Assemblée électorale de Paris*, I, p.32.
1232 Et. CHARAVAY, *Assemblée électorale de Paris*, II, p.27 et 541.
1233 Et. CHARAVAY, *Assemblée électorale de Paris*, II, p.240.
1234 Arch. nat. : F^{1c} III Seine 27.
1235 Bibl. nat. : 8° Le^{29} 1769.
1236 Et. CHARAVAY, *Assemblée électorale de Paris*, II, p.27.
1237 Arch. nat. : F^{1c} III Seine 27.
1238 Bibl. nat. : 8° Le^{33} .3. X (28).
1239 Arch. nat. : BB^5 168.
1240 Arch. nat. : BB^8 13.
1241 Et. CHARAVAY, *Assemblée électorale de Paris*, I, p.60.
1242 Arch. de Paris : D10 U^1 2.

suppléant, mais l'empereur n'avait pas entériné cette proposition et Claude Le Seigneur, marié, sans enfants, qui demeurait 17 rue du Four-Saint-Germain, dut se contenter de l'emploi de fonctionnaire qui le faisait vivre et attendre sa désignation comme candidat juge de paix pour voir les vœux des assemblées cantonales partiellement concrétisés [1243].

En effet, au mois d'avril, les magistrats de l'ordre judiciaire en firent un portrait favorable. Le procureur impérial reconnut son honnêteté, son instruction suffisante, tout en rappelant son âge « *fort avancé* ». Le président du tribunal de première instance estima qu'il s'agirait d'un « *excellent choix* », attendu la « *probité sévère* » de l'ancien juge de paix et sa « *capacité exercée par une longue habitude du travail dans les emplois publics* » [1244]. L'intéressé était alors vérificateur à la Cour des Comptes et jouissait de 5 000 francs de revenus [1245]. On le nomma second suppléant du XIe arrondissement, poste qu'il occupa sans faillir, puisqu'au mois de février 1814 ses supérieurs en firent un éloge appuyé, lui reconnaissant même la capacité d'être juge de paix ; seul, son grand âge le desservait [1246]. Les Bourbons le conservèrent et, en 1816, l'estimant « *bon sous tous les rapports* », le désignèrent premier suppléant [1247].

Claude Le Seigneur mourut chez lui le 6 août 1817, sans postérité. Son testament, rédigé le 1er septembre 1816, comportait une série de legs à son beau-frère, monsieur Valliet, à son ancien domestique, à sa femme de confiance, à son notaire et exécuteur testamentaire, maître Desprez. Ses petits-neveux, les mineurs Valliet, recueillaient la majorité de l'héritage, et leur bienfaiteur insistait pour que les sommes qu'il leur laissait fussent « *placées d'une manière sûre* » [1248].

LE SÈVRE (Jean)

Il naquit le 28 avril 1739, exerça la carrière d'avocat au parlement jusqu'à la suppression des cours d'Ancien Régime, puis s'intéressa aux nouveaux emplois que créait la Révolution : président des comités civil et de bienfaisance de la section du Museum, ci-devant du Louvre [1249], il conservait depuis plus de quinze mois la première de ces présidences, lorsqu'à la fin de fructidor an II (mi-septembre 1794) ses concitoyens le présentèrent au meilleur rang pour la place d'officier à l'état civil parisien. « *Bon patriote* », il vivait de son revenu au numéro 28 de la rue de la Monnaie [1250].

[1243] Arch. nat. : BB8 13.
[1244] Arch. nat. : BB8 91.
[1245] Arch. nat. : BB8 13.
[1246] Arch. nat. : BB8 40.
[1247] Arch. nat. : BB8 203.
[1248] Minutier Central, I, 760.
[1249] Arch. nat. : BB8 16.
[1250] Arch. nat. : D III 239.

Un arrêté du Comité de Législation daté du 4 pluviôse an III (23 janvier 1795) le nomma provisoirement agent national de l'état civil à la place du citoyen Arsandaux – futur juge de paix de la division du Mail [1251] – ce qui entraîna *ipso facto* sa démission du comité civil, le 29 pluviôse an III (17 février 1795), car l'incompatibilité de ces deux charges le forçait d'opter [1252]. Jean Le Sèvre choisit celle d'agent national, imprudemment pourrait-on dire, car il se plaignit, le 27 prairial suivant (15 juin 1795), de n'avoir reçu aucuns appointements pour son nouveau travail et demanda qu'on voulût fixer son traitement [1253].

Assez vite, il délaissa cet emploi : les assemblées primaires l'élurent juge de paix de la division au mois de brumaire an IV (début novembre 1795), et, le 1er frimaire (22 novembre), il succéda en cette qualité à Jean Chépy [1254]. Il siégea plusieurs années à la satisfaction générale, puis, en l'an X, domina le rude obstacle de la réduction : le IVe arrondissement l'accueillit pour juge de paix [1255].

Dès l'année suivante, les assemblées cantonales confirmèrent la décision des électeurs en le proposant comme seul candidat à sa propre succession. Le magistrat était âgé de soixante-huit ans, demeurait rue Baillaut, numéro 6 ; il était marié, père d'un enfant et disposait de 3 000 francs de revenus [1256]. À la même époque, le préfet de la Seine le reconnaissait « *bon époux et bon père, irréprochable sous le rapport des mœurs* », et assurait le gouvernement du zèle, de l'intelligence et de la probité du nouvel élu [1257]. Lors du renouvellement du mois de juillet 1807, les magistrats de l'ordre judiciaire le placèrent en tête de leurs présentations, et soulignèrent son attachement à l'Empire, « *aussi connu que ses talents et son aménité* » [1258]. Il servit jusqu'à l'écroulement du régime, mais le retour des Bourbons fut fatal à sa carrière.

Le rapport du 11 octobre 1815 le dit « *hors d'état* » de remplir ses devoirs, parce qu'» *extraordinairement âgé* » ; il se reposait sur ses suppléants, et singulièrement sur Joseph Violette, ancien juge de paix de la section de la Fontaine-de-Grenelle, qui accomplissait en fait son travail. Jean Le Sèvre fut l'un des rares exclus qui n'ait essuyé aucun reproche politique lors de la seconde Restauration. Néanmoins, l'ordonnance royale du 11 novembre 1815 le destitua [1259], et, le 21, il prononça son dernier jugement. Jean-Baptiste Combouzon s'installa quelques jours plus tard [1260].

1251 Arch. nat. : D III 256⁶.
1252 Arch. nat. : D III 255-256¹.
1253 Arch. nat. : D III 239.
1254 Arch. de Paris : D4 U¹ 3.
1255 Arch. de Paris : D4 U¹ 8.
1256 Arch. nat. : BB⁸ 13.
1257 Arch. nat. : BB⁸ 16.
1258 Arch. nat. : BB⁸ 25.
1259 Arch. nat. : BB⁸ 164.
1260 Arch. de Paris : D4 U¹ 57.

LESSORE (Jean-Baptiste Louis)

Parisien de naissance [1261], il embrassa la carrière d'avocat au parlement de la capitale ; la Révolution lui fit perdre son état, mais lui offrit d'autres places en compensation : dixième des seize électeurs et secrétaire-greffier de la section du Jardin-des-Plantes en 1790, ce juriste de vingt-neuf ans, qui habitait 38 rue des Fossés-Saint-Bernard [1262], reçut, dès l'inauguration, le greffe du tribunal de paix. Il était ainsi bien placé, lorsque la Commune décréta la suspension des juges de paix parisiens, pour succéder à Jacques Mortier : le 28 août 1792, la section – rebaptisée des Sans-Culottes – lui confia le fauteuil vacant [1263] et, simultanément, le désigna quatrième de ses électeurs [1264].

Quelque temps plus tard, le 23 mars 1793, il acheta deux maisons sises à Paris, rue Neuve-Saint-Etienne-du-Mont, moyennant le prix total de 32 000 livres, exigible dans les quatre mois, à charge en outre « *de payer et acquitter tous les droits ci-devant féodaux* » qui pouvaient grever ces immeubles [1265]. Cet achat suscita peut-être quelques jalousies : lors des épurations de l'an III, avant de signer un rapport favorable à son maintien, le 5 nivôse (25 décembre 1794), le comité civil précisa qu'il avait pris « *tous les renseignements possibles* » dans différentes successions où Jean-Baptiste Lessore avait été appelé et qu'il ne lui était revenu que des « *témoignages satisfaisants sur sa conduite* » [1266].

L'ancien avocat siégea jusqu'au 7 vendémiaire an VI (28 septembre 1797), laissant le tribunal à Edme Lemoine [1267] pour aller travailler au sein du Bureau central au nom duquel il présenta, en les publiant, des observations à la commission des hospices du Conseil des Anciens [1268]. Trois ans après, « *l'une des réformes politiques qui ont précédé le démembrement et la dissolution du Directoire* » lui fit perdre cet emploi, et depuis lors, le pouvoir l'oublia [1269]. Ce fut en vain qu'il adressa plusieurs requêtes au Grand Juge ; le 23 messidor an X (12 juillet 1802), il rappela les huit années consécutives passées « *sans reproches* » comme juge ou comme administrateur de police, mais aucune des places vacantes dans les tribunaux de Paris ne lui revint [1270].

« *Accablé de malheurs immérités* », père de huit enfants dont sept garçons, il supplia Louis XVIII, en 1815, de lui accorder une fonction administrative ou judiciaire, car il s'était occupé d'agriculture et là, « *les fléaux de la guerre* » lui avaient coûté le fruit de ses travaux, le laissant désemparé. Il crut peut-être habile de souligner qu'il avait accompli une partie de son mandat de juge de paix sous le règne

---

1261 Arch. nat. : BB[16] 704.
1262 Et. CHARAVAY, *Assemblée électorale de Paris*, I, p.78.
1263 Arch. de Paris : D12 U[1] 1.
1264 Et. CHARAVAY, *Assemblée électorale de Paris*, III, p.84.
1265 Minutier Central, XIII, 476.
1266 Arch. nat. : D III 254, dossier 19.
1267 Arch. de Paris : D12 U[1] 5.
1268 Bibl. nat. : 8° R. pièce 7590.
1269 Arch. nat. : BB[8] 181.
1270 Arch. nat. : BB[5] 168.

de Louis XVI, mais « *l'auguste frère* » dédaigna les supplications de cet enfant de la Commune [1271]. En 1831, Jean-Baptiste Lessore fit paraître un *Projet de pacte social entre les nations* dans lequel il appelait à « *l'entier désarmement, la paix et la liberté générale et perpétuelle* » [1272].

LE TELLIER (Jean Joachim)

Malgré le mauvais témoignage que rendit sur son compte, le 8 ventôse an III (26 février 1795), le comité civil de la section des Gravilliers, lequel déclara « *n'avoir jamais vu de stabilité dans sa moralité* » et l'estimer impropre à l'exercice d'emplois publics, Jean Le Tellier réussit à se faire intégrer dans l'ordre judiciaire [1273]. En effet, quelques jours après, ledit comité, lui-même épuré, changeait de composition, et le président de l'assemblée générale renseigna la Convention sur la valeur de tels jugements : en un temps « *où la majorité des bons citoyens courbaient la tête sous le joug de ces tyrans de troisième ordre* », Le Tellier avait eu le courage de dénoncer les membres du précédent comité civil, « *individus vendus à Robespierre* [...] *qui avaient placé les terroristes, les anciens partisans de Jacques Roux et d'Henriot, sur la liste des jurés pour le Tribunal criminel* » [1274].

Sa fermeté avait frappé les esprits : au début du mois de pluviôse an III (fin janvier 1795), ses concitoyens le présentèrent afin d'occuper le greffe de la justice de paix ; homme de loi, depuis longtemps membre du comité de bienfaisance, il trouvait là sa récompense d'avoir « *fait courageusement la guerre* » aux Montagnards. Mieux, le candidat proposé comme juge de paix déclinant cet honneur, Jean Le Tellier remplaça Jean Martin à la tête de la juridiction[1275] et s'installa le 4 prairial suivant (23 mai 1795) [1276].

Lui qui avait échappé à la prison sous le règne de la Terreur, fut curieusement appréhendé à la suite du 13 Vendémiaire (5 octobre 1795). Son épouse protesta auprès du Comité de Sûreté générale contre l'incarcération de son mari, qui avait au contraire « *combattu les arrêtés liberticides des sections rebelles* », et, le 3 brumaire an IV (25 octobre 1795), ses justiciables défendirent leur pacificateur, alors âgé de trente-sept ans, dont l'attitude n'avait tendu « *qu'à concilier les esprits des hommes égarés* » comme à prévenir les « *excès nuisibles à la République* ». Une semaine plus tard, Jean Le Tellier quittait la maison d'arrêt des Quatre-Nations [1277].

Les assemblées primaires de germinal an VI (fin mars 1798) le réélurent, celles de l'an VII le choisirent pour électeur [1278], et il continua de siéger jusqu'en l'an X. Alors, la réduction du nombre des justices de paix l'élimina – sans même lui

---

1271 Arch. nat. : BB^5 181.
1272 Bibl. nat. : R 41 752.
1273 Arch. nat. : D III 253, dossier 12.
1274 Arch. nat. : D III 256.
1275 Arch. nat. : D III 253, dossier 12.
1276 Arch. de Paris : D6 U^1 13.
1277 Arch. nat. : F^7 4774^{21}.
1278 Arch. nat. : AF III 261.

confier de suppléance – au profit de Pierre Lamouque, et il signa son ultime minute le 7 ventôse (26 février 1802) [1279]. Il ne perdit pas pour autant de vue ses anciens collègues, et publia, en l'an XII, des remarques à propos de la mise en cause de l'ancien juge de paix Pierre Fardel [1280].

LETELLIER (Pierre Nicolas)

Fondeur de son état, il était âgé de quarante et un ans et habitait 31 rue des Marais, lorsqu'en 1791 la section de Bondy l'élut cinquième de ses douze électeurs [1281]. Commissaire de police au début de l'année suivante, il remplaça Jean Locré quand la Commune suspendit les juges de paix de Paris, et vint siéger le 15 août 1792 [1282]. Dans le même temps, président de l'assemblée générale de la section et président d'assemblée primaire, il progressa au rang de troisième électeur [1283].

Sa carrière suivit le cours des événements politiques et eut à subir les effets de la réaction thermidorienne. Dénoncé par des justiciables, au mois de germinal an III (mars-avril 1795), comme l'un des ambitieux qui s'étaient ligués pour accaparer le pouvoir sectionnaire, parvenu par manœuvre au fauteuil de juge de paix tandis qu'un affidé s'emparait de la place de commissaire de police, Pierre Letellier concentra sur lui les reproches de la commission formée afin d'examiner la conduite des « *gens connus sous le nom de terroristes, d'hommes de sang et en un mot, des enfants de Robespierre* » [1284].

Il dut abandonner son tribunal le 3 prairial an III (22 mai 1795) [1285]: deux jours après, ses concitoyens décrétèrent son arrestation, et l'assemblée générale du 30 prairial (18 juin) proposa Philibert Lacoste pour lui succéder [1286]. L'ex-conciliateur exposa ses moyens de défense au Comité de Sûreté générale. Son mémoire – apostillé par son père, « *agent de commerce de la Marée* » qui demeurait rue Française, numéro 10 – avançait que le comité révolutionnaire l'avait inquiété pour s'être intéressé à la liberté de quelques détenus et que la Convention lui avait toujours servi de point de ralliement. La preuve en était qu'il avait refusé d'aller prêter serment à la Commune le 9 Thermidor et qu'il était lui-même l'auteur de l'adresse qui témoignait de la fidélité politique de la section [1287].

Les Conventionnels demandèrent leur avis aux commissaires civils de Bondy, qui s'exprimèrent, le 2 thermidor an III (20 juillet 1795), avec plus de modération que ne l'avait fait la commission épuratoire, pour laquelle l'ancien fonctionnaire devait plus que quiconque supporter « *le poids de l'exécration*

1279 Arch. de Paris : D6 U^1 13.
1280 Bibl. nat. : 4° Fn^3 7758.
1281 Et. CHARAVAY, *Assemblée électorale de Paris*, II, p. 29.
1282 Arch. de Paris : D5 U^1 6.
1283 Et. CHARAVAY, *Assemblée électorale de Paris*, III, p. 37.
1284 Arch. nat. : F^7 4775^{32}, dossier Toupiolle.
1285 Arch. de Paris : D5 U^1 7.
1286 Arch. nat. : D III 253, dossier 4.
1287 Arch. nat. : F^7 4775^{32}, dossier Toupiolle.

publique ». Ses concitoyens voyaient deux hommes en Letellier : « *terroriste pour échapper à la dent cruelle des ministres de la guillotine, il s'*[était] *constamment montré dans le service de sa place tel qu'il fallait qu'il fût pour obtenir, pour mériter l'estime et la confiance* ». Sa nature était d'autant moins mauvaise qu'il avait, quoique peu fortuné, adopté un enfant orphelin et qu'il paraissait, du fond de sa prison, reconnaître et regretter ses erreurs. Les commissaires concluaient à ce que l'indulgence de la Convention le rendît à sa famille, ce qu'elle fit [1288]. Pierre Letellier devint, au cours de l'an IV, administrateur de la Ve municipalité [1289].

LEVERDIER (Nicolas Vincent)

Reçu avocat au parlement en 1776 [1290], il épousa en 1790 une femme qui lui apporta 5 000 à 6 000 livres de rentes sur l'Etat [1291], et, la même année, de premier assesseur devint juge de paix de la section de Beaubourg et quatrième de ses vingt-deux électeurs. Nicolas Leverdier était alors âgé de trente-sept ans et demeurait rue Montmorency ; il réunit encore quelques voix comme juge suppléant au tribunal d'arrondissement [1292], avant de se consacrer à sa nouvelle judicature.

Il inaugura le tribunal de paix le 20 janvier 1791 [1293] et le présida sans pour autant se désintéresser de la vie publique : affilié au club de la Sainte-Chapelle [1294], il dut à ses convictions politiques d'essuyer quelques déboires. Le 5 août 1792, il abandonna son fauteuil judiciaire à Melchior Péligot [1295] et, dès ce moment sans doute, s'enfuit de la capitale.

Le 16 nivôse an II (janvier 1794), le comité révolutionnaire de la section – désormais dite de la Réunion – « *après une mûre délibération* » décida de l'arrêter. « *Acharné constitutionnel de 1790 et 1791,* [...], *ennemi juré des intérêts du peuple,* [...], *intime ami des Buob, Bosquillon, Larivière, juges de paix, et de Roederer* », Nicolas Leverdier s'était réfugié à Rouen par crainte des suites de l'affaire du 20 Juin. On l'appréhenda au début de messidor an II, et, le 6 (24 juin 1794), le soumit à l'interrogatoire. Moins passionnés que leurs homologues parisiens, les membres du comité de surveillance normand se bornèrent à poser de simples questions sur la vie privée de l'ancien juge de paix, desquelles il résulta que le fugitif était sans nouvelles de ses parents, fixés à Choisy-sur-Seine, ni de sa femme, et ne disposait d'aucun revenu personnel. Il resta incarcéré jusqu'à l'arrivée d'autres instructions en province [1296].

1288 Arch. nat. : F^7 4774^{12}, dossier Lefèvre.

1289 Et. CHARAVAY, *Assemblée électorale de Paris*, III, p. 37.

1290 Et. CHARAVAY, *Assemblée électorale de Paris*, I, p. 44.

1291 Arch. nat. : F^7 4774^{22}.

1292 Et. CHARAVAY, *Assemblée électorale de Paris*, I, p. 44, 226 et 314.

1293 Arch. de Paris : D7 U^1 17.

1294 Et. CHARAVAY, *Assemblée électorale de Paris*, II, p.541.

1295 Arch. de Paris : D7 U^1 18.

1296 Arch. nat. : F^7 4774^{22}.

Alors se perd sa trace ; il ne semble pas qu'il ait occupé d'autres emplois publics, mais Nicolas Leverdier reprit à une époque indéterminée sa profession d'Ancien Régime et son nom figura au tableau de l'ordre des avocats jusqu'en 1820 [1297].

LIÈGE (Jacques Louis)

Fils d'un apothicaire, il naquit à Paris [1298] le 18 juin 1744 [1299] ; nanti d'une licence en droit, il partit en Corse, à Calvi, avec le titre de contrôleur des hôpitaux dans les années 1769-1770, et sa bonté lui valut le surnom de « *père du soldat* » [1300].

De retour dans la capitale, il s'installa comme agent d'affaires et vivait de cette activité, sous la qualification vague d'homme de loi, lorsque survint la Révolution [1301]. En 1792, la section de la Fontaine-de-Montmorency l'élut septième de ses onze électeurs et ce premier succès infléchit sa carrière. Âgé de quarante-huit ans, Jacques Liège, qui résidait rue Neuve-Saint-Eustache [1302], s'intéressait fort aux bouleversements du moment : il présidait l'assemblée générale de la section, et, à titre d'officier municipal [1303], gravitait autour des représentants de la Commune [1304]; on le nomma juré au Tribunal criminel extraordinaire du 17 août [1305].

Quelques mois plus tard, le 3 mars 1793, l'assemblée électorale du département de Paris l'élut juge de l'un des tribunaux civils par 199 voix contre 40, et 4 bulletins nuls [1306]; le sort l'affecta au VIe arrondissement [1307]. Ensuite employé au contentieux de la police, il devint directeur du jury et la Convention décida, le 14 nivôse an III (3 janvier 1795), de son maintien en place ; il n'en sortit qu'au mois de brumaire an IV (début novembre 1795), puis revint siéger comme juge suppléant au tribunal civil de la Seine à partir du 28 germinal an V (17 avril 1797) [1308].

Jacques Liège continua de participer à la vie publique : « *probe et honnête* », il présida l'une des assemblées primaires du IIIe arrondissement au mois de germinal an VII [1309] ; le 9 (29 mars 1799), celles-ci le choisirent pour juge de paix de la division de Brutus, et il prêta serment « *de haine à la royauté et à l'anarchie* » le 1er floréal (20 avril 1799). Il s'installa le jour même au fauteuil que libérait le

---

1297 Et. CHARAVAY, *Assemblée électorale de Paris*, I, p. 44.
1298 A. M. CASENAVE, *Tribunaux civils*, II, p. 916.
1299 Arch. nat. : BB⁸ 13.
1300 A. M. CASENAVE, *Tribunaux civils*, II, p. 916.
1301 Arch. nat. : BB⁸ 13.
1302 Et. CHARAVAY, *Assemblée électorale de Paris*, III, p. 24.
1303 A. M. CASENAVE, *Tribunaux civils*, II, p. 916.
1304 Ferdinand BRAESCH, *Commune*, p. 745.
1305 A. M. CASENAVE, *Tribunaux civils*, II, p. 916.
1306 Arch. nat. : BB⁸ 13.
1307 Et. CHARAVAY, *Assemblée électorale de Paris*, III, p. 24.
1308 A. M. CASENAVE, *Tribunaux civils*, II, p. 916.
1309 Arch. nat. : AF III 261.

décès de Claude Le François [1310] ; son engagement le conduisit à publier, au cours de sa judicature, un *Exposé de* [sa] *vie politique* [1311].

La réduction de l'an X l'exclut au profit de Michel Véron, et lui-même rendit son ultime jugement le 5 ventôse (24 février 1802) [1312]. Le 7 thermidor (26 juillet 1802), il écrivit au ministre de la Justice pour solliciter une place de magistrat de sûreté. Il rappela sa triple qualité d'ancien membre du Tribunal criminel, d'ancien directeur du jury – « *détenue dans les temps les plus difficiles et avec une exactitude peu commune* » – et d'ancien juge de paix ; il invoqua le parrainage du « *vertueux Portalis* », conseiller d'Etat, et de l'avocat Gérardin, tous deux « *précieux amis* » du citoyen Abrial [1313], mais en vain.

Jacques Liège ne deviendra que l'huissier de la justice de paix et vivra du produit de ce travail ; l'assemblée cantonale de 1807 l'élira second candidat au poste de suppléant [1314], mais en dépit de cette désignation, les rapports officiels présentés à Napoléon l'ignoreront toujours [1315].

LINDET (Claude)

« *Depuis le premier instant de la Révolution* – écrivit-il au ministre de la Justice le 18 brumaire an IV (9 novembre 1795) – *je n'ai cessé de faire des sacrifices pour le triomphe de la liberté : temps, argent, effets, rien ne m'a coûté* » [1316]. Ses concitoyens l'en avaient récompensé, le 24 août 1792, en le nommant en assemblée générale juge de paix de la section du Contrat-Social, ci-devant des Postes, en remplacement de Nicolas Legier, suspendu. Claude Lindet abandonna la charge d'huissier qui le faisait vivre sous l'Ancien Régime [1317] et vint présider le tribunal le 7 septembre [1318].

Conservé lors des épurations de l'an III [1319], il vit renouveler son mandat judiciaire à la majorité absolue des suffrages lors de la tenue des assemblées primaires, le 11 brumaire an IV (2 novembre 1795). Ce fut à cette époque qu'il écrivit aux autorités pour souligner l'extrême dénuement de sa position ; sans argent, sans feu pour chauffer le lieu de ses audiences, misérablement vêtu – il avait contribué à l'équipement des soldats partis pour la défense de la patrie –, il réclama au gouvernement des secours semblables à ceux dont avaient déjà bénéficié plusieurs fonctionnaires publics. Pour toute réponse, on le renvoya devant le ministre de l'Intérieur, dispensateur des crédits convoités [1320].

1310 Arch. de Paris : D3 U[1] 16bis.
1311 Bibl. nat. : 8° Ln[27] 12 697.
1312 Arch. de Paris : D3 U[1] 18.
1313 Arch. nat. : BB[5] 167.
1314 Arch. nat. : BB[8] 13.
1315 Arch. nat. : BB[8] 25.
1316 Arch. nat. : BB[16] 704.
1317 Arch. nat. : D III 253, dossier 9.
1318 Arch. de Paris : D3 U[1] 1.
1319 Arch. nat. : D III 253, dossier 9.
1320 Arch. nat. : BB[16] 704.

Les électeurs convoqués en l'an VI (fin mars 1798) lui prouvèrent leur confiance, mais il démissionna au bout de plusieurs mois et tint sa dernière audience le 19 brumaire an VII (9 novembre 1798) [1321]. Claude Lindet fut l'un des scrutateurs des assemblées de germinal an VII (fin mars 1799) [1322], lesquelles confirmèrent son successeur, Antoine Laperdris [1323].

LIZOT (Pierre Jean Charles Florent)

Lorsqu'en 1817 mourut Antoine Le Blond, Pierre Lizot, ancien avocat au parlement de Rouen [1324], profita de la protection très puissante du Chancelier Pasquier pour accéder au poste de juge de paix du Ve arrondissement. Le ministre souligna dans une lettre au roi la très ferme conduite que le candidat – devenu sous la Restauration procureur de Sa Majesté près le tribunal de Bernai – avait affichée tout au long de la Révolution, laquelle diminua sensiblement sa fortune. Les principes de Pierre Lizot, dont il convenait de récompenser la sagesse officialisée par deux élections à la Chambre des députés [1325], où il s'exprima sur le sort des ministres du culte, le droit de pétition, la censure, la législation électorale [1326]; les sacrifices qu'il avait consentis, et dont ne pouvait le dédommager sa place actuelle, fort peu rémunérée ; sa probité autant que ses lumières, tout, enfin, le désignait à la bonté du monarque.

Le jour même, 12 mars 1817, Louis XVIII nomma le protégé du garde des Sceaux dans le Ve arrondissement [1327]; Lizot s'installa le 26 [1328], mais se lassa rapidement de son tribunal de paix. Le 9 juillet 1819, il écrivit au Chancelier, préventivement pourrait-on dire, pour solliciter qu'on voulût bien – si toutefois on le jugeait impropre à remplir une charge dans la haute magistrature – lui accorder « *au moins* » celle de juge de paix du Xe arrondissement dans le cas, disait-il avec tact, où la libèreraient le décès ou la démission du « *respectable vieillard* » qui la détenait. Il réitéra sans succès sa demande le 16 novembre, à la mort du titulaire [1329], et dut patienter cinq années encore.

Le 11 mai 1824, décéda le juge de paix du Xe arrondissement, François Richomme. Ce jour-là, Pierre Lizot écrivit une lettre étonnante au garde des Sceaux : sa désignation, en 1817, n'avait eu lieu que contre l'avis de Pasquier, qui souhaitait le voir nommer conseiller à la cour royale de Paris, mais lui-même avait préféré le rang de juge de paix. « *Je fis une faute à cette époque* » reconnut-il, mais il lui sembla qu'il pouvait désormais demander une autre affectation, ce qu'il tenta sans

---

1321 Arch. de Paris : D3 U^{1} 2.
1322 Arch. nat. : AF III 261.
1323 Arch. de Paris : D3 U^{1} 2 et Arch. nat. : BB^{5} 167.
1324 Arch. de Paris : D5 U^{1} 36.
1325 Arch. nat. : BB^{8} 203.
1326 Bibl. nat. : Le^{62} 192, 928, 949, 1415.
1327 Arch. nat. : BB^{8} 203.
1328 Arch. de Paris : D5 U^{1} 36.
1329 Arch. nat. : BB^{8} 236.

plus de délicatesse : « *Monseigneur, je ne crois pas avoir besoin de vous dire que, quelle que soit votre décision sur ma supplique, je n'en remplirai ni plus ni moins mon devoir de député en votant suivant ma conscience* ». L'argument porta : le lendemain, 12 mai 1824, l'intrigant obtint satisfaction et, « *par ordre de Son Excellence* », devint juge de paix du Xe arrondissement [1330]. Le 6 août, il quitta le Ve – où le remplaça Jacques Lefuel [1331], avoué à la cour royale [1332] – et, le 10, s'installa en sa nouvelle juridiction [1333], qu'il devait présider jusqu'au 27 janvier 1827.

Le 31, à neuf heures du matin, Pierre Jean Charles Florent Lizot, chevalier de l'ordre désormais royal de la Légion d'honneur, mourut en son domicile, rue de Grenelle numéro 40, Faubourg Saint-Germain. Il laissait pour présomptifs héritiers « *trois enfants majeurs mais absents de Paris* », raison pour laquelle Joseph Violette, son premier suppléant, vint apposer les scellés. Au bout d'un mois, Jean-Baptiste Guillonet-Merville, frère d'un président de chambre en la cour royale de Paris [1334], son successeur, vint prendre son service [1335].

LOCRÉ (Jean Guillaume)

Son acte de naissance lui donnait pour patronyme complet Locré de Roissy, mais il ne semble pas que le futur juriste l'ait jamais porté. Il vint au monde à Leipzig, le 20 mars 1758, de parents français, revint assez tôt s'établir en France avec son père, y suivit des études de droit que sanctionna l'obtention de la licence, et s'inscrivit en 1787 au tableau des avocats au parlement de Paris [1336].

Bientôt survint la Révolution, qui en fit en 1790 le premier des douze électeurs de la section de Bondy, où il demeurait 19, rue du Faubourg-du-Temple [1337]. Élu juge de paix, il inaugura son tribunal au mois de janvier 1791, et vit la même année reconduire son mandat d'électeur, au quatrième rang, par ses concitoyens, qui lui attribuèrent aussi quelques suffrages lorsqu'ils choisirent leurs députés [1338]. Le désordre des minutes de sa juridiction fait douter du soin qu'il apportait à son travail judiciaire ; le 10 mars 1792, il écrivit d'ailleurs au ministre de la Justice pour se plaindre de ce que son tribunal ne fonctionnât qu'avec un seul assesseur : on convoqua d'urgence la section afin de pallier cette carence [1339]. Jean Locré, quelque temps plus tard, fut mêlé à l'affaire du 20 Juin et participa aux interrogatoires en compagnie de ses collègues Menjaud, Buob, Bosquillon et Fayel :

1330 Arch. nat. : BB^{8} 333bis.
1331 Arch. de Paris : D5 U^{1} 43.
1332 Arch. nat. : BB^{8} 333bis.
1333 Arch. de Paris : D10 U^{1} 136.
1334 Arch. nat. : BB^{8} 203.
1335 Arch. de Paris : D10 U^{1} 145.
1336 Regnard : notice Locré, *Nouvelle biographie générale*, publiée sous la direction de monsieur le docteur Hoefer, tome XXXI.
1337 Et. CHARAVAY, *Assemblée électorale de Paris*, I, p. 33.
1338 Et. CHARAVAY, *Assemblée électorale de Paris*, II, p. 29 et 159.
1339 Arch. nat. : F^{1c} III Seine 27.

il s'enfuit ensuite, laissant son poste à Pierre Letellier, fondeur de profession, qui s'installa le 15 août 1792 [1340].

Retiré dans l'Yonne, à Joigny, il ne revit la capitale qu'au bout de deux années. De ce retour date le début de sa fortune professionnelle : sous l'égide de Cambacérès et de Merlin [1341], il s'employa dès lors comme secrétaire du Comité de Législation de la Convention [1342], chargé du classement des lois nouvelles ordonné le 28 germinal an II (17 avril 1794) [1343]. Le Comité de Sûreté générale décréta son arrestation le 4 messidor suivant (22 juin 1794), ainsi que l'examen de ses papiers, la confiscation des pièces suspectes et l'apposition des scellés à son domicile. Sans doute avait-il agi avec précipitation : dès le 7, il le remit en liberté « *sur les informations recueillies* » [1344], c'est-à-dire sur le témoignage de Cambacérès [1345], lequel influa considérablement sur l'avenir de l'ex-juge de paix.

De l'an IV à l'an VIII (de 1795 à 1799), Jean Locré fut l'un des deux rédacteurs du Conseil des Anciens et, durant deux ans, assuma seul tout le travail – s'il faut en croire ses affirmations tardives. Parallèlement, il collaborait au *Journal des Débats*, mais interrompit sa participation après le coup d'État du 18 Fructidor (4 septembre 1797). La protection de Cambacérès aidant, il devint logiquement secrétaire du Conseil d'État dès son installation, le 3 nivôse an VIII (24 décembre 1799), et conserva jusqu'en 1815 ce poste enviable à plus d'un titre : à la fois source d'honneur – seul responsable de la rédaction des procès-verbaux des séances, Locré bénéficia de la confiance personnelle du Premier consul puis de l'empereur –, et source de profits car le traitement, de quinze mille francs par an, s'éleva ensuite à vingt mille, auxquels des gratifications successives ajoutèrent quatre-vingt deux mille francs de 1802 à 1809 [1346].

Napoléon mit le comble à ses bontés en créant le secrétaire général baron de l'Empire par lettres patentes du 16 mai 1813 [1347]. Malgré tant de preuves d'attachement à ce régime détesté, la Restauration n'inquiéta guère le scribe attentif des fulgurances impériales ; malheureusement, celui-ci eut l'imprudence de signer, le 24 mars 1815, la déclaration du Conseil d'État dirigée contre les Bourbons : ces derniers l'admirent à la retraite après Waterloo, et Jean Locré n'eut plus qu'à s'inscrire au tableau des avocats à la cour royale de Paris [1348].

Depuis le Directoire, il avait régulièrement utilisé, à des fins de publications lucratives, le fruit de son travail officiel. Contraint à une activité libérale, il se servit de la renommée acquise pour constituer une clientèle qu'il renseignait en consultant

---

1340 Arch. de Paris : D5 U^1 6.

1341 E. REGNARD : notice Locré, *Nouvelle biographie générale*, tome XXXI.

1342 Jean TULARD : notice Locré, *Dictionnaire Napoléon*, p. 1084.

1343 E. REGNARD : notice Locré, *Nouvelle biographie générale*, tome XXXI.

1344 Arch. nat. : F^7 4774^{24}.

1345 E. REGNARD : notice Locré, *Nouvelle biographie générale*, tome XXXI.

1346 Jean BOURDON, *Napoléon au Conseil d'Etat*, p. 10, 12 et 13.

1347 Vicomte A. REVEREND, *Armorial du Premier Empire*, III, p. 142.

1348 E. REGNARD : notice Locré, *Nouvelle biographie générale*, tome XXXI.

ses notes de séance rédigées au fil des ans [1349], gisement inépuisable dont le proscrit de Sainte-Hélène dira : « *Quel recueil que ces procès-verbaux de monsieur Locré !* [...] *On y trouverait mot pour mot tout ce que je raconte* » [1350]. En 1827, toujours avocat à la cour royale de Paris, officier de l'ordre de la Légion d'honneur [1351], auteur des *Procès-verbaux contenant la discussion du projet de Code civil*, puis de *L'esprit du Code civil*, de *L'esprit du Code de commerce*, de *L'esprit du Code de procédure civile* [1352], il fit paraître le premier des trente et un volumes de son ouvrage majeur : *La législation civile, commerciale, et criminelle de la France* [1353].

Il se retira par la suite à Orléans, puis à Mantes, en Seine-et-Oise, où il mourut le 8 décembre 1840 [1354]. Jean Guillaume Locré, qui avait épousé Christine Elisabeth Villain, avait eu deux enfants : une fille, Jeanne Christine Elisabeth, qui naquit à Paris en 1792, épousa Jean-Baptiste Nicolas, baron Thieullen, le 26 décembre 1812, et s'éteignit avant son père, le 24 mars 1829 ; et un fils, Pierre Marcel, né en 1806, baron Locré au décès paternel, conseiller d'État et officier de la Légion d'honneur lui aussi, qui décéda le 3 décembre 1892 [1355].

MAIRE (Antoine Marie)

Il vit le jour à Paris en 1745 et embrassa la carrière d'avocat au parlement, avant de devenir lieutenant pour le roi de la ville de Vermenton [1356]. Saisi par la Révolution, il se retrouva au mois de mars 1790 représentant de la commune provisoire pour le district de Saint-Jean-en-Grève, et, deux ans plus tard, vint siéger comme juge au Tribunal criminel extraordinaire du 17 août. Le 21 du même mois, la section des Arcis l'élut administrateur au Conseil provisoire du département de Paris, charge qu'il abandonna par expiration de son mandat en janvier 1793 [1357].

Le 24 février suivant, ses concitoyens le désignèrent comme juge aux tribunaux d'arrondissement, puis, le 26 septembre, Antoine Maire délaissa les juridictions civiles pour le Tribunal révolutionnaire [1358]. Cette ultime affectation lui valut d'être impliqué dans le procès de Fouquier-Tinville ; le 18 germinal an III (7 avril 1795), les coïnculpés comparurent « *libres et sans fers* » devant leurs propres juges. L'acte d'accusation rappelait que l'ex-avocat avait siégé au Tribunal révolutionnaire jusqu'au 13 nivôse an III (2 janvier 1795), qu'il était âgé de cinquante ans et demeurait quai Pelletier, en sa maison natale. L'impressionnant

1349 Jean BOURDON, *Napoléon au Conseil d'Etat*, p. 21.

1350 Jean TULARD : notice Locré, *Dictionnaire Napoléon*, p. 1084.

1351 E. REGNARD : notice Locré, *Nouvelle biographie générale*, tome XXXI.

1352 Bibl. nat. : F 21 457-21 461 ; F 20 181-20 185 ; F 38 938-38 947 ; F 38 961-38 965.

1353 Bibl. nat. : F 38966 – 38996.

1354 E. REGNARD : notice Locré, *Nouvelle biographie générale*, tome XXXI.

1355 Vicomte A. REVEREND : *Armorial du Premier Empire*, III, p. 142. Voyez aussi, dans le *Mémorial de Sainte-Hélène*, Bibliothèque de la Pléiade, 1978, tome II, p. 1167, la notice succincte que lui a consacrée G. Walter.

1356 Et. CHARAVAY, *Assemblée électorale de Paris*, II, p. 33.

1357 Sigismond LACROIX, *Département*, p. 469.

1358 Et. CHARAVAY, *Assemblée électorale de Paris*, II, p. 33.

cortège des témoins entendu, le 17 floréal an III (6 mai 1795), le tribunal rendit une ordonnance favorable à quinze accusés, dont Maire, acquitté en ces termes : « *à l'unanimité, n'est pas l'auteur de ces manœuvres et complots ; mais* [...] *est convaincu à la majorité de dix voix d'en être le complice, mais* [...] *n'a pas agi avec mauvaise intention* » [1359].

Libéré sur-le-champ, il semble s'être retiré des emplois publics jusqu'à ce que, le 16 brumaire an VI (6 novembre 1797), le Directoire le désigne juge de paix de la division des Arcis à la place d'Antoine Jaquotot de Changey, qu'éliminait la loi du 19 fructidor (5 septembre 1797) [1360]. Dix jours plus tard, il prit la tête de la juridiction, mais dut la laisser le 29 germinal an VII (18 avril 1799) à son prédécesseur, que venaient de lui préférer les assemblées primaires [1361] qui, l'année précédente, l'avaient pourtant nommé l'un des électeurs du VIIe arrondissement [1362].

Antoine Maire s'établit en 1803 à Vitteaux, dans la Côte-d'Or, où il s'éteignit le 25 décembre 1822 [1363].

MARCELIN (Jean-François Julien)

La tenue des assemblées primaires de germinal an VI (fin mars 1798) lui permit de devenir juge de paix de la section des Invalides, que détenait jusque-là Jean-François Charpentier. Cependant, si l'on en croit le rapport du commissaire du Directoire rédigé le jour même, l'élection se révéla des plus douteuses.

Il résultait de l'examen des pièces transmises par le ministre de la Police que l'on avait distribué des billets libellés au nom de Marcelin à nombre d'invalides dont on avait surpris la bonne foi, et qu'une seconde irrégularité s'était commise lorsque les commissaires de l'assemblée numéro 9, après annulation d'un premier scrutin, visitèrent leurs collègues afin d'orienter le vote [1364]. Cette double manœuvre eut pour double effet de donner la majorité absolue des suffrages au citoyen Marcelin et de provoquer la colère de l'adversaire injustement évincé. Celui-ci réclama contre le résultat final, œuvre de la « *cabale Anarchiste* » qui fit voter tout ce qu'elle trouva d'invalides, en quantité « *ce jour-là si considérable* », qu'ils lui coûtèrent sa place [1365].

Malgré son indignation, Charpentier dut procéder à l'installation officielle de son rival, le 5 floréal an VI (24 avril 1798). Les multiples ratures du procès-verbal, d'ordinaire plus net, témoignent de la tension de la rencontre : Marcelin exigea même la transcription littérale de son serment, et récusa le style indirect qu'avait employé le greffier. Mais bientôt, le recours de Charpentier porta ses fruits :

1359 Arch. nat. : W 499, dossier 550.
1360 Arch. nat. : BB[5] 404.
1361 Arch. de Paris : D7 U[1] 5.
1362 Arch. nat. : AF III 260.
1363 A. M. CASENAVE, *Tribunaux civils*, II, p. 853.
1364 Arch. nat. : AF III 260.
1365 Arch. nat. : BB[5] 167.

Marcelin cessa de siéger à son profit le 1er messidor (19 juin 1798) [1366], et l'annulation officielle de sa désignation – qui intervint seulement le 3 germinal an VII (23 mars 1799) – consacra sa disparition définitive du monde des justices de paix [1367].

MARCHAND (Pierre Philippe Antoine)

Que le 18 juin 1798 le vît naître est la seule certitude que nous ayons au sujet de sa personne jusqu'en 1831 [1368] ; cette année-là, il bénéficia de la première vague de remplacements des juges de paix qui salua l'avènement de Louis-Philippe.

Pierre Marchand, que le procureur du roi n'avait pas compris au rang de ses présentations officielles, reçut le fauteuil de juge de paix du IXe arrondissement, vacant depuis la nomination de Jean-Baptiste Danjan à d'autres fonctions. L'absence même du moindre indice de protection nous assure *a contrario* qu'il dut jouir de puissantes recommandations, car on le choisit, sans indiquer les motifs de cette préférence, au détriment de candidats fort capables. Nommé le 27 avril 1831 [1369], il vint présider sa juridiction le 4 mai, au grand dam des suppléants en titre qui avaient assuré plusieurs mois d'intérim [1370].

Passé 1848, Pierre Marchand se rallia au Prince-Président, puis à l'empereur Napoléon III, qui, en application de la loi du 16 juin 1859 – laquelle étendait les limites de Paris – l'affecta par décret du 29 octobre au IVe arrondissement nouvellement défini [1371]; il devait mourir à ce dernier poste, au mois d'avril 1863 [1372].

MARIE (Nicolas Charles)

Son père était procureur au Châtelet de Paris lorsqu'il y vit le jour, le 5 juin 1744. Nicolas Marie fit toutes ses études au collège de Beauvais, où il obtint, comme à l'Université d'ailleurs, « *plusieurs prix et accessits* » ; il suivit ensuite, trois années durant, les cours de l'Ecole de droit et soutint ses thèses. Le 16 juillet 1764, le parlement de Paris le reçut avocat, ce qui lui permit de joindre la pratique de la procédure à sa connaissance des lois. Ces travaux se révélèrent utiles : en 1768, au décès de son père, il profita d'une dispense d'âge pour lui succéder en tant que procureur. Au mois de novembre 1782, marié, mais sans enfants, il investit ses ressources dans l'acquisition de la charge de premier président en l'élection de Paris, « *qui, quoique fort chère, ne donnait pas la noblesse* ».

La Révolution lui coûta cette place, et, par voie de conséquence, une part de sa fortune. Dès 1789, ses concitoyens de la section du Jardin-des-Plantes l'élurent

1366 Arch. de Paris : D10 U^1 51.
1367 Arch. nat. : BB^5 167 ; voyez en outre SOBOUL - MONNIER, *Répertoire*, p. 72.
1368 Arch. nat. : BB^8 1041.
1369 Arch. nat. : BB^8 510.
1370 Arch. de Paris : D9 U^1 38.
1371 Arch. nat. : BB^8 973.
1372 Arch. nat. : BB^8 1041.

président de la première assemblée qui se tint en l'église Saint-Nicolas-du-Chardonnet, et il devint à la même époque l'un des électeurs de la ville [1373]. Comment traversa-t-il la trouble période révolutionnaire ? Seule la tenue des assemblées primaires de germinal an VI (fin mars 1798), qui le désignèrent juge de paix de la division Poissonnière, le fit reparaître en public ; le 6 floréal an VI (25 avril 1798), après cinq mois d'intérim, il remplaça Sauveur Morand à la tête du tribunal de paix [1374].

Nicolas Marie s'occupa paisiblement de sa juridiction, et assit son influence au point de devenir l'année suivante l'un des douze électeurs du IIIe arrondissement [1375]. Il siégea jusqu'au mois de ventôse an X (février 1802) [1376], époque à laquelle la dernière élection directe le confina au rôle de premier suppléant du juge de paix Michel Véron, dont il contesta la légitimité. Lui-même avait, disait-il, réuni la majorité des voix et suspectait les « *bons offices* » du citoyen Véron père, « *l'un des adjoints au maire chargés de faire parvenir les procès-verbaux au département* ». Il ne put toutefois prouver la malversation, et, curieusement, continua de jouer les conciliateurs à titre privé, accueillant tous les jours en son cabinet quelque citoyen qui s'y présentât, « *de n'importe quelle section* ».

Cette activité ne l'empêcha pas de postuler, le 3 germinal an XI (24 mars 1803), une place de juge au tribunal de première instance de la Seine, mais sans succès [1377]. Il reprit son ancien métier d'avocat, qu'il exerça près la cour impériale [1378], et démissionna d'une suppléance que récupéra, le 17 avril 1806, Dorival de Criel, futur juge de paix de l'arrondissement [1379]. En 1812, les assemblées cantonales le choisirent malgré tout comme huitième candidat aux fonctions qu'il avait délaissées, mais cette désignation avait bien peu d'incidences réelles. Nicolas Marie était toujours inscrit au barreau ; divorcé, il vivait au 26 rue Basse-Porte-Saint-Denis et jouissait de 3 000 francs de revenus [1380], produit de divers biens ruraux et maisons lui appartenant [1381].

MARMOUGET (Dominique)

Ce provincial né à La Barthe, dans les Hautes-Pyrénées [1382], fut officier de santé dès l'âge de quatorze ans et s'établit en cette qualité en 1757 [1383]. En 1792, la section de la Place-Vendôme, dont il était membre du comité civil, l'élut neuvième

---

1373 Arch. nat. : BB^{5} 169.
1374 Arch. de Paris : D3 U^{1} 38.
1375 Arch. nat. : AF III 261.
1376 Arch. de Paris : D3 U^{1} 45.
1377 Arch. nat. : BB^{5} 169.
1378 Arch. nat. : BB^{8} 13.
1379 Arch. nat. : BB^{8} 17.
1380 Arch. nat. : BB^{8} 13.
1381 Arch. nat. : BB^{8} 25.
1382 Arch. nat. : BB^{16} 704.
1383 Arch. nat. : D III 253, dossier 21.

de ses douze électeurs ; il exerçait toujours la médecine [1384], ce qui lui permit de compter bientôt parmi ses clients l'illustre Incorruptible. « *Chirurgien du tyran Robespierre, célibataire riche* », ainsi le dépeignait Nicolas Mathieu, juge de paix de la section des Piques, auquel il succéda le 24 prairial an II (12 juin 1794). Confirmé à cette place au mois de vendémiaire an III (septembre-octobre 1794), il opta en faveur de son mandat judiciaire et résigna ses titres de membre des comités civil, de salpêtre, de santé.

Dominique Marmouget vantait lui-même au Comité de Législation ses talents de conciliateur qui – expliquait-il étourdiment – compensaient largement son incurie juridique : « *je n'ai jamais étudié les lois, mais je m'en suis fait une d'être juste, de ne flatter et de n'humilier personne* [...] *Presque toutes les affaires se terminent dans ma chambre...* » [1385]. Il était âgé de soixante-quatre ans, mais son expérience ne l'empêcha pas de perdre son siège, le 25 prairial an III (13 juin 1795), au profit de Jean-François Lemaire ; il le reconquit cependant et revint présider son tribunal le 29 brumaire an IV (20 novembre 1795) [1386].

Il démissionna pour des raisons inconnues, mais vraisemblablement politiques, dès le 28 frimaire (19 décembre 1795), et le Directoire le remplaça par Jean Chépy [1387].

MARTIN (Jean Marie)

Notaire dans la région lyonnaise, il quitta son étude pour des raisons mal élucidées mais peu glorieuses, car le soupçon d'indélicatesse le poursuivit jusqu'à Paris, où il se réfugia au commencement de la Révolution.

Il se fit remarquer de la section des Gravilliers dès 1789, avec Duval-Destain – qui deviendra son greffier en justice de paix – « *par des motions incendiaires tendant à flatter les passions de la classe du peuple dont on s'est servi dans toutes les insurrections* » [1388] ; tous deux appréhendés au mois de novembre, ils signèrent un *Appel* [...] *à la justice et à la vérité* en vue de leur délivrance [1389]. En 1790, l'un et l'autre s'agitèrent à tel point qu'on les arrêta de nouveau et instruisit leur procès devant le Châtelet pour avoir délibéré sur la destruction de la garde nationale. On les admonesta sans les assagir [1390].

Porté par la poussée révolutionnaire, Jean Martin se retrouva l'un des membres de la Commune du 10 Août et vingt et unième des trente-trois électeurs de sa section ; il était alors âgé de trente-trois ans et résidait rue Notre-Dame-de-Nazareth, à l'hôtel du Canada [1391]. Nommé juge de paix « *par l'intrigue* » [1392], il

---

1384 Et. CHARAVAY, *Assemblée électorale de Paris*, III, p. 40.
1385 Arch. nat. : D III 253, dossier 21.
1386 Arch. de Paris : D1 U[1] 46.
1387 Arch. nat. : BB[5] 376.
1388 Arch. nat. : D III 253, dossier 12.
1389 Bibl. nat. : 8° Lb[39] 8066.
1390 Arch. nat. : D III 253, dossier 12.
1391 Et. CHARAVAY, *Assemblée électorale de Paris*, III, p. 47.

apparut le 14 janvier 1793 à la tête de la juridiction que présidait, depuis plusieurs mois déjà, Jean-Claude Robineau [1393]. Le règne de la Terreur lui permit d'assouvir sa vengeance sur les citoyens qui composaient le bataillon des Gravilliers, lesquels l'avaient traduit en justice deux ans plus tôt. Il réussit généralement à les faire incarcérer, sans distinguer parmi eux les véritables responsables. Aussi prit-il la fuite « *le lendemain du décret qui ordonnait de poursuivre tous les complices de Robespierre* » [1394] ; le 4e jour complémentaire de l'an II (20 septembre 1794), il signa sa dernière minute [1395].

Il revint vers le mois de pluviôse an III (janvier-février 1795) et s'acheta une maison sur les boulevards ; la section, que son retour n'enchantait guère, proposa de confier aux lumières de Jean Le Tellier [1396] son mandat judiciaire, trop important pour demeurer « *en pareilles mains* » [1397].

MARTIN DE DOUAI (Antoine Joseph)

Seule, l'agitation politique permit l'arrivée au sein des tribunaux de paix d'Antoine Martin de Douai, dont la carrière semble une incursion au milieu de celle de son prédécesseur.

Le 12 vendémiaire an VI (3 octobre 1797), le Directoire le nomma juge de paix de la division de la Place-Vendôme au lieu de Jean-François Michel, dont la loi du 19 fructidor an V (5 septembre 1797) avait invalidé la désignation élective [1398]. Cette entrée en force ne lui permit pourtant pas de s'imposer aux électeurs réunis au mois de germinal an VI (fin mars 1798), et, le 18 thermidor (5 août), le Directoire dut le confirmer dans sa place [1399]. Le 29 germinal an VII (18 avril 1799), il restitua son siège à son adversaire Michel, réélu [1400], et dès lors se perd sa trace.

MATHIEU (Nicolas Charles)

L'assemblée générale de la section des Piques – qu'il habitait au 353 rue Basse-du-Rempart – l'élut juge de paix le 6 septembre 1792 en remplacement de Louis Daucourt [1401], et il reprit le cours interrompu des audiences le jeudi 13 [1402]. Il occupa son poste « *avec la pureté et le zèle d'un franc républicain* », à ses yeux du moins, car les « *agents de l'infâme Robespierre* » le dénoncèrent injustement [1403] au Comité de Salut public qui ordonna sa destitution et son arrestation le 23 prairial

---

1392 Arch. nat. : D III 253, dossier 12.
1393 Arch. de Paris : D6 U1 2.
1394 Arch. nat. : D III 253, dossier 12.
1395 Arch. de Paris : D6 U1 2.
1396 Arch. nat. : D III 253, dossier 12.
1397 Arch. nat. : D III 256⁴ ; voyez en outre SOBOUL - MONNIER, *Répertoire*, p. 315.
1398 Arch. nat. : BB5 404.
1399 Arch. nat. : BB5 410.
1400 Arch. de Paris : D1 U1 46.
1401 Arch. nat. : D III 253, dossier 21.
1402 Arch. de Paris : D1 U1 36.
1403 Arch. nat. : D III 253, dossier 21.

an II (11 juin 1794) ; la gendarmerie l'appréhenda le 25 à minuit (13 juin) et le fit écrouer à Sainte-Pélagie [1404].

Sauvé par la chute de l'Incorruptible, Nicolas Mathieu recouvra la liberté le 28 thermidor (15 août 1794), et, dès le mois suivant, réclama aux Comités de Salut public, de Sûreté générale et de Législation la restitution de sa place, désormais confiée à Dominique Marmouget. Il n'y avait, disait-il, pas ménagé sa peine, et présentait en outre deux motifs supplémentaires à sa réintégration : les soins qu'il devait à sa femme malade et la responsabilité de deux enfants à nourrir. C'est pourquoi il sollicitait encore qu'on lui accordât le traitement non perçu pendant sa détention « *pour indemnité* ».

Consulté, le comité civil de la section répondit le 8 vendémiaire an III (29 septembre 1794) que ledit Mathieu avait perdu sa confiance dès avant sa destitution pour n'avoir montré « *ni aménité dans le caractère, ni délicatesse dans les sentiments,* […], *et dans sa vie privée, point de sobriété* ». Cependant, il semble bien que son arrestation ait été le résultat d'une intrigue, et cette opinion fort négative du comité civil, un règlement de compte. L'ex-juge de paix présenta pour sa défense un mémoire noble et pondéré, dans lequel il affirmait avoir rendu, pendant les vingt-deux mois de sa judicature, « *plus de 400 sentences sur lesquelles il n'y a pas eu un seul appel, et plus de 1 200 conciliations dont pas une n'a paru à l'audience* » [1405], mais sans succès ; il ne reparut jamais au tribunal.

En l'an V, lui qui avait déjà publié deux brochures sur la situation européenne, rédigea un opuscule relatif à *La République française réduite à zéro* [1406].

MEISSEN (Louis Charles)

Au mois d'août 1792, la section de la Halle-au-Blé, où il résidait rue du Boulloy [1407], l'élut premier électeur, mais il refusa ce mandat [1408], sans doute pour se consacrer à celui de juge de paix que ses concitoyens, réunis en assemblée générale, lui conférèrent à la même époque. Le 29 août, il vint présider la juridiction d'où la Commune venait de chasser Baron de Saint Giron [1409].

Louis Meissen siégea jusqu'au 11 septembre 1793, et Louis Bocqueaux prit la relève après un intérim de quelques jours [1410]. Que fit-il sous la Terreur ? Nous le retrouvons seulement au début de germinal an VII (fin mars 1799), secrétaire d'assemblée primaire dans le IIIe arrondissement [1411].

1404 Arch. nat. : BB^{3} 56.
1405 Arch. nat. : D III 253, dossier 21.
1406 Bibl. nat. : 8° Lb^{44} 454 et 468 ; 8° Lc^{2} 972.
1407 *Almanach national*, 1793.
1408 Et. CHARAVAY, *Assemblée électorale de Paris*, III, p. 18.
1409 Arch. de Paris : D4 U^{1} 15.
1410 Arch. de Paris : D4 U^{1} 16.
1411 Arch. nat. : AF III 261.

MENJAUD (Jean)

Il naquit à Versailles, dans le futur département de Seine-et-Oise [1412], d'un père « *contrôleur de la bouche de Madame* [comtesse de Provence]» [1413], et commença d'exercer la profession de notaire le 13 février 1770 pour se démettre de son étude le 15 décembre 1787. Sans doute vécut-il de ses rentes jusqu'à l'arrivée de la Révolution, qui lui permit de devenir, en 1790, quatrième des quinze électeurs et – pour son malheur – juge de paix de la section des Tuileries [1414], où il demeurait rue Saint-Honoré, bâtiment des Feuillants [1415].

Jean Menjaud rendit son premier jugement le 24 janvier 1791 [1416] et se consacra scrupuleusement à sa juridiction jusqu'à ce que Laporte, intendant de la Liste civile, requière au nom du roi information sur les violences commises au cours de la soirée du 20 juin 1792. Déférant à cette réquisition, le juge de paix se rendit à neuf heures du soir au château pour y constater les effractions et dégâts divers perpétrés dans les appartements royaux.

Le calme était encore loin de régner : on redoutait qu'un rassemblement armé ne se portât de nouveau sur les Tuileries les jours suivants. Le 21, à sept heures du soir, Menjaud y revint, « *ayant entendu battre au rappel dans le jardin* », et y trouva le procureur général syndic, lequel lui observa « *qu'il serait bon qu'il y eût quelques juges de paix au château pour se présenter au besoin et concourir, avec les officiers municipaux, au maintien de l'ordre* » [1417]. Sur ce, Menjaud pria ses collègues de s'unir à lui afin d'accomplir à tour de rôle ce service, ce qu'ils firent « *dans un local près la porte de la Cour des Princes* » que l'intendant avait mis à leur disposition, jusqu'au 25 au soir. Alors, les inquiétudes s'étant dissipées, les juges de paix – peut-être soucieux de la dénonciation que le député Basire venait de faire à l'Assemblée de leur installation aux Tuileries [1418] – se retirèrent.

Dès le lendemain, 26 juin, Jean Menjaud adressa au ministre de la Justice un compte rendu de sa conduite durant ces quelques jours. Il rappela que l'article 28 de la loi du 3 août 1791 relative aux attroupements faisait un devoir aux juges de paix, dans le cas où l'agitation recommencerait, de se réunir afin de « *donner les réquisitions nécessaires* » au rétablissement de l'ordre public. D'autre part, il justifia les auditions effectuées la veille aux Tuileries : ignorant que les événements l'obligeraient à revenir au château, il avait fait assigner en son domicile certains témoins de l'affaire pour le matin du 25. Comme il habitait dans la cour des Feuillants, proche des Tuileries, on lui avait envoyé les personnes citées dans l'appartement du palais où il se trouvait. Ce fut « *pour ne pas les renvoyer* » qu'il les

---

1412 Arch. nat. : W 36, dossier 2373.

1413 Arch. nat. : BB^5 182.

1414 Et. CHARAVAY, *Assemblée électorale de Paris*, I, p. 2.

1415 Arch. nat. : W 36, dossier 2373.

1416 Arch. de Paris : D1 U^1 29.

1417 Arch. nat. : BB^{30} 17.

1418 Edmond SELIGMAN, *Justice*, II, p.116 à 130, *passim*.

avait auditionnées sur place. Mais, assura-t-il, « *il n'y a point eu de comité central d'établi ; il n'est pas vrai non plus que nous ayons été traités par le Roy* » [1419].

Convaincu par cette version des faits, le ministre de la Justice, Duranthon, adressa le 16 juillet 1792 au président de l'Assemblée nationale un rapport annihilant les dénonciations faites contre les actes de juridiction contestés. « *Il n'y a point eu* – conclut-il – *de tribunal établi dans l'intérieur du château. Le juge de paix a reçu, il est vrai, le vingt-cinq, les déclarations de quelques personnes attachées au roi et à la famille royale, témoins nécessaires de ce qui s'est passé à l'intérieur du château, mais il n'y a été fait aucun acte* [...] *qui ait pu donner à la réunion* [...] *le caractère de Bureau central, et encore moins celui de tribunal* » [1420].

Le même jour, Menjaud expédiait à Duranthon un nouveau courrier qui faisait justice « *des imputations hazardées* (sic) *contre les juges de paix sur les prétendus mandats d'amener décernés contre M.M. Pétion et Manuel, et sur de prétendus mandats d'arrêt contre trente membres du Corps législatif* » [1421]. Malgré ces tracas, Jean Menjaud tint ses audiences jusqu'au 9 août 1792 : ce jour-là, il apposa des scellés, sans se douter de sa suspension imminente. Jean-Jacques Fantin, greffier de police [1422], prit sa succession le 11 septembre [1423].

Le 10 Août fut une rude épreuve : il resta chez lui toute la journée, et sortit vers les sept heures et demie du soir « *sur la réquisition de deux citoyens à lui inconnus de se transporter au château des Tuileries dans une pièce* » que le feu était près de gagner, afin de constater les effets que l'on était en train d'enlever. Il rentra chez lui vers les huit heures et reçut, comme il traversait la cour des Feuillants, « *un quatrième ou cinquième avis de quelqu'un à lui totalement inconnu, de pourvoir à sa sûreté* ». Vers huit heures et demie, il se transporta au comité civil de la section pour interroger un homme soupçonné de vol, et « *reçut un dernier avis de ne pas rester chez lui* ». Il y passa vers les neuf heures et repartit « *incontinent après* », croisant sur son chemin trois individus qui disaient : « *à demain les juges de paix !* » [1424].

Bien lui en prit : dès l'aube, « *une troupe de furieux* » cerna et envahit sa maison. Après une violente perquisition, ces hommes, ne trouvant ni les papiers qu'ils cherchaient ni le magistrat, « *attachèrent à un bonnet un écriteau portant son nom avec des épithètes infâmes, le promenant dans les rues au bout d'une pique, et allèrent le brûler dans les cours du Palais de Justice* ». Son fils, par qui nous connaissons la scène, précise que le juge de paix, « *proscrit, mis hors-la-loi, erra pendant longtemps* » [1425].

[1419] Arch. nat. : BB[30] 17 : premier compte rendu particulier du juge de paix au ministre de la Justice.
[1420] Arch. nat. : BB[30] 17 : rapport officiel du ministre de la Justice aux députés de l'Assemblée nationale.
[1421] Arch. nat. : BB[30] 17 : second compte rendu particulier du juge de paix au ministre de la Justice.
[1422] Arch. nat. : D III 253, dossier 27.
[1423] Arch. de Paris : D1 U[1] 29.
[1424] Arch. nat. : W 36, dossier 2373.
[1425] Arch. nat. : BB[5] 182.

Jean Menjaud alla se réfugier à Verrières, près de Versailles, et se fit arrêter par les membres du comité de surveillance du district de Montagne-de-Bel-Air, le 19 floréal an II (8 mai 1794). Le jour même, le citoyen George, du comité de surveillance de la section des Tuileries, obtint son transfert à Paris ; on l'interrogea dans la soirée. Les deux griefs majeurs formulés à son encontre étaient sa fuite de Paris au soir du 10 Août – à quoi il répondit « *qu'il vaudrait autant lui observer qu'il devait se laisser égorger chez lui* » – et l'instruction menée après l'affaire du 20 Juin – qu'il estima conduite selon les normes « *de l'arrêté du département qui était pour lui une autorité supérieure à laquelle il ne pouvait se soustraire sans prévariquer* ».

Son attitude très courageuse au cours de cette confrontation ne pouvait qu'indisposer ses détracteurs : on l'écroua immédiatement à Sainte-Pélagie, tout en ordonnant perquisition à son domicile parisien [1426] et, le 22 floréal (11 mai 1794), examen des papiers qu'il avait laissés en sa maison de Verrières, lesquels devaient parvenir dans les meilleurs délais au Comité de Sûreté générale [1427]. Le 6 prairial an II (25 mai 1794), ledit comité ordonna son départ de Sainte-Pélagie pour la Conciergerie, où devait le juger le Tribunal révolutionnaire. Des lenteurs inexplicables – sinon par la faiblesse de l'acte d'accusation, mais Fouquier-Tinville s'en souciait-il ? – se produisirent alors et permirent à Menjaud d'éviter le couperet. Curieusement, on l'oublia même dans sa prison : le 18 fructidor an II (4 septembre 1794), preuve que le transfert ordonné ne s'était jamais réalisé, l'ex-juge de paix, « *âgé de cinquante-neuf ans, père de famille* », écrivait de la « *maison Pélagie* » pour se justifier d'avoir informé en 1792 et se plaindre du délabrement de sa santé « *altérée par une maladie de poitrine* » [1428].

Le 27 vendémiaire an III (18 octobre 1794), le Tribunal révolutionnaire ordonna de l'extraire des prisons : le papier lui revint porteur de la mention « *inconnu à la Conciergerie* ». Il le fit alors rechercher à Sainte-Pélagie, où le gardien l'informa par retour qu'on avait conduit Menjaud le 4 du même mois (25 septembre 1794) au Luxembourg, où de nouveau l'on s'enquit du prévenu. Le commis-greffier répondit qu'un ordre du Comité de Sûreté générale avait remis l'ancien magistrat en liberté le 12 (3 octobre 1794), et que celui-ci avait regagné sa section [1429].

En mémoire des services rendus à la monarchie et des souffrances endurées, le 8 mars 1816, le fils de Jean Menjaud sollicita vainement de Louis XVIII la place qu'avait tenue son père qui, dit-il, ruina sa fortune et sa santé par cette affaire et « *mourut dans le malheur* » [1430].

1426 Arch. nat. : W 36, dossier 2373.
1427 Arch. nat. : AF II* 254.
1428 Arch. nat. : F^7 4774^{42}.
1429 Arch. nat. : W 36, dossier 2373.
1430 Arch. nat. : BB^5 182.

MICHEL (Jean-François)

Sous l'Ancien Régime, il fut toujours employé dans les bureaux, mais la Révolution naissante lui offrit le greffe de la justice de paix de la section de la Place-Vendôme, qu'il occupa dès le mois de janvier 1791. Fidèle à son poste, en dépit de plusieurs changements de juges, il figurait sur l'état du tribunal envoyé au Comité de Législation le 1er pluviôse an III (20 janvier 1795) [1431].

Mieux, les assemblées primaires de germinal an V (fin mars 1797) l'élurent juge de paix en remplacement de Jean Chépy, naguère nommé par le Directoire, et le 28 (17 avril 1797), Jean-François Michel vint présider la juridiction dont il tenait le greffe depuis six ans [1432]. Cette élection ne recueillit pas l'approbation du gouvernement qui l'invalida par la loi du 19 fructidor (5 septembre 1797) : le nouvel élu dut céder son siège à Antoine Martin, lui aussi désigné par le Directoire [1433], et, quoique scrutateur d'assemblée primaire au mois de germinal an VI (fin mars 1798), ne parvint pas à reconquérir sa place, que les électeurs ne pourvurent pas [1434].

Ce n'était que partie remise : dès la convocation suivante (fin mars 1799), Jean-François Michel devint électeur du Ier arrondissement [1435] et retrouva sa justice de paix, au sein de laquelle il se réinstalla le 18 floréal an VII (7 mai 1799). Il remplit ses devoirs à la satisfaction des justiciables, mais ne put triompher de la difficile élection de l'an X, qui porta Antoine Lamaignère à la tête du Ier arrondissement. Lui-même reçut la première suppléance et tint sa dernière audience le 29 pluviôse (18 février 1802) [1436].

Les assemblées cantonales réunies l'année suivante ne le proposèrent pas – et le fait surprend – comme candidat aux fonctions de suppléant [1437], et Jean-François Michel, qui ne bénéficia pas davantage du soutien de la hiérarchie judiciaire, disparut lors du renouvellement de juillet 1807 [1438].

MOLLARD (Joseph Marie)

Natif de Paris [1439], il y fit son éducation artistique et ne quitta la capitale que pour aller se perfectionner en Italie. De retour à la veille de la Révolution, ses « *principes innés pour la liberté* » la lui firent « *embrasser avec chaleur* » [1440]. Ses concitoyens de la section de Bonne-Nouvelle, où il habitait au 36 rue de la Lune et vivait de son état de peintre, le désignèrent en 1791 neuvième de leurs seize

---

1431 Arch. nat. : D III 253, dossier 21.
1432 Arch. de Paris : D1 U^1 46.
1433 Arch. nat. : BB^5 404.
1434 Arch. nat. : AF III 260.
1435 Arch. nat. : AF III 261.
1436 Arch. de Paris : D1 U^1 46.
1437 Arch. nat. : BB^8 8.
1438 Arch. nat. : BB^8 52.
1439 Arch. nat. : BB^{16} 704.
1440 Arch. nat. : D III 253, dossier 5.

électeurs ; il était en outre volontaire à la 5e compagnie du bataillon de la section [1441], commissaire civil et membre de la municipalité.

L'événement du 10 Août et le désordre qui suivit lui permirent d'accéder à différents postes : nommé au Tribunal criminel révolutionnaire, il quitta la municipalité ; vingt-quatre heures après cette nomination, le 17 août, le suffrage de ses concitoyens lui confia le mandat de juge de paix, qu'il qualifia de « *sublime* » et accepta aussitôt. Il adressa au Tribunal criminel sa démission, malgré la perte d'émoluments de l'une à l'autre place[1442], et s'installa en la justice de paix désertée par Formentin pour cause de suspension [1443]. Joseph Mollard, qui avait déménagé au 66 de la rue Bourbon-Villeneuve, devint de surcroît quatrième électeur de sa section [1444].

Il siégea deux années sans encombre ; le 12 frimaire an III (2 décembre 1794), le président du comité civil informa celui de Législation de la « *réputation intacte* » des membres du tribunal de paix. Pourtant, le 5 prairial suivant (22 mai 1795), l'assemblée générale de la section prononça son désarmement et, le 11 (30 mai), procédant à l'épuration des fonctionnaires, demanda son exclusion. Elle se fondait sur le double motif du soutien que le juge de paix avait accordé à la tyrannie jusqu'au 9 Thermidor, et de son manque de discrétion depuis, car, « *quoique avec plus de ménagement* », il s'obstinait à manifester son attachement au système répressif enfin terrassé. L'assemblée proposa le citoyen Bourdon pour lui succéder [1445].

Le 1er messidor an III (19 juin 1795), Joseph Mollard écrivit au Comité de Législation pour confirmer la démission qu'il lui avait remise ; il profita néanmoins de la circonstance pour préciser quelques faits. Son désarmement, intervenu après « *six ans de peines et de fatigues, de sacrifices en tous genres* », lui paraissait contraire au vœu de la majorité des justiciables de la section ; quant à la personne du candidat présenté pour le remplacer, il s'agissait d'un « *intriguant* » étranger au quartier. Le démissionnaire réclama pour finir qu'une enquête fût ouverte à son propre sujet ; le résultat – il n'en doutait pas le moins du monde – mettrait « *le comble à* [son] *amour pour la représentation nationale* » [1446].

Le ton modéré de sa lettre, la certitude qu'il montrait de n'avoir pas dévié dans l'exercice de sa charge, durent impressionner favorablement le destinataire et Joseph Mollard conserva sa juridiction. Le 10 brumaire an IV (1er novembre 1795), les assemblées primaires le réélurent juge de paix ; il était alors âgé de quarante-deux ans et demeurait 315 rue Neuve-de-l'Egalité [1447]. Bien connu de sa division, il se retrouva, contre la faction royaliste, l'un des électeurs désignés le 9 germinal

1441 Et. CHARAVAY, *Assemblée électorale de Paris*, II, p. 19.
1442 Arch. nat. : D III 253, dossier 5.
1443 Arch. de Paris : D5 U1 10.
1444 Et. CHARAVAY, *Assemblée électorale de Paris*, III, p. 25.
1445 Arch. nat. : D III 256².
1446 Arch. nat. : D III 253, dossier 5.
1447 Arch. nat. : BB16 704.

an VI (29 mars 1798) par ces mêmes assemblées, qui prolongèrent encore son mandat judiciaire [1448]. Joseph Mollard siégea jusqu'au 14 germinal an VIII (4 avril 1800), puis laissa la place à Jean-Baptiste Desgaux, l'un de ses assesseurs [1449].

MORAND (Sauveur Jérôme)

Parisien de naissance [1450], il était sous l'Ancien Régime chanoine à la Sainte-Chapelle et avocat clerc [1451]. Auteur, en 1777, d'un ouvrage important, rédigé en latin et collationnant les pièces manuscrites relatives aux statuts de la sacro-sainte Chapelle de Paris, puis, deux années plus tard, d'un livre sur les *Constitutions* de ses trésorier, chanoines et collège, Sauveur Morand publia, en 1790, une *Histoire de la Sainte-Chapelle royale du Palais* [1452], somme en deux volumes, figures, plans et tableaux, travaux d'historien qui ne l'empêcheront pas, en l'an X, de produire une brochure d'*Observations de médecine* [1453].

Quel obscur chemin le conduisit du canonicat au fauteuil judiciaire ? Au mois de germinal an III (fin mars 1795), lorsque le Comité de Législation enjoignit à Clément Pinard de cesser ses fonctions de juge de paix, l'ancien religieux figura parmi les candidats qui briguaient la place désormais vacante. La désignation du successeur se révéla des plus ardues : le comité civil présenta un ex-président au parlement de Rouen, le comité de surveillance avança de son côté quatre noms [1454], que reprit l'assemblée générale de la section Poissonnière, le 20 messidor an II (8 juillet 1795). Le défroqué n'avait jamais figuré au meilleur rang ; pourtant, en dépit de ses soixante-cinq ans, sa qualité d'avocat et le rigoureux respect de ses devoirs civiques emportèrent la préférence du Comité de Législation qui le nomma, dans les semaines suivantes, au poste convoité [1455].

Le nouveau juge de paix – que l'on remplaça au sein du comité civil le 28 thermidor (15 août 1795) – s'installa le 1er fructidor (18 août) à la tête de la juridiction [1456]. Réélu au mois de brumaire an IV (fin octobre 1795), Sauveur Morand, qui résidait rue Basse-Denis au numéro 8 [1457], siégea jusqu'au 1er frimaire an VI (21 novembre 1797), époque à laquelle Nicolas Marie prit la relève [1458].

MOREAU DE MERSAN (Pierre)

De ce que fut son activité professionnelle sous l'Ancien Régime, ne nous est parvenue que l'imprécise qualification d'homme de loi, mais son expérience

---

1448 Arch. nat. : F^7 3054.
1449 Arch. de Paris : D5 U^1 14.
1450 Arch. nat. : BB^{16} 704.
1451 Arch. nat. : D III 256^7.
1452 Bibl. nat. : Rés. Lk^7 7200 ; 7201 et 7202.
1453 Bibl. nat. : 8° Te^{163} 1474.
1454 Arch. nat. : D III 253, dossier 23.
1455 Arch. nat. : D III 256^7.
1456 Arch. de Paris : D3 U^1 38.
1457 Arch. nat. : BB^{16} 704.
1458 Arch. de Paris : D3 U^1 38.

juridique parut suffisante à ses concitoyens pour le désigner, à l'automne de 1790, juge de paix de la section du Louvre. Élu vingtième et dernier électeur l'année suivante, gratifié de quelques suffrages pour les fonctions de scrutateur général de l'assemblée électorale et pour celles d'administrateur du département, Pierre Moreau de Mersan était âgé de cinquante-huit ans et demeurait 35 rue du Chevalier-du-Guet . Ses convictions politiques, qui lui faisaient fréquenter le club de la Sainte-Chapelle, ne furent sans doute pas sans influencer le cours de sa carrière [1459].

Les minutes, très lacunaires, de la justice de paix qu'il avait inaugurée au mois de janvier 1791 ne permettent pas de situer la date précise de son départ. Sa dernière signature authentifie un acte du 16 avril 1792, mais il est tout à fait probable qu'il ait poussé plus avant sa présidence. En tout état de cause, il n'aurait pu espérer en sa réélection par l'assemblée générale de la section, qui lui donna pour successeur Jean Chépy, quant à lui fort engagé dans le mouvement insurrectionnel [1460].

MORTIER (Jacques René)

Élu juge de paix de la section du Jardin-des-Plantes à l'automne de 1790, il rendit le premier jugement de la nouvelle juridiction le 19 janvier 1791 [1461] et siégea jusqu'au 6 août 1792. Quelques jours plus tard, suspendu comme tous ses collègues parisiens, Jacques Mortier dut céder la place à son greffier, Jean-Baptiste Lessore [1462] ; il ne reparut plus jamais au sein des justices de paix.

MOUCHET (François Nicolas)

Il naquit à Gray, dans le département du Jura [1463] et embrassa sous l'Ancien Régime la carrière d'artiste peintre, qu'il exerçait toujours lorsque arriva la Révolution. Assesseur du tribunal de paix de la section de l'Ile-Saint-Louis dès la création, il se retrouva aussi deuxième de ses huit électeurs en 1791, et s'enrôla comme volontaire dans la 4e compagnie du bataillon Saint-Louis-en-l'Ile [1464].

La tournure des événements politiques lui permit d'affermir sa position parmi ses concitoyens. Bientôt signataire de l'adresse des électeurs du club de l'Evêché, comme du manifeste d'octobre 1791 [1465], président d'assemblée primaire en 1792 et premier électeur de la section – rebaptisée de la Fraternité quelques semaines plus tard – [1466], sa qualité d'électeur assura son élection au poste de juge de paix quand, après le 10 Août, les justiciables durent nommer le remplaçant de Louis Parey, suspendu par la Commune.

1459 Et. CHARAVAY, *Assemblée électorale de Paris*, II, p. 11, 540 et Table.
1460 Arch. de Paris : D4 U1 1.
1461 Arch. de Paris : D12 U1 8.
1462 Arch. de Paris : D12 U1 1.
1463 Arch. nat. : W 287, dossier 147.
1464 Et. CHARAVAY, *Assemblée électorale de Paris*, II, p. 46.
1465 Et. CHARAVAY, *Assemblée électorale de Paris*, II, Table.
1466 Et. CHARAVAY, *Assemblée électorale de Paris*, III, p. 59.

Son mandat judiciaire ne le mit pas à l'abri de divers ennuis : en 1793, accusé d'avoir coopéré aux complots antirévolutionnaires fomentés dans l'Eure et le Calvados, François Mouchet fut arrêté, traduit devant le Tribunal révolutionnaire. L'acte d'accusation lui reprochait d'avoir soutenu la conspiration en organisant un comité qui partit s'informer auprès des administrateurs du département de l'Eure de l'état de la rébellion, et en ordonnant à son retour « *l'impression des écrits liberticides qu'il avait recueillis* ». Le 14 septembre, un jugement l'acquitta des charges portées contre lui et ordonna sa mise en liberté [1467].

Le défaut d'archives jurisprudentielles ne permet pas d'affirmer qu'il perdit son fauteuil de juge de paix pendant cette détention : il est possible, mais non certain, qu'Alexandre Poulletier lui ait dès lors succédé au sein du tribunal.

MOUREAU DE VAUCLUSE (Agricol)

Ce futur magistrat prenait la plume assez facilement, sur des sujets surtout juridiques : l'adoption des enfants naturels, le testament mystique, la répression des abus de la presse [1468] sous la Restauration, puis, sous la monarchie de Juillet, il rédigea un opuscule sur l'organisation du jury, qui connut trois éditions en 1827, et proposa par la suite un *Examen critique* [...] *de la loi sur les justices de paix, du 25 mai 1838* [1469].

Des cinq nominations qui intervinrent en 1832, seule celle de Moureau de Vaucluse en remplacement de Dorival de Criel, juge de paix du IIIe arrondissement, éveille la curiosité. D'abord par le délai très court, assez inhabituel, de l'intérim : dès le 29 février, le nouveau promu présidait la juridiction que tenait deux jours plus tôt son prédécesseur [1470]; ensuite et surtout, par l'absence de la moindre trace, dans les dossiers du personnel au ministère, d'une seule demande individuelle, d'une quelconque présentation de candidats par les membres de l'ordre judiciaire, du plus léger billet de recommandation [1471].

Pourtant, cette discrétion officielle, coutumière à la monarchie de Juillet, se trahit quelques années après. Moureau de Vaucluse, qui tint sa dernière audience le 14 avril 1838 [1472], avait adressé le 25 mars sa lettre de démission au ministre de la Justice. Il n'eut garde d'oublier ce qu'il devait à son auguste protectrice, et, le jour même, écrivit à Madame au sujet de son départ : « *il y aurait quelque chose de coupable en moi à ne point prévenir Votre Altesse Royale qui m'a honoré de tant de bienveillance et de bonté* ». L'ex-juge de paix, qui fondait son départ volontaire sur la ruine de sa santé, causée par six ans d'une épuisante judicature, se crut suffisamment bien en cour pour solliciter de l'indulgence du roi une autre place, moins fatigante, parmi les magistrats. Il écrivit même au ministre pour lui

[1467] Arch. nat. : W 287, dossier 147.
[1468] Bibl. nat. : F 40 302 ; F 40303 ; 8° Lb^{48} 1252.
[1469] Bibl. nat. : Fp 2145 ; 8° Lf^{116} 17.
[1470] Arch. de Paris : D3 U^{1} 132.
[1471] Arch. nat. : BB^{8} 531.
[1472] Arch. de Paris : D3 U^{1} 169.

recommander de glisser sa lettre « *sous les yeux de Sa Majesté* », afin qu'elle n'ignore rien de ses motifs ni de ses vœux.

Le 18 avril 1838, il le relança encore pour obtenir un poste dans le Midi, où il aurait « *à bien écouter, à bien examiner les pièces, et à parler peu* » ; et le 23, il envoya copie de sa demande à l'épouse, madame Barthe. Tant d'insistance dut lasser le garde des Sceaux : deux ans plus tard, Moureau de Vaucluse s'adressa au roi directement, pour se plaindre de n'avoir pas été affecté, en dépit de la promesse ministérielle, « *dans un siège du littoral de la Méditerranée* » [1473].

MOUTARD (Nicolas Léger)

Son métier d'imprimeur-libraire lui laissait assez de loisirs pour s'intéresser aux affaires publiques : au mois de pluviôse an II (début février 1794), il accéda au rang d'assesseur du tribunal de paix de la section Chalier [1474] et, le 30 germinal (19 avril 1794), prononça « *dans le Temple de la Raison* » un *Discours civique sur les mœurs* édité par ses soins [1475]. Six mois après, lorsque fut arrêté Henri Pelletier, il assura l'intérim du 13 thermidor an II (31 juillet 1794) [1476] à sa nomination définitive, laquelle intervint le 4 pluviôse an III (23 janvier 1795) par décret de la Convention [1477] transmis le 12 (31 janvier) au comité civil, qui le lui remit et fit procéder à son installation le lendemain [1478].

Nicolas Moutard présida ses audiences jusqu'à la tenue des assemblées de brumaire an IV (fin octobre 1795), dont les choix lui furent défavorables : il dénonça au ministre de la Justice le successeur que lui donnait le scrutin, pour avoir « *manifesté des principes et des sentiments contraires à l'affermissement de la République* », et suggéra même de ne pas l'installer.

Le 23 (14 novembre), le ministre lui répondit qu'il n'était pas libre d'empêcher l'accession d'un fonctionnaire dont le titre était incontestable ; cependant, le bannissement à perpétuité punissait le juge qui aurait, avant son entrée en charge, faussement prêté serment de n'avoir « *provoqué ni signé aucun arrêté séditieux et contraire aux lois* » : s'il parvenait à prouver ses allégations, lui-même prendrait alors les mesures convenables [1479]. Sa sortie manquait d'autant plus d'élégance, que Nicolas Moutard ne put rien démontrer ; le 1er frimaire an IV (22 novembre 1795), il dut s'incliner devant Jean-François Behourt, que lui avaient préféré ses concitoyens [1480].

1473 Arch. nat. : BB8 609.
1474 Arch. nat. : D III 254, dossier 21.
1475 Bibl. nat. : 8° Lb40 428.
1476 Arch. de Paris : D11 U1 30.
1477 Arch. nat. : D III 254, dossier 21.
1478 Arch. nat. : BB1 59 ; et Arch. de Paris : D11 U1 31.
1479 Arch. nat. : BB16 704.
1480 Arch. de Paris : D11 U1 33.

MUSSEY (Pierre)

Procureur au parlement de Paris depuis 1777, il cessa d'exercer en 1790, époque à laquelle il fut élu cinquième des dix-sept électeurs et assesseur du juge de paix de la section du Roi-de-Sicile, qu'il habitait rue des Juifs numéro 7. Âgé de quarante-neuf ans, Pierre Mussey était de surcroît capitaine de la 1re compagnie du bataillon du Petit-Saint-Antoine [1481]. L'année suivante, toujours capitaine dans la garde nationale, il améliora sa position et se retrouva deuxième électeur au mois de juin [1482]. Que devint-il au cours des temps orageux de la Révolution ? Nous le retrouvons en l'an V assesseur du tribunal de paix de la division de Bondy [1483], installant à ce titre, le 6 floréal (25 avril 1797), le citoyen Népoux, que le Directoire avait nommé juge de paix [1484]. Lui-même n'allait pas tarder à connaître semblable promotion : la loi du 19 fructidor (5 septembre 1797) invalida l'élection de Joseph Frézard à la tête de la justice de paix de la division du Faubourg-du-Nord, et ce fut vers lui que le gouvernement – auquel Louis Népoux l'avait recommandé ? – tourna les yeux : il le désigna le 23 fructidor (9 septembre 1797) pour occuper le fauteuil vacant [1485].

Pierre Mussey s'installa six jours plus tard [1486] et tint ses audiences jusqu'au 29 germinal an VII (18 avril 1799) : à cette date, Philippe Plancher-Valcour le remplaça [1487]. Peut-être avait-il simplement voulu rendre service, car il reparut immédiatement en qualité d'assesseur en la justice de paix de la division de Bondy, où il siégea jusqu'à l'époque de la réduction [1488].

NÉPOUX (Louis François)

Homme de loi, il était sous l'Ancien Régime procureur en la prévôté de Belleville [1489]. Son activité dans les premières années de la Révolution nous demeure inconnue jusqu'à ce que l'assemblée générale de la section de Bondy le propose, le 30 prairial an III (18 juin 1795), au poste de commissaire de police [1490].

Le Comité de Législation l'y nomma le 19 messidor an III (7 juillet 1795), mais le lendemain, la Commission des administrations civiles, police et tribunaux lui renvoya l'arrêté en lui faisant observer qu'il avait outrepassé son pouvoir : depuis quelques mois il appartenait au seul Comité de Sûreté générale de désigner les commissaires de police. Le Comité de Législation s'inclina et considéra comme non

---

1481 Et. CHARAVAY, *Assemblée électorale de Paris*, I, p. 49.

1482 Et. CHARAVAY, *Assemblée électorale de Paris*, II, p. 41.

1483 Et non de la division du Roi-de-Sicile – devenue des Droits-de-l'Homme – comme l'indique, semble-t-il par erreur, Etienne CHARAVAY, dans la Table du deuxième tome de son ouvrage relatif à l'*Assemblée électorale de Paris*.

1484 Arch. de Paris : D5 U^1 8.

1485 Arch. nat. : BB^5 404.

1486 Arch. de Paris : D5 U^1 16.

1487 Arch. de Paris : D5 U^1 17.

1488 *Almanach national*, an VIII-an X.

1489 Arch. nat. : D III 251-252.

1490 Arch. nat. : D III 253, dossier 4.

avenue la nomination faite ; cependant, la section s'adressa directement au Comité de Sûreté générale qui, « *dans sa sagesse* », confirma le vœu de l'assemblée [1491].

Louis Népoux exerçait donc son ministère de police judiciaire sur le territoire de la section de Bondy lorsque le Directoire l'appela, le 1er germinal an IV (21 mars 1796), à remplacer le juge de paix de la division du Faubourg-du-Nord, Joseph Frézard, dont la loi du 24 frimaire précédent (15 décembre 1795) avait invalidé l'élection [1492]. Il prit la tête de la justice de paix le 14 germinal (3 avril 1796) [1493] et la présidait toujours quand de nouveau, le 23 nivôse an V (12 janvier 1797), le gouvernement le nomma juge de paix – cette fois-ci dans la division de Bondy – au fauteuil de Jean Lemaire, décédé [1494]. Il ne put toutefois rejoindre immédiatement sa nouvelle affectation et siégea dans la division du Nord jusqu'au 29 germinal an V (18 avril 1797) [1495] ; deux jours après, il dut même procéder à l'installation de son prédécesseur, Frézard, réinvesti de la confiance des assemblées primaires [1496].

Le 6 floréal (25 avril), il prit enfin possession du tribunal de paix de la division de Bondy, et le procès-verbal de la séance rend compte du malaise qui entoura sa venue. En effet, Louis Népoux, qui n'avait pas cessé son travail de commissaire de police, peina pour justifier cette irrégularité ; par ailleurs, les assemblées primaires, passant outre sa nomination par le Directoire, qui n'avait pas été suivie d'effet, avaient à leur tour choisi un successeur à feu Jean Lemaire. Ce ne fut que sur l'injonction du commissaire du gouvernement près la municipalité qu'il vint défendre le bien-fondé de sa propre désignation. Fait extraordinaire pour une installation de magistrat, la matière fut mise en délibéré, après quoi les assesseurs consentirent à le recevoir [1497].

En dépit de ces débuts cahoteux, Louis Népoux tint ses audiences plusieurs années durant. Lui qui au mois de germinal an VII (fin mars 1799) avait présidé une assemblée primaire et reçu mandat d'électeur en méritant le qualificatif d'« *anarchiste* » [1498], ne pouvait guère attendre du retour à l'ordre. Il siégea pour la dernière fois le 28 pluviôse an X (17 février 1802) [1499], et perdit sa place par le fait de la réduction, car les électeurs lui préférèrent Jean-Baptiste Le Blond et ne lui accordèrent pas même une suppléance dans le Ve arrondissement. Fidèles à leur choix, ils ne le proposèrent jamais, au cours de leurs convocations successives [1500], à l'approbation de l'empereur, non plus que le préfet ou les magistrats judiciaires [1501].

1491 Arch. nat. : D III 251-252.
1492 Arch. nat. : BB^5 378.
1493 Arch. de Paris : D5 U^1 16.
1494 Arch. nat. : BB^5 394.
1495 Arch. de Paris : D5 U^1 16.
1496 Arch. de Paris : D5 U^1 17.
1497 Arch. de Paris : D5 U^1 8.
1498 Arch. nat. : AF III 261.
1499 Arch. de Paris : D5 U^1 10.
1500 Arch. nat. : BB^8 13.
1501 Arch. nat. : BB^8 25.

NICOLAS dit **GRANDMAISON** (Pierre Jean)

Notaire à Saint-Quentin sous l'Ancien Régime, il rallia dès le premier instant les rangs de la Révolution et appartint à tous les comités de la section de la Fontaine-de-Grenelle, « *excepté celui de bienfaisance* » [1502]. Sa qualité de juriste lui permit d'être assesseur en la justice de paix dès l'origine, et ses concitoyens, au mois de juin 1791, le choisirent pour septième de leurs vingt et un électeurs ; Pierre Nicolas était alors âgé de quarante-six ans [1503].

« *Commissaire et président de la section* » au 10 Août, il remplit avec Bonenfan, lui aussi commissaire, les fonctions du juge de paix suspendu, Claude Le Seigneur, puis s'empara pour son compte du greffe du tribunal, le 22 août 1792 [1504]. Ce fut l'époque où, président d'assemblée primaire, il devint de surcroît le deuxième électeur de la section [1505]. Peut-être modéra-t-il par la suite son attitude politique, car la Commune le rejeta du comité révolutionnaire, où il avait toujours siégé, lorsqu'elle en fit l'épuration. Bien plus, le Comité de Sûreté générale ordonna son arrestation, au mois de floréal an II (début mai 1794) ; Pierre Nicolas réussit à se disculper et dès lors retrouva son greffe pour la tenue duquel l'état de la justice de paix dressé le 25 frimaire an III (15 décembre 1794) par le comité civil lui reconnaissait les aptitudes nécessaires. L'ancien notaire venait de perdre sa femme ; il élevait seul son enfant et jouissait d'une réputation « *de bon patriote, d'homme probe et de bonnes mœurs* » [1506].

Est-ce la raison pour laquelle le Directoire le nomma, le 27 floréal an IV (16 mai 1796), juge de paix de la division de la Fontaine-de-Grenelle en remplacement de Joseph Violette, démissionnaire [1507] ? Il troqua son greffe contre le fauteuil du juge le 9 prairial (28 mai) [1508] et l'occupa jusqu'au 19 germinal an V (8 avril 1797), c'est-à-dire jusqu'à l'arrivée de Jean Godard, que venaient d'élire les assemblées primaires [1509].

Pierre Nicolas incarnait le type même du magistrat redevable de sa carrière aux seules nominations gouvernementales. En effet, la loi du 19 fructidor an V (5 septembre 1797) invalida l'élection de Jean Godard, et, dès le lendemain, les Directeurs réinvestirent l'ex-notaire [1510] qui revint présider ses audiences le 26 (12 septembre)[1511]. Son passage devant le tribunal criminel de la Seine, le 6 germinal an VI (26 mars 1798), n'entacha pas son honneur, car il ressortit lavé de l'accusation

---

1502 Arch. nat. : D III 254, dossier 6.

1503 Et. CHARAVAY, *Assemblée électorale de Paris*, II, p. 51.

1504 Arch. de Paris : D10 U^1 2.

1505 Et. CHARAVAY, *Assemblée électorale de Paris*, III, p. 65.

1506 Arch. nat. : D III 254, dossier 6.

1507 Arch. nat. : BB^1 60^B et BB^5 394.

1508 Arch. de Paris : D10 U^1 5.

1509 Arch. de Paris : D10 U^1 6.

1510 Arch. nat. : BB^5 404.

1511 Arch. de Paris : D10 U^1 6.

d'avoir trafiqué de son opinion et abusé de ses pouvoirs ; son adversaire fut débouté de sa demande de prise à partie [1512].

Grâce à la loi du 7 thermidor suivant (25 juillet 1798), le gouvernement put de nouveau le confirmer à son poste le 16 vendémiaire (7 octobre) [1513] mais, malade, le juge de paix abandonna quelques semaines plus tard sa judicature aux mains de Claude Boyer [1514]. Il mourut chez lui, 794 rue de Verneuil, le 26 nivôse an VII (15 janvier 1799), laissant veuve sa seconde épouse et orpheline sa fille unique ; l'inventaire de sa succession mobilière présenta 10 814 francs d'actif [1515].

NORMAND (Jean-Philippe)

Fils du défunt Jean Joseph Philippe Normand, limonadier à Paris, où lui-même demeurait rue du Théâtre-Français, section « *dite de Marseille* », et de Marie Jeanne Barbe Bellier, sa femme [1516], qui lui donna le jour le 29 janvier 1766 [1517], Jean-Philippe Normand signa son contrat de mariage le 31 octobre 1792.

Il allait épouser Madeleine Robertine Rosalie Huleux, fille mineure d'un marchand résidant à Saint-Pol, dans le Pas-de-Calais, sous le régime de la communauté de biens meubles et de conquêts immeubles. Avoué près les tribunaux du département de Paris, il apportait deux maisons, sises l'une rue de la Huchette, l'autre au coin des rues des Ecouffés et du Roi-de-Sicile, d'une valeur totale de 22 000 livres, et 8 000 livres d'effets mobiliers ; il constituait en outre 600 livres de rente de douaire préfix. Sa fiancée recevait de son oncle, ancien marchand brasseur à Paris, une donation de 40 000 livres, dont 28 000 à prendre sur sa succession [1518] – part qui ne lui sera jamais versée, car l'épouse renoncera, le 21 thermidor an VIII (9 août 1800), à la succession déficitaire du donateur [1519].

Sous le Consulat, Jean-Philippe Normand était avoué près le tribunal de première instance de la Seine ; il avait déménagé au numéro 743 de la rue Neuve-Saint-Augustin, division Lepeletier dans le IIe arrondissement [1520], dont les assemblées cantonales l'élurent, en 1807, candidat aux fonctions de suppléant de juge de paix. Désormais établi 27, rue de la Sourdière, il jouissait de 4 000 francs de revenus [1521]. Au début de l'année 1812, les magistrats de première instance le présentèrent pour occuper la suppléance de son arrondissement ; « *très estimé par ses talents, sa probité et surtout par un esprit de conciliation* », il avait délaissé son état d'avoué pour s'inscrire au barreau [1522]. L'empereur le nomma le 20 février [1523]

1512 Arch. de Paris : D5 U^1 18.
1513 Arch. nat. : BB^5 410.
1514 Arch. de Paris : D10 U^1 9.
1515 Arch. de Paris : DQ 8 140.
1516 Minutier Central, VIII, 1301.
1517 Arch. nat. : BB^8 13.
1518 Minutier Central, VIII, 1301.
1519 Minutier Central, VII, 552.
1520 Minutier Central, VII, 552.
1521 Arch. nat. : BB^8 13.
1522 Arch. nat. : BB^8 30.

et, quelques mois plus tard, les électeurs le désignèrent candidat au poste de juge de paix dès le premier tour de scrutin ; marié, mais toujours sans enfants, il bénéficiait de 7 000 francs de rente [1524].

Il resta suppléant jusqu'au retour des Bourbons, qu'il vit sans doute sans déplaisir remonter sur le trône, car lors de la seconde Restauration, les fonctionnaires de la Chancellerie croyaient « *son opinion bonne* ». Ceux-ci ajoutèrent sur son compte une remarque propre à favoriser son avancement : quand il était avoué, il ne présentait d'affaires devant les juges « *qu'il n'ait préalablement épuisé les moyens de conciliation* ». Aussi l'ordonnance royale du 11 novembre 1815 le nomma-t-elle juge de paix du XIe arrondissement – qu'il habitait à l'époque de son mariage – à la place de Louis Guérin, révoqué [1525]. Jean-Philippe Normand prit possession de son tribunal le 21 novembre [1526] et le présida jusqu'au 14 avril 1820 ; chevalier de l'ordre royal de la Légion d'honneur et du Saint-Sépulcre de Jérusalem, il s'éteignit le 21 du même mois, et Marie-Louis Boursier lui succéda rapidement [1527].

ODENT (Jean)

Reçu avocat en 1774 à Paris, il devint trois ans plus tard commissaire au Châtelet et remplit cette charge à l'estime des magistrats de la juridiction « *et même du Parlement* » [1528]. Lorsque arriva la Révolution, ses concitoyens l'élurent en 1790 douzième des vingt-six électeurs de la section du Théâtre-Français, où il logeait rue Saint-André-des-Arts au numéro 76 ; il était âgé de quarante et un ans [1529].

Mais bientôt, le cours des événements l'éloigna du nouvel ordre des choses. La suppression des tribunaux d'Ancien Régime lui coûta son état, son travail, et, plus malheureux que les avocats aux Conseils, greffiers, huissiers priseurs à qui l'on remboursa la valeur de leur office, Jean Odent vit disparaître avec sa charge – qu'il estimait à 80 000 francs – une grande partie de sa fortune [1530]. Il lui resta suffisamment d'argent pour quitter Paris et s'établir à Courtalin, en Seine-et-Marne, où il acquit une manufacture de papier qu'il exploita « *pour n'être pas contraint d'accepter sous les divers gouvernements qui ont pesé sur la France, des fonctions contraires à ses principes* ». Ce fut du moins ce qu'il déclara au Chancelier, après le départ de Napoléon, dans une lettre qui brossait un sombre tableau de sa situation. En effet, après les pertes matérielles que lui avaient infligées la Révolution, pour comble de malchance, il subit au mois de mars 1814 « *le plus affreux pillage de la part des troupes des puissances alliées* ».

1523 Arch. nat. : BB^8 14.
1524 Arch. nat. : BB^8 13.
1525 Arch. nat. : BB^8 164.
1526 Arch. de Paris : D11 U^1 78.
1527 Arch. de Paris : D11 U^1 87.
1528 Arch. nat. : BB^5 181.
1529 Et. CHARAVAY, *Assemblée électorale de Paris*, I, p. 68.
1530 Arch. nat. : BB^5 181.

L'ancien commissaire au Châtelet, ignoré pendant « *vingt-cinq ans de malheurs et de deuils* », ne plaçait plus son espérance qu'en « *l'âme paternelle* » de Louis XVIII, dont la sagesse replacerait « *ses sujets les plus maltraités* » en des emplois honorables. Comme sa naissance ne pouvait l'assurer de l'octroi d'un poste brillant, il sollicita d'être plus simplement nommé juge d'instruction, juge de paix ou commissaire de police, travaux que son activité professionnelle d'Ancien Régime lui rendait familiers [1531].

Le garde des Sceaux demanda de plus amples renseignements à ses subordonnés, qui, lorsque l'on s'occupa de l'épuration des tribunaux de paix parisiens, garantirent sa bonne réputation « *sous les rapports du travail et de la conduite* ». Circonstance déterminante, on ajouta que Jean Odent, à cette époque secrétaire du conseil général du département de la Seine-et-Marne, avait rédigé le 15 mars 1815 une adresse au roi qui lui valut d'être destitué par « *Buonaparte* ».

Par ordonnance du 11 novembre, Louis XVIII le fit juge de paix du VIIe arrondissement [1532]. Dès le 23, Odent vint présider la juridiction que Frédérik Fariau, destitué, était contraint de céder. Il tint ses audiences jusqu'au 30 avril 1824 [1533], et, le 7 mai, fit remettre par l'intermédiaire du premier président Séguier sa lettre de démission au secrétaire général du ministère. Il redoutait qu'une infirmité récente ne l'empêchât désormais de remplir ses devoirs avec exactitude ; François Chauvet prit sa relève [1534].

PAREY (Louis)

Sa carrière judiciaire commença en qualité de bailli de la gruerie de Rainmaupt, puis il devint procureur au parlement de Paris en 1770, fonction qu'ensuite il délaissa en faveur du barreau. Louis Parey, qui demeurait 19 rue Saint-Louis, était âgé de cinquante et un an lorsqu'en 1790 ses concitoyens le choisirent pour deuxième des huit électeurs de la section de l'Ile-Saint-Louis, et l'élurent juge de paix [1535].

Comme ses pairs, il inaugura la juridiction au mois de janvier 1791 et la conserva – car il n'obtint, au mois de mars 1792, que quelques suffrages pour la place de juge suppléant au tribunal criminel [1536] – jusqu'à la suspension que décréta la Commune à la suite du 10 Août. L'assemblée générale élut alors François Mouchet pour occuper son siège [1537], et lui-même se vit de nouveau confier un mandat d'électeur [1538].

[1531] Arch. nat. : BB^5 181, lettre au Chancelier.
[1532] Arch. nat. : BB^8 164.
[1533] Arch. de Paris : D7 U^1 94.
[1534] Arch. nat. : BB^8 333bis.
[1535] Et. CHARAVAY, *Assemblée électorale de Paris*, I, p. 55.
[1536] Et. CHARAVAY, *Assemblée électorale de Paris*, II, Table.
[1537] *Almanach national*, 1793.
[1538] Et. CHARAVAY, *Assemblée électorale de Paris*, III, p. 60.

PATRY (Pierre Etienne Georges)

Directeur de la Régie générale, il était âgé de quarante-sept ans et domicilié 30 rue Sainte-Apolline quand la section du Ponceau l'élut, en 1790, huitième de ses vingt-cinq électeurs et juge de paix [1539]. Installé en son tribunal avec un léger retard, le 3 février 1791 [1540], Pierre Patry se retrouva de nouveau électeur au mois de juin [1541] et recueillit par la suite quelques voix pour le mandat de député, de député suppléant et d'administrateur du département [1542].

Indice d'un engagement prononcé contre la monarchie, il fut l'un des rares juges de paix à triompher de l'épuration du 10 Août, et sa section – désormais dénommée des Amis-de-la-Patrie – le renouvela au mois de septembre 1792 [1543]. Il siégea jusqu'au 1er mai 1793, puis offrit sa démission pour des raisons mal éclaircies ; après huit mois d'intérim, Pierre Imbault lui succéda [1544].

Il publia en 1806, chez Didot l'aîné, un « *conte moral et historique* » : *La création d'Eve* [1545].

PÉLIGOT (Melchior Humbert)

L'incursion, dans le monde judiciaire, de cet employé[1546] illustre à merveille ces carrières que provoquèrent les troubles politiques de 1792. Il était âgé de quarante et un ans lorsque les citoyens de la section de Beaubourg – bientôt rebaptisée de la Réunion – où il demeurait au 84 rue Saint-Martin, l'élurent dixième de leurs vingt-deux électeurs [1547]. Au même moment, l'assemblée générale le choisit pour juge de paix [1548] en remplacement de Nicolas Leverdier, suspendu par la Commune, et il signa son premier jugement le 7 septembre [1549].

Malgré le bon témoignage que rendit de lui, au début du mois de frimaire an III (fin novembre 1794), le comité civil, qui lui reconnut « *un esprit juste et conciliateur joint à la fermeté nécessaire* » dans l'accomplissement de son mandat[1550], il semble bien que Melchior Péligot, d'ailleurs membre du comité

1539 Et. CHARAVAY, *Assemblée électorale de Paris*, I, p. 24. Signalons que les archives jurisprudentielles attestent (cf. note suivante) que Pierre Patry a inauguré lui-même la juridiction, en dépit de ce qu'avance Etienne CHARAVAY, qui ne le fait siéger qu'à partir de 1792, trompé par les mentions fautives des *Almanachs royaux* de 1791 et 1792.

1540 Arch. de Paris : D6 U1 27.

1541 Et. CHARAVAY, *Assemblée électorale de Paris*, I, p. 24.

1542 Et. CHARAVAY, *Assemblée électorale de Paris*, II, Table.

1543 Arch. de Paris : D6 U1 28.

1544 Arch. de Paris : D6 U1 29.

1545 Bibl. nat. : Ye 48 998.

1546 SOBOUL - MONNIER, *Répertoire*, p. 340.

1547 Et. CHARAVAY, *Assemblée électorale de Paris*, III, p. 50.

1548 Arch. nat. : D III 254, dossier 18.

1549 Arch. de Paris : D7 U1 18.

1550 Arch. nat. : D III 254, dossier 18.

révolutionnaire du quartier, ait assez peu préservé son ministère de ses propres débordements politiques [1551].

Inquiété à trois reprises, les 10, 20 et 30 nivôse an III (30 décembre 1794, 9 et 19 janvier 1795), par ses concitoyens réunis en assemblée générale, pour avoir lu audit comité et aux commissaires civils une liste de citoyens de la section « *désignant à mesure ceux qu'il voulait faire arrêter* » et dont le nombre s'élevait environ à cent cinquante, chiffre excessif qu'une discussion restreignit à trente, ce « *grand inquisiteur* », aux dires des modérés, ne réussit guère à convaincre de son innocence lorsqu'on lui donna la parole pour se disculper [1552].

Aussi n'est-il pas étonnant que le conciliateur ait perdu la confiance de ses justiciables, lesquels la lui retirèrent par deux fois, lors des séances des 10 et 20 pluviôse an III (29 janvier et 8 février 1795), pour avoir « *réuni tous ses efforts à ceux des terroristes qui dominaient dans la section au mois de mai 1793* » [1553]. Pourtant, Melchior Péligot ne renonça pas à son fauteuil, et, le 9 ventôse (2 mars 1795), divers justiciables le dénoncèrent à nouveau pour avoir siégé au comité révolutionnaire, s'offusquant de ce qu'il tînt encore audience alors qu'il ne s'était couvert « *du masque de la douceur que pour commander plus sûrement les fureurs et les proscriptions* » [1554]. L'assemblée générale leur emboîta le pas, le 30 ventôse (20 mars 1795) : émettant « *librement son vœu* » pour proposer à la Convention des individus capables de mieux occuper les places indignement tenues, elle désigna le citoyen Robin, juge de paix originel de la section, afin de présider le tribunal de paix [1555].

Désarmé au mois de floréal par « *l'ouvrage d'une commission partiale* », l'ancien conciliateur, prévenu de terrorisme, fut arrêté le 5 prairial an III (24 mai 1795) sans que quiconque se présentât pour le défendre. Il rédigea le jour même une protestation adressée au Comité de Sûreté générale, arguant qu'il s'était, depuis l'« *époque désastreuse* » du 31 mai, « *renfermé purement et simplement dans ses fonctions de paix* » sans jamais décerner aucun mandat d'arrêt ; « *sensible et humain* » avec les épouses des citoyens emprisonnés, on ne pouvait attaquer ses mœurs « *qu'il os*[ait] *dire austères* ». Le surlendemain, son fils vint réclamer à la section que Péligot fût extrait de la maison d'arrêt de la Bourbe – c'est-à-dire de Port-Libre – et qu'on lui communiquât les motifs de son incarcération. Dès le 13 prairial (1er juin 1795), furent levés les scellés apposés sur les papiers du détenu dont l'épouse, Marie Bourdier, assurait la garde, et le 25 (13 juin), le Comité de Sûreté générale le remit en liberté [1556].

Son élargissement souleva l'indignation de ses adversaires, qui, le 30 (18 juin 1795), rappelèrent qu'ils avaient dix jours auparavant de nouveau présenté

[1551] Arch. nat. : C 336.
[1552] Arch. nat. : F^7 4774^{65}.
[1553] Arch. nat. : D III 254, dossier 18.
[1554] Arch. nat. : C 336.
[1555] Arch. nat. : D III 254, dossier 18.
[1556] Arch. nat. : F^7 4774^{65}.

quatre candidats à sa succession et que sa libération ne pouvait rendre à Péligot – qui avait l'audace de reprendre ses audiences – la confiance « *que la section entière lui* [avait] *retirée* » [1557]. Cet appel réitéré à l'exclusion du magistrat déchu n'eut pourtant pas d'effets immédiats. Le 10 thermidor an III (28 juillet 1795), un an jour pour jour après la mort de Robespierre, le réprouvé siégeait encore et l'assemblée générale de la section s'étonna de ce que le Comité de Législation ne l'eût toujours pas remplacé [1558]. Elle dut attendre quelques semaines supplémentaires ; le 21 fructidor (7 septembre) enfin, Melchior Péligot signa sa dernière minute, et bientôt Léonard Robin prit sa place [1559].

PELLETIER (Henri François)

Natif de Tours, dans l'Indre-et-Loire, il devint professeur de mathématiques et de dessin [1560] sous l'Ancien Régime, ce qui ne l'empêcha pas d'éditer une tragédie en 1771, et, en 1776, un poétique *Mausolée de Maurice, comte de Saxe* [1561].

Les débuts de la Révolution ne le laissèrent pas insensible : en 1789, il fit paraître une brochure sur la formation d'une assemblée nationale ; puis un essai plus important sur la *Réformation que les Etats généraux ont à faire dans leur constitution* ; et enfin, en 1790, un nouvel opuscule relatif au *Vœu de la France* [1562]. Il demeurait à Paris depuis plusieurs années 2, rue Neuve-Richelieu, lorsque au mois d'août 1792, la section des Thermes-de-Julien le choisit pour huitième de ses dix-neuf électeurs ; il était âgé de soixante-six ans [1563] et adressa une pétition à la Commune sur la permanence des assemblées sectionnaires en même temps qu'une proclamation au corps électoral, dont il faisait partie, en faveur de la liberté [1564].

Restent imprécises la date et les circonstances de son accession à la justice de paix de la section, désormais dite de Beaurepaire : les minutes, lacunaires, permettent seulement d'affirmer qu'il présidait déjà le tribunal le 11 vendémiaire an II (2 octobre 1793), après le départ de Louis Salivet [1565].

Ses convictions politiques le rapprochaient très probablement des projets de Robespierre ; il se laissa entraîner par son premier assesseur, Lemasson, dans la nuit du 9 au 10 thermidor (27-28 juillet 1794), à soutenir les ultimes moments de l'Incorruptible. Cette attitude lui valut d'être arrêté le jour même [1566] « *pour avoir trompé le peuple* [...] *calomnié la Convention nationale et excité les citoyens à se rallier, à prêter serment de fidélité à la Commune rebelle* ».

1557 Arch. nat. : D III 254, dossier 18.

1558 Arch. nat. : D III 256^{7}.

1559 Arch. de Paris : D7 U^{1} 20.

1560 Arch. nat. : W 80, dossier 3591.

1561 Bibl. nat. : Yf 6275 ; Yc 8445.

1562 Bibl. nat. : 8° Lb^{39} 6960 ; 1579 et 4238.

1563 Et. CHARAVAY, *Assemblée électorale de Paris*, III, p. 78.

1564 Bibl. nat. : 8° Lb^{39} 10 412 et 8° Lb^{41} 2381.

1565 Arch. de Paris : D11 U^{1} 30.

1566 Arch. nat. : D III 254, dossier 21.

Incarcéré à la maison d'arrêt de l'Egalité, Henri Pelletier en sortit pour subir son interrogatoire le 29 brumaire an III (19 novembre 1794), « *à deux heures de relevée* ». Ses réponses aux questions du juge Pierre Bidault suggèrent en fait une responsabilité très atténuée par rapport aux chefs d'accusation. Le juge de paix ne paraît pas avoir pris une part majeure aux événements ; il est même possible qu'on l'ait confondu avec un autre orateur lors de la tenue de l'assemblée générale de la section, le 9 thermidor au soir. Cette impression se confirme d'ailleurs à la lecture d'une note relative aux mesures, de simple routine, qu'il convenait de prendre à son égard : « *à arrêter et à interroger* »[1567].

Il était néanmoins toujours détenu à la date du 13 frimaire an III (3 décembre 1794), lorsque le comité civil dressa l'état de la justice de paix ; l'assesseur Nicolas Moutard, qui assurait l'intérim depuis l'arrestation, lui succéda officiellement au mois de pluviôse (fin janvier 1795) : chassé par la réaction thermidorienne, le tourangeau disparut définitivement des tribunaux parisiens[1568].

PÉRIER (Alexandre Gabriel)

L'arrivée au pouvoir de la famille d'Orléans permit à cet avocat de quarante-huit ans, avoué honoraire domicilié dans le VIIe arrondissement, 25 rue Saint-Merry, de s'introduire, et pour longtemps, au sein des justices de paix de la capitale[1569]. Il dut en effet à la bienveillance du ministre de la Justice de devenir, le 27 avril 1831, à la faveur des épurations qu'effectua la monarchie de Juillet, suppléant du VIe arrondissement de préférence au candidat que présentait le procureur du roi, lui aussi « *très connu de monsieur le Garde des Sceaux* ». Alexandre Périer, dès le mois d'août suivant, exprima le désir d'être affecté au VIIe arrondissement ; l'absence de poste vacant empêcha la réalisation de son souhait, mais bientôt une tout autre promotion allait combler ses vœux[1570].

Jean-Baptiste Villemsens, juge de paix du VIIIe arrondissement, démissionna le 12 mars 1832, et Périer se mit sur les rangs pour obtenir sa place « *à laquelle* – écrivit-il au ministère – *à ce qu'on m'assure, les suppléants ne prétendent point...* » L'affirmation était étonnante ; cependant, son auteur put compter sur le soutien de monsieur Perrot, du parquet de Versailles, et surtout sur l'appui du maire de l'arrondissement, qui souligna la nécessité d'un bon accord entre le pouvoir municipal et le juge de paix local : l'intérêt du service, autant qu'une « *affection personnelle* » militait en faveur de sa nomination. Enfin, Gilbert de Voisins, proche du garde des Sceaux, le recommanda en ajoutant un argument de poids : lors des trois dernières désignations de juges de paix, aucun des suppléants n'avait été choisi ; il convenait de rompre avec cette politique, sous peine « *de jeter le*

1567 Arch. nat. : W 80, dossier 3591.
1568 Arch. nat. : D III 254, dossier 21.
1569 Arch. nat. : BB⁸ 531.
1570 Arch. nat. : BB⁸ 510.

découragement parmi eux ». Le 18 avril 1832, sensible à cet avis, Louis-Philippe nomma le suppléant Périer à la tête de la juridiction convoitée [1571].

Celui-ci siégea presque trente ans ; à l'époque de l'extension des limites de Paris, le décret du 29 octobre 1859 le confirma dans ses pouvoirs en lui confiant les justiciables du XIe arrondissement nouvellement circonscrit [1572]; puis, au mois de janvier 1861, il démissionna, victime « *d'infirmités graves* » qui résultaient de ses obligations judiciaires, et obtint une pension de retraite [1573].

PERROT (Bon Gilbert)

Natif de Montluçon, dans l'Allier [1574], il fut avant la Révolution directeur du bureau de Correspondance nationale et étrangère, puis, en 1788, se vit attribuer les fonctions de procureur syndic de l'administration provinciale pour le département de Montluçon, qu'il conserva jusqu'au mois de décembre 1790.

Il revint alors à Paris, et, de 1791 aux premiers jours de brumaire an III (fin novembre 1794), fit partie du comité civil de la section de Popincourt [1575], où il demeurait au numéro 28 de la rue du même nom [1576]. Le 8 frimaire an III (28 novembre 1794), ce comité demanda le remplacement d'Augustin Duchesne, qui exerçait sans dignité la tâche de juge de paix, et attira l'attention du Comité de Législation sur Perrot, dont il avait pu apprécier les qualités du temps qu'il siégeait dans ses rangs – où même à sa tête, car il l'avait longtemps présidé [1577].

Le 9 nivôse (29 décembre 1794), il se retrouva juge de paix, et le 17 (6 janvier 1795), prêta serment devant les commissaires civils qui, le lendemain, se rendirent chez son prédécesseur pour lui faire restituer « *l'ancien et le nouveau sceau de la juridiction* » [1578]. Par courrier du même jour, ils informèrent le Comité de Législation [1579] et la Commission des administrations civiles, police et tribunaux du déroulement de leur mission [1580]. Enfin, Bon Gilbert Perrot put s'installer définitivement le 23 (12 janvier 1795) [1581]. Les assemblées primaires le réélurent en l'an IV – il était âgé de cinquante-sept ans [1582] – puis en l'an VI, le désignant de plus électeur du VIIIe arrondissement [1583]. Il tint ses audiences jusqu'au début de floréal an VIII (fin avril 1800), époque de sa nomination comme juge au tribunal du

---

1571 Arch. nat. : BB^8 531.
1572 Arch. nat. : BB^8 973.
1573 Arch. nat. : BB^8 1003.
1574 Arch. nat. : BB^{16} 704.
1575 Arch. nat. : D III 253, dossier 22.
1576 Arch. de Paris : D8 U^1 17.
1577 Arch. nat. : D III 253, dossier 22.
1578 Arch. de Paris : D8 U^1 17.
1579 Arch. nat. : D III 253, dossier 22.
1580 Arch. nat. : BB^1 59.
1581 Arch. de Paris : D8 U^1 17.
1582 Arch. nat. : BB^{16} 704.
1583 Arch. nat. : AF III 260

département de la Seine, et Jean Perrot – son parent ? – lui succéda quelques jours plus tard à la présidence de la justice de paix [1584].

Bon Gilbert était toujours membre du tribunal civil lorsque fut rédigée, en 1809, la « *statistique personnelle et morale* » de Paris. Père d'un garçon de quinze ans qui suivait ses cours au lycée Napoléon, et d'un autre d'une année plus jeune qui vivait en pension, il apparaissait comme « *parfait honnête homme* » et attaché à l'empereur, quoique d'une « *fortune médiocre* » [1585]. Toutefois, son soutien au régime impérial ne l'empêcha pas de perdre son siège lors de la réforme judiciaire de 1810 [1586].

PERROT (Jean David)

Ce futur employé des bureaux du Conseil d'Etat [1587] naquit le 4 mai 1731 [1588] et devint assesseur au tribunal de paix de la division Popincourt sous le Directoire, ce qui lui permit d'occuper sans coup férir le fauteuil de juge de paix que le titulaire, Bon Gilbert Perrot, appelé à d'autres fonctions, abandonna en l'an VIII. Le 13 floréal (3 mai 1800), ses collègues assesseurs le désignèrent pour pallier la vacance « *jusqu'aux prochaines assemblées communales* (*sic*) » [1589]. Mais en attribuant à Pierre Pinatel la justice de paix du VIIIe arrondissement, l'élection de l'an X le ravala au rang de second suppléant [1590], décision que confirma l'année suivante l'assemblée cantonale. Jean Perrot, célibataire disposant de 3 000 francs de revenus, résidait à cette époque 28, rue de Charonne [1591].

Au mois de juillet 1807, le préfet de la Seine comme les membres de l'ordre judiciaire consultés lui reconnurent la « *réputation méritée* » qui s'attachait à un propriétaire siégeant au bureau de bienfaisance [1592]. Renouvelé malgré son peu d'activité, il fut en outre élu la même année candidat juge de paix par ses concitoyens [1593] et conservé par les Bourbons jusqu'en 1818. Âgé de quatre-vingt sept ans, il envoya le 11 avril sa lettre de démission, regrettant que sa faible santé ne lui autorisât plus autre chose que la récitation de « *prières pour la conservation du roi et la prospérité de* [sa] *patrie* » [1594].

PHULPIN (Florentin)

Maître de pension, demeurant à Paris, rue de la Verrerie, paroisse Saint-Merry, numéro 39, il était assez à l'aise pour obliger financièrement ses amis, ce qui

---

1584 Arch. de Paris : D8 U[1] 17.
1585 Arch. nat. : F[7]* 2532 ; cf. en outre les passages consacrés par R. MONNIER, *Saint-Antoine*, p.130 et 286.
1586 *Almanach impérial*, 1810, 1811.
1587 Arch. nat. : BB[8] 25.
1588 Arch. nat. : BB[8] 13.
1589 Arch. de Paris : D8 U[1] 17.
1590 *Almanach national*, an XI.
1591 Arch. nat. : BB[8] 13.
1592 Arch. nat. : BB[8] 25.
1593 Arch. nat. : BB[8] 13.
1594 Arch. nat. : BB[8] 222.

n'allait pas toujours sans risques : le 8 juin 1791, il dut ainsi réclamer en justice le paiement de 1 100 livres pour argent prêté – ce que l'autre comparant, d'ailleurs, ne contestait pas – et lui consentit un délai [1595]. Les événements du 10 Août lui permirent, pour son malheur, de se mêler des affaires publiques ; agitateur de second rang [1596], il n'en fut pas moins choisi par l'assemblée générale de la section des Arcis, le 29 août 1792, pour succéder au juge de paix Pierre Simon, suspendu, et vint aussitôt tenir l'audience [1597].

Son activité judiciaire ne l'éloigna pas de la vie politique – comme en témoignent divers avis, messages, discours ou réponses par lui rédigés et publiés [1598]–, où il suscita de solides inimitiés. Le 29 pluviôse an II (17 février 1794), on le dénonça pour l'influence désastreuse qu'il exerçait sur le comité révolutionnaire du quartier, lequel, « *composé d'hommes libres, droits et sans tache* », se défendit de subir la moindre ingérence et prit le parti du juge de paix, « *vrai républicain sans-culotte, capable de déjouer toutes les intrigues* », qui parfois l'éclairait de ses lumières de praticien [1599].

À quelques semaines de là, le 20 germinal an II (9 avril 1794), Florentin Phulpin témoigna dans l'affaire Garnerin, emprisonné sous l'inculpation de propos séditieux. Loin d'apaiser la discorde, l'étonnant juge de paix affirma que le détenu l'avait calomnié ; celui-ci sortit pourtant le surlendemain [1600]. Faut-il reconnaître ici l'effet d'une vindicte personnelle ? Le 25 germinal (14 avril), le magistrat présida son tribunal pour la dernière fois [1601], car le Comité de Salut public le destitua le jour même, ordonna son arrestation et l'apposition des scellés sur ses papiers [1602]. On le saisit vers les sept heures du soir, en son domicile, et dès le lendemain sa femme – qui vivait d'un commerce en gros de fils – adressa au président du Comité de Sûreté générale une supplique qui ne laisse guère de doutes sur les agissements de ce « *patriote pur* » : « *combien de fois* – rappelait-elle – *il fut à votre barre demander la punition des coupables... ?* »

Florentin Phulpin ne supporta pas sa détention : dans la nuit du 7 au 8 prairial an II (26-27 mai 1794), il se pendit avec sa cravate dans sa cellule de la maison d'arrêt des Carmes [1603]. François Cousin, son successeur à la tête de la justice de paix, requit bientôt la levée des scellés apposés chez le défunt afin d'extraire les minutes dont il avait besoin [1604]. Celles-ci étaient tenues avec si peu de

1595 Arch. de Paris : D7 U[1] 1, minute n° 123.
1596 Ferdinand BRAESCH, *Commune*, p. 742 et 1102.
1597 Arch. de Paris : D7 U[1] 1.
1598 Bibl. nat. : Fol Lb[41] 3393 ; 8° Lb[40] 1694 et 1697 ; 8° Ln[27] 16222.
1599 Arch. nat. : F[7] 4774[72].
1600 Arch. nat. : W 30, dossier 1704.
1601 Arch. de Paris : D7 U[1] 2.
1602 Arch. nat. : BB[3] 59.
1603 Arch. nat. : F[7] 4774[72].
1604 Arch. nat. : AF[*] II 254.

soin, qu'un décret de la Convention du 7 messidor an II (25 juin 1794) dut préciser les modalités à suivre pour réparer les nombreuses irrégularités commises [1605].

PINARD (Clément Pierre Bernard)

Natif de Dijon, il vint s'établir à Paris en 1781 [1606] et vécut de son emploi dans les bureaux des Domaines, puis de la comptabilité des fermes. Volontaire dans la compagnie des chasseurs de la section Poissonnière dès sa formation [1607], il devint membre du conseil général de la Commune du 10 Août, laquelle le chargea de différentes commissions le 13 et le 19 [1608]. Cette désignation le fit ensuite accéder à diverses responsabilités publiques : ses concitoyens lui octroyèrent le troisième des huit mandats d'électeur qu'ils avaient à décerner [1609] et lui donnèrent des voix pour les fonctions d'administrateur du département, de greffier du tribunal criminel, de président, de juge, de juge suppléant au tribunal civil [1610].

Clément Pinard, qui demeurait sur la section, 54 rue du Faubourg-Saint-Denis, était âgé de trente-deux ans ; sa jeunesse n'empêcha pas, le 19 août, l'assemblée générale de l'élire juge de paix [1611] en remplacement de Jean Buob ; il présida sa première audience le 4 septembre [1612]. Il se mit à fréquenter le club des Jacobins, siégea plusieurs mois en 1793 dans les rangs du comité révolutionnaire de la section, dont il présida souvent l'assemblée générale, et réussit de surcroît à se dévouer quelque temps au comité de bienfaisance [1613]. Le 7 avril 1793, l'assemblée électorale l'élut juge suppléant à l'un des tribunaux civils [1614], et le sort l'affecta au IVe arrondissement [1615], mais il refusa ce mandat pour demeurer juge de paix.

Le retour au pouvoir des modérés ne pouvait pas ne pas influer sur sa carrière. Dès le 30 brumaire an III (20 novembre 1794), le Comité de Sûreté générale décerna contre lui un mandat d'amener qui fut exécuté le lendemain. Sommé de rendre compte de sa conduite, il s'y résigna « *sans aucune résistance* », tandis que l'on apposait les scellés sur ses papiers [1616]. Consultés par le Comité de Législation, le 3 frimaire an III (23 novembre 1794) les commissaires civils rendirent bon témoignage de leur juge de paix : « *il est intelligent et a paru savoir tout ce qui peut lui faciliter l'accomplissement de ses devoirs* »[1617]. Le surlendemain furent levés les scellés, et le conciliateur, qui s'était justifié, remis en possession « *de*

1605 Arch. nat. : BB^{3} 59.
1606 Arch. nat. : F^{7} 4774^{75}.
1607 Arch. nat. : D III 253, dossier 23.
1608 Ferdinand BRAESCH, *Commune*, p. 245 et s.
1609 Et. CHARAVAY, *Assemblée électorale de Paris*, III, p. 36.
1610 Et. CHARAVAY, *Assemblée électorale de Paris*, III, Table.
1611 Arch. nat. : D III 253, dossier 23 ; et F^{7} 4774^{75}.
1612 Arch. de Paris : D3 U^{1} 43.
1613 Arch. nat. : D III 253, dossier 23.
1614 Arch. nat. : B^{1} 13.
1615 A. M. CASENAVE, *Tribunaux civils*, II, p. 934.
1616 Arch. nat. : F^{7} 4774^{75}.
1617 Arch. nat. : D III 253, dossier 23.

ses appartement, meubles et effets » ; il obtint même, le 9 (29 novembre 1794), un certificat de civisme qui nous vaut la seule description physique que nous possédions d'un juge de paix. D'une taille de cinq pieds trois pouces et demi, Pinard répondait à ce signalement : « *visage ovale uni, front grand, cheveux noirs, yeux bruns, sourcils noirs, nez aquilain, bouche grande, menton ovale* » [1618]. Le 20 ventôse an III (10 mars 1795) cependant, la section décréta qu'il avait perdu sa confiance [1619] et Clément Pinard suspendit ses audiences à partir du 11 germinal (31 mars) [1620]; trois jours après, un arrêté de la Convention le destitua [1621].

Simple citoyen, il continua de connaître certains déboires : désarmé le 9 floréal an III (28 avril 1795), « *reconnu pour un terroriste et pour un dénonciateur* » par la commission épuratoire des Vingt et un, il fut arrêté, avec nombre de ses anciens collègues, le 5 prairial (24 mai). Le 29 (17 juin), ses assesseurs et vingt-sept justiciables témoignèrent qu'il avait occupé sa place « *avec toute l'impartialité qui convient à un juge* » ; le 8 messidor (26 juin), sa femme, enceinte de trois mois et qui avait quatre petits enfants à charge, implora le Comité de Sûreté générale qui reçut peu après le mémoire justificatif que lui avait adressé le prisonnier, tandis que le 11 (19 juin), le comité de surveillance de l'arrondissement émettait une opinion plutôt favorable à l'ancien fonctionnaire.

Celui-ci, dans une lettre au député Bergoins, rédigée le 2 thermidor (20 juillet), se disculpait d'avoir appartenu – comme on le croyait généralement – au ci-devant comité révolutionnaire de la section : il avait bien été élu, en avril 1793, au comité alors chargé de la surveillance des étrangers et de la délivrance des cartes aux citoyens, mais avait quitté ce poste au bout de trois mois, c'est-à-dire avant que cet organe ne se métamorphosât en comité proprement révolutionnaire. Sensible à ce dernier argument, le Comité de Sûreté générale ordonna sa mise en liberté le 8 thermidor an III (26 juillet 1795) [1622].

Clément Pinard ne put toutefois retrouver ses fonctions de pacificateur : le 29 messidor (17 juillet), quelques jours avant qu'il ne sortît, le comité civil avait proposé deux candidats pour occuper le tribunal déserté [1623], que Sauveur Morand vint présider au mois de fructidor [1624].

PINART (Pierre François)

Lorsqu'il écrivit en 1814 au Chancelier de France, il put se vanter d'avoir servi près de trente années en qualité de greffier « *tant aux requêtes de l'Hôtel du Roi, que dans les nouveaux tribunaux de Paris* ». Sa carrière, cependant, s'était brutalement interrompue en 1811, lorsque l'empereur le révoqua pour prévarication

[1618] Arch. nat. : F^7 4774^{75}.
[1619] Arch. nat. : D III 256^7.
[1620] Arch. de Paris : D3 U^1 38.
[1621] Arch. de Paris : D 34 Z.
[1622] Arch. nat. : F^7 4774^{75}.
[1623] Arch. nat. : D III 255-256^1.
[1624] Arch. de Paris : D3 U^1 38.

de la place de greffier en chef du tribunal de première instance de la capitale, qu'il occupait depuis cinq ans. Lui-même s'estimait « *injustement dépossédé* » et demandait au garde des Sceaux, prévenu en sa faveur, de le rendre à son ancien travail, de le nommer juge de paix à Paris – où le retenait l'éducation de ses six enfants – ou encore de lui confier un greffe de justice de paix, car il végétait depuis lors en des tâches subalternes [1625].

Au moment où l'on s'occupa de recruter de nouveaux magistrats, une note ministérielle du 18 octobre 1815 retint « *l'extrême sévérité* » dont avait usé à son égard le pouvoir impérial. La conduite de Pierre Pinart s'excusait pour certains, parce qu'il « *avait suivi des usages établis, et qu'il y avait été autorisé par l'ancien Président* ». « *Instruit, honnête* », ses opinions royalistes poussèrent les Bourbons à ne pas s'attarder sur le dépassement de tarif dont il s'était naguère rendu coupable. L'ordonnance du 11 novembre 1815 le nomma au tribunal de paix [1626] que libérait la révocation d'Antoine Lamaignère dans le Ier arrondissement [1627]. Quand survint la révolution de 1830, cette affaire de concussion n'était toujours pas oubliée : consulté lors des épurations de 1831, le procureur du roi estima que Pierre Pinart « *n'aurait pas dû être nommé* ». Cependant, son équité lui fit ajouter que la satisfaction de ses justiciables récompensait l'attitude qui était la sienne depuis cette époque ; on le conserva [1628].

Il siégea paisiblement jusqu'en 1833 ; alors lui prit la fantaisie d'organiser sa propre succession. Le 5 août, il obtint une audience particulière de Louis-Philippe au palais des Tuileries, et lui exposa que « *cinquante années de travaux dans l'ordre judiciaire* [...] *dont dix-huit en qualité de juge de paix* » légitimaient son désir de résigner ses fonctions en faveur de son fils. Le souverain parut répondre avec sollicitude.

Pierre Pinart assiégea le garde des Sceaux pour faire aboutir son projet. « *Chaque fois* », le ministre répondit « *que rien ne pressait, et qu'il fallait attendre un moment favorable* », d'autant plus que l'affaire s'était compliquée de l'arrivée du doyen des juges de paix, Forcade de la Roquette, qui guignait lui aussi le fauteuil du Ier arrondissement. Au mois de janvier 1834, l'obstiné obtint une seconde audience royale, qui scella le consentement des diverses parties : Jean Forcade remplaça dans le Ier arrondissement Pierre Pinart, dont le fils lui succédait dans le XIIe [1629]. En récompense de ses longs services, le juge de paix démissionnaire fut nommé juge suppléant au tribunal de Compiègne [1630], où résidait une partie de sa famille [1631].

1625 Arch. nat. : BB^5 181.
1626 Arch. nat. : BB^8 164.
1627 Arch. de Paris : D1 U^1 87.
1628 Arch. nat. : BB^8 510.
1629 Arch. nat. : BB^8 558.
1630 *Almanach royal*, 1835.
1631 Arch. nat. : BB^8 558.

PINART [[1632]]

Lorsque Louis-Philippe le reçut avec son père en audience privée, le 5 août 1833, il était âgé de trente-quatre ans et « *bientôt père de famille* ». Sa carrière judiciaire se déroulait depuis douze années « *dans la magistrature du ressort de la cour royale de Paris* », où il occupait un emploi de juge au tribunal de Melun.

Ce fut donc grâce au « *grand sacrifice* » de son père, qui délaissa son rang de juge de paix du Ier arrondissement afin de l'établir, et par la combinaison mise au point, sous l'œil bienveillant du roi, avec Forcade de la Roquette, qu'il put recueillir la présidence de la justice de paix du XIIe arrondissement, le 25 avril 1834 [1633]. Il siégea plus de vingt ans, et quitta son tribunal à la fin de 1855 ou au début de 1856 [1634].

PINATEL (Pierre Benoît)

Il naquit le 13 août 1749 dans le département de la Loire [1635], à Lésigneux près Monsbuisson-en-Forêts, où son père, Pierre, était laboureur. Celui-ci mourut avant que son fils ne signât, le 3 mai 1778, son contrat de mariage ; seule était donc présente sa veuve, Françoise Frérie, qui donna son consentement au projet de son fils, lequel était alors maître d'hôtel de l'abbé de Malézieu, conseiller de Grand'chambre au parlement de Paris, et demeurait rue Coulture-Sainte-Catherine, paroisse Saint-Paul.

Le futur juge de paix désirait épouser la fille de dame Anne Gardinier, veuve de Louis Dambreville, en son vivant fabricant de laines à Ardivilliers, dans le diocèse de Beauvais en Picardie. L'un et l'autre seraient communs en biens, selon la coutume de Paris, Pierre Pinatel apportant 2 000 livres d'effets mobiliers et sa fiancée 1 300, non compris la dot de 300 livres constituée par sa mère, ni la donation entre vifs consentie par son beau-frère, Jean Pillard, marchand de bois à Paris. Monseigneur Louis François de Paule de Barantin, premier président de la Cour des Aides de Paris, seigneur d'Ardivilliers et autres lieux, était présent, de même que Charles Antoine Marie de Malézieu, chevalier, conseiller clerc en la cour de parlement de Paris[1636]. Pierre Pinatel entra par la suite au service de ce dernier personnage en qualité de secrétaire de cabinet, ce qui lui permit de suivre « *les affaires judiciaires jusqu'à l'époque de la Révolution* ».

Agent national du comité civil de la section de Montreuil, puis membre de l'administration municipale du VIIIe arrondissement [1637], il quitta ce dernier emploi, destitué par le coup d'Etat du 18 fructidor an V (4 septembre 1797). Ceci n'empêcha pas le commissaire du Directoire près ladite administration de brosser à son propos un portrait des plus élogieux, le 25 nivôse suivant (14 janvier 1798) : « *Bon citoyen,*

1632 Dit « *Pinart fils* », son prénom n'est jamais mentionné.

1633 Arch. nat. : BB[8] 558.

1634 *Almanach impérial*, 1856.

1635 Arch. nat. : BB[8] 16.

1636 Minutier Central, XII, 686.

1637 Arch. nat. : BB[8] 16.

bon père, bon époux », il s'était toujours conduit « *franchement et avec le plus grand courage* » dans la vie publique.

Le commissaire suggéra donc au directeur Rewbell d'agir en sorte que ne fût pas invalidée la décision, prise au décès du juge de paix Chauvin par ses assesseurs, de nommer à leur tête l'un d'entre eux, en l'occurrence Pinatel. « *Il serait à désirer* – poursuivit-il – *que les places ne fussent occupées que par des citoyens dont la moralité fût aussi certaine que la sienne* » [1638]. Convaincu par ces paroles, le gouvernement entérina, le 6 pluviôse an VI (25 janvier 1798), la désignation antérieurement faite [1639], et le 13 (1er février 1798), l'ancien assesseur put valablement présider le tribunal de paix [1640]. Signe de sa popularité, les citoyens actifs convoqués au 1er germinal (21 mars 1798) prolongèrent son mandat et le désignèrent électeur de l'arrondissement [1641].

Le juge de paix de la division de Montreuil tint ses audiences à la satisfaction de ses justiciables, qui le firent triompher en l'an X, lors de la dernière élection directe, et devenir juge de paix du VIIIe arrondissement. A l'issue de cette consultation, le préfet de la Seine en fit grand éloge : « *pénétré de ses devoirs et uniquement occupé du soin de bien les remplir* », Pierre Pinatel menait une vie de famille heureuse au milieu de ses quatre enfants ; sa fortune était évaluée à 30 000 francs de capital [1642]. En l'an XI, l'assemblée cantonale l'élut candidat aux fonctions qu'il exerçait depuis cinq ans déjà ; il était à cette époque qualifié de marchand de bois – héritage de son beau-frère Pillard ? – et résidait 37, rue Saint-Bernard [1643]. Sous l'Empire, toujours soutenu par Frochot, qui le jugeait « *intègre, exact, intelligent* », fort considéré des magistrats de première instance, qui estimaient « *difficile de faire un meilleur choix* » [1644], il passa sans encombre l'épreuve du renouvellement par cinquième du personnel judiciaire, et l'empereur le confirma dans son poste par décret du 12 août 1807 [1645].

Même la Restauration, en dépit d'un rapport ministériel, à l'évidence malveillant, qui le prétendait « *au-dessous de sa place* », considéra qu'il « *y aurait peut-être de l'inconvénient à le déplacer* » [1646]. Elle le conserva donc, et, de plus, lui permit en 1816 de prendre pour greffier en titre Alexandre Sané, son propre gendre, lequel était commis assermenté depuis quinze ans [1647]. L'ancien maître d'hôtel continua de présider son tribunal, puis sa santé s'altéra au point que son premier suppléant, Jean-Baptiste Villemsens, dut le remplacer de plus en plus souvent au cours des dernières années. Chevalier de la Légion d'honneur en récompense de ses

---

1638 Arch. nat. : BB^5 167.
1639 Arch. nat. : BB^5 404.
1640 Arch. de Paris : D8 U^1 15.
1641 Arch. nat. : AF III 260.
1642 Arch. nat. : BB^8 16.
1643 Arch. nat. : BB^8 13.
1644 Arch. nat. : BB^8 25.
1645 Arch. nat. : BB^8 52.
1646 Arch. nat. : BB^8 164.
1647 Arch. nat. : BB^8 193.

longs travaux, il quitta son fauteuil judiciaire le 23 octobre 1824 [1648] et mourut en novembre.

Le procureur général Bellart lui rendit alors un hommage bien surprenant : « *Monsieur Pinatel, comme jurisconsulte, comme juge de paix proprement dit, était un homme fort ordinaire. Comme directeur de ses justiciables, comme modérateur des esprits, comme habile à les manier dans le sens convenable, il était excellent. Il valait cent fois mieux qu'un homme de plus d'esprit et de plus de capacité* » [1649]. A pied d'œuvre depuis longtemps déjà, Jean-Baptiste Villemsens recueillit cette délicate succession [1650].

PLANCHER-VALCOUR (Philippe Alexandre Louis Pierre)

Auteur dramatique et comédien sur les boulevards au moment de la Révolution [1651], il se qualifia lui-même « *d'homme de lettres et ci-devant acteur aux Délassements comiques, demeurant à Paris rue du Faubourg-du-Temple, maison du sieur Barzennery, vis-à-vis la cour anglaise* » lorsqu'il assigna en justice, le 30 avril 1791, les directeurs du spectacle afin de paiement d'une somme de 560 livres, qu'il obtint en majeure partie, « *pour honoraires et prix de différentes pièces de théâtre fournies par lui* » [1652].

Philippe Plancher, dit Plancher-Valcour, avait en effet produit des hymnes, mélodrames, poèmes ... en quantité avant de se prendre de passion pour la vie politique, laquelle lui offrit une nouvelle source d'inspiration. Il célébra de la sorte les anniversaires de Louis XVI « *dernier roi des Français* » et du « *31 mai 1793 (style esclave)* » ; prononça des discours, en l'honneur de l'Etre Suprême par exemple ; proposa des mesures de salut public et composa une *Chanson des Sans-Culottes* [1653].

Au mois de germinal an VII (fin mars 1799), président d'assemblée primaire qualifié d'anarchiste par le commissaire du Directoire exécutif près la Ve municipalité [1654], il réussit à se faire élire juge de paix de la division du Faubourg-du-Nord de préférence au titulaire, Pierre Mussey, et prit possession du tribunal le 4 floréal (23 avril 1799) [1655]. Il siégea jusqu'au 28 pluviôse an X (17 février 1802) [1656], époque à laquelle Jean-Baptiste Le Blond se retrouva juge de paix du Ve arrondissement ; lui-même obtint la première suppléance [1657]. Néanmoins, les assemblées cantonales de l'année suivante lui témoignèrent une défiance certaine et

---

[1648] Arch. de Paris : D8 U[1] 57.
[1649] Arch. nat. : BB[8] 333bis.
[1650] Arch. de Paris : D8 U[1] 57.
[1651] Arch. nat. : BB[8] 25.
[1652] Arch. de Paris : D6 U[1] 39, minute n° 148.
[1653] Bibl. nat. : Ye 14 247 ; 8° Lb[41] 3880 et 3909 ; 8° Lb[40] 2319 ; Ye 55 978.
[1654] Arch. nat. : AF III 261.
[1655] Arch. de Paris : D5 U[1] 17.
[1656] Arch. de Paris : D5 U[1] 18.
[1657] *Almanach national*, an XI.

ne l'élurent candidat à aucun poste [1658]. C'était le signe avant-coureur de la disgrâce : au mois de septembre 1806 – il était âgé de quarante-cinq ans – l'empereur, qui n'appréciait pas plus son passé de comédien que ses tendances anarchistes, disposa de sa place [1659].

POINTARD (Claude Charles)

Avocat au parlement de Paris sous l'Ancien Régime, il devint en 1790 secrétaire et deuxième des dix-sept électeurs de la section du Roi-de-Sicile, qu'il habitait rue Pavée-au-Marais numéro 1 [1660]. À l'âge de quarante-cinq ans, il s'enrôla comme volontaire dans la 2e compagnie du bataillon du Petit-Saint-Antoine, et, l'année suivante, vit prolonger son mandat d'électeur au quatrième rang. Il rallia aussi quelques suffrages pour les fonctions de scrutateur général, de député suppléant et d'administrateur du département [1661].

Claude Pointard était en outre, depuis la création, assesseur en la justice de paix, ce qui lui fit assurer, à partir du 8 août 1792, l'intérim de Louis Fayel, bientôt arrêté. Commissaire civil [1662], il n'eut aucun mal à se faire élire juge de paix dans le courant du mois par l'assemblée générale de la section – désormais dite des Droits-de-l'Homme [1663] – et prit la tête de la juridiction le 15 septembre [1664].

Il tint ses audiences chez lui, rue Pavée, « *les duodi et octidi de chaque décade, le matin à onze heures précises* » jusqu'au 25 fructidor an III (11 septembre 1795) [1665], et mourut dans la nuit du 29 (15 septembre), laissant sa veuve pour unique héritière [1666]. Trois jours plus tard, le comité civil fit informer celui de Législation du décès « *afin qu'une place si importante, surtout dans Paris, ne demeure pas longtemps vacante* » [1667]; très vite, François Richebourg prit la relève [1668].

POULLETIER (Alexandre Claude)

Il vint au monde à Paris [1669], le 22 août 1755 ; clerc de notaire [1670], il abandonna l'étude pour le barreau et fut reçu avocat au parlement [1671]. Sa formation de juriste lui permit de succéder à François Mouchet, juge de paix de la section de la Fraternité, dans les dernières semaines de l'été de 1793. L'état de la justice de paix

---

1658 Arch. nat. : BB8 16.
1659 Arch. nat. : BB8 25.
1660 Et. CHARAVAY, *Assemblée électorale de Paris*, I, p. 42.
1661 Et. CHARAVAY, *Assemblée électorale de Paris*, II, p. 41, 113, 323 et 393.
1662 Arch. de Paris : D7 U1 27.
1663 Arch. nat. : D III 254, dossier 4.
1664 Arch. de Paris : D7 U1 27.
1665 Arch. nat. : D III 254, dossier 4 ; et Arch. de Paris : D7 U1 28.
1666 Arch. de Paris : DQ 8 54.
1667 Arch. nat. : D III 256³.
1668 Arch. de Paris : D7 U1 28.
1669 Arch. nat. : BB16 704.
1670 Arch. nat. : BB8 13.
1671 Arch. nat. : BB8 25.

que le comité civil de la section dressa le 7 frimaire an III (27 novembre 1794), très laconique, se borne à mentionner qu'il n'exerçait alors aucun autre emploi public [1672]. Au début de l'an IV, toujours juge de paix, il habitait quai de l'Union, au numéro 27 [1673]; il perdit bientôt sa juridiction, car le Directoire nomma Jean-Baptiste Febvé à sa place, le 1er germinal (21 mars 1796), inaugurant ainsi une alternance acharnée entre les deux hommes [1674].

Alexandre Poulletier connut une courte revanche lorsque les assemblées primaires le réélurent au début de germinal an V (fin mars 1797)[1675], mais la loi du 19 fructidor (5 septembre 1797) l'invalida et Febvé revint en force [1676]. Cependant, il reconquit son siège au mois de germinal an VII (fin mars 1799) : président d'assemblée primaire, électeur du IXe arrondissement, assesseur « *ami des lois et des principes* », il élimina le successeur de son rival [1677], le citoyen Ravant, qu'avait entre-temps désigné le Directoire [1678]. Il siégea jusqu'au moment de la réduction, qui fit en l'an X de Léon Wisnick le juge de paix du IXe arrondissement, mais ne réussit pas à se faire élire suppléant [1679]. Ce n'était que partie remise : au mois de septembre 1806, le préfet de la Seine, qui le notait « *très favorablement* », et les magistrats de l'ordre judiciaire, qui le disaient « *rempli d'excellentes qualités, très estimé* », le présentèrent d'office à la suppléance. Même, le procureur impérial ajouta dans une lettre ultérieure que l'on vantait « *son caractère conciliant, son intégrité et sa bienfaisance* » [1680]. Le 23, l'empereur approuva la proposition [1681].

Du coup, les assemblées cantonales de 1807 l'élurent candidat juge de paix ; célibataire, Alexandre Poulletier demeurait désormais 5 rue du Parc-Royal et menait une vie de rentier grâce à ses 4 000 francs de revenus [1682]. Il conserva sa suppléance jusqu'au 7 février 1816, et la perdit alors au motif qu'il ne paraissait « *point vouloir s'occuper de sa place* » [1683].

RAVANT [?]

Sa carrière au sein des justices de paix est l'illustration même de l'intrusion forcée, dictée par le pouvoir politique, d'un homme que ses justiciables rejetèrent dès qu'ils en eurent la possibilité. Le 6 brumaire an VII (27 octobre 1798), le

---

1672 Arch. nat. : D III 254, dossier 7.

1673 Arch. nat. : BB16 704.

1674 Arch. nat. : BB5 378.

1675 Arch. nat. : BB16 711.

1676 Arch. nat. : BB5 168.

1677 Arch. nat. : AF III 261.

1678 Arch. nat. : BB5 410.

1679 *Almanach national*, an XI.

1680 Arch. nat. : BB8 25.

1681 Arch. nat. : BB8 52.

1682 Arch. nat. : BB8 13.

1683 Arch. nat. : BB8 203.

Directoire le nomma juge de paix de la division de la Fraternité [1684] en remplacement de Jean-Baptiste Febvé, appelé à d'autres fonctions [1685].

Nous ne savons rien de lui, sinon que ses vues politiques le rapprochaient à l'évidence des visées gouvernementales ; il ne garda la juridiction que cinq mois, car les assemblées primaires de germinal (fin mars 1799) mirent un terme rapide à sa judicature, en même temps qu'à l'intervention du pouvoir central, en élisant à nouveau Alexandre Poulletier [1686], qui avait déjà rallié leurs suffrages lors de la convocation de l'an V [1687].

REGNAULT (Nicolas Richard)

Il naquit le 15 novembre 1755 et vécut sous l'Ancien Régime de son état d'agent d'affaires [1688], mais on ne sait guère ce qu'il fit dans les temps orageux de la Révolution.

Le 15 germinal an V (4 avril 1797), il remplaça Jean-Jacques Fantin à la tête de la justice de paix de la division des Tuileries [1689], et le Directoire l'y confirma le 30 fructidor (16 septembre 1797) au milieu d'invalidations massives [1690]. Nicolas Regnault en profita pour s'implanter dans son quartier : secrétaire d'assemblée primaire dans le Ier arrondissement au mois de germinal an VI (fin mars 1798), il en devint électeur [1691] et vit renouveler son mandat judiciaire. Ainsi siégea-t-il jusqu'à l'époque de la réduction, qui sacra Antoine Lamaignère juge de paix de l'arrondissement ; lui-même tint sa dernière audience le 1er ventôse an X (20 février 1802) [1692] et perdit tout travail effectif, car il n'obtint pas de suppléance.

Soutenu par le sénateur Roger-Ducos et par le conseiller d'Etat Bigot de Préameneu, il sollicita en vain l'octroi du greffe du tribunal de simple police [1693]. En l'an XI, toutefois, les assemblées cantonales l'élurent candidat juge de paix ; Nicolas Regnault était marié, père d'un enfant ; il résidait 8, rue de la Convention et disposait d'un faible revenu de 226 francs [1694].

Le préfet de la Seine, qui lui était plutôt favorable, et le procureur impérial de première instance, qui assurait : « *il n'y a qu'une voix sur son compte* » en fait de capacité, probité, attachement à la personne de l'empereur, le présentèrent au mois de juillet 1807 pour la place de juge de paix. Mais des renseignements antérieurs

---

1684 Arch. nat. : BB^5 410.
1685 Arch. nat. : BB^5 168.
1686 Arch. nat. : AF III 261.
1687 Arch. nat. : BB^{16} 711.
1688 Arch. nat. : BB^8 13.
1689 Arch. de Paris : D1 U^1 28.
1690 Arch. nat. : BB^5 404.
1691 Arch. nat. : AF III 260.
1692 Arch. de Paris : D1 U^1 28.
1693 Arch. nat. : BB^5 168.
1694 Arch. nat. : BB^8 13.

affirmaient que l'ancien magistrat – qui avait repris sa qualité d'agent d'affaires – avait suscité des commentaires moins élogieux par sa conduite professionnelle [1695].

Ce doute, qui aurait suffi à lui interdire tout espoir de réintégration dans l'ordre judiciaire, fût-ce à titre de suppléant, se révéla certainement controuvé, car on le recruta la même année en tant que commissaire de police de la division du Roule, responsabilité qu'il assuma jusqu'aux derniers temps de l'Empire [1696].

RICHEBOURG (François Jacques)

Natif de Paris [1697] où il vivait d'une charge d'huissier-priseur depuis 1771, François Richebourg se retrouva, au mois d'août 1792, quinzième des dix-sept électeurs de la section des Droits-de-l'Homme – ci-devant du Roi-de-Sicile [1698].

La Révolution n'influença guère ses activités professionnelles, puisqu'il était encore « *expert aux prises et ventes de meubles, rue des Mauvais-Garçons, numéro 6* », lorsque le 3 frimaire an III (23 novembre 1794) le comité civil de la section le proposa pour assesseur au tribunal de paix [1699]. Agréée, cette présentation lui permit de prendre la suite de Claude Pointard le 4 vendémiaire an IV (26 septembre 1794) [1700] ; il avait alors quarante-neuf ans [1701].

Un quiproquo fit que le Directoire, le croyant juge de paix démissionnaire, lui donna un successeur le 25 nivôse an IV (15 janvier 1796) [1702], mais devant ses dénégations, revint sur cet arrêté quelques jours après [1703]. Réélu à son poste au mois de germinal an VI (fin mars 1798), François Richebourg devint électeur l'année suivante [1704] et conserva sa judicature jusqu'à la réduction de l'an X [1705], qui porta Frédérik Fariau à la présidence de la justice de paix du VIIe arrondissement [1706]. Lui-même mourut au cours de cette consultation électorale, entre le 13 et le 15 pluviôse an X (2-4 février 1802), comme le préfet Frochot l'apprit au ministre de l'Intérieur dans une lettre datée du 25 ventôse (16 mars) [1707].

RICHOMME (François Louis Marie)

Né le 8 septembre 1768, il devint avocat à la veille de la Révolution, puis se tourna vers les travaux d'avoué. Il exerçait en cette qualité près le tribunal de première instance de Paris, quand les électeurs, convoqués à la fin de 1812, le désignèrent sixième candidat suppléant pour la justice de paix du XIe arron-

---

1695 Arch. nat. : BB^{8} 25.
1696 *Almanach impérial*, 1807-1813.
1697 Arch. nat. : BB^{16} 704.
1698 Et. CHARAVAY, *Assemblée électorale de Paris*, III, p. 53.
1699 Arch. nat. : D III 254, dossier 4.
1700 Arch. de Paris : D7 U^{1} 29.
1701 Arch. nat. : BB^{16} 704.
1702 Arch. nat. : BB^{5} 377.
1703 Arch. nat. : BB^{1} 60^{B}.
1704 Arch. nat. : AF III 261.
1705 Arch. de Paris : D7 U^{1} 33.
1706 *Almanach national*, an XI.
1707 Arch. nat. : F^{1C} III Seine 2.

dissement. Un tel choix n'aurait jamais dû emporter la moindre incidence pratique : François Richomme jouissait de 6 000 francs de revenus environ, et son état lui permettait de faire vivre avec aisance sa femme et ses trois enfants, qui habitaient avec lui 26 rue du Bouloi [1708].

Mais la Restauration épura les justices de paix impériales : les magistrats de l'ordre judiciaire le présentèrent officiellement, séduits par son instruction, « *son esprit doux et conciliant* » ; sensibles aussi, peut-être, à son grade de capitaine de grenadiers de la garde nationale, à son titre de chevalier de la Légion d'honneur, et à ses préférences politiques marquées. L'ordonnance du 7 février 1816 le nomma premier suppléant dans le IIIe arrondissement [1709].

Quatre ans plus tard, Thomassin de la Fortelle donna sa démission de juge de paix. Le comte Portalis, ministre de la Justice, recommanda François Richomme, très royaliste doyen des suppléants de Paris. Le 9 août 1820, Louis XVIII l'appela pour siéger au fauteuil du Xe arrondissement [1710] et l'ex-avoué s'installa le 18 [1711], mais pour une période assez brève, puisqu'il tint sa dernière audience le 5 mai 1824. Il mourut en son domicile, 40 rue de Grenelle-Saint-Germain, le 11 mai à sept heures du matin, laissant pour héritiers deux enfants mineurs et une fille majeure, mariée au sieur Alexis Gojart, payeur général de la guerre à Toulouse, où tous deux résidaient [1712]. Pierre Lizot assura sa relève [1713].

RIVIÈRE (Etienne Antoine)

Géomètre-arpenteur, il était en 1792 juré d'accusation et secrétaire greffier de la section de l'Arsenal, qui l'élut au mois d'août deuxième de ses treize électeurs ; il avait trente-cinq ans et demeurait 26 rue des Jardins [1714]. On le présenta sans succès pour la place d'administrateur du département [1715], mais l'ensemble de ses concitoyens le choisit, le 17 septembre 1792, comme juge de paix [1716], et il vint exercer la présidence qu'abandonnait Hullin de Bois Chevalier [1717].

Il siégea durant la trouble époque de la Terreur, et ne put triompher des épurations thermidoriennes. Prévenu d'avoir, au mois de floréal an II (avril-mai 1794), « *provoqué directement, quoique fonctionnaire public, au meurtre de ceux qu'il appelait riches et au pillage des marchands* » [1718], l'assemblée générale de la section prononça son arrestation et celle de son greffier le 5 prairial an III (24 mai

---

[1708] Arch. nat. : BB^8 13.
[1709] Arch. nat. : BB^8 203.
[1710] Arch. nat. : BB^8 256.
[1711] Arch. de Paris : D10 U^1 122.
[1712] Arch. de Paris : D10 U^1 135.
[1713] Arch. de Paris : D10 U^1 136.
[1714] Et. CHARAVAY, *Assemblée électorale de Paris*, III, p. 58.
[1715] Et. CHARAVAY, *Assemblée électorale de Paris*, III, p. 249.
[1716] Arch. nat. : D III 254, dossier 1.
[1717] *Almanach royal*, 1791.
[1718] SOBOUL - MONNIER, *Répertoire*, p. 389.

1795) [1719]. Incarcéré, il eut pour successeur Hugues Béraud, l'un de ses assesseurs [1720].

Il fut remis en liberté le 1er thermidor an III (19 juillet 1795), mais ses activités politiques laissèrent quelques souvenirs dans les bureaux du ministère de la Police : le 1er frimaire an XII (23 novembre 1803), on l'arrêta par méprise, le confondant avec un homonyme porté sur le *senatus-consulte* du 14 nivôse an IX (4 janvier 1801). Innocenté, il retourna quinze jours plus tard aux travaux d'arpentage qu'il effectuait pour l'administration forestière de la Seine [1721].

ROBIN (Léonard)

Angoulême le vit naître le 23 juin 1745, mais ce fut à Paris qu'il embrassa le métier d'avocat au parlement [1722] qu'il exerça, vingt-cinq années durant, jusqu'à ce que l'arrivée de la Révolution lui fît perdre son état. Le renouveau politique avait pourtant trouvé en lui un auxiliaire dévoué, car il fut représentant de la commune de la Ville en 1789, 1790 et 1791, « *chargé des principaux travaux pour l'organisation générale de la municipalité, de la juridiction de la ville, des renseignements pour les approvisionnements, etc.* » [1723].

La section de Beaubourg qu'il habitait, 8 rue du même nom, le distingua d'ailleurs dès 1790 en le désignant deuxième de ses vingt-trois électeurs et surtout juge de paix ; mais le 15 décembre, après avoir obtenu des voix comme juge, il devint effectivement juge suppléant aux tribunaux civils [1724] et fut affecté au VIe arrondissement [1725]. D'autre part, on le nomma commissaire du roi dans le département du Lot « *à raison des attroupements, insurrections et incendies* » dans les districts de Gourdon, Lozerte et autres avoisinants [1726]. Tant de charges étaient incompatibles avec l'exercice d'un mandat de juge de paix, et ce ne fut pas lui, mais Nicolas Leverdier, qui inaugura la juridiction au mois de janvier 1791 [1727].

Cette année-là lui fut particulièrement faste : confirmé en juin comme deuxième électeur de la section [1728], il repartit en qualité de commissaire pacificateur, cette fois dans les départements du Gard et de l'Ardèche, à cause « *des grands rassemblements du camp de Jalès, des troubles de religion* », et sa mission périlleuse et gratuite se solda, s'il faut l'en croire, par un prompt et complet apaisement [1729]. Affilié au club de la Sainte-Chapelle [1730], il fut élu, le 23 septembre

---

1719 Arch. nat. : D III 256².

1720 Arch. nat. : D III 254, dossier 1.

1721 SOBOUL - MONNIER, *Répertoire*, p. 389.

1722 A. M. CASENAVE, *Tribunaux civils*, II, p. 937.

1723 Arch. nat. : BB⁵ 168.

1724 Et. CHARAVAY, *Assemblée électorale de Paris*, I, p. 44 et 225.

1725 A. M. CASENAVE, *Tribunaux civils*, I, p. 5.

1726 Arch. nat. : BB⁵ 168. Son *Adresse* [...] *aux citoyens du département* est conservée à la Bibl. nat. : 4° Lb³⁹ 9692.

1727 Arch. de Paris : D7 U¹ 17.

1728 Et. CHARAVAY, *Assemblée électorale de Paris*, II, p. 38.

1729 Arch. nat. : BB⁵ 168.

1791, vingtième député du département de Paris par 408 voix contre 282 à son rival Condorcet [1731], et fit partie du Comité de Législation de l'Assemblée nationale, au sein duquel il travailla en tant que « *principal collaborateur* » du code civil.

L'emballement révolutionnaire lui causa par la suite quelques soucis : à deux reprises incarcéré, en 1793 et 1794, « *pour récompense* – écrira-t-il plus tard – *de son dévouement à la Révolution* [...] *et du caractère d'honnêteté et de modération qu'il y a toujours conservé* » [1732], il refit surface à l'époque de l'épuration thermidorienne. Le comité civil de la section de la Réunion – ci-devant de Beaubourg – se rappela que Léonard Robin avait été le premier à se voir honorer du titre de juge de paix quelques années plus tôt. Le 10 thermidor an III (28 juillet 1795), il le proposa au meilleur rang pour remplacer Melchior Péligot, qui avait perdu sa confiance [1733]. Le 29 fructidor (15 septembre), l'ancien avocat put s'installer en la justice de paix enfin désertée par son prédécesseur, mais ne siégea que jusqu'au 20 brumaire an IV (11 novembre 1795) [1734], car il ne réussit pas à recueillir l'adhésion de ses concitoyens réunis en assemblées primaires, et Jean Hombert remporta l'élection.

Dès lors, et en dépit de son double séjour en prison sous le règne de Robespierre, il se fit exclure des emplois publics « *comme exagéré et comme rapporteur de la loi sur le divorce à l'Assemblée législative* » [1735]. Il ne rentra en grâce qu'au moment de la réorganisation judiciaire, qui, le 26 germinal an VIII (16 avril 1800), le fit accéder au poste envié de commissaire du gouvernement près le tribunal de la Seine [1736]. Le 8 fructidor an IX (26 août 1801), cependant, il sollicita sa nomination comme substitut du commissaire du gouvernement près le Tribunal de cassation, mais en vain ; condamné à l'accomplissement de tâches « *pénibles et accablantes pour son âge* » – que le délabrement de sa santé lui interdisait dorénavant de supporter – Léonard Robin postula un siège au Corps législatif [1737].

Il eut la joie d'y être appelé le 14 pluviôse an X (3 février 1802), mais ne profita guère de cet honneur : il s'éteignit à Paron, dans l'Yonne, le 17 messidor (6 juillet 1802) [1738].

ROBINEAU (Jean-Claude)

Il fut, dès sa création, le greffier de la justice de paix de la section des Gravilliers. Jean-Baptiste Jossier, qui la présidait, dut s'incliner au mois d'août 1792

1730 Et. CHARAVAY, *Assemblée électorale de Paris*, II, p. 541.

1731 Et. CHARAVAY, *Assemblée électorale de Paris*, II, p. XXXIII et s..

1732 Arch. nat. : BB^5 168.

1733 Arch. nat. : D III 256^7.

1734 Arch. de Paris : D7 U^1 20.

1735 Arch. nat. : BB^5 168. Ses *Rapport et projet de décret sur le divorce* sont conservés à la Bibl. nat. : 8° Le^{34} 177. Il fit paraître, en 1793, une *Instruction sur la loi qui détermine les causes, le mode et les effets du divorce... adressée à la Convention nationale*. Bibl. nat. : F 43 472.

1736 A. M. CASENAVE, *Tribunaux civils*, II, p. 937.

1737 Arch. nat. : BB^5 168.

1738 A. M. CASENAVE, *Tribunaux civils*, II, p. 937.

devant la décision de la Commune insurrectionnelle : les commissaires de la section apposèrent les scellés sur les papiers du greffe, puis un décret, pris le 22 août par l'Assemblée, autorisa Jean-Claude Robineau à reprendre lui-même le cours des audiences. Il présida le tribunal jusqu'au 13 janvier 1793, veille de l'arrivée de Jean-Marie Martin [1739].

ROGER DES IFS (André Pierre)

Avocat au parlement de Paris sous l'Ancien Régime, il acquit un office d'avocat aux Conseils le 16 décembre 1788, puis se rallia aux nouvelles institutions. Il était âgé de cinquante ans lorsqu'au mois de mars 1791 l'assemblée générale de la section du Palais-Royal, sur le ressort de laquelle il demeurait, 87 rue Sainte-Anne, le choisit pour notable adjoint [1740].

André Roger des Ifs devint vers cette époque avoué au Tribunal de cassation [1741], puis la démission de Boivin de Blancmur lui permit d'arriver, le 2 juin 1792, au fauteuil de juge de paix, qu'il occupa bien peu de temps : victime de la mesure de suspension générale imposée par la Commune du 10 Août, il céda la place à Jean-Baptiste Lacoste et se retrouva défenseur officieux près le Tribunal de cassation [1742]. La réaction thermidorienne lui offrit de nouveaux emplois publics : le 1er floréal an III (20 avril 1795), ses concitoyens le proposèrent pour siéger au comité civil de la section Lepeletier – où il résidait depuis le 12 juillet 1793 [1743] 165, rue du Marc – et le Comité de Législation le nomma le 17 (6 mai 1795).

Lors de la réorganisation judiciaire de l'an VIII, il adressa au ministre de la Justice un mémoire récapitulatif de ses divers titres à l'octroi d'un poste de juge « *soit au Tribunal de Cassation, soit dans les tribunaux que l'on établira à Paris* » [1744], mais le résultat de sa démarche demeure mystérieux.

ROULLEAU (Jean-François Henri)

Il rejoignit les rangs de la Révolution dès le 13 juillet 1789, et « *pendant toute la durée des districts* » assuma les responsabilités de commissaire civil et de bienfaisance et celles de secrétaire. Ses concitoyens l'élurent greffier de la section des Enfants-Rouges dès l'origine, et il occupa ce poste jusqu'au 10 Août ; le 18, il reçut une nouvelle preuve de leur confiance, car ils le choisirent pour succéder au juge de paix Gruter des Roziers, qu'avait destitué le coup de force [1745]. Jean-François Roulleau s'installa le 4 septembre 1792 [1746] en la justice de paix de la section –

1739 Arch. de Paris : D6 U[1] 2.
1740 Arch. nat. : BB[5] 167.
1741 *Almanach royal*, 1792.
1742 Arch. nat. : BB[5] 167.
1743 Arch. nat. : D III 256[5].
1744 Arch. nat. : BB[5] 167.
1745 Arch. nat. : D III 254, dossier 9.
1746 Arch. de Paris : D7 U[1] 8.

récemment rebaptisée du Marais – qui le chargea en outre de « *plusieurs missions* » dont la teneur reste énigmatique.

Lui qui n'avait « *jamais abandonné* » la Révolution subit les conséquences du déclin de la Gironde, et commença d'éprouver quelques déboires au mois de juillet 1793. Victime du parti montagnard de sa section – désormais dite de l'Homme-Armé –, il fut « *de ceux qui ont été le plus tourmenté* » : on le traduisit devant le tribunal criminel de Paris, qui lui infligea une peine de douze années de fers comme prévaricateur ; fort heureusement, la sentence fut cassée, et le magistrat renvoyé devant les juridictions répressives de Seine-et-Oise, qui l'acquittèrent [1747].

Remis en liberté, il ne put toutefois réintégrer le tribunal de paix qu'il avait présidé jusqu'au 20 ventôse an II (10 mars 1794) et où siégeait Jean-Louis Trescon [1748], car ce fut en vain qu'il argua de son acquittement et du « *vœu unanime* » formulé par l'assemblée générale tenue le 30 brumaire an III (20 novembre 1794) [1749].

ROULLION (Antoine)

Inscrit au tableau de l'ordre des avocats à la cour royale depuis 1811, il avait quarante-cinq ans lorsque les membres de l'ordre judiciaire le présentèrent, le 18 octobre 1826, comme candidat à la suppléance de la justice de paix du IXe arrondissement. Un temps juge suppléant au tribunal de Riom, il l'avait quitté au mois de juin 1820 pour se fixer à Paris auprès de sa famille, mais les magistrats de première instance lui reconnurent toutes les qualités requises pour réintégrer le corps de la magistrature : une aisance honnête, un talent professionnel reconnu, un entier dévouement à « *l'auguste famille* » des Bourbons. Le procureur général, pour sa part, exprima ouvertement sa préférence et l'ordonnance du 1er novembre 1826 nomma Antoine Roullion au poste désiré [1750].

À l'avènement de Louis-Philippe, ses sentiments légitimistes auraient pu entraver sa carrière, mais les renseignements fournis sur son compte lors de l'épuration de 1831 lui furent à ce point favorables, qu'on proposa de le nommer à la tête de la justice de paix – alors vacante et dont il assumait en réalité la charge depuis six mois. On le choisit plutôt pour remplacer Marie Louis Boursier, « démissionné » par la Chancellerie dans le XIe arrondissement, et l'ordonnance du 27 avril 1831 officialisa cette désignation [1751]; le 5 mai, Antoine Roullion y tint sa première audience [1752]. Deux ans plus tard, il publia un *Essai sur la loi des faillites et des banqueroutes* [1753].

[1747] Arch. nat. : D III 254, dossier 9.
[1748] Arch. de Paris : D7 U[1] 11.
[1749] Arch. nat. : D III 254, dossier 9.
[1750] Arch. nat. : BB[8] 385.
[1751] Arch. nat. : BB[8] 510.
[1752] Arch. de Paris : D11 U[1] 142.
[1753] Bibl. nat. : F 43 885.

Il devait accomplir trente-cinq années de judicature : le décret impérial du 29 octobre 1859 le confirma juge de paix du VIe arrondissement nouvellement délimité [1754], et seules des raisons de santé l'amenèrent à se retirer, au mois d'octobre 1866, à l'âge de quatre-vingt-cinq ans [1755].

ROUSSELET (Pierre Alexandre Joseph)

Sa carrière judiciaire semble une simple parenthèse au milieu de celle de Charles Creton, juge de paix de la section des Amis-de-la-Patrie, auquel il succéda le 17 germinal an V (6 avril 1797). Pierre Rousselet occupa cinq mois seulement le fauteuil récemment conquis, car la loi du 19 fructidor an V (5 septembre 1797), signe des tensions politiques, invalida son élection et le jour même se déroula sa dernière audience. Son prédécesseur reprit sa place [1756].

SALIVET (Louis Georges Isaac)

Au mois d'août 1792, ses concitoyens le choisirent pour électeur au lieu du sieur Dufourny, parti en mission, mais cette désignation resta lettre morte [1757]. En revanche, Louis Salivet exerça effectivement le mandat de juge de paix que lui confia la section des Thermes-de-Julien après la suspension d'Alexandre Acheney.

La très mauvaise tenue du greffe et la rareté des minutes qui nous sont parvenues permettent seulement de supposer qu'il présida le tribunal jusqu'au mois de septembre 1793, époque vers laquelle Henri Pelletier reprit le cours des audiences [1758].

SALMON (Charles François)

Il résidait à l'hôtel de la Reynière lorsqu'on le choisit pour deuxième des sept électeurs [1759] et premier assesseur de la justice de paix de la section des Champs-Elysées en 1790. À ce titre, il commença d'assurer l'intérim ouvert par la démission de Paul Beaufils au mois de mai 1792 ; à partir du 15, « *se substituant* » au titulaire, il s'occupa de la juridiction désertée qu'un décret du 16 juin lui attribua officiellement. Devenu à son tour juge de paix, il rendit son ultime jugement le 28 juillet, quelques jours avant l'arrivée d'Antoine Lamaignère [1760].

La Commune du 10 Août, qui l'avait suspendu, comme tous ses collègues, de ses fonctions judiciaires, l'appela bientôt à d'autres emplois : élu administrateur au conseil provisoire du département de Paris le 21 août, il se retrouva membre du directoire particulièrement chargé des contributions, de la comptabilité et du bureau militaire. Charles Salmon, qui était âgé de quarante-sept ans et qualifié de bourgeois,

---

1754 Arch. nat. : BB8 973.
1755 Arch. nat. : BB8 1096.
1756 Arch. de Paris : D6 U1 33.
1757 Et. CHARAVAY, *Assemblée électorale de Paris*, III, p. 77.
1758 Arch. de Paris : D11 U1 30.
1759 Et. CHARAVAY, *Assemblée électorale de Paris*, I, p. 3.
1760 Arch. de Paris : D1 U1 1.

sortit par expiration de son mandat au mois de janvier 1793 [1761]. Électeur de 1792 [1762], il rallia encore les suffrages de ses concitoyens en l'an VI [1763].

SALVIGNY [?]

Ce fut au coup de force de la Commune que le citoyen Salvigny dut d'accéder au rang de juge de paix : l'assemblée générale de la section de Popincourt lui offrit, au mois d'août 1792, le fauteuil que Louis Verpy, destitué, venait de quitter. Cependant, le nouveau promu ne profita guère de cet avantage, puisqu'il mourut aux derniers jours de juin 1793 ; Joachim Duguit le remplaça bientôt [1764].

SANSON DU PERRON (Jean-François)

Il naquit en 1744 dans le futur département de la Manche, puis devint avocat au parlement de Paris en 1769, avant de poursuivre sa carrière comme avocat aux Conseils du roi à partir de 1781. Sanson du Perron travailla ensuite, vers 1785, pour le conseil du Clergé et de la Ferme générale, puis l'arrivée de la Révolution infléchit son destin [1765].

Au mois d'octobre 1790, la section de Mauconseil, où il demeurait 9 rue des Deux-Portes-Saint-Sauveur, le désigna seizième de ses dix-sept électeurs et juge de paix [1766]. Sa formation de juriste lui fit par ailleurs obtenir des voix comme juge, ou juge suppléant, dans les nouveaux tribunaux d'arrondissement [1767], mais il dut se contenter de sa justice de paix, qu'il inaugura le 22 janvier 1791 [1768]. Quelques semaines plus tard, il rallia encore plusieurs suffrages pour une suppléance au tribunal criminel [1769].

Ses occupations judiciaires ne le distrayaient pas totalement de la vie politique, car il siégeait aussi au conseil général de la Commune et prit sans doute quelques initiatives qui se retournèrent contre lui à l'époque du 10 Août. On l'incarcéra le jour même à l'Abbaye [1770] en vertu d'un décret d'accusation que Pâris et Boulland avaient fait rendre à son encontre [1771]. Sanson du Perron, qui avait présidé ses audiences jusqu'à l'extrême limite de ses possibilités, dut céder la place à François Therrin [1772]. Fort heureusement, le 2 septembre, des commissaires de sa section le réclamèrent [1773], et le conseil général de la Commune, après avoir

---

1761 Sigismond LACROIX, *Département*, p. 218, 220, 223, 228 et 476.
1762 Et. CHARAVAY, *Assemblée électorale de Paris*, III, p. 3.
1763 *Almanach national*, an VII.
1764 Arch. nat. : D III 253, dossier 22 ; et F^7 4684, dossier Duchesne.
1765 Arch. nat. : BB^5 169.
1766 Et. CHARAVAY, *Assemblée électorale de Paris*, I, p. 27.
1767 Et. CHARAVAY, *Assemblée électorale de Paris*, I, Table.
1768 Arch. de Paris : D5 U^1 1.
1769 Et. CHARAVAY, *Assemblée électorale de Paris*, II, p. 444, 451 et 457.
1770 Arch. nat. : BB^5 169.
1771 Ferdinand BRAESCH, *Commune*, p. 62.
1772 Arch. de Paris : D5 U^1 1.
1773 Arch. nat. : BB^5 169.

tergiversé, décida le lendemain soir que l'ex-juge de paix serait gardé par ses concitoyens « *pour être présenté à toute réquisition* » [1774] ; ce transfert lui permit d'échapper aux massacres qui se préparaient dans les prisons de la capitale [1775] et au cours desquels périrent deux de ses collègues.

Sanson du Perron quitta Paris. En l'an III, il se retrouva chef du bureau des Emigrés du district de Gonesse, emploi qu'il changea l'année suivante pour celui de juge de paix de la commune. Il exerça ce nouveau mandat jusqu'au 1er germinal an X (22 mars 1802), et dès lors s'éloigna des affaires publiques [1776].

SIMON (Pierre Marie)

Parisien de naissance, il embrassa la carrière d'avocat au parlement et en vivait encore lorsque la section des Arcis le choisit pour électeur, le 11 octobre 1790, puis pour juge de paix, le 6 novembre suivant. Il prêta serment en cette qualité le 16 janvier 1791 [1777], et le 26, tint sa première audience. Il siégea jusqu'au 11 août 1792, et, suspendu par la Commune, dut laisser son fauteuil à Florentin Phulpin [1778]. Inquiété pour connivence avec le prétendu bureau central établi aux Tuileries par différents juges de paix afin d'instruire sur la journée du 20 Juin [1779], il évita de se montrer aux assemblées générales de la section, dont il avait plusieurs fois assuré la présidence ou le secrétariat [1780], et s'inquiéta de ses affaires domestiques.

Le 24 septembre 1792, il vendit deux arpents et demi de terre, propriétés de son épouse Madeleine Louise Lalaure, qui les tenait de sa mère, moyennant la somme de 1 800 livres à l'instant payée en « *assignats monnaie* » au cours du jour. Pierre Simon, toujours qualifié d'homme de loi, demeurait à cette époque 122, rue du Coq [1781]. La perte de son tribunal lui fit reprendre son ancienne activité professionnelle, puisque nous le retrouvons membre de la commission des défenseurs officieux pour les indigents. Il fut ensuite employé à l'administration des Domaines nationaux jusqu'à ce que le conseil général de la Commune, le 24 floréal an II (13 mai 1794), décrétât son arrestation.

Un citoyen de sa section avait, du temps de sa judicature, porté plainte sur l'insulte faite à son fils par des « *gardes aristocratiques du ci-devant roi* » ; le juge de paix, qui l'estimait abusive, n'avait pas donné suite, mais la rancœur de son justiciable l'avait poursuivi et dénoncé comme un modéré qui avait subtilisé son certificat de civisme aux autorités. Instruit de la manœuvre, Pierre Simon s'était de lui-même présenté au conseil général afin d'expliquer les véritables causes de cette délation, mais celui-ci, pour toute réponse, avait ordonné sa détention à la mairie.

1774 François BARRIERE, *Bibliothèque des mémoires*, XVIII, p. 201, et M. TOURNEUX, *Procès-verbaux*, p.87.
1775 Ferdinand BRAESCH, *Commune*, p. 497.
1776 Arch. nat. : BB5 169.
1777 Arch. nat. : F7 4775 19.
1778 Arch. de Paris : D7 U1 1.
1779 Ferdinand BRAESCH, *Commune*, p. 60.
1780 Arch. nat. : F7 4775 19.
1781 Minutier Central, VII, 518.

Le département de police l'interrogea le surlendemain et décida de l'incarcérer à la prison du Luxembourg, où il fut écroué le 9 prairial an II (28 mai 1794). De sa cellule, il écrivit pour sa défense : âgé de quarante-cinq ans, il faisait vivre sa femme et ses trois filles de vingt et un, quinze et trois ans, grâce à 4 000 livres de rente qu'il possédait avant la Révolution, et aux revenus de ses places successives de juge de paix ou d'employé des Domaines. Malgré son dévouement à la vie publique, il s'était toujours montré « *fort réservé dans ses liaisons* [...] *et n'était lié qu'avec les gens de son état* ». Cette modestie ne l'avait pourtant pas empêché de siéger au comité civil, de participer aux journées des 31 mai, 1er et 2 juin 1793, ou de faire son service dans la garde nationale. Une note de police reconnaissait même qu'il n'avait ni fréquenté de « *club anticivique, ni signé d'arrêté liberticide* », et le soupçon de modérantisme semblait assez léger. Quelques semaines plus tard tombait l'Incorruptible, et le 23 thermidor an II (10 août 1794), le Comité de Sûreté générale ordonna sa mise en liberté et la levée des scellés apposés à son domicile [1782].

Nous le retrouvons le 29 décembre 1823, requérant à titre d'exécuteur testamentaire l'inventaire des biens que laissait feu Nicolas Defoissy, ancien procureur au parlement de Paris ; Pierre Simon était alors chef de bureau au ministère des Finances et habitait 8 rue de Menars [1783].

THERRIN (François Nicolas)

Lorsque la Commune du 10 Août suspendit Sanson du Perron de ses fonctions de juge de paix, l'assemblée générale de la section de Mauconseil – désormais dite de Bon-Conseil – désigna, le 18, François Therrin pour présider provisoirement la juridiction. Définitivement nommé le 22 [1784], celui-ci siégea jusqu'au 2 nivôse an II (22 décembre 1793), date de son abandon du tribunal au profit de Pierre Dumeige [1785]. Il devint électeur en l'an IV et administrateur de la Ve municipalité [1786].

THILLY (Nicolas)

Natif de Reims, demeurant à Paris depuis 1785 [1787], il fut employé, sous l'Ancien Régime, chez un procureur au parlement de Paris et se retrouva, au début de la Révolution, commis dans les divers bureaux de la mairie [1788]. Les chaudes journées de septembre 1793 le tirèrent de ces travaux obscurs, et le 7, l'assemblée générale de la section du Pont-Neuf – qui se rebaptisait Révolutionnaire et

1782 Arch. nat. : F^7 4775^{19}.
1783 Minutier Central, I, 802.
1784 Arch. de Paris : D5 U^1 1.
1785 Arch. de Paris : D5 U^1 2.
1786 Arch. nat. : F^7 4775^{27}.
1787 Arch. nat. : F^7 4775^{28}.
1788 Arch. nat. : D III 254, dossier 16.

redistribuait les emplois publics – le nomma juge de paix [1789] à la place d'Etienne Lambert, dont il occupa le fauteuil à partir du 6 vendémiaire an II (27 septembre 1793) [1790]. Très jeune – il avait vingt-cinq ans – et porté par le courant révolutionnaire, il n'hésita pas, malgré ses devoirs de pacificateur, à témoigner à charge au procès d'Antoine Daubanton, l'ex-greffier de la justice de paix, le 23 brumaire an II (13 novembre 1793) [1791].

L'état du tribunal qu'il adressa un an plus tard au Comité de Législation nous apprend qu'il résidait « *à la caserne, rue Louis* » et qu'il était de surcroît commissaire distributeur des secours militaires, fonction tout à fait compatible avec une judicature qu'il allait d'ailleurs bientôt perdre. Le 12 ventôse an III (2 mars 1795), il écrivit en effet à la Convention sa surprise d'avoir vu l'assemblée générale de la section – de nouveau dite du Pont-Neuf – lui retirer sa confiance. Une telle disgrâce semblait inconcevable à l'égard d'un « *patriote qui* [...] *dans la nuit mémorable du 9 au 10 thermidor* [avait] *arrêté les administrateurs de la police rebelle* » [1792]. Sa stupeur ne modifia pas les sentiments de ses concitoyens : il dut renoncer à son siège le 27 ventôse an III (17 mars 1795) [1793] et fut arrêté le 13 germinal (2 avril) [1794] à cinq heures du matin.

Conduit sur-le-champ au Comité de Sûreté générale, puis à la maison de discipline de la rue du Bouloy, il fut écroué dans la soirée à la prison du Plessis, d'où il rédigea une protestation, le 2 floréal (21 avril) : malgré les multiples démarches de son épouse, il n'avait pu obtenir ni les motifs de son arrestation, ni qu'on le laissât s'expliquer. Son interrogatoire se déroula le 22 (11 mai 1795). Nicolas Thilly comprenait d'autant moins l'inculpation de terrorisme, que « *les mesures de rigueur* [lui avaient] *toujours répugné* » et qu'il défiait « *qui que ce soit de lui faire le moindre reproche sur la manière dont il s'*[était] *comporté dans ses fonctions de juge de paix* ». Quant à l'accusation majeure d'avoir été le rédacteur du comité révolutionnaire de la section, il la réfutait très simplement : certes, il avait eu l'occasion d'en rencontrer souvent les membres parce qu'il habitait « *dans la même maison et sur le même escalier* » ; mais il n'avait lui-même siégé qu'au sein de la commission chargée de surveiller les étrangers, dont il démissionna, du reste, dès l'époque où elle fut transformée en comité révolutionnaire. En outre, il avait cessé de fréquenter le club des Jacobins depuis septembre 1792 [1795].

Cette réponse ne parvint pas à convaincre le Comité de Sûreté générale, qui le laissa deux mois encore incarcéré et ne décida sa mise en liberté provisoire que le 28 messidor an III (16 juillet 1795), sous la surveillance de la section et sans le

---

1789 Arch. nat. : W 10, dossier Daubanton.

1790 Arch. de Paris : D11 U^1 40.

1791 Arch. nat. : W 10, dossier Daubanton.

1792 Arch. nat. : D III 254, dossier 16.

1793 Arch. de Paris : D11 U^1 41.

1794 Arch. nat. : D III 254, dossier 16.

1795 Arch. nat. : F^7 4775^{28}.

réarmer [1796]. Le 3 fructidor (20 août), l'intéressé protesta contre ces restrictions : « *cette mesure me tue moralement et physiquement, occupé toute ma vie au travail des bureaux, j'ai besoin de la confiance pour vivre et l'état où je suis m'empêche de trouver de l'occupation, et est pour moi une véritable mort civile* » [1797].

Juste retour des choses, Antoine Daubanton, contre lequel il avait naguère déposé, vint occuper le fauteuil vacant de juge de paix [1798].

THOMASSIN DE LA FORTELLE (Nicolas Jean Joseph François Xavier)

Fait surprenant sous la Restauration, cet ancien lieutenant général du bailliage de Château-Salins ne fit qu'une éphémère apparition au sein des justices de paix parisiennes. Du reste, la vacuité de son dossier au ministère de la Justice suggère une désignation due au patronage plus qu'à ses propres mérites, d'autant qu'elle s'opéra au détriment de deux candidats nommés par la suite aux mêmes fonctions : Pierre Lizot et François Richomme. Toujours est-il que l'ordonnance royale du 17 novembre 1819 le choisit afin d'occuper le fauteuil que la mort de Jean Godard offrait à sa convoitise dans le Xe arrondissement [1799].

Autre singularité, Thomassin de la Fortelle ne prit sa présidence que le 10 janvier 1820, avec deux mois de retard [1800]. Dès le 12 août, il la quitta au profit du même Richomme [1801]: sa lettre de démission, datée du 9 et plus que lapidaire, énonçait que son défaut de santé ne l'autorisait plus à siéger davantage [1802].

THORILLON (Antoine Joseph)

Il naquit à Lacheux, dans la Somme [1803], le 5 septembre 1741 [1804], puis vint s'établir à Paris où il vécut, dix-sept années durant, de son état de procureur au Châtelet, avant de se retirer « *encore jeune pour se livrer à des travaux législatifs* ». Il étudia « *quelques parties* » du droit civil, mais s'intéressa davantage au droit public. En 1787, il livra ainsi ses idées sur les impôts, qui pouvaient « *enrichir l'Etat de 300 Millions, et plus* » [1805], puis réfléchit aux lois criminelles sur lesquelles il publia, en 1788, un livre en deux volumes [1806] qui proposait « *460 lois nouvelles en place de celles qui existent* », ouvrage que la commission royale « *formée des Lamoignon etc.* », puis l'Assemblée constituante, accueillirent avec la même faveur [1807]. Dès cette époque, d'ailleurs, le juriste appelait de ses vœux le

---

1796 Arch. nat. : F^{7} 4775^{28} et F^{7} 4775^{30}.
1797 Arch. nat. : F^{7} 4775^{28}.
1798 Arch. de Paris : D11 U^{1} 41.
1799 Arch. nat. : BB^{8} 236.
1800 Arch. de Paris : D10 U^{1} 121.
1801 Arch. de Paris : D10 U^{1} 122.
1802 Arch. nat. : BB^{8} 236.
1803 Arch. nat. : BB^{16} 704.
1804 Arch. nat. : BB^{8} 13.
1805 Bibl. nat. : R 43 998.
1806 Bibl. nat. : F 45 315-45316.
1807 Arch. nat. : BB^{5} 171.

bouleversement prochain de la société ; il écrivait en ce sens et, « *même sous le joug de la censure* », réclamait l'égalité et la liberté, celle du moins « *qui ne dégénère point en licence, et qui respecte les droits et les propriétés de chacun* » [1808].

Ainsi son enthousiasme lui fit-il occuper, dès 1789, de nombreux emplois publics : électeur de la paroisse Saint-Merry, notable et municipal « *à l'unanimité des quarante-huit sections* », administrateur de police... [1809]. Au mois d'octobre 1790, ses concitoyens de la section des Gobelins le choisirent pour deuxième de leurs douze électeurs, puis pour juge de paix ; Antoine Thorillon était à ce moment âgé de quarante-neuf ans et demeurait 12, rue des Fossés-Saint-Marcel [1810]. Il se démit de ses charges de police, non sans avoir obtenu l'écharpe d'honneur, et inaugura le tribunal de paix le 26 janvier 1791 [1811]; le 20 février, il protesta contre le projet qui donnait à ses collègues compétence en matière d'instruction criminelle, considérant « *ces actes de rigueur* » parfaitement opposés à l'esprit pacificateur [1812].

La vie politique allait cependant le distraire de ses préoccupations judiciaires : président d'assemblée primaire au mois de juin 1791, il vit confirmer son mandat d'électeur, puis, le 13 septembre, au deuxième tour de scrutin, battant Brissot par 405 voix contre 352, devint le onzième des vingt-quatre députés parisiens ; après la scission des votants, il se rangea bien entendu parmi les membres du club de la Sainte-Chapelle [1813]. Il interrompit ses audiences le 1er octobre, ouvrant un long intérim à la fin duquel Simon Bourgoin le remplaça au mois d'août 1792, et, pendant tout le temps de la session, siégea au Comité de Législation de l'Assemblée [1814]. Il proposa des mesures contre l'émigration, tout en récusant celles qui visaient les prêtres réfractaires, et rapporta sur la situation de Saint-Domingue et sur l'organisation de la police générale du royaume [1815].

En 1792, il estima prudent de publier certaines observations « *touchant ses principes que quelques journalistes* [avaient] *défigurés* » [1816]. Il rappela qu'il n'avait cessé, depuis 1789, de donner des preuves de son dévouement au nouvel ordre des choses [1817], bien que sa santé lui eût interdit de participer, aux mois de février et mars, aux séances de l'Assemblée nationale. En fait, il lui fallait combattre la redoutable réputation, qui était désormais la sienne, de « *ministériel* », qualificatif qu'il rejetait absolument dans une lettre à ses commettants [1818].

[1808] Arch. nat. : AD XVIII^{A} 65.

[1809] Arch. nat. : BB^{5} 171.

[1810] Et. CHARAVAY, *Assemblée électorale de Paris*, I, p. 79.

[1811] Arch. de Paris : D12 U^{1} 40.

[1812] Arch. nat. : AD II 37. Sa protestation est conservée à la Bibl. nat. : 8° Lb^{40} 1855.

[1813] Et. CHARAVAY, *Assemblée électorale de Paris*, II, p. VII, 68, XXVII et 208, 542.

[1814] Arch. nat. : BB^{5} 171.

[1815] ROBERT, BOURLOTON, COUGNY, *Dictionnaire des parlementaires français*, tome V, p. 416.

[1816] Bibl. nat. : 8° Le^{34} 70.

[1817] Souvent d'ailleurs par des brochures imprimées, sur des sujets variés. Bibl. nat. : 8° Ln^{27} 19 593 ; 8° Lb^{39} 4108 ; 8° Le^{33} .3.A (72) ; 8° Lb^{41} 2980.

[1818] Arch. nat. : AD XVIII^{A} 65.

Antoine Thorillon quitta Paris, sans doute au début de la Terreur, et se retira dans la Somme. Ses adversaires politiques ne l'avaient pourtant pas oublié : le 5 messidor an II (23 juin 1794), le comité révolutionnaire de la section du Finistère – ci-devant des Gobelins –, dont il avait été juge de paix, dressa contre lui une sévère dénonciation. On lui reprochait d'avoir obtenu tous ses mandats par l'intrigue, et, reprenant l'accusation précédente, ses détracteurs l'estimaient coupable « *d'avoir cherché à excuser les torts des ministres que toute la France accusait* [...] *et* [...] *voté en faveur de La Fayette au mois de juin 1792* ». De plus, l'ancien magistrat s'était toujours opposé aux « *pétitions patriotiques* » et « *apitoyé sur le sort du peuple à l'époque du 31 mai 1793* », en même temps qu'il jetait le discrédit sur les autorités constituées et demandait la levée en masse pour la Vendée, « *sachant bien que la chose était impossible* » [1819]. En dépit de la gravité des griefs, il ne semble pas qu'une quelconque mesure ait suivi ce réquisitoire.

Robespierre abattu, l'ex-député fut proposé, le 1er floréal an III (20 avril 1795), pour siéger au comité civil de sa section [1820], puis, le 10 fructidor (27 août 1795), présenté par l'assemblée générale à la succession du juge de paix Simon Bourgoin, celui-la même qui l'avait relayé au mois d'août 1792 [1821]. Sa nomination, cependant, tarda jusqu'à la tenue des assemblées primaires, et ce ne fut que le 9 frimaire an IV (30 novembre 1795) qu'il put reprendre possession du tribunal que ses concitoyens lui avaient confié cinq années plus tôt [1822].

Antoine Thorillon présida plus durablement cette fois sa justice de paix ; réélu au mois de germinal an VI (fin mars 1798) par les assemblées primaires qui choisirent aussi pour électeur cet « *ami du gouvernement* » [1823], il demeura en place jusqu'à l'époque de la réduction, et, triomphant de ses concurrents, devint juge de paix du XIIe arrondissement. Les événements ne s'étaient certes pas déroulés sans heurts : le 11 ventôse an X (2 mars 1802), une plainte circonstanciée parvint au ministre de l'Intérieur sur les procédés employés pour assurer cette victoire : agapes électorales, déclarations mensongères sur le retrait de ses rivaux, assurances de népotisme futur... auraient largement orienté l'issue du scrutin [1824].

Le préfet de la Seine, qui avait diligenté une enquête à ce sujet, reconnut plus tard l'irrégularité des moyens utilisés, mais en rendit responsables le greffier et l'huissier plus que Thorillon lui-même, cependant fautif d'avoir conservé l'un et l'autre auprès de lui. Celui-ci, qui était marié, sans enfants, et propriétaire de la maison qu'il habitait, présentait les connaissances nécessaires à son travail, mais ses infirmités – ajoutait l'autorité préfectorale – le rendaient incapable de l'accomplir, car il avait perdu « *presque totalement* » l'ouïe et la vue [1825].

1819 Arch. nat. : F^7 4775^{29}.
1820 Arch. nat. : D III 256^4.
1821 Arch. nat. : D III 254, dossier 8.
1822 Arch. de Paris : D12 U^1 37.
1823 Arch. nat. : AF III 260.
1824 Arch. nat. : F^{1C} III Seine 2.
1825 Arch. nat. : BB^8 16.

Cela n'empêcha pas l'assemblée cantonale de le choisir, l'année suivante, comme candidat juge de paix [1826]. Antoine Thorillon – qui continuait d'écrire à tout propos : sur les finances publiques, sur les attributions et l'organisation des justices de paix, sur le projet de code de procédure civile...[1827]– n'était pourtant qu'en sursis : les Consuls n'avaient pas jugé opportune l'invalidation officielle d'un résultat électif, mais le ministre de l'Intérieur, convaincu de la fraude, ne voulut pas non plus que l'on pût penser que le pouvoir couvrait sciemment des abus manifestes. On usa de voies détournées : lors du premier renouvellement par cinquième des fonctionnaires, on mit l'accent sur les insuffisances physiques déjà signalées du magistrat et l'exclut, dans l'intérêt du service et au profit de Pierre Gobert, nommé le 29 germinal an XII (19 avril 1804) [1828]. Antoine Thorillon quitta la justice de paix le 11 floréal (1er mai 1804) [1829], mais ne laissa pas de protester contre son éviction.

Il contestait l'existence de ses infirmités, mettait en avant ses longs services et décrivait sa position malheureuse, « *ayant notoirement perdu* » une grande partie de sa fortune au cours de la Révolution [1830]. Il écrivit encore, le 8 septembre 1807, pour dénier la légalité de la nomination de son successeur, mais le ministre de l'Intérieur lui répondit d'une sèche démonstration juridique qui prouvait le bien-fondé de la décision impériale [1831]. La trace ultime que nous ayons de lui est l'acte notarié qu'il passa, le 21 avril 1810, pour donner quittance aux époux Mayou d'Aunoy, ses débiteurs, d'une somme de 5 572 francs et 66 centimes ; il était âgé de soixante-neuf ans [1832].

THUILLIER (Claude Louis)

Natif de Paris [1833], où il exerçait la profession d'avocat sous l'Ancien Régime [1834], il reçut de ses concitoyens le mandat de juge de paix de la section du Théâtre-Français à l'automne de 1790. Il inaugura sa juridiction le 25 janvier [1835], et offrit un exemple presque unique de stabilité judiciaire en ces temps fort troublés. En effet, il triompha de la mesure de suspension générale ordonnée par la Commune du 10 Août, car la section – désormais dite de Marseille – le réélut à son poste [1836] et même le désigna vingt-cinquième de ses vingt-six électeurs ; il avait soixante-sept ans et résidait rue des Fossés-de-Marseille [1837].

1826 Arch. nat. : BB^8 13.
1827 Bibl. nat. : Rp 7490 ; 8° Lf^{116} 4 et 58.
1828 Arch. nat. : BB^8 25.
1829 Arch. de Paris : D12 U^1 47.
1830 Arch. nat. : BB^5 171.
1831 Arch. nat. : BB^8 172.
1832 Minutier Central, V, 873.
1833 Arch. nat. : BB^{16} 704.
1834 Arch. nat. : D III 254, dossier 20.
1835 Arch. de Paris : D11 U^1 16.
1836 Arch. de Paris : D11 U^1 17.
1837 Et. CHARAVAY, *Assemblée électorale de Paris*, III, p. 73.

Les épurations thermidoriennes ne l'inquiétèrent pas davantage ; le 20 frimaire an III (10 décembre 1794) déjà, le comité civil attestait sa réputation d'instruction et de probité, et signalait avec compassion qu'il devait se faire « *extirper la cataracte* » qui obscurcissait sa vue sans l'empêcher de remplir ses devoirs [1838]. Claude Thuillier siégea sans interruption jusqu'au 23 germinal an VI (12 avril 1798), époque à laquelle les assemblées primaires lui donnèrent pour successeur Jean-Baptiste Devillers [1839].

Son grand âge ne lui permit pas de jouir longtemps de sa retraite ; un acte notarié du 26 brumaire an VII (16 novembre 1798) nous montre sa veuve, Marie Elisabeth Lefuelle, recevoir de leur fille, Marie Victoire Thuillier, femme de Jacques François Vincent, inspecteur de la régie de l'enregistrement, une rente viagère de 400 francs, afin « *d'exister plus facilement* » [1840].

TRESCON (Jean-Louis)

Épicier sous l'Ancien Régime comme au début de la Révolution, qui lui fit par la suite perdre son état, il devint assesseur au tribunal de paix à la faveur du 10 Août puis, le 8 floréal an II (27 avril 1794), ses concitoyens de la section de l'Homme-Armé réunis en assemblée générale le présentèrent pour succéder au juge de paix Roulleau, et le département le nomma deux jours après [1841].

Jean-Louis Trescon tint sa première audience le 13 (2 mai 1794) [1842], mais dut démissionner avant un an, le 2 ventôse an III (20 février 1795), quelques justiciables « *sans moralité comme sans principes* » exigeant son départ « *sous le prétexte frivole* » qu'il avait siégé dans les rangs du comité révolutionnaire ; il était à ce moment âgé de cinquante-cinq ans [1843]. Il présida pour la dernière fois la juridiction le 12 germinal an III (1er avril 1795), et André Bobée prit sa suite [1844].

TROUILLEBERT (Alban)

Il dut à ses convictions politiques d'apparaître à une suppléance de la justice de paix du VIIe arrondissement, le 27 avril 1831, en remplacement d'un homme dont se défiait Louis-Philippe [1845].

Ancien avoué à la cour royale de Paris, devenu avocat près la même juridiction, Alban Trouillebert n'attendit guère sa promotion. Les magistrats de première instance ne l'avaient pas inclus dans leurs présentations, mais il put compter sur le ferme appui du procureur général. Celui-ci vanta ses qualités habituelles de loyauté, probité..., mais surtout releva l'excellence de la conduite

---

1838 Arch. nat. : D III 254, dossier 20.
1839 Arch. de Paris : D11 U^1 24.
1840 Minutier Central, XI, 800.
1841 Arch. nat. : D III 254, dossier 9.
1842 Arch. de Paris : D7 U^1 11.
1843 Arch. nat. : D III 254, dossier 9.
1844 Arch. de Paris : D7 U^1 12.
1845 Arch. nat. : BB^8 510.

politique de son candidat, lequel, par ailleurs allié à une famille influente de l'arrondissement, avait « *toujours été partisan d'une sage liberté* ».

On l'écouta et, le 24 octobre 1832, Trouillebert accéda au fauteuil de François Chauvet, décédé juge de paix [1846]. Il siégea presque quatorze années et mourut en poste en 1846, sans doute aux premiers jours de juillet [1847].

VALANT (Joseph Honoré)

Prêtre sous l'Ancien Régime, il aborda par l'écriture des genres divers : le poème historique, l'essai – en particulier contre la peine de mort –, l'ouvrage d'instruction de la jeunesse. Le 8 juillet 1790, le Comité de Constitution enregistra son *Plan d'éducation en faveur de toutes les classes du peuple* [1848], puis, au mois de septembre 1791, Joseph Valant présenta une épître à Louis XVI « *après son acceptation des lois constitutionnelles* » [1849]; enfin, le 20 avril 1793, curé de l'hôpital de la Pitié à Paris, il se porta candidat à la cure de Saint-Augustin [1850].

Le 13 vendémiaire an V (4 octobre 1796), le Directoire nomma cet « *ex-fonctionnaire public* » juge de paix de la division du Mail, place que rendait vacante la démission de Jacques Jouan, mais Joseph Valant à son tour déserta cette charge, que le gouvernement confia, de façon moins éphémère, à Pierre Hanoteau le 19 frimaire (9 décembre 1796) [1851].

En 1814, « *au nom de tous les instituteurs de France* », il dénonça des saisies faites dans les maisons d'éducation « *par ordre de l'Université née impériale* » [1852]; il publia son dernier ouvrage en 1827.

VÉRON (Michel Nicolas)

Fils de Nicolas Véron, « *propriétaire à Paris et autres lieux* » – qui exerça aux temps épineux de la Révolution la présidence ininterrompue des comités civil et de bienfaisance de sa section et mourut adjoint au maire du IIIe arrondissement en 1808 [1853] – Michel Véron naquit le 23 août 1766 à Paris [1854] et fut élevé aux collèges Mazarin et Montaigne avant de poursuivre ses études au collège royal de France sous la haute protection du duc de Nivernais et du comte d'Angevillers [1855]. Cet heureux étudiant eut le bonheur de suivre les cours des illustres Target et Tronchet [1856], avant de commencer une carrière juridique qui fit de lui d'abord un

---

1846 Arch. nat. : BB^{8} 531.
1847 Arch. nat. : BB^{8} 769.
1848 Bibl. nat. : 8° R pièce 6456.
1849 Bibl. nat. : Ye 34 355.
1850 Bibl. nat. : 8° Lb^{40} 2138 A.
1851 Arch. nat. : BB^{5} 394.
1852 Bibl. nat. : 8° Ld^{4} 7775.
1853 Arch. nat. : BB^{8} 155.
1854 Arch. nat. : BB^{8} 16.
1855 Arch. nat. : BB^{8} 155.
1856 Arch. nat. : BB^{5} 179.

clerc de procureur, puis un premier clerc de notaire, avant qu'il n'ouvrît son propre cabinet d'affaires.

Bientôt, la Révolution rompit le cours de sa vie paisible : il siégea au comité civil de la section de Brutus et s'engagea dans la garde nationale, au sein de laquelle il devint sous-lieutenant, puis lieutenant et enfin capitaine. Lors de l'invasion du territoire, il accompagna « *volontairement et à ses frais* » son frère aux armées [1857]. Ce dernier, qui servit avec lui sous les généraux Kellerman et Serrurier, devint au cours de l'Empire major d'artillerie et chevalier de la Légion d'honneur. En revanche, notre juriste abandonna le militaire et regagna la capitale, sans doute au début du Consulat, et, comme « *fils d'un père très estimé* », réussit le tour de force de se faire élire pour la première fois juge de paix lors du plus disputé des scrutins, celui de la réduction [1858].

Il s'installa le 18 ventôse an X (9 mars 1802) à la tête de la justice de paix du IIIe arrondissement [1859], et ses concitoyens réunis en assemblées cantonales confirmèrent ce choix l'année suivante. Fortuné – il acquittait 900 francs de contributions – Michel Véron vivait au 34 de la rue Neuve-Saint-Eustache avec sa femme et son enfant [1860], né du mariage avantageux qui l'avait allié à la famille du futur maréchal Berthier, bientôt prince de Neuchâtel et de Wagram, en ce qu'il avait épousé « *la fille unique de monsieur Bobé Descloseaux, ancien premier commis de la Maison du roi, et petite-fille de madame la comtesse de Bérigny, ancienne sous-gouvernante des Enfants de France* » [1861].

La vie s'annonçait donc facile pour cet ex-agent d'affaires devenu notable, d'autant plus d'ailleurs, qu'il pouvait compter sur de multiples appuis supplémentaires. Ainsi recueillit-il, lors du renouvellement de juillet 1807, les recommandations particulières des sénateurs Jaqueminot et Beauharnais, et celles de messieurs Baris, président à la Cour de cassation, et Marcorelle, législateur. De surcroît, le préfet de la Seine garantit son attachement au pouvoir impérial et les magistrats de l'ordre judiciaire le notèrent avec faveur : Napoléon le confirma dans ses fonctions [1862].

Quelques années plus tard, pourtant, le vent tourna : membre du premier collège électoral, Michel Véron écrivit en 1812 pour tenter de justifier une vente immobilière destinée au règlement de dettes trop visibles. Il restait cependant propriétaire de quatre maisons sises à Paris, comme de rentes sur l'Etat ou sur des particuliers, et faisait valoir qu'il n'avait encore rien reçu de la succession paternelle, dont il laissait profiter sa mère. Il assurait enfin pouvoir, toutes dettes payées, vivre honorablement de ses seuls biens propres, sans le secours de sa belle-famille [1863].

[1857] Arch. nat. : BB^8 16.

[1858] Arch. nat. : BB^5 179.

[1859] Arch. de Paris : D3 U^1 37.

[1860] Arch. nat. : BB^8 13.

[1861] Arch. nat. : BB^5 179.

[1862] Arch. nat. : BB^8 25.

[1863] Arch. nat. : BB^5 179.

Loin de s'améliorer, sa situation empira : des renseignements recueillis au mois de janvier 1814 font présumer qu'un défaut de conduite expliquait le désordre de ses affaires. Les tribunaux avaient du reste condamné le juge de paix dont tous les expédients ne réussirent pas à dédommager les créanciers [1864].

La Restauration lui porta le coup de grâce : le dérangement de sa fortune lui fut autant reproché que les manœuvres passées de son père lors de son accession à la justice de paix. Acculé à la ruine, il empruntait tous les jours, dit-on, aux personnes que lui faisait rencontrer son travail. L'issue était prévisible : l'ordonnance royale du 11 novembre 1815 le révoqua au profit de Dorival de Criel.

Michel Véron, qui avait tenu la veille sa dernière audience [1865], adopta une attitude étonnante pour un homme qui avait naguère revendiqué le patronage de nombreux dignitaires de l'Empire. Il mit en avant son frère, maréchal des logis-chef dans les gardes du corps du roi et fraîchement promu dans l'ordre militaire de Saint-Louis, rappela le sacrifice de son beau-père, qui mourut pour Louis XVI, fit intervenir sa femme auprès de la duchesse d'Angoulême, et souligna ses prises de position royalistes durant les Cent-Jours. La mention marginale apposée sur sa demande de réponse marque l'estime que lui portait le ministère : « *ce n'est pas pressé* » [1866].

VERPY (Louis François)

Il présidait l'assemblée qui l'élut juge de paix de la section de Popincourt à la fin de 1790 [1867], s'installa le 4 février 1791 et siégea régulièrement jusqu'au 10 Août [1868], époque à laquelle sa juridiction, qui n'avait suscité « *que des éloges et jamais de plaintes* » – comme le reconnaîtra le comité civil en l'an III – entièrement renouvelée, tomba aux mains du sieur Salvigny [1869].

Ses justiciables lui confièrent alors le mandat de huitième électeur, sur les dix qu'ils avaient à décerner, preuve que cet ancien notaire n'avait pas démérité. Louis Verpy [1870] était âgé de soixante-six ans, et demeurait au 46 enclos de la Roquette ; il figura au sein du conseil général de la Commune, et s'activa comme officier municipal [1871].

VIGET (Philippe)

Lorsqu'il le nomma juge de paix de la division des Arcis, le 25 nivôse an IV (15 janvier 1796), le Directoire promut un homme de toute confiance, car Philippe

[1864] Arch. nat. : BB[8] 40.
[1865] Arch. de Paris : D3 U[1] 87.
[1866] Arch. nat. : BB[8] 155.
[1867] Arch. nat. : D IV 51.
[1868] Arch. de Paris : D8 U[1] 16.
[1869] Arch. nat. : D III 253, dossier 22.
[1870] Qu'il ne faut pas confondre avec Antoine Louis Verpy, douzième électeur de la section du Roi-de-Sicile en 1791 et membre du club de la Sainte-Chapelle.
[1871] Et. CHARAVAY, *Assemblée électorale de Paris*, III, p. 40.

Viget était alors commissaire du pouvoir exécutif près la XIe administration municipale de Paris [1872].

Son arrêté à peine reçu en son domicile, 756 rue Bigot [1873], il remplaça François Cousin à partir du 7 pluviôse (27 janvier) et présida ses audiences jusqu'à la tenue des assemblées primaires, qui, le 9 germinal an V (29 mars 1797), lui donnèrent pour successeur Antoine Jaquotot de Changey [1874]. Il reparut un an plus tard, au mois de germinal an VI (fin mars 1798), vingt-quatrième électeur du VIIe arrondissement, qualifié d'employé [1875].

VILLEMSENS (Jean-Baptiste)

Nous le voyons se manifester pour la première fois le 19 frimaire an XIV (7 décembre 1805) au mariage de son neveu Jean-Baptiste Joseph, fils de son frère, Jean-Baptiste François Villemsens [1876]. Ce dernier, négociant établi au 10 rue du Cimetière-Saint-Nicolas, âgé de quarante ans et caporal de la 2e compagnie du bataillon des Carmélites en 1790, fut désigné la même année vingt-septième des trente-trois électeurs de la populeuse section des Gravilliers, et réélu à ce poste en 1791, puis se retrouva notable en 1801 [1877]. Quant au futur magistrat, qui avait épousé dame Alexandrine Madeleine Dono, il était en 1805 domicilié dans le VIIIe arrondissement, 27, rue de Popincourt, et vivait de son emploi de chef de division à la préfecture du département de la Seine [1878], après avoir été, sous l'Ancien Régime, huissier au Grand Conseil, puis, la Révolution aidant, juge de paix du canton de Montmorency.

Ces antécédents le servirent lorsque, bien des années plus tard, le procureur général de la cour royale de Paris le présenta, le 27 janvier 1819, comme seul candidat pour la suppléance du tribunal de paix de son arrondissement. Il connaissait personnellement Villemsens, toujours attaché à la préfecture, et garantissait au garde des Sceaux l'impossibilité d'un meilleur choix : Louis XVIII le nomma, le 10 février [1879]. La mauvaise santé du juge de paix Pinatel, qu'il devait assister, l'obligea d'exercer très souvent la réalité de la charge. Lorsque le magistrat s'éteignit, à la fin de 1824, s'ouvrit un concert d'éloges sur la personne du suppléant, dont la probité, la popularité, la simplicité de mœurs qu'il partageait avec le défunt avaient frappé le maire de l'arrondissement. Le préfet témoigna son « *grand regret* » de voir s'éloigner son chef de division, auquel il ne pouvait cependant refuser son appui, mérité par « *tant de zèle, de sagacité, d'intelligence et de talents* ».

1872 Arch. nat. : BB^{5} 376.
1873 Arch. nat. : BB^{1} 60^{A}.
1874 Arch. de Paris : D7 U^{1} 4.
1875 Arch. nat. : AF III 260 ; voyez en outre SOBOUL - MONNIER, *Répertoire*, p. 473.
1876 Minutier Central, VIII, 1348.
1877 Et. CHARAVAY, *Assemblée électorale de Paris*, I, p. 42.
1878 Minutier Central, VIII, 1348.
1879 Arch. nat. : BB^{8} 236.

Les quarante années de service de Villemsens trouvaient un épilogue d'autant plus flatteur, que le procureur du roi près le tribunal de première instance de Paris ne dissimulait pas le caractère « *vraiment politique* » de la sélection d'un juge de paix destiné à un quartier si turbulent, et que le procureur général de la cour royale rappelait que le siège à pourvoir n'était « *ni une faveur, ni une récompense* », mais une tâche « *délicate et difficile* ». Trait singulier, la nomination s'effectua au cabinet particulier du Chancelier ; le 1er décembre 1824, Jean-Baptiste Villemsens devint juge de paix du VIIIe arrondissement [1880]. Il assumait l'intérim depuis la mort de son prédécesseur et prit officiellement ses fonctions le 7 décembre, signalant sa qualité de chevalier de la Légion d'honneur [1881].

Il survécut aux épurations de la monarchie de Juillet, en dépit de l'opinion contraire du procureur du roi, qui voyait en lui « *un caractère irrésolu, ne sachant jamais prendre son parti* » [1882] ; mais, affaibli par deux mois de maladie grave, ce rescapé dut démissionner le 12 mars 1832, et Alexandre Périer, ancien avocat et avoué honoraire âgé de quarante-neuf ans, le remplaça [1883].

VIOLETTE (Thomas François)

Né au Val-Saint-Gervais, dans le département de Seine-et-Oise [1884], il devint commissaire de police de la section de la Fontaine-de-Grenelle le 9 nivôse an III (29 décembre 1794) [1885], puis juge de paix le 6 thermidor (24 juillet 1795) après la destitution de Claude Bonenfan [1886].

Retenu par ses charges de police, Thomas Violette ne prit cependant possession de son tribunal que le 13 fructidor an III (30 août 1795), mettant un terme à trois mois et demi d'intérim [1887]. Il était âgé de quarante-neuf ans et demeurait au 777 rue de Beaune [1888]. Sa nouvelle affectation ne le retint guère : il démissionna et cessa de siéger le 25 floréal an IV (14 mai 1796) ; son greffier, Pierre Nicolas, lui succéda [1889].

Thomas Violette revint par la suite aux travaux policiers et se retrouva sous l'Empire commissaire de police du quartier de la Cité, responsabilité qu'il assuma jusqu'à la fin du régime [1890].

1880 Arch. nat. : BB8 333bis.
1881 Arch. de Paris : D8 U1 57.
1882 Arch. nat. : BB8 510.
1883 Arch. nat. : BB8 531.
1884 Arch. nat. : BB16 704.
1885 Arch. nat. : BB1 59.
1886 Arch. nat. : D III 254, dossier 6.
1887 Arch. de Paris : D10 U1 4.
1888 Arch. nat. : BB16 704.
1889 Arch. de Paris : D10 U1 5.
1890 *Almanach impérial*, 1813.

WATRIN (Jacques)

Il naquit à Saint-Pierre-Villiers, dans le département de la Meuse, et fut, sous l'Ancien Régime, instituteur puis maître de pension [1891]. Établi à Picpus depuis 1764, il s'activa dès le mois de juin 1789 au sein des nouveaux cadres politiques : secrétaire de l'assemblée générale du district, puis commissaire civil, il devint en outre vice-président de ladite assemblée et suivit avec exactitude toutes ses réunions. Chargé de percevoir les droits d'entrée de la barrière du Trône, il fut aussi commissaire au Bureau central. En 1790, « *commissaire pour le pacte fédératif* », puis membre du conseil municipal [1892], il se retrouva premier des dix-huit électeurs et juge de paix de la section des Quinze-Vingts, où il habitait au 39 rue de Picpus [1893].

Avant que ne lui succédât Antoine Ballin, Jacques Watrin présida ses audiences judiciaires «*au comité des Enfants trouvés* « jusqu'au 10 Août, événement qu'il suivit de bout en bout, étant à son poste « *dès six heures du matin* ». Le coup de force ne recueillit certes pas son approbation, car il avait soutenu à la suite du 20 Juin la pétition des 20 000, la faisant circuler à dessein de glaner les signatures de ceux qui « *avaient vu avec douleur les invectives que Sa Majesté avait reçues* ».

Cet épisode eut pour lui des conséquences dramatiques. Le 28 brumaire an II (18 novembre 1793), le comité révolutionnaire de la section le fit comparaître pour avoir colporté l'adresse au roi ; l'ancien maître de pension reconnut les faits et fut mis en arrestation chez lui «*faute de place dans les prisons* », avant d'être transféré en la maison d'arrêt de Picpus, le 2 pluviôse (21 janvier 1794). Le comité de surveillance de l'arrondissement le soupçonnait d'avoir aidé ses collègues juges de paix « *lorsqu'ils se liguèrent contre les patriotes à la journée du 10 Août* » ; l'accusait de royalisme, d'attachement « *aux systèmes fanatiques* » ; lui reprochait enfin de s'être rendu à maintes reprises « *dans les églises qui servaient de repaire aux bigots et prêtres réfractaires* ».

Le 12 prairial an II (31 mai 1794), Jacques Watrin, qui était âgé de soixante-cinq ans, rédigea sa défense en brossant le tableau de sa vie politique. Il rappela les services rendus dès l'aube de la Révolution, et plus tard encore, car il avait marché avec sa compagnie le 31 mai 1793, jusqu'à ce que son capitaine le renvoie, vu son âge, au comité civil. Il fit par ailleurs état de sa générosité particulière : quoique la conjoncture révolutionnaire eût fait décliner son revenu de 3 456 livres à 2 290, il n'en avait pas moins contribué à toutes les collectes, selon ses facultés, allant jusqu'à donner « *274 livres pour le recrutement de la Vendée, et deux chemises neuves pour les défenseurs* » de la liberté [1894].

Rien n'y fit : l'acte d'accusation dressé le 8 thermidor an II (26 juillet 1794), groupant l'affaire du 20 Juin et celle du 10 Août, estima coupable de

[1891] Arch. nat. : W 433, dossier 973.

[1892] Arch. nat. : F^7 4775^{50}.

[1893] Arch. de Paris : D8 U^1 18.

[1894] Arch. nat. : F^7 4775^{50}.

conspiration contre la République ce « *royaliste décidé* ». Le lendemain 9 thermidor (27 juillet 1794), le Tribunal révolutionnaire prononça une sentence de mort et Jacques Watrin fut exécuté le jour même de la chute de Robespierre [1895].

WISNICK (Léon Toussaint)

Il naquit à Bayonne, dans les Basses-Pyrénées, le 20 février 1750 et se destina dès sa jeunesse au barreau. Il suivit ainsi les affaires au Palais, et, en 1789, se trouvait sur les rangs pour une charge de conseiller au Châtelet de Paris [1896].

La Révolution survint qui n'infléchit pas véritablement sa carrière. Léon Wisnick, bourgeois de quarante ans, se retrouva troisième des quatorze électeurs et juge de paix de la section de l'Hôtel-de-Ville, qu'il habitait au 4 rue des Barres [1897]. Il inaugura la juridiction au mois de janvier 1791, et réussit à triompher de la mesure de suspension générale ordonnée par la Commune du 10 Août : l'assemblée générale le réélut juge de paix [1898], et l'assemblée primaire, qu'il présidait, premier électeur, mais il refusa ce mandat [1899], effrayé peut-être par l'emballement de la vie politique, dont la soudaine effervescence heurtait son amour de l'ordre. Est-ce vers cette époque qu'il dut répondre « *au calomnieux libelle profusément publié* » [1900] contre lui ?

Il se consacra désormais à ses audiences, ce qui n'empêcha pas le Comité de Sûreté générale d'ordonner son arrestation, le 23 floréal an II (12 mai 1794), ainsi que l'examen de ses papiers et l'apposition de scellés à son domicile [1901]. Détenu à la maison d'arrêt des Carmes, pour avoir « *en plusieurs circonstances manifesté des opinions contraires à l'esprit de la loi révolutionnaire* », Léon Wisnick eut la satisfaction de voir ses concitoyens réunis en assemblée générale réclamer à six reprises sa mise en liberté. Lui-même avait rédigé onze pétitions – dont aucune ne nous est parvenue – dans le même dessein lorsqu'il sortit enfin, le 9 fructidor an II (26 août 1794) [1902].

Il retrouva ses justiciables et fut évidemment conservé au moment des épurations thermidoriennes [1903]. Les assemblées primaires le réélurent aux mois de brumaire an IV (fin octobre 1795), puis de germinal an VI, le 12 exactement (1er avril 1798) [1904] ; il était du reste président d'assemblée dans le IXe arrondisse-

---

[1895] Et non la veille, semble-t-il (Raymonde MONNIER, *Saint-Antoine*, p. 363). Arch. nat. : W 433, dossier 973.

[1896] Arch. nat. : BB^8 16.

[1897] Et. CHARAVAY, *Assemblée électorale de Paris*, I, p. 50, qui le mentionne du reste par erreur juge de paix de la section du Roi-de-Sicile, et ne l'affecte à celle de l'Hôtel-de-Ville – devenue de la Maison-Commune – qu'à partir de 1792.

[1898] *Almanach royal*, 1792.

[1899] Et. CHARAVAY, *Assemblée électorale de Paris*, III, p. 54.

[1900] Bibl. nat. : 4° Ln^{27} 71 206.

[1901] Arch. nat. : AF^* II 254.

[1902] Arch. nat. : F^7 4775^{52}.

[1903] Arch. nat. : D III 254, dossier 10.

[1904] Arch. nat. : AF III 260.

ment [1905]. Sa forte implantation locale explique qu'il se soit imposé en l'an X, lors de la réduction du nombre des justices de paix.

La même année, il épousa sur le tard Jeanne Reine Missonnier, demeurant elle aussi rue des Barres, fille majeure de Pierre Edme Missonnier et de Renée Pétreau, sa femme. Leur contrat de mariage, signé le 3 germinal (24 mars 1802), régissait leur communauté de biens meubles et de conquêts immeubles aux termes de la coutume de Paris, le futur époux apportant 15 000 francs d'effets mobiliers – et autant la future épouse – qui bénéficiait en outre d'un douaire de 600 francs de rente annuelle et viagère. Une donation mutuelle en pleine propriété des biens du prémourant au conjoint survivant complétait ces dispositions civiles [1906].

En l'an XI, les électeurs réunis en assemblées cantonales confirmèrent les résultats de l'année précédente, en faisant de Wisnick leur premier candidat juge de paix [1907]. Le préfet Frochot l'estimait « *instruit, plein de zèle, affable* » et remarquait son « *attachement très prononcé* » pour le Consulat ; il certifiait par ailleurs que les « *quelques revenus* » du magistrat – dont une rente sur l'Etat de 750 francs – lui permettaient de tenir son rang [1908]. Lors du renouvellement de juillet 1807, les membres de l'ordre judiciaire, qui le tenaient pour l'« *un des meilleurs juges de paix* », abondèrent dans le sens du jugement préfectoral [1909], et l'empereur signa le décret qui le maintenait en poste, le 12 août [1910].

Ce fut pourtant lui, doyen des juges de paix de la capitale, qui, le 16 avril 1814, lut à Louis XVIII l'adresse qui portait « *aux pieds du throne de ses ancestres* » l'unanime adhésion de ses onze collègues – et la sienne [1911]. Peut-être les Bourbons l'auraient-ils épargné lors de l'épuration de 1815, mais Léon Wisnick cessa de siéger le 23 août [1912], et, au mois de septembre, une note de la Chancellerie laissa entendre qu'il était perdu. Le 4 octobre 1815, le roi nomma Colmet de Santerre au fauteuil du défunt doyen [1913].

[1905] Arch. nat. : F^7 3054.
[1906] Minutier Central, V, 886.
[1907] Arch. nat. : BB^8 13.
[1908] Arch. nat. : BB^8 16.
[1909] Arch. nat. : BB^8 25.
[1910] Arch. nat. : BB^8 52.
[1911] Arch. nat. : AF V 7.
[1912] Arch. de Paris : D9 U^1 22.
[1913] Arch. nat. : BB^8 144.

ANNEXES

RÉPERTOIRE TERRITORIAL

INDIQUANT, POUR CHAQUE JURIDICTION,
LES DATES DE PRESIDENCE EFFECTIVE DE CHAQUE TITULAIRE

I - LES TITULAIRES DES 48 JUSTICES DE PAIX DE PARIS (1790 - AN X)

1 - SECTION DES TUILERIES [1914] (1790 – an IV)

puis division des Tuileries (19 vendémiaire an IV [1915] – an X)

MENJAUD	24 janvier 1791 – 9 août 1792
FANTIN	11 septembre 1792 – 11 ventôse V (1er mars 1797)
REGNAULT	15 germinal V (4 avril 1797) – 1er ventôse X (20 fév. 1802)

2 - SECTION DES CHAMPS-ÉLYSEES (1790 – an IV)

puis division des Champs-Elysées (19 vendémaire an IV – an X)

BEAUFILS	25 janvier 1791 – 2 mai 1792
SALMON [1916]	15 mai 1792 – 26 juillet 1792
LAMAIGNÈRE	25 août 1792 – devient juge de paix du Ier arrondissement au mois de pluviôse an X (février 1802)

3 - SECTION DU ROULE (1790 – octobre 1792)

de la République (octobre 1792 – 30 prairial an III) ;
du Roule (30 prairial an III – 19 vendémiaire an IV) ;
puis division du Roule jusqu'en l'an X.

ANQUETIL	29 janvier 1791 – 4 août 1792
CORBIN	20 septembre 1792 – 6 fructidor III (23 août 1795)
DAUSSY [1917]	7 fruct. III (24 août 1795) – 7 brumaire IV (29 oct. 1795)
CORBIN	15 brumaire IV (6 nov. 1795) – 18 pluviôse X (7 fév. 1802)

1914 Nous avons emprunté l'ordre des sections, leurs changements de noms et la date de ceux-ci à la liste que donne A. Soboul dans les diverses éditions de sa thèse ; à quoi nous avons ajouté le nom des divisions qui les remplacèrent.

1915 C'est-à-dire le 11 octobre 1795.

1916 Il ne figure pas dans l'*Almanach royal* correspondant.

1917 Il ne figure pas dans l'*Almanach national* correspondant.

4 - **SECTION DU PALAIS-ROYAL** (1790 – août 1792) [1918] *
de la Butte-des-Moulins (août 1792 - août 1793) ; de la Montagne (août 1793 – 21 frimaire an III) ; de la Butte-des-Moulins (21 frimaire an III - 19 vendémiaire an IV) ; puis division de la Butte-des-Moulins jusqu'en l'an X.

BOIVIN DE BLANCMUR [1919]	Fin janvier 1791 – 1er janvier 1792
ROGER DES IFS [1920]	juin 1792 – 10 août 1792
LACOSTE [1921]	août 1792 – 28 nivôse III (17 janvier 1795)
DECOURCHANT	17 ventôse III (7 mars 1795) – pluviôse X (février 1802)

5 - **SECTION DE LA PLACE-VENDOME** (1790 – septembre 1792)
des Piques (septembre 1792 – 5 prairial an III) ;
de la Place-Vendôme (5 prairial an III – 19 vendémiaire an IV) ;
puis division de la Place-Vendôme jusqu'en l'an X.

DAUCOURT [1922]	Fin janvier 1791 – 7 août 1792
MATHIEU	13 septembre 1792 – 24 prairial II (12 juin 1794)
MARMOUGET	24 prairial II (12 juin 1794) – 25 prairial III (13 juin 1795)
LEMAIRE [1923]	4 mess. III (22 juin 1795) – 17 brumaire IV (8 nov. 1795)
MARMOUGET [1924]	29 brum. IV (20 nov. 1795) – 2 nivôse IV (23 déc. 1795)
CHÉPY [1925]	13 nivô. IV (3 janvier 1796) – 13 germinal V (2 avril 1797)
MICHEL	28 germ. V (17 avril 1797) – 18 fructidor V (4 sept. 1797)
MARTIN DE DOUAI	12 vendém. VI (3 oct. 1797) – 29 germ.VII (18 avr.1799)
MICHEL	18 floréal VII (7 mai 1799) – 29 pluviôse X (18 fév. 1802)

6 - **SECTION DE LA BIBLIOTHEQUE** (1790 – septembre 1792) *
de 1792 (septembre 1792 – octobre 1793) ; Lepeletier (octobre 1793 – 19 vendémiaire an IV) ; puis division Lepeletier jusqu'en l'an X.

DELORME	Fin janvier 1791 – 10 août 1792
BOSQUE	29 août 1792 – courant 1793
HOUET	courant 1793 – brumaire an IV (fin octobre 1795)
DELORME	brumaire an IV – devient juge de paix du IIe arrondissement au mois de pluviôse an X (février 1802)

1918 Cette astérisque * indique que les dates concernées n'ont pas été fournies par les minutes mêmes de la juridiction, mais par d'autres pièces (arrêtés de nomination, lettres de démission...) susceptibles de combler au mieux ce déficit documentaire.

1919 L'*Almanach royal* de 1791 écrit : *Boivin de Blanc-mure* ; nous avons adopté l'orthographe de la signature.

1920 Il ne figure pas dans l'*Almanach royal* correspondant.

1921 Il s'agit de Jean-Baptiste Lacoste, à ne pas confondre avec Philibert Jean Lacoste, juge de paix de la section de Bondy (n° 22).

1922 L'*Almanach royal* de 1791 écrit *D'aucourt* ; nous avons adopté l'orthographe de la signature.

1923 Il s'agit de Jean-François Lemaire, à ne pas confondre avec Jean Lemaire, juge de paix de la section de Bondy (n° 22) ; Jean-François Lemaire ne figure pas dans l'*Almanach national* correspondant.

1924 Le nom du citoyen Thibault, que mentionne l'*Almanach national* de l'an IV, ne figure dans aucune des minutes de la justice de paix.

1925 Il était auparavant juge de paix de la section du Louvre (n° 8).

7 - SECTION DE LA GRANGE BATELIERE (1790 – août 1792) *

de Mirabeau (août – décembre 1792) ;
du Mont-Blanc (décembre 1792 – 19 vendémiaire an IV) ;
puis division du Mont-Blanc jusqu'en l'an X.

DEFRESNE	Fin janvier 1791 – 10 août 1792
BRUZELIN	19 août 1792 – pluviôse X (février 1802)

8 - SECTION DU LOUVRE (1790 – 6 mai 1793)

du Museum (6 mai 1793 – 19 vendémiaire an IV) ;
puis division du Museum jusqu'en l'an X.

MOREAU DE MERSAN	Fin janvier 1791 – 10 août 1792
CHÉPY	21 août 1792 – 26 brumaire IV (17 novembre 1795)
LE SÈVRE	1er frimaire IV (22 nov. 1795) – devient juge de paix du IVe arrondissement au mois de pluviôse an X (fév. 1802)

9 - SECTION DE L'ORATOIRE (1790 – septembre 1792)

des Gardes-Françaises (septembre 1792 – 19 vendémiaire an IV) ;
puis division des Gardes-Françaises jusqu'en l'an X.

GERDRET	1er février 1791 – 30 mars 1792
BOULLANGER	17 août 1792 – 3 vendémiaire VIII (25 septembre 1799)
GOYENVAL [1926]	26 vendém. VIII (18 oct. 1799) – 7 ventôse X (26 fév. 1802)

10 - SECTION DE LA HALLE-AU-BLE (1790 – 19 vendémiaire an IV)

puis division de la Halle-au-Blé jusqu'en l'an X.

BARON DE SAINT GIRON	28 janvier 1791 – 11 août 1792
MEISSEN [1927]	29 août 1792 – 11 septembre 1793
BOCQUEAUX	18 septembre 1793 – 17 nivôse IV (7 janvier 1796)
BAUDRAIS	25 nivô. IV (15 janv. 1796) – 12 germinal V (1er avr. 1797)
BOUCRY SAINT VENANT	14 germ. V (3 avril 1797) – 18 fructidor V (4 sept. 1797)
FARDEL	8 vendé. VI (26 sept. 1797) – 28 ventô. IX (19 mars 1801)
LEGUAY	28 ventôse IX (19 mars 1801) – 6 ventôse X (25 fév. 1802)

[1926] Le nom du citoyen Quenescourt, que mentionne l'*Almanach national* de l'an VIII, est celui de l'assesseur assurant l'intérim ; il n'a jamais été juge de paix.

[1927] L'*Almanach national* de 1793 écrit *Meissein* ; nous avons adopté l'orthographe de la signature.

11 - Section des Postes (1790 – 18 août 1792)
du Contrat-Social (18 août 1792 – 19 vendémiaire an IV) ;
puis division du Contrat-Social jusqu'en l'an X.

LEGIER	Fin janvier 1791 – 5 août 1792
LINDET	7 septembre 1792 – 18 brumaire an VII (9 novembre 1798)
LAPERDRIS [1928]	26 brumaire an VII (16 nov. 1798) – ventôse X (fév. 1802)

12 - Section de la Place-Louis XIV (1790 – août 1792)
du Mail (août 1792 – septembre 1793) ; de Guillaume-Tell (septembre 1793 – messidor an III) ; du Mail (messidor an III – 19 vendémiaire an IV) ;
puis division du Mail jusqu'en l'an X.

BRUNEAU	28 janvier 1791 – 7 août 1792
BARON	18 septembre 1792 – 22 prairial IV (10 juin 1796)
JOUAN	22 prair. IV (10 juin 1796) – 23 fructidor IV (9 sept. 1796)
VALANT [1929]	13 vendém. V (4 oct. 1796) – 19 frimaire V (9 déc. 1796)
HANOTEAU [1930]	19 frimaire V (9 déc. 1796) – vendémiaire VII (sept. 1798)
ARSANDAUX	6 vendémiaire VII (27 sept. 1798) – floréal VII (avril 1799)
HANOTEAU	8 floréal VII (27 avril 1799) – 2 prairial VIII (22 mai 1800)
AUFAUVRE	2 prairial VIII (22 mai 1800) – 4 ventô. X (22 février 1802)

13 - Section de la Fontaine-Montmorency (1790 – octobre 1792)
de Molière-et-La Fontaine (octobre 1792 – 12 septembre 1793) ;
de Brutus (12 septembre 1793 – 19 vendémiaire an IV) ;
puis division de Brutus jusqu'en l'an X.

LE FRANÇOIS	Fin janvier 1791 – 26 frimaire VII (16 décembre 1798)
LIÈGE	1er floréal VII (20 avril 1799) – 5 ventôse X (24 fév. 1802)

14 - Section de bonne-Nouvelle (1790 – 19 vendémiaire an IV)
puis division de Bonne-Nouvelle jusqu'en l'an X.

FORMENTIN [1931]	Fin janvier 1791 – 10 août 1792
MOLLARD	17 août 1792 – 14 germinal VIII (4 avril 1800)
DESGAUX	24 germ. VIII (14 avr. 1800) – 3 ventôse X (22 fév. 1802)

15 - Section du Ponceau (1790 – septembre 1792)
des Amis-de-la-Patrie (septembre 1792 – 19 vendémiaire an IV) ;
puis division des Amis-de-la-Patrie jusqu'en l'an X.

PATRY [1932]	3 février 1791 – 1er mai 1793

1928 L'*Almanach national* de l'an VIII écrit *Laperdrix* ; nous avons adopté l'orthographe de la signature.

1929 Il ne figure pas dans l'*Almanach national* correspondant.

1930 L'*Almanach national* de l'an VI écrit *Hannoteau* ; nous avons adopté l'orthographe de la signature.

1931 L'*Almanach royal* de 1791 écrit *Formantin* ; nous avons adopté l'orthographe de la signature.

1932 Le nom du citoyen Le Vacher, que mentionne l'*Almanach royal* de 1791, ne figure sur aucune des

IMBAULT	11 nivôse II (31 déc. 1793) – 29 nivô. IV (18 janvier 1796)
CRETON	3 pluviô. IV (23 janv. 1796) – 15 germinal V (4 avril 1797)
ROUSSELET	17 germ. V (6 avril 1797) – 19 fructidor V (5 sept. 1797)
CRETON	20 fructi. V (6 sept. 1797) – 6 ventôse X (25 février 1802)

16 - SECTION DE MAUCONSEIL (1790 – août 1792)
de Bon-Conseil (août 1792 – 19 vendémiaire an IV) ;
puis division de Bon-Conseil jusqu'en l'an X.

SANSON DU PERRON	22 janvier 1791 – 10 août 1792
THERRIN	20 août 1792 – 2 nivôse II (22 décembre 1793)
DUMEIGE [1933]	9 nivôse II (29 déc. 1793) – 30 germinal VI (19 avril 1798)
DARNET	8 floréal VI (27 avril 1798) – 7 ventôse X (26 février 1802)

17 - SECTION DU MARCHE-DES-INNOCENTS (1790 – septembre 1792)
des Halles (septembre 1792 – mai 1793) ;
des Marchés (mai 1793 – 19 vendémiaire an IV) ;
puis division des Marchés jusqu'en l'an X.

HERBAULT DES PAVAUX [1934]	23 janvier 1791 – 11 août 1792
BOUIN	29 août 1792 – 4 frimaire III (24 novembre 1794)
HERBAULT DES PAVAUX	15 nivôse III (4 janvier 1794) – 6 ventôse X (25 fév. 1802)

18 - SECTION DES LOMBARDS (1790 – 19 vendémiaire an IV)
puis division des Lombards jusqu'en l'an X.

BLANDIN	27 janvier 1791 – 10 avril 1793
LAMOUQUE	2 mai 1793 – devient juge de paix du VIe arrondissement au mois de pluviôse an X (février 1802)

19 - SECTION DES ARCIS (1790 – 19 vendémiaire an IV)
puis division des Arcis jusqu'en l'an X.

SIMON [1935]	26 janvier 1791 – 11 août 1792
PHULPIN	29 août 1792 – 25 germinal II (14 avril 1794)
COUSIN	3 prairial II (22 mai 1794) – 28 nivôse IV (18 janvier 1796)
VIGET	7 pluviô. IV (27 janv. 1796) – 9 germinal V (29 mars 1797)

---

minutes de la justice de paix.

1933 L'*Almanach national* de l'an III écrit *Dumeigne* ; nous avons adopté l'orthographe de la signature.

1934 Le nom du citoyen Brunet, que mentionne l'*Almanach royal* de 1791, ne figure sur aucune des minutes de la justice de paix. L'*Almanach royal* de 1792 écrit *Herbault des Pavots* ; nous avons adopté l'orthographe de la signature.

1935 L'*Almanach royal* de 1791 écrit *Suire* (?) *Simon* ; nous n'avons retrouvé nulle part cette appellation.

JAQUOTOT DE CHANGEY	13 germinal V (2 avril 1797) – 9 fructidor V (26 août 1797)
MAIRE	26 brum. VI (16 nov. 1797) – 29 germ. VII (18 avr. 1799)
JAQUOTOT DE CHANGEY	3 floréal VII (22 avril 1799) – 29 frimaire X (20 déc. 1802)

20 - SECTION DU FAUBOURG-MONTMARTRE (1790 – 19 vendémiaire an IV) *
puis division du Faubourg-Montmartre jusqu'en l'an X.

LE SCÈNE DES MAISONS	Fin janvier 1791 – 10 août 1792
LE CHEVALIER	16 août 1792 – pluviôse/ventôse X (février 1802)

21 - SECTION POISSONNIERE (1790 – 19 vendémiaire an IV)
puis division Poissonnière jusqu'en l'an X.

BUOB	25 janvier 1791 – 24 juillet 1792
PINARD	4 septembre 1792 – 11 germinal III (31 mars 1795)
MORAND [1936]	1er fructidor III (18 août 1795) – 1er frim. VI (21 nov. 1797)
MARIE [1937]	6 floréal VI (25 avril 1798) – ventôse X (février 1802)

22 - SECTION DE BONDY (1790 – 19 vendémiaire an IV)
puis division de Bondy jusqu'en l'an X.

LOCRÉ	Fin janvier 1791 – 10 août 1792
LETELLIER [1938]	15 août 1792 – 3 prairial III (22 mai 1795)
LACOSTE [1939]	23 messidor III (11 juil. 1795) – 18 brum. IV (9 nov. 1795)
LEMAIRE [1940]	19 brum. IV (10 nov. 1795) – 24 brum. V (14 nov. 1796)
NÉPOUX [1941]	6 floréal V (25 avril 1797) – 28 pluviô. X (17 février 1802)

23 - SECTION DU TEMPLE (1790 – 19 vendémiaire an IV)
puis division du Temple jusqu'en l'an X.

BOTOT	17 janvier 1791 – 9 juillet 1793
DOURNEL	17 juillet 1793 – 7 ventôse X (26 février 1802)

1936 Sa nomination vint clore quatre mois et demi d'intérim.

1937 L'*Almanach national* de l'an VII écrit *Mari* ; nous avons adopté l'orthographe de la signature.

1938 Il s'agit de Pierre Nicolas Letellier, à ne pas confondre avec Jean Joachim Le Tellier, juge de paix de la section des Gravilliers (n° 27).

1939 Il s'agit de Philibert Jean Lacoste, à ne pas confondre avec Jean-Baptiste Lacoste, juge de paix de la section de la Butte-des-Moulins (n° 4) ; Philibert Lacoste ne figure pas dans l'*Almanach national* correspondant.

1940 Il s'agit de Jean Lemaire, à ne pas confondre avec Jean-François Lemaire, juge de paix de la section de la Place-Vendôme (n° 5).

1941 Il était auparavant juge de paix de la division du Faubourg-du-Nord (n° 28) ; son arrivée mit un terme à cinq mois d'intérim.

24 - SECTION DE POPINCOURT (1790 – 19 vendémiaire an IV)
puis division de Popincourt jusqu'en l'an X.

VERPY	4 février 1791 – 10 août 1792
SALVIGNY	mi-août 1792 – fin juin 1793
DUGUIT [1942]	fin juin 1793 – 2 vendémiaire II (23 septembre 1793)
DUCHESNE	13 brumaire II (3 nov. 1793) – 16 nivôse III (5 janv. 1795)
PERROT [1943]	23 nivôse III (12 janv. 1795) – floréal VIII (avril 1800)
PERROT	13 floréal VIII (3 mai 1800) – début ventôse X (fév. 1802)

25 - SECTION DE MONTREUIL (1790 – 19 vendémiaire an IV)
puis division de Montreuil jusqu'en l'an X.

DELARSILLE [1944]	25 janvier 1791 – 24 août 1792
CHAUVIN	17 août 1792 – nivôse VI (fin décembre 1797)
PINATEL	nivôse VI (décembre 1797) – devient juge de paix du VIe arrondissement au mois de pluviôse an X (févr. 1802)

26 - SECTION DES QUINZE-VINGTS (1790 – 19 vendémiaire an IV)
puis division des Quinze-Vingts jusqu'en l'an X.

WATRIN	fin janvier 1791 – 10 août 1792
BALLIN	novembre 1792 – 9 thermidor II (27 juillet 1794)
DISNEMATIN [1945]	frimaire III (décembre 1794) – brumaire IV (octobre 1795)
DUCLOS	brumaire IV (novembre 1795) – 6 ventôse X (25 fév. 1802)

27 - SECTION DES GRAVILLIERS (1790 – 19 vendémiaire an IV)
puis division des Gravilliers jusqu'en l'an X.

JOSSIER [1946]	24 janvier 1791 – 6 août 1792
ROBINEAU [1947]	22 août 1792 – 13 janvier 1793
MARTIN	14 janvier 1793 – 4e j. compl. an II (20 septembre 1794)
LE TELLIER [1948]	4 prairial III (23 mai 1795) – 7 ventôse X (26 fév. 1802)

[1942] Il ne figure pas dans l'*Almanach national* correspondant.

[1943] Il s'agit de Bon Gilbert Perrot, à ne pas confondre avec son successeur, Jean David Perrot, futur suppléant de la justice de paix du VIIIe arrondissement.

[1944] L'*Almanach royal* de 1791 écrit *Larzille* ; nous avons adopté l'orthographe de la signature.

[1945] Il ne figure pas dans l'*Almanach national* correspondant.

[1946] L'*Almanach royal* de 1791 écrit *Jollier* ; nous avons adopté l'orthographe de la signature.

[1947] Il ne figure pas dans l'*Almanach royal* correspondant.

[1948] Il s'agit de Jean Joachim Le Tellier, à ne pas confondre avec Pierre Nicolas Letellier, juge de paix de la section de Bondy (n° 22) ; sa nomination mit fin à huit mois d'intérim.

28 - Section du Faubourg-Saint-Denis (1790 – janvier 1793)
du Faubourg-du-Nord (janvier 1793 – 19 vendémiaire an IV) ;
puis division du Faubourg-du-Nord jusqu'en l'an X.

FRÉZARD	Fin janvier 1791 – 10 août 1792
ISAMBERT	18 août 1792 – 29 floréal III (18 mai 1795)
FRÉZARD	24 prair. III (12 juin 1795) – 29 pluviôse IV (18 févr. 1796)
NÉPOUX	14 germinal IV (3 avril 1796) – 29 germ. V (18 avril 1797)
FRÉZARD	1er floréal V (20 avril 1797) – 19 fructidor V (5 sept. 1797)
MUSSEY	29 fruct. V (15 sept. 1797) – 29 germ. VII (18 avril 1799)
PLANCHER-VALCOUR	4 floréal VII (23 avril 1799) – 28 pluviôse X (17 fév. 1802)

29 - Section de Beaubourg (1790 – septembre 1792)
de la Réunion (septembre 1792 – 19 vendémiaire an IV) ;
puis division de la Réunion jusqu'en l'an X.

LEVERDIER [1949]	20 janvier 1791 – 5 août 1792
PELIGOT [1950]	7 septembre 1792 – 21 fructidor III (7 septembre 1795)
ROBIN	29 fruct. III (15 sept. 1795) – 20 brum. IV (11 nov. 1795)
HOMBERT	8 frimaire IV (29 nov. 1795) – début ventôse X (fév. 1802)

30 - Section des enfants-Rouges (1790 – septembre 1792)
du Marais (septembre 1792 – juin 1793) ;
de l'Homme-Armé (juin 1793 – 19 vendémiaire an IV) ;
puis division de l'Homme-Armé jusqu'en l'an X.

GRUTER DES ROZIERS [1951]	26 janvier 1791 – 28 juillet 1792
ROULLEAU	4 septembre 1792 – 20 ventôse II (10 mars 1794)
TRESCON	13 floréal II (2 mai 1794) – 12 germinal III (1er avril 1795)
BOBÉE	13 germ. III (2 avr. 1795) – 4 germinal IV (24 mars 1796)
FARIAU	8 germinal IV (28 mars 1796) – il devient juge de paix du VIIe arrondissement au mois de pluviôse an X (févr. 1802)

31 - Section du Roi-de-Sicile (1790 – août 1792)
des Droits-de-l'Homme (août 1792 – 19 vendémiaire an IV) ;
puis division des Droits-de-l'Homme jusqu'en l'an X.

FAYEL	28 janvier 1791 – 8 août 1792
POINTARD	15 septembre 1792 – 25 fructidor III (11 septembre 1795)
RICHEBOURG	4 vendém. IV (26 sept. 1795) – pluviôse X (février 1802)

1949 Le nom du citoyen Robin, que mentionne l'*Almanach royal* de 1791, ne figure pas sur les minutes de cette période. Leverdier inaugura la justice de paix.

1950 L'*Almanach royal* de 1792 écrit *Pelligot* ; nous avons adopté l'orthographe de la signature.

1951 L'*Almanach royal* de 1791 écrit *Grutter des Roziers* ; nous avons adopté l'orthographe de la signature.

32 - SECTION DE L'HOTEL-DE-VILLE (1790 – 21 août 1792) *
de la Maison-Commune (21 août 1792 – fructidor an II) ;
de la Fidélité (fructidor an II – 19 vendémiaire an IV) ;
puis division de la Fidélité jusqu'en l'an X.

WISNICK [1952]	Fin janvier 1791 – il devient juge de paix du IXe arrondissement au mois de pluviôse an X (février 1802)

33 - SECTION DE LA PLACE-ROYALE (1790 – août 1792)
des Fédérés (août 1792 – 4 juillet 1793) ;
de l'Indivisibilité (4 juillet 1793 – 19 vendémiaire an IV) ;
puis division de l'Indivisibilité jusqu'en l'an X.

LEMAISTRE [1953]	25 janvier 1791 – 13 août 1792
FONTAINE	26 août 1792 – 8 vendémiaire II (29 septembre 1793)
JABEL	9 vendém. II (30 sept. 1793) – 8 prairial III (27 mai 1795)
BOURGOIND [1954]	16 brumaire IV (7 nov. 1795) – pluviôse an X (févr. 1802)

34 - SECTION DE L'ARSENAL (1790 – 19 vendémiaire an IV) *
puis division de l'Arsenal jusqu'en l'an X.

HULLIN DE BOIS CHEVALIER	Fin janvier 1791 – 10 août 1792
RIVIÈRE [1955]	17 septembre 1792 – 5 prairial III (24 mai 1795)
BÉRAUD	16 thermidor III (3 août 1795) – germinal VI (mars 1798)
FRANCHET	germinal VI (mars 1798) – pluviôse an X (février 1802)

35 - SECTION DE L'ÎLE-SAINT-LOUIS (1790 – novembre 1792) *
de la Fraternité (novembre 1792 – 19 vendémiaire an IV) ;
puis division de la Fraternité jusqu'en l'an X.

PAREY	Fin janvier 1791 – 10 août 1792
MOUCHET	Fin août 1792 – été 1793 [?]
POULLETIER [1956]	été 1793 [?] – 1er germinal IV (21 mars 1796)
FEBVÉ [1957]	1er germinal IV (21 mars 1796) – 15 germ. V (4 avril 1797)
POULLETIER	15 germ. V (4 avril 1797) – 19 fructidor V (5 sept. 1797)
FEBVÉ	Fin fructidor V (sept. 1797) – vendémiaire VII (oct. 1798)
RAVANT [1958]	6 brumaire VII (27 oct. 1798) – germinal VII (mars 1799)

1952 Il n'a pas été remplacé durant sa détention, du 12 mai au 26 août 1794.

1953 L'*Almanach royal* de 1791 écrit *Le Maître* ; nous avons adopté l'orthographe de la signature.

1954 Il s'agit de Claude Marcel Bourgoind, à ne pas confondre avec Simon Marie Edme Bourgoin, juge de paix de la section du Finistère (n° 28) ; sa nomination vint clore cinq mois d'intérim.

1955 Le nom du citoyen Phelippon, que mentionne l'*Almanach royal* de 1792, est celui de l'assesseur assurant l'intérim ; il n'a jamais été juge de paix.

1956 L'*Almanach national* écrit indifféremment *Pouletier* (an II), *Poulletier* (an V) ou *Poultier* (an VI) ; nous avons adopté la seconde orthographe d'un usage plus répandu.

1957 L'*Almanach national* correspondant ne le mentionne pas, mais seulement celui de l'an VII, qui orthographie son nom *Febvez* ; nous avons adopté l'orthographe de la signature.

1958 Il ne figure pas dans l'*Almanach national* correspondant.

POULLETIER	germinal VII (mars 1799) – pluviôse an X (février 1802)

36 - SECTION DE NOTRE-DAME (1790 – août 1792) *
de la Cité (août 1792 – 21 brumaire an II) ; de la Raison (21-25 brumaire an II) ;
de la Cité (25 brumaire an II – 19 vendémiaire an IV) ;
puis division de la Cité jusqu'en l'an X.

DECAUDIN	Fin janvier 1791 – 10 août 1792
BUCQUET [1959]	août 1792 – germinal VI (mars 1798)
LAURENT	9 germ. VI (29 mars 1798) – fin an VIII (août/sept. 1800)
GUYOT	
SAINTE HÉLÈNE	fin an VIII (août/sept. 1800) – pluviôse an X (février 1802)

37 - SECTION HENRI-IV (1790 – 14 août 1792)
du Pont-Neuf (14 août 1792 – 7 septembre 1793) ;
Révolutionnaire (7 septembre 1793 – 10 frimaire an III) ;
du Pont-Neuf (10 frimaire an III – 19 vendémiaire an IV) ;
puis division du Pont-Neuf jusqu'en l'an X.

ESTIENNE	
DE LA RIVIÈRE	20 janvier 1791 – 3 mai 1792
LAMBERT	29 août 1792 – 7 septembre 1793
THILLY [1960]	6 vendém. II (27 sept. 1793) – 27 ventô. III (17 mars 1795)
DAUBANTON [1961]	19 frimaire IV (10 déc.1795) – pluviôse an X (févr. 1802)

38 - SECTION DES INVALIDES (1790 – 19 vendémiaire an IV)
puis division des Invalides jusqu'en l'an X.

LEPIDOR	30 janvier 1791 – 13 août 1792
CHARPENTIER	20 septembre 1792 – 27 germinal VI (16 avril 1798)
MARCELIN [1962]	5 floréal VI (24 avril 1798) – 1er messi. VI (19 juin 1798)
CHARPENTIER	16 messidor VI (4 juillet 1798) – ventôse X (26 fév. 1802)

39 - SECTION DE LA FONTAINE-DE-GRENELLE (1790 – 19 vendémiaire an IV)
puis division de la Fontaine-de-Grenelle jusqu'en l'an X.

LE SEIGNEUR	31 janvier 1791 – 7 août 1792
LAUGIER	22 août 1792 – 13 brumaire II (3 novembre 1793)
BONENFAN [1963]	19 brumaire II (9 nov. 1793) – 30 floréal II (19 mai 1795)
VIOLETTE	13 fructi. III (30 août 1795) – 25 floréal IV (14 mai 1796)

1959 L'*Almanach national*, qui commence par écrire *Buquet* (1793), adopte par la suite l'orthographe que nous utilisons.

1960 L'*Almanach national* écrit *Tilly* ; nous avons adopté l'orthographe de la signature.

1961 Sa désignation interrompit neuf mois d'intérim.

1962 Il ne figure pas dans l'*Almanach national* correspondant.

1963 L'*Almanach national* de l'an II écrit *Bonnenfant* ; nous avons adopté l'orthographe de la signature.

VIOLETTE	13 fructi. III (30 août 1795) – 25 floréal IV (14 mai 1796)
NICOLAS	9 prairial IV (28 mai 1796) – 19 germinal V (8 avril 1797)
GODARD	26 germ. V (15 avril 1797) – 19 fructidor V (9 sept. 1797)
NICOLAS	26 fructi. V (12 sept. 1797) – 11 nivôse VII (31 déc. 1798)
BOYER [1964]	9 ventôse VII (27 fév. 1799) – 29 germ. VII (18 avril 1799)
GODARD [1965]	5 floréal VII (24 avril 1799) – 8 ventôse X (27 févr. 1802)

40 - Section des Quatre-Nations (1790 – avril 1793)

de l'Unité (avril 1793 – 19 vendémiaire an IV) ;
puis division de l'Unité jusqu'en l'an X.

DUPORTAIL	24 janvier 1791 – 9 août 1792
LEROU	8 septembre 1792 – 27 mai 1793
HOTTETERRE [1966]	20 germinal II (9 avril 1794) – 8 germ. IV (28 mars 1796)
JEANSON [1967]	17 ventôse V (7 mars 1797) – il devient juge de paix du Xe arrondissement au mois de pluviôse an X (février 1802)

41 - Section du Theatre-Français (1790 – août 1792)

Marseille (août 1792 – août 1793) ; Marseille et Marat (août 1793 – pluviôse an II) ;
de Marat (pluviôse an II – 22 pluviôse an III) ;
du Théâtre-Français (22 pluviôse an III – 19 vendémiaire an IV) ;
puis division du Théâtre-Français jusqu'en l'an X.

THUILLIER [1968]	25 janvier 1791 – 23 germinal VI (12 avril 1798)
DEVILLERS	1er floréal VI (20 avril 1798) – pluviôse X (février 1802)

42 - Section de la Croix-Rouge (1790 – 3 octobre 1793)

du Bonnet-Rouge (3 octobre 1793 – germinal an III) ; du Bonnet-de-la-Liberté (germinal-prairial an III) ; de l'Ouest (prairial an III – 19 vendémiaire an IV) ;
puis division de l'Ouest jusqu'en l'an X.

BEAUVAIS DE PRÉAU	18 janvier 1791 – 26 août 1791
LEBRUN [1969]	27 août 1792 – 30 nivôse III (19 janvier 1795)
DUPERRON	4 pluviôse III (23 janv. 1795) – 27 pluv. VII (15 fév. 1799)
GITTON [1970]	28 pluviôse VII (16 fév. 1799) – germinal VII (mars 1799)
DUPERRON	germinal VII (mars 1799) – 7 ventôse X (26 février 1802)

1964 Il ne figure pas dans l'*Almanach national* correspondant.

1965 Il deviendra juge de paix du Xe arrondissement le 11 floréal an XII (1er mai 1804).

1966 L'*Almanach national* de l'an II écrit *Holeterre* ; nous avons adopté l'orthographe de la signature. Sa nomination fit cesser l'intérim qu'il avait lui-même assuré à titre d'assesseur pendant onze mois.

1967 Il vint clore cette nouvelle année d'intérim due à la très longue maladie.

1968 L'*Almanach royal* de 1791 n'indique pas le nom du juge de paix de la section.

1969 L'*Almanach national* de 1793 écrit *Lebrin* ; nous avons adopté l'orthographe de la signature. Sa nomination fit cesser l'intérim d'une année ouvert par la démission de Beauvais de Préau.

1970 Il ne figure pas dans l'*Almanach national* correspondant.

43 - Section du Luxembourg (1790 – brumaire an II)
de Mutius-Scoevola (brumaire an II – prairial an III) ;
du Luxembourg (prairial an III – 19 vendémiaire an IV) ;
puis division du Luxembourg jusqu'en l'an X.

HARMAND	Fin janvier 1791 – 11 août 1792
CEYRAT	24 août 1792 – 27 pluviôse III (15 fév. 1795)
FIALIN	1er ventôse III (19 fév. 1795) – 26 vendém. IV (18 oct.1795)
GUÉRIN	21 brumaire IV (12 novembre 1795) – devient juge de paix du XIe arrondissement au mois de pluviôse an X (fév. 1802)

44 - Section des Thermes-de-Julien (1790 – 8 septembre 1792)
de Beaurepaire (8 septembre 1792 – 20 pluviôse an II) ; Chalier (20 pluviôse an II – pluviôse an III) ; des Thermes-de-Julien (pluviôse an III – 19 vendémiaire an IV) ;
puis division des Thermes-de-Julien jusqu'en l'an X.

ACHENEY [1971]	Fin janvier 1791 – 10 août 1792
SALIVET	août 1792 – septembre 1793
PELLETIER	11 vendém. II (2 oct. 1793) – 7 therm. II (25 juillet 1794)
MOUTARD [1972]	13 pluviôse III (1er fév. 1795) – 1er frim. IV (22 nov. 1795)
BEHOURT	2 frimaire IV (23 nov. 1795) – 7 ventôse X (26 févr. 1802)

45 - Section de Sainte-Genevieve (1790 – août 1792)
du Panthéon-Français (août 1792 – 19 vendémiaire an IV) ;
puis division du Panthéon-Français jusqu'en l'an X.

DUROUZEAU	Fin janvier 1791 – 28 juillet 1792
HU	24 août 1792 – 5 nivôse III (25 décembre 1794)
LARDY	28 nivô. III (17 janvier 1795) – 8 frimaire V (26 nov. 1796)
DUROUZEAU	25 germ. V (14 avril 1797) – 11 fructidor V (5 sept. 1797)
LEROY [1973]	28 fruct. V (14 sept. 1797) – 15 thermidor VI (2 août 1798)
DUROUZEAU	4 fructidor VI (21 août 1798) – pluviôse X (février 1802)

46 - Section de l'Observatoire (1790 – 19 vendémiaire an IV)
puis division de l'Observatoire jusqu'en l'an X.

BOSQUILLON	22 janvier 1791 – 11 août 1792
LAFFITTE	24 septembre 1792 – pluviôse X (février 1802)

[1971] L'*Almanach royal* de 1791 écrit *Achenez* ; nous avons adopté l'orthographe de la signature.

[1972] Assesseur, il avait lui-même assuré les six mois d'intérim.

[1973] Il ne figure pas dans l'*Almanach national* correspondant.

47 - SECTION DU JARDIN-DES-PLANTES (1790 – août 1792)
des Sans-Culottes (août 1792 – 10 ventôse an III) ;
du Jardin-des-Plantes (10 ventôse an III – 19 vendémiaire an IV) ;
puis division du Jardin-des-Plantes jusqu'en l'an X.

MORTIER	19 janvier 1791 – 6 août 1792
LESSORE	28 août 1792 – 7 vendémiaire VI (28 septembre 1797)
LEMOINE [1974]	18 floréal VI (7 mai 1798) – pluviôse X (février 1802)

48 - SECTION DES GOBELINS (1790 – août 1792)
du Finistère (août 1792 – 19 vendémiaire an IV) ;
puis division du Finistère jusqu'en l'an X.

THORILLON	26 janvier 1791 – 1er octobre 1791
BOURGOIN [1975]	15 août 1792 – 25 ventôse III (15 mars 1795)
THORILLON [1976]	9 frimaire IV (30 novembre 1795) – devient juge de paix du XIIe arrondiss. au mois de pluviôse an X (février 1802)

[1974] Sa désignation mit fin à sept mois d'intérim.

[1975] Il s'agit de Simon Marie Edme Bourgoin, à ne pas confondre avec Claude Marcel Bourgoind, juge de paix de la division de l'Indivisibilité (n° 33) ; par son élection s'achevèrent onze mois d'intérim.

[1976] Son retour fit cesser huit mois d'intérim.

II - LES TITULAIRES DES 12 JUSTICES DE PAIX DE PARIS (AN X – 1838)

PREMIER ARRONDISSEMENT

LAMAIGNÈRE [1977]		–	11 novembre 1815
PINART	11 novembre 1815	–	25 avril 1834 *
FORCADE DE LA ROQUETTE [1978]	25 avril 1834 *	–	décembre 1846

DEUXIEME ARRONDISSEMENT

DELORME [1979]		–	9 octobre 1811
DEFRESNE	27 janvier 1812	–	6 mars 1816
LERAT DE MAGNITOT	8 mai 1816	–	19 février 1847

TROISIEME ARRONDISSEMENT

VÉRON	9 mars 1802	–	10 novembre 1815
DORIVAL DE CRIEL	17 novembre 1815	–	27 février 1832
MOUREAU DE VAUCLUSE	29 février 1832	–	14 avril 1838

QUATRIEME ARRONDISSEMENT

LE SÈVRE [1980]		–	21 novembre 1815
COMBOUZON	24 novembre 1815	–	6 avril 1830
GUICHARD	9 juin 1830	–	30 avril 1834
ANCELLE	27 mai 1834	–	septembre 1849

1977 Ancien juge de paix de la section des Champs-Elysées (n° 2), il siégeait sans interruption depuis 1792.

1978 Juge de paix du XIIe arrondissement, il s'était fait muter dans le premier.

1979 Ancien juge de paix de la division Lepeletier (n° 6), il siégeait sans interruption depuis l'an IV.

1980 Ancien juge de paix de la division du Museum (n° 8), il siégeait sans interruption depuis l'an IV.

CINQUIEME ARRONDISSEMENT

LE BLOND	Fin février 1802	– 4 mars 1817
LIZOT	26 mars 1817	– 6 août 1824 [1981]
LEFUEL	9 août 1824	– 16 février 1830
GARNIER	31 mai 1830	– janvier 1850

SIXIEME ARRONDISSEMENT

LAMOUQUE [1982]		– 20 novembre 1815
BÉRARD DE FAVAS	24 novembre 1815	– 20 février 1832 *
GENREAU	26 février 1832 *	– début juin 1832 *
BÉRENGER	10 juin 1832 *	– 30 décembre 1846 [1983]

SEPTIEME ARRONDISSEMENT

FARIAU [1984]		– 17 novembre 1815
ODENT	25 novembre 1815	– 30 avril 1824
CHAUVET	22 mai 1824	– début octobre 1832 *
TROUILLEBERT	24 octobre 1832 *	– début juillet 1846

HUITIEME ARRONDISSEMENT

PINATEL [1985]		– 23 octobre 1824
VILLEMSENS	7 décembre 1824	– 12 mars 1832 *
PÉRIER	18 avril 1832 *	– janvier 1861

NEUVIEME ARRONDISSEMENT

WISNICK [1986]		– 23 août 1815
COLMET DE SANTERRE	7 octobre 1815	– 10 septembre 1819
LAMBERT SAINTE-CROIX	1er octobre 1819	– 28 août 1823
GUILLONET-MERVILLE	13 janvier 1824	– 28 février 1827 [1987]

1981 Il passa, dès ce moment, à la justice de paix du Xe arrondissement.

1982 Ancien juge de paix de la section des Lombards (n° 18), il siégeait sans interruption depuis 1793.

1983 Il fut alors muté dans le Ier arrondissement, où il siégea jusqu'au 16 septembre 1870.

1984 Ancien juge de paix de la division de l'Homme-Armé (n° 30), il siégeait sans interruption depuis l'an IV.

1985 Ancien juge de paix de la division de Montreuil (n° 25), il siégeait sans interruption depuis l'an VI.

1986 Ancien juge de paix de la section de l'Hôtel-de-Ville (n° 32), il siégeait sans interruption depuis 1791.

1987 En 1824, sa nomination était intervenue après cinq mois d'intérim ; en 1827, il abandonna le IXe arrondissement au profit du Xe.

DANJAN	9 mars 1827	– 4 septembre 1830
MARCHAND [1988]	4 mai 1831	– avril 1863

DIXIEME ARRONDISSEMENT

JEANSON [1989]		– 30 avril 1804
GODARD	1er mai 1804	– 13 novembre 1819
THOMASSIN DE LA FORTELLE	10 janvier 1820	– 12 août 1820
RICHOMME	18 août 1820	– 5 mai 1824
LIZOT [1990]	10 août 1824	– 27 janvier 1827
GUILLONET-MERVILLE [1991]	2 mars 1827	– 23 mars 1838

ONZIEME ARRONDISSEMENT

GUÉRIN [1992]		– 18 novembre 1815
NORMAND	21 novembre 1815	– 14 avril 1820
BOURSIER	4 mai 1820	– 27 avril 1831
ROULLION [1993]	5 mai 1831	– octobre 1866

DOUZIEME ARRONDISSEMENT

THORILLON [1994]		– 1er mai 1804
GOBERT	5 mai 1804	– 2 avril 1811
FORCADE DE LA ROQUETTE	3 août 1811	– 25 avril 1834 * [1995]
PINART fils	25 avril 1834 *	– fin 1855

1988 Son arrivée mit un terme à huit mois d'intérim.

1989 Ancien juge de paix de la division de l'Unité (n° 40), il siégeait sans interruption depuis l'an V.

1990 Il arrivait du Ve arrondissement.

1991 Il arrivait du IXe arrondissement.

1992 Ancien juge de paix de la division du Luxembourg (n° 43), il siégeait sans interruption depuis l'an IV.

1993 L' *Almanach royal* de 1831 écrit *Rouillon* ; nous avons adopté l'orthographe de la signature.

1994 Ancien juge de paix de la division du Finistère (n° 48), il siégeait sans interruption depuis l'an IV.

1995 Il obtint alors de passer au Ier arrondissement.

SOURCES

I - SOURCES MANUSCRITES

A – *AUX ARCHIVES NATIONALES* :

1/ SERIE BB : ARCHIVES DU MINISTERE DE LA JUSTICE

Sous-série BB^1 : Justice - Personnel

Pour les nominations de juges de paix et d'assesseurs en l'an III et en l'an IV, mais d'utilisation sporadique. (BB^1 26, 58, 59, 60^A et 60^B. Nominations, installations, serments...)

Sous-série BB^3 : Justice - Affaires criminelles

Pour quelques dénonciations, destitutions, incarcérations ou mises en liberté à l'époque de la Convention. (BB^3 54, 56, 59, 82, 83 et 84. Commission des administrations civiles, police et tribunaux, Bureau central...)

Sous-série BB^5 : Organisation judiciaire

En dépit de son domaine très vaste, et de son inventaire assez vague, est indispensable à consulter pour toute recherche biographique sur les juges de paix, en particulier de l'an IV à l'an X, période que ne couvre pas la sous-série BB^8 (on trouve de nombreux *curriculum vitæ* dans les cartons cotés BB^5 167, 168, 171 et 181. Demandes de places, nominations de juges de paix…)

Sous-série BB^6 : Dossiers personnels des magistrats

N'intéresse que les juges de paix, fort peu nombreux, qui ont entamé ou poursuivi leur carrière au sein d'autres tribunaux.

Sous-série BB^8 : Justices de paix

Elle constitue le fonds central, et le point de passage obligé, pour toute enquête sur les juges de paix, de l'an XI à 1958 (sous réserve des quelques destructions inconsidérées effectuées à la fin du XIXe siècle). Son inconvénient capital est de ne fournir aucun document sur la période la plus mouvementée de l'institution, c'est-à-dire de 1790 à l'an X, époque de la réduction du nombre des tribunaux de paix et de leur reprise en main par le Consulat. S'y trouvent rassemblés les listes ou rapports de toute nature sur les candidats aux places de juge de paix ou de suppléant, les diverses nominations, destitutions ou démissions, renseignements officiels, lettres de recommandation ou requêtes… Elle est essentielle pour cerner les relations entre pouvoir politique et personnel judiciaire, et par conséquent la destinée professionnelle des individus ; à cet égard, signalons les cartons cotés BB^8 13 et 25 pour le Consulat et l'Empire, BB^8 52, 155 et 164 (épuration de 1815) pour la Restauration, BB^8 510 (épuration de 1830-1831) et 531 pour la monarchie de Juillet.

Sous-série BB^{16} : Division dite civile

Pour quelques nominations de l'époque révolutionnaire ou directoriale.

Sous-série BB^{30} :
Versements complémentaires du Ministère de la Justice

Elle permet de cerner l'activité politique des juges de paix les plus engagés au cours de l'année 1792. Les cartons cotés BB^{30} 17 et 18 d'une part, BB^{30} 24, 25 et 26 d'autre part, permettent de les suivre aux moments cruciaux (journées du 20 Juin et du 10 Août ; fonctionnement du Tribunal révolutionnaire).

2/ DANS LES AUTRES SERIES :

Série AA : Collection de lettres

Ne donne guère d'informations biographiques, sauf au hasard de quelques affaires particulières (Ex : l'emprisonnement du juge de paix Joachim Ceyrat).

Série AF : Secrétairerie d'État

Dans la sous-série AF II, certains registres cotés AF II * gardent trace de l'arrestation de plusieurs juges de paix à l'époque révolutionnaire, tandis que dans la sous-série AF III : « Directoire exécutif », les cartons cotés AF III 260 et 261 renseignent largement sur les élections effectuées par les assemblées primaires de l'an VI et de l'an VII.

Série B : Elections et votes

Pour des indications très parcellaires sur l'élection des juges de paix à l'époque révolutionnaire ; la sous-série B^1 : « Elections diverses. 1790 - an VII » n'est plus pour nous que d'une utilité virtuelle, le cartons coté B^1 11, – qui traite spécifiquement de l'élection des juges de paix en 1790 – étant depuis des années « déplacé sans fiche », c'est-à-dire (définitivement ?) inconsultable.

Sous-série D III : Comité de Législation

Elle constitue une mine de renseignements pour connaître les emplois, autres que judiciaires, que maints juges de paix ont pu occuper de 1792 à l'an IV (cartons cotés D III $255\text{-}256^1$ à D III 256^7), aussi bien que pour retracer l'épuration des justices de paix qu'effectua l'ensemble des sections en l'an III (cartons cotés D III 253 et 254).

Sous-série F^7 : Police générale

Elle nous informe sur les activités politiques des juges de paix : club du Panthéon, assemblées primaires de l'an VI (carton coté F^7 3054.) comme sur leurs répercussions parfois malheureuses : dossiers des individus poursuivis par ordre du Comité de Sûreté générale, d'octobre 1792 à novembre 1795 (cartons cotés F^7 4577 à 4775) ; détenus par mesure de haute police sous le Consulat et l'Empire (cartons cotés F^7 3272 à 3308) ; ou enfin inquiétés pour conjuration, par exemple lors de l'attentat de la rue Saint-Nicaise (cartons cotés F^7 6271 à 6276)

Série W : Parquet. Tribunaux révolutionnaires.
Commissions militaires. Haute Cour de Justice de Vendôme

Fréquemment utilisée en liaison avec la sous-série précédente, elle conserve les traces judiciaires du passage de plusieurs juges de paix devant les juridictions politiques ; les procès-verbaux d'interrogatoires offrent un intérêt biographique évident, quant à l'état civil et aux activités jugées subversives des prévenus, plus encore que les minutes des arrêts.

Nous avons consulté, en ce qui concerne le parquet du Tribunal révolutionnaire, les cartons cotés W 10, 21, 30, 36, 79, 80 ; au sujet du Tribunal criminel extraordinaire du 17 Août, les cartons cotés W 242, 244, 251, 252, 260 ; à propos du Tribunal révolutionnaire, les cartons cotés 287, 302, 312, 416, 433, 499, 509 ; et pour la Haute cour de justice de Vendôme, le carton W 564, lequel contient le jugement rendu contre les accusés babouvistes.

B – *AU MINUTIER CENTRAL DES NOTAIRES PARISIENS* :

Notre recherche a permis de retrouver quarante et un actes notariés intéressant, directement ou non, des juges de paix. Nous pouvons ainsi dénombrer sept contrats de mariage, cinq ventes immobilières, quatre reconnaissances d'obligation, quatre passations de bail, trois testaments, trois inventaires de biens, deux traités d'office, deux actes de notoriété, deux donations, deux dépôts de pièces, une union de créanciers, une procuration, un partage de rente, une déclaration de propriété, une liquidation-partage, un remboursement partiel et une quittance définitive. En voici l'inventaire, dressé dans l'ordre alphabétique des personnes concernées :

ACHENEY (Alexandre Auguste) XIII, 479
Union de créanciers. Voir Boutillier de Chavigny. 18 brumaire an II.
ANCELLE (Etienne Jean) [parent du juge de paix] XIX, 872
Avocat au parlement. Traité d'office. Voir Stocard Jean-Baptiste. 15 juin 1785.
BOCQUEAUX (Louis Michel) VIII, 1362
Layettier. Notoriété après décès. Voir Autrepe Anne Sophie. 31 avril 1809.
BOIVIN DE BLANCMUR (Claude Pierre) XVII, 1047
Avocat au parlement. Traité d'office. Voir Rousselot Jean Nicolas. 21 mars 1788.
BOUCRY SAINT VENANT (Alexandre Jacques Marie) IX, 877
Inspecteur des nourrices. Procuration à son épouse. 6 brumaire an XII.
BRUZELIN (Antoine Marie) IX, 863
Juge de paix. Inventaire après divorce d'avec Antoinette Jacob. 18 prairial an IX.
Juge de paix. Liquidation et partage. 6 messidor an IX.
Juge de paix. Dépôt de l'acte de divorce. 11 messidor an IX.
Juge de paix. Testament. Voir Sarcé Marie. 3e j. compl. an IX. XIV, 556
CHÉPY (Nicolas) IX, 867
Vente de terres à Chépy Pierre, son fils. 23 ventôse an X.
COLMET DE SANTERRE (Armand Adélaïde) III, 1213
Avocat et procureur au parlement.
Partage de rentes. Voir Colmet Frédérik Balthazar. 27 janvier 1791.
CORBIN (Louis Thomas) XIII, 512
Bail par... et son épouse Foucault de Larnier, à Jeandel Dominique. 23 nivôse an IX.
DELORME (Jean Antoine) XVII, 1120
Juge de paix. Obligation. Voir Despagnat Thomas. 25 août 1809.
DESGAUX (Jean-Baptiste) XIII, 522
Obligation. Voir Vaudron Simon. 22 messidor an XI.

DORIVAL DE CRIEL (Vulfranc Jean-Baptiste) XVIII, 1045
Propriétaire, premier suppléant de la justice de paix du IIIe arrondissement de Paris. Vente immobilière. Voir Roncherolles (Louis J.-J. de). 6 septembre 1810.

DUMEIGE (Pierre) X, 787
Huissier à cheval au Châtelet. Mariage avec Hémar Marie Marguerite. 5 juillet 1790.
Huissier. Testament. 19 floréal an XIII. X, 861
Huissier. Inventaire après décès. 23 prairial an XIII. X, 861

DUROUZEAU (Denis) XVIII, 885
Avocat au parlement. Bail de loyer par... et Marie Adélaïde Badin, son épouse, à Huzard. 2 septembre 1789.

FAYEL (Louis Gilles Camille) XX, 782
Bail. Voir Bazille Barbe. 2 prairial an VII.

FIALIN (Jean) V, 883
Homme de loi. Vente de terres. Voir Lefranc Jean Dominique. 15 brumaire an X.

FRANCHET (Charles) V, 902
Ex-juge de paix. Obligation. Voir Lenouvel Pierre. 13 nivôse an XII.

GOBERT (Pierre Louis) VIII, 1310
Mariage avec Troteur Marie Anne, ci-devant épouse d'Etienne Delatouche. 3 vendémiaire an III.

GUERIN (Louis Nicolas) XIV, 545
Juge de paix à Paris. Déclaration de propriété. 9 germinal an VI.

IMBAULT (Pierre Louis Edme) XX, 863
Artiste demeurant à Paris.
Bail par... et Imbault Denis Pierre à Boyenval Marie Anne. 16 août 1817.

JEANSON (Jean-Baptiste) VIII, 1326
Juge de paix à Paris. Obligation. Voir Vigner Claude Louis. 13 frimaire an VIII.

LARDY (Sylvain Barnabé) XVIII, 858
Substitut du procureur de Choisy-le-Roi.
Mariage avec Gallois Marie Félicité, fille mineure. 13 juin 1786.

LE BLOND (Antoine Jean-Baptiste) XX, 761
Notoriété constatant les noms de ... et son acte de naissance. 6 juillet 1793.

LE FRANÇOIS (Caude Anne) XV, 1221
Juge de paix. Dépôt de pièces. Voir Guérin Louis Charles. 10 mai 1809.

LEPIDOR (Michel Julien, dit **MATHIEU-**) VIII, 1296
Juge de paix de la section des Invalides.
Donation par... à Mathieu-Lépidor Jean Michel Hypolite. 7 septembre 1791.

LE SEIGNEUR (Claude) I, 760
Dépôt des testament et codicille olographes. 8 août 1817.

LESSORE (Jean Baptiste Louis) XIII, 476
Homme de loi demeurant à Paris. Ventes d'immeubles.
Voir Maupoint Dormicourt Anne Barbe Geneviève. 23 mars 1793.

NORMAND (Jean Philippe) VIII, 1301

Avoué à Paris.
Mariage avec Huleux Madeleine Robertine Rosalie. 31 octobre 1792.
PINATEL (Pierre Benoît) XII, 686
Mariage avec Gardinier Anne, veuve de Dambreville Louis. 3 mai 1778.
SIMON (Pierre Marie) VII, 518
Vente de terres par... à Chaignet Jean Joseph Philibert. 24 septembre 1792.
Inventaire après décès. Voir Defoissy Nicolas. 29 décembre 1823. I, 802
THORILLON (Antoine Joseph) V, 873
Juge de paix. Remboursement et accroissement d'intérêts.
Voir Mayou François Louis. 5 pluviôse an VIII.
Quittance en suite d'un acte passé le 5 pluviôse an VIII par... à François Marie Mayou d'Aunoy et à la succession de son épouse. 21 avril 1810.
THUILLIER (Claude Louis) XI, 800
Homme de loi et juge de paix de la section du Théâtre-Français
Donation. Voir Vincent Jacques François. 26 brumaire an VII.
VILLEMSENS (Jean-Baptiste) VIII, 1348
Mariage avec Louyer Villermay Antoinette Marie. 16 frimaire an XIV.
WISNICK (Toussaint Léon) V, 886
Juge de paix. Mariage avec Missonnier Jeanne Reine. 3 germinal an X.

C – *AUX ARCHIVES DE PARIS ET DE L'ANCIEN DEPARTEMENT DE LA SEINE* :

Série D U^1 : Justices de paix

Elle constitue, pour les juridictions, l'équivalent de la sous-série BB^8 consacrée au personnel et conservée aux Archives nationales. Seule, la fréquence des mutations, au sein d'un même tribunal, peut susciter quelques commentaires généraux d'ordre politique ; nous renvoyons à cet égard au *Répertoire territorial* établi en annexe, qui permettra en outre, d'un point de vue biographique, de délimiter précisément la présidence de chaque juge de paix.

Ont de la sorte été dépouillés les cartons cotés D 1 U^1 1, 18, 19, 22, 28, 29 et 46 pour les mutations survenues au sein des tribunaux de paix du premier arrondissement ; D 2 U^1 67, 71 et 94 pour le deuxième arrondissement ; D 3 U^1 1, 2, 13, 16 ^{bis}, 18, 20, 21, 22, 36, 37, 38, 43, 87, 132 et 169 pour le troisième ; D 4 U^1 1, 3, 9, 11, 13, 15, 16, 19, 20, 22, 24, 27, 57, 85 et 104 pour le quatrième ; D 5 U^1 1, 2, 4, 6, 7, 8, 14, 15, 16, 17, 36, 43 et 49 pour le cinquième ; D 6 U^1 2, 3, 14, 29, 30, 32, 33, 42 et 115 pour le sixième ; D 7 U^1 1, 2, 4, 5, 8, 11, 12, 13, 18, 20, 27, 29, 77 et 94 pour le septième ; D8 U^1 2, 4, 8, 13, 15, 16, 17, 18 et 57 pour le huitième ; D 9 U^1 22, 26, 30, 31, 34 et 38 pour le neuvième ; D 10 U^1 2, 3, 4, 5, 6, 9, 15, 17, 19, 27, 28, 33, 49, 51, 64, 120, 121, 122, 135, 136 et 145 pour le dixième ; D 11 U^1 2, 5, 6, 24, 30, 31, 33, 40, 41, 78, 87 et 142 pour le onzième ; D 12 U^1 1, 5, 13, 15, 16, 17, 23, 36, 37, 47, 65 et 66 pour le douzième.

Série AZ : Documents entrés par dons ou achats

Les cartons 1 AZ 171^2 et 5 AZ 293, concernent la désignation des juges de paix en l'an X et sous l'Empire.

Carton D 34 Z : Collection Dereix

Du nom du donateur des papiers qui la composent. Il s'agit de feuilles individuelles manuscrites qui s'efforcent de rassembler des éléments biographiques relatifs à certains juges de paix parisiens, mais nous paraissent d'un usage assez restreint pour deux raisons. La première, chronologique, est que cette collection concerne exclusivement les magistrats de l'époque révolutionnaire. La seconde, plus inquiétante, consiste en un défaut prononcé de cotes précises et fiables. Les indications ainsi offertes ne permettent qu'à peine leur vérification, ce qui devrait éveiller à leur endroit la prudence de tout chercheur consciencieux.

Séries DQ 7 : Enregistrement de Paris

DQ 8 : Tables de l'enregistrement de Paris

Ces deux fonds complémentaires permettent de retrouver les actes administratifs, judiciaires, notariés ou passés sous seings privés, lorsqu'ils sont soumis à la formalité fiscale. Les tables (DQ 8) sont tenues par ordre alphabétique aux noms des défunts et donnent les dates des déclarations successorales, lesquelles, classées chronologiquement (DQ 7) donnent l'identité des héritiers. Ces deux séries présentent le même avantage (information sur la vie privée des juges de paix) et la même difficulté d'exploitation (nécessité d'indices relativement précis pour autoriser une recherche individuelle) que les actes du Minutier central des notaires parisiens.

Série VD : Fonds de l'administration générale de la commune et de ses subdivisions territoriales

Dans la sous-série VD.4 : « Organisation des services municipaux. An VIII-1859 », le carton coté VD.4 0010 sur les élections de l'an X.

Dans la sous-série VD.6 : « Fonds des mairies », le carton coté VD.6 7, lui aussi sur les élections de l'an X.

II - SOURCES IMPRIMÉES

A – *COLLECTIONS OFFICIELLES* :

- *Almanach royal*, Paris, Houry imprimeur, 1790 - 1792.
- *Almanach national*, Paris, Testu, 1793 - an XI.
- *Almanach impérial*, Paris, Testu, an XII - 1814.
- *Almanach royal*, Paris, Testu, 1816 - 1830.
- *Almanach royal et national*, Paris, Guyot et Scribe, 1831 - 1838.
- *Annuaire administratif et statistique du département de la Seine pour l'an XIII –1805*, (continué pour les années 1806, 1807 et 1808, par P. J. H. Allard), Paris, in-8°.
- *Recueil des lettres, circulaires, instructions, programmes, discours et autres actes publics... émanés du ministre de l'Intérieur. Thermidor an V - 1820*, Paris, an VII - 1821, 20 vol.

B – *COLLECTION DE DOCUMENTS RELATIFS A L'HISTOIRE DE PARIS PENDANT LA REVOLUTION FRANÇAISE* :

- CASENAVE (Antoine Mathurin), *Les tribunaux civils de Paris pendant la Révolution*, deux volumes publiés et annotés par A. Douarche, Paris, Quantin, 1905-1907, CCXIII - 797 p. et 976 p.
- CHARAVAY (Etienne), *L'Assemblée électorale de Paris*, trois volumes publiés d'après les originaux des Archives nationales, avec notices historiques et biographiques, Paris, Quantin, 1890 - 1905, XLVIII - 694 ; LVII - 626 ; CIV –760 p.
- CHASSIN (Charles Louis), *Les élections et les cahiers de Paris en 1789*, Paris, Quantin, 1888 - 1889, 4 vol.
- ROBIQUET (Paul), *Le personnel municipal de Paris pendant la Révolution. Période constitutionnelle*, Paris, Quantin, 1890, IV - 686 p.

C – *PUBLICATIONS DE LA SOCIETE DE L'HISTOIRE DE LA REVOLUTION FRANÇAISE* :

- AULARD (F. A.), *Mémoires de Chaumette sur la Révolution du 10 Août 1792*, avec introduction et notes, Paris, Société de l'histoire de la Révolution française, 1893, XVI - 66 p.
- BRAESCH (Ferdinand), *Papiers de Chaumette*, publiés avec une introduction et des notes, Paris, Société de l'histoire de la Révolution française, 1908, 232 p.
- LACROIX (Sigismond), *Le département de Paris et de la Seine pendant la Révolution (février 1791 – ventôse an VIII)*, Paris, Société de l'histoire de la Révolution française, 1904, III - 484 p.
- MELLIE (Ernest), *Les sections de Paris pendant la Révolution française (21 mai 1790 - 19 vendémiaire an IV). Organisation. Fonctionnement*, Paris, Société de l'histoire de la Révolution française, 1898, 320 p.
- TOURNEUX (Maurice), *Procès-verbaux de la Commune de Paris (10 août 1792 – 1er juin 1793)*, extraits en partie inédits, publiés d'après un manuscrit des Archives nationales, Paris, Société de l'histoire de la Révolution française, 1894, VIII-204 p.

D – *MEMOIRES* :

- BARRIERE (François), *Bibliothèque des mémoires relatifs à l'histoire de France pendant le XVIIIe siècle*, avec avant-propos et notes par...

  Tome IX : *Mémoires de Cléry, de Monsieur le duc de Montpensier, de Riouffe*, Paris, Firmin-Didot, 1856, 474 p.

  Tome XII : *Suite des mémoires du général Dumouriez, Mémoires de Louvet, et Mémoires pour servir à l'histoire de la Convention nationale, par Daunou*, Paris, Firmin-Didot, 1848, 464 p.

  Tome XVIII : *Mémoires sur les journées de Septembre 1792, suivis des délibéra-tions prises par la Commune et des procès-verbaux de la mairie de Versailles*, Paris, Firmin-Didot, 1858, 314 p.

E – *ECRITS DES JUGES DE PAIX* :

Les ouvrages rédigés par les juges de paix, par leur diversité même, interdisent tout classement thématique ; ils sont indiqués au fil des différentes notices biographiques, assortis en note de leurs cotes de conservation à la Bibliothèque nationale.

Les auteurs sont les quarante-six personnes dont les noms suivent :

ANQUETIL ; BARON DE SAINT-GIRON ; BAUDRAIS ; BEAUVAIS DE PREAU ; BEHOURT ; BOIVIN DE BLANCMUR ; BOSQUE ; BOSQUILLON ; BOUCRY SAINT VENANT ; BRUNEAU ; BUCQUET ; BUOB ; DANJAN ; DAUBANTON ; DECOURCHANT ; DEFRESNE ; FARDEL ; FEBVE ; GERDRET ; HERBAULT DES PAVAUX ; HU ; HULLIN DE BOISCHEVALIER ; LAMAIGNERE ; LAUGIER ; LAURENT ; LEGIER ; LE SCENE DES MAISONS ; LESSORE ; LE TELLIER ; LIEGE ; LIZOT ; LOCRE ; MARTIN ; MATHIEU ; MORAND ; MOUREAU DE VAUCLUSE ; MOUTARD ; PATRY ; PELLETIER ; PHULPIN ; PLANCHER-VALCOUR ; ROBIN ; ROULLION ; THORILLON ; VALANT ; WISNICK.

Les séries consultées sont les suivantes :

F ; Fn^{3} ; Fp ; J ; Lb^{39} ; Lb^{40} ; Lb^{41} ; Lb^{42} ; Lb^{44} ; Lb^{48} ; Lc^{2} ; Lc^{22} ; Ld^{4} ; Le^{29} ; Le^{33} ; Le^{34} ; Le^{37} ; Le^{38} ; Le^{43} ; Le^{51} ; Le^{62} ; Lf^{23} ; Lf^{109} ; Lf^{116} ; Lf^{120} ; Lf^{133} ; Lk^{7} ; Lk^{12} ; Ln^{27} ; Q ; R ; Rp ; S ; Te^{163} ; V ; Vp ; VZ ; Yc ; Ye ; Yf ; Z.

BIBLIOGRAPHIE

I - INSTRUMENTS DE RECHERCHE

- ANONYME , *Catalogue général des livres imprimés de la Bibliothèque nationale. Auteurs*, Paris, Imprimerie nationale, 1897-1959, 230 vol.
- BARROUX (Marius), *Inventaire sommaire des Archives de la Seine. Partie municipale. Période révolutionnaire (1789 - an VIII). Fonds de l'administration générale de la commune et de ses subdivisions territoriales*, Paris, 1892 et 1901, deux fascicules in-4°, 238 p.
- *Archives du département de la Seine et de la ville de Paris. Section départementale. Inventaire sommaire des documents entrés par dons ou achat de 1889 à 1928*, Paris, 1935, 351 p.
- CARON (Pierre), *Manuel pratique pour l'étude de la Révolution française*, Paris, A. et J. Picard, 1947, 324 p.
- DURYE (Pierre), *La généalogie*, Paris, P.U.F., coll. « Que sais-je ? », 7e éd. 1985, 128p.
- FELKAY (Nicole), Notes sur le fonds des justices de paix (1791-1830) et sur le fonds des mairies (1791-1815) aux Archives de Paris, *A.H.R.F.*, 1970, p. 530 - 549.
- Notes sur le fonds des justices de paix aux Archives de Paris (1791-1830), *La Gazette des Archives*, LXIX, 1970, p. 85 - 92.
- FLEURY (Michel) et HENRY (Louis), *Nouveau manuel de dépouillement et d'exploitation de l'état civil ancien*, Paris, Editions de l'Institut national d'études démographiques, 3e éd. 1985, 202 p. et documents hors-texte.
- GILDAS (Bernard), *Guide des recherches sur l'histoire des familles*, Paris, Archives nationales, 1988, 336 p.
- MARTIN (André) et WALTER (Gérard), *Catalogue de l'histoire de la Révolution française*, Paris, Bibliothèque nationale, 1936-1969, 5 vol. et table.
- SOBOUL (Albert), *Les papiers des sections de Paris (1790 - an IV). Répertoire sommaire*, Paris, Maurice Lavergne, 1950, 124 p.
- TOURNEUX (Maurice), *Bibliographie de l'histoire de Paris pendant la Révolution française*, Paris, Imprimerie nouvelle, 1890 -1906, 4 vol.
- TUETEY (Alexandre), *Répertoire général des sources manuscrites de l'histoire de Paris pendant la Révolution française*, Paris, Imprimerie nouvelle, 1890-1914, 11 vol. in-4°.
- WALTER (Gérard), *Répertoire de l'histoire de la Révolution française. (Travaux publiés de 1800 à 1940)*, Paris, Bibliothèque nationale, 1941-1945, 2 vol. (tome I : Les personnes ; tome II : Les lieux).

II - OUVRAGES

- ANONYME, *Liste des victimes du Tribunal révolutionnaire à Paris*, Paris, Picard et fils, 1911, 194 p.
- BALTEAU (J.), BARROUX (M.), PREVOST (M.) et ROMAN D'AMAT (J.-C.), *Dictionnaire de biographie française*, (publié sous la direction de...), Paris, Letouzey et Ané, 1933 et suiv., [19 vol. parus], in-4°.
- BERTY (Adolphe), *Topographie historique du vieux Paris,* Paris, coll. " Histoire générale de Paris ", 1866-1897, 6 vol.
- BLUCHE (François), *Les magistrats du parlement de Paris au XVIIIe siècle*, Paris, 2e éd. 1986, Economica, XIII - 482 p.
- BOURDON (Jean), *Napoléon au Conseil d'État*, Paris, Berger-Levrault, 1963, 330p.
- BRAESCH (Ferdinand), *La Commune du Dix-Août 1792. Etude sur l'histoire de Paris, du 20 juin au 2 décembre 1792*, Paris, Hachette, 1911, 1236 p.
- BURSTIN (Haim), *Le faubourg Saint-Marcel à l'époque révolutionnaire*, Bibliothèque d'histoire révolutionnaire, 3e série, n° 22, Paris, Société des études robespierristes, 1983, 342 p.
- CARRE (Henri), *La fin des parlements (1788-1790)*, Paris, Hachette, 1912, XXI -382 p.
- CHAIX D'EST-ANGE (Gustave), *Dictionnaire des familles françaises anciennes ou notables à la fin du XIXe siècle*, Evreux, impr. de Hérissey, 1903-1929, 20 vol. Rééd. Paris, 1983, 10 vol., plus un vol. d'additions et corrections, in-8°.
- CONTE (Arthur), *Sire, ils ont voté la mort*, Paris, Robert Laffont, 1966, 478 p.
- COPPOLANI (Jean-Yves), *Les élections en France à l'époque napoléonienne*, Paris, Albatros, 1980, XVIII - 500 p.
- COURIER (Paul-Louis), *Œuvres complètes*, Paris, Gallimard, « Bibliothèque de la Pléiade », 1964, 1062 p.
- DESTREM (Jean), *Les déportations du Consulat et de l'Empire*, Paris, Jeanmaire, 1885, VI - 526 p.
- FESCOURT M., *Histoire de la double conspiration de 1800 contre le gouvernement consulaire et de la déportation qui eut lieu dans la deuxième année du Consulat... contenant des détails sur la machine infernale et sur les déportés*, Paris, Guillaume, 1819, XII - 330 p., plan et carte.
- GILLE (Bertrand) et FLEURY (Michel) (sous la dir.), *Dictionnaire biographique du conseil municipal de Paris et du conseil général de la Seine, (1800-1830) [Aguesseau – Godefroy]*, Paris, Imprimerie municipale, « Commission des travaux historiques de la ville de Paris », 1972, 110 p.
- HOEFER (Dr) (sous la dir.), *Nouvelle biographie universelle, depuis les temps les plus reculés jusqu'à nos jours ...*, Copenhague, Rosenkilde et Bagger ; Paris, Firmin-Didot, 1852-1866, 46 vol. in-8°.
- KUSCINSKY (Auguste), *Les députés du Corps législatif, Conseil des Cinq-Cents, Conseil des Anciens, de l'an IV à l'an VIII,* Paris, 1905, in-8°.
- JEANVROT (Victor), *Les juges de paix élus sous la Révolution. Notes et documents inédits*, Paris, Charavay frères, 1883, 116 p.

- LAS CASES (Emmanuel, comte de), *Le mémorial de Sainte-Hélène*, Paris, Gallimard, « Bibliothèque de la Pléiade », 1956, 2 vol., 1346 et 1520 p.
- LEGRAND (Robert), *Babeuf et ses compagnons de route*, Bibliothèque d'histoire révolutionnaire, 3e série, n° 20, Paris, Société des études robespierristes, 1981, IX - 454 p.
- LENOTRE G., *Les derniers terroristes*, Paris, Firmin-Didot, coll. « Histoires de France », 1932, 218 p.
- MICHAUD (Louis-Gabriel), *Biographie universelle, ancienne et moderne... par ordre alphabétique... ouvrage rédigé par une société de gens de lettres et savants*, Paris, Michaud frères, 1811-1862, 85 vol. in-8°.
- METAIRIE (Guillaume), *Le monde des juges de paix de Paris (1790-1838)*, Paris, Editions Loysel, 1994, 368 p.
- MONNIER (Raymonde), *Le faubourg Saint-Antoine (1789-1815)*, Bibliothèque d'histoire révolutionnaire, 3e série, n° 21, Paris, Société des études robespierristes, 1981, 368 p.
- PRONTEAU (Jeanne), *Les numérotages des maisons de Paris, du XVe siècle à nos jours*, Paris, Imprimerie municipale, « Commission des travaux historiques de la ville de Paris », 1966, 234 p. et Appendice.
- RABBE, VIEILH DE BOISJOLIN et SAINTE-PREUVE, *Biographie universelle et portative des contemporains...*, (publiée sous la direction de...), Paris, Levrault, 1834, 5 vol. in-8°.
- REVEREND (vicomte A.), *Armorial du Premier Empire. Titres, majorats et armoiries concédés par Napoléon Ier*, Paris, Champion, 1894-1897, 4 vol. in-8°. Rééd. Paris, 1974, 2 vol. in-4°.
- *Les familles titrées et anoblies au XIXe siècle. Titres, anoblissements et pairies de la Restauration (1814-1830)*, Paris, Champion, 1901-1906, 6 vol. in-8°. Rééd. Paris, 1974, 3 vol. in-4°.
- ROBERT (Adolphe), BOURLOTON (Edgard) et COUGNY (Gaston), *Dictionnaire des parlementaires français... depuis le 1er mai 1789 jusqu'au 1er mai 1889,* (publié sous la direction de...), Paris, Bourloton, 1889-1891, 5 vol. in-8°.
- ROBINET (Dr), ROBERT (Adolphe), LE CHAPLAIN (J.), *Dictionnaire historique et biographique de la Révolution et de l'Empire (1789-1815),* Paris, Librairie historique de la Révolution et de l'Empire, 1898, 2 vol. (XLIV-839 p. et 868 p.)
- ROUSSELET (Marcel), *La magistrature sous la monarchie de Juillet*, Paris, Sirey, 1937, 498 p. [thèse principale pour le doctorat ès-lettres].
- SELIGMAN (Edmond), *La justice en France pendant la Révolution (1789-1793)*, Paris, Plon-Nourrit, 2 vol. (I : 1901, XI – 600 p. ; II : 1913, IV – 656 p.)
- SOBOUL (Albert) et MONNIER (Raymonde), *Répertoire du personnel sectionnaire parisien en l'an II*, Paris, Publications de la Sorbonne, 1985, 564 p.
- TULARD (Jean) (sous la dir.), *Dictionnaire Napoléon*, Paris, Fayard, 1989, 1866 p.

INDEX PATRONYMIQUE

DES JUGES DE PAIX DE PARIS

MENTIONNANT LES ANNEES ET LIEUX DE PREMIERE AFFECTATION

ACHENEY (A. A.), 1790, Thermes-de-Julien, **23**, 207, *238*, 245.
ANCELLE (J. E.), 1834, IVe arr., **23**, 110, *240*, 245.
ANQUETIL (N. S.), 1790, Roule, **24**, 64, *227*, 250.
ARSANDAUX (J. A.), an VI, Mail, **25**, 112, 153, *230*.
AUFAUVRE (A. J.), an VIII, Mail, **26**, 113, *230*.
BALLIN (A. Ch.), 1792, Quinze-Vingts, **26**, 79, 222, *233*.
BARON (N.), 1792, Mail, **27**, 51, 127, *230*.
BARON DE SAINT GIRON (G. Ch.), 1790, Halle-au-Blé, **27**, 168, *229*, 250.
BAUDRAIS (J.- B.), an IV, Halle-au-Blé, **28**, 34, 38, 45, *229*, 250.
BEAUFILS (P.), 1790, Champs-Elysées, **29**, 36, 207, *227*.
BEAUVAIS DE PREAU (Ch. N.), 1790, Croix-Rouge, **30**, 86, 138, *237*, 250.
BEHOURT (J.-Fr.), an IV, Thermes-de-Julien, **31**, 49, 178, *238*, 250.
BERARD DE FAVAS (J.-Fr.), 1815, VIe arr., 28, **33**, 82, 102, 134, *241*.
BERAUD (H.), an III, Arsenal, **35**, 99, 203, *235*.
BERENGER (H. Ch. A. L.), 1832, VIe arr., **36**, 102, *241*.
BLANDIN (P. H.), 1790, Lombards, **36**, 42, 54, 132, *231*.
BOBEE (A. Fr.), an III, Homme-Armé, **37**, 92, 216, *234*.
BOCQUEAUX (L. M.), 1793, Halle-au-Blé, 29, **38**, 169, *229*, 245.
BOIVIN DE BLANCMUR (Cl. P.), 1790, Palais-Royal, **38**, 205, *228*, 245, 250.
BONENFAN (Cl. L.), an II, Fontaine-de-Grenelle, **39**, 136, 181, 221, *236*.
BOSQUE (Ch.), 1792, Bibliothèque, **41**, 76, 117, *228*, 250.
BOSQUILLON (Ch. P.), 1790, Observatoire, 36, **42**, 54, 99, 129, 157, 161, *238*, 250.
BOTOT (Fr. M.), 1790, Temple, **43**, 81, *232*.
BOUCRY SAINT VENANT (A. J.), an V, Halle-au-Blé, 29, **44**, 91, *229*, 245, 250.
BOUIN (M.), 1792, Marché-des-Innocents, **45**, 114, *231*.
BOULLANGER (D.), 1792, Oratoire, **47**, 103, 106, *229*.
BOURGOIN (S. E. M.), Finistère, **48**, 213, 214, *239*.
BOURGOIND (Cl. M.), an IV, Indivisibilité, **48**, 123, *235*.
BOURSIER (M. L. S.), 1820, XIe arr., 33, **49**, 58, 183, 206, *242*.
BOYER (Cl.), an VII, Fontaine-de-Grenelle, **50**, 105, 182, *237*.
BRUNEAU (J.), 1790, Place-Louis-XIV, 27, **51**, *230*, 250.
BRUZELIN (A. M.), 1792, Mirabeau, **51**, 74, *229*, 245.
BUCQUET (J. A.), 1792, Cité, **53**, 72, 137, *236*, 250.
BUOB (J. V.), 1790, Poissonnière, 36, 42, **54**, 157, 161, 192, *232*, 250.
CEYRAT (J.), 1792, Luxembourg, **55**, 96, 108, 113, *238*, 242.
CHARPENTIER (J.-Fr.), 1792, Invalides, 49, **57**, 148, 164, *236*.

CHAUVET (Fr. St.), 1824, VIIᵉ arr., **58**, 184, 217, *241*.
CHAUVIN (P.), 1792, Montreuil, **59**, 75, 196, *233*.
CHEPY (J. N.), 1792, Louvre, **60**, 153, 167, 173, 176, *228*, *229*, 245.
COLMET DE SANTERRE (A. A.), 1815, IXᵉ arr., **62**, 133, 224, *241*, 245.
COMBOUZON (J.-B.), 1815, IVᵉ arr., **64**, 109, 153, *240*.
CORBIN (R.), 1792, Roule, 24, **64**, 71, 72, *227*, 245.
COUSIN (Fr.), an II, Arcis, **65**, 191, 220, *231*.
CRETON (Ch. A.), an IV, Amis-de-la-Patrie, **65**, 121, 207, *231*.
DANJAN (J.-B. C.), 1827, IXᵉ arr., **67**, 111, 165, *242*, 250.
DARNET (Ph. S.), an VI, Bon-Conseil, **68**, 85, *231*.
DAUBANTON (A. Gr.), an IV, Pont-Neuf, **68**, 211, 212, *236*, 250.
DAUCOURT (L.), 1790, Place-Vendôme, **70**,168, *228*.
DAUSSY (Th. M.), an III, Roule, 65, **71**, *227*.
DECAUDIN (J.-L.), 1790, Notre-Dame, 53, **72**, *236*.
DECOURCHANT (A. A.), an III, Butte-des-Moulins, **72**, 128, *228*, 250.
DEFRESNE (J. Th.), 1790, Grange-Batelière, 52, **74**, 77, 132, 148, *229*, *240*, 250.
DELARSILLE (J.-L.), 1790, Montreuil, 36, 60, **75**, *233*.
DELORME (J. A.), 1790, Bibliothèque, 41, 53, 73, 74, **76**, 118, 142, *228*, *240*, 245.
DESGAUX (J.-B.), an VIII, Bonne-Nouvelle, **77**, 175, *230*, 245.
DEVILLERS (J.-B.), an VI, Théâtre-Français, **78**, 216, *237*.
DISNEMATIN (J.-B.), an III, Quinze-Vingts, 26, **79**, 84, *233*.
DORIVAL DE CRIEL (V. J.-B.), 1815, IIIᵉ arr., 26, **80**, 166, 177, 219, *240*, 246.
DOURNEL (J.-B.), 1793, Temple, 43, **81**, *232*.
DUCHESNE (A.), an II, Popincourt, **82**, 85, 189, *233*.
DUCLOS (P. J.-B.), an IV, Quinze-Vingts, 80, **83**, *233*.
DUGUIT (J. J.), 1793, Popincourt, 82, **84**, 208, *233*.
DUMEIGE (P.), an II, Bon-Conseil, 68, **85**, 210, *231*, 246.
DUPERRON (J.-B. G. Th.), an III, Bonnet-Rouge, 57, **86**, 103, 139, 140, *237*.
DUPORTAIL (L. A. B.), 1790, Quatre-Nations, **87**, 149, *237*.
DUROUZEAU (D.), 1790, Sainte-Geneviève, **87**, 118, 136, 150, *238*, 246.
ESTIENNE DE LA RIVIERE (J.-B.), 1790, Henri-IV, 69, **88**, 132, 157, *236*.
FANTIN (J.-J.), 1792, Tuileries, **90**, 171, 200, *227*.
FARDEL (P.), an VII, Halle-au-Blé, 45, **91**, 146, 156, *229*, 250.
FARIAU (Fr. M. M.), an IV, Homme-Armé, 37, **91**, 116, 124,125, 184, 201, *234*,*241*.
FAYEL (L. G. C.), 1790, Roi-de-Sicile, 54, **93**, 99, 160, 197, *234*, 246.
FEBVE (J.-B.), an IV, Fraternité, **94**, 199, 200, *235*, 250.
FIALIN (J.), an III, Mutius-Scaevola, 55, **96**, 108, *238*, 246.
FONTAINE (J. M.), 1792, Fédérés, 88, **97**, 123, 146, *235*.
FORCADE DE LA ROQUETTE (J.), 1811, XIIᵉ arr., 36, **97**, 105, 194, 195, *240*, *242*.
FORMENTIN [?], 1790, Bonne-Nouvelle, **99**, 174, *230*.
FRANCHET (Ch.), an VII, Arsenal, 36, **99**, *235*, 246.
FREZARD (P. J.), 1790, Faubourg-Saint-Denis, **100**, 122, 179, 180, *234*.
GARNIER (Cl. Ch.), 1830, Vᵉ arr., **101**, 119, 144, *241*.
GENREAU [?], 1832, VIᵉ arr., 35, 36, **102**, *241*.
GERDRET (A. Chr.), 1790, Oratoire, 47, **102**, 114, *229*, 250.
GITTON (Fr.), an VII, Ouest, 86, **103**, *237*.

GOBERT (P. L.), an XII, XIIe arr., 97, **103**, 147, 215, *242*, 246.
GODARD (J.), an V, Fontaine-de-Grenelle, 50, **105**, 110, 126, 181, 212, *237*, *242*.
GOYENVAL (A.-J.), an VIII, Gardes-Françaises, 47, **106**, *229*.
GRUTER DES ROZIERS (J. V.), 1790, Enfants-Rouges, 92, **107**, 205, *234*.
GUÉRIN (L. N.), an IV, Luxembourg, 33, 70, 79, 96, **107**, 182, *238*, *242*, 246.
GUICHARD (J.-Fr.), 1830, IVe arr., 24, 64, **109**, *240*.
GUILLONET-MERVILLE (J.-B. Th.), 1824, IXe arr., 67, **110**, 133, 161, *241*, *242*.
GUYOT SAINTE HÉLÈNE (É.), an VIII, Cité, **111**, 138, *236*.
HANOTEAU (P. B.), an V, Mail, 25, 26, **112**, 217, *230*.
HARMAND (E. N.), 1790, Luxembourg, 55, **113**, *238*.
HERBAULT DES PAVAUX (N. A.), 1790, Marché-des-Innocents, 46,102,**113**,*231*,250.
HOMBERT (J. M.), an IV, Réunion, 92, **115**, 204, *234*.
HOTTETERRE (J. L.), an II, Unité, **117**, 126, 150, *237*.
HOUET (L.), 1793, section de 1792, 42, 77, **117**, *228*.
HU (Ch. L. M.), 1792, Panthéon-Français, 88, **118**, 136, *238*, 250.
HULLIN DE BOISCHEVALIER (L. J.), 1790, Arsenal, **120**, 202, *235*, 250.
IMBAULT (P. L. E.), an II, Amis-de-la-Patrie, 66, **120**, 185, *231*, 246.
ISAMBERT (P.), 1792, Faubourg-Saint-Denis, 100, **121**, *234*.
JABEL (A.), an II, Indivisibilité, 49, 97, **123**, *235*.
JAQUOTOT DE CHANGEY (A. E. N.), an V, Arcis, **124**, 164, 220, *232*.
JEANSON (J.-B. P. A.), an V, Unité, 57, 105, 117, **125**, *237*, *242*, 246.
JOSSIER (J.-B.), 1790, Gravilliers, **126**, 204, *233*.
JOUAN (J.), an IV, Mail, 27, 68, **127**, 217, *230*.
LACOSTE (J.-B.), 1792, Butte-des-Moulins, 73, **127**, 205, *228*.
LACOSTE (Ph. J.), an III, Bondy, **128**, 146, 156, *232*.
LAFFITTE (J.-B.), 1792, Observatoire, 43, **129**, *238*.
LAMAIGNERE (A.), 1792, Champs-Elysées, 65, **129**,173,194,200, 207, *227*, *240*, 250.
LAMBERT (E.), 1792, Pont-Neuf, 68, 90, **132**, 211, *236*.
LAMBERT SAINTE CROIX (J. B.), 1819, IXe arr., 63, 110, **132**, *241*.
LAMOUQUE (P. J.), 1793, Lombards, 34, 37, 66, 82, **133**, 156, *231*, *241*.
LAPERDRIS (A. M.), an VII, Contrat-Social, **134**, 160, *230*.
LARDY (S. B.), an VIII, Panthéon-Français, 88, 119, **135**, *238*, 246.
LAUGIER (B. M.), 1792, Fontaine-de-Grenelle, 40, **136**, 151, *236*, 250.
LAURENT (Fr.), an VI, Cité, 53, 111, **137**, *236*, 250.
LE BLOND (J.-B. A.), an X, V^e arr., 33, 68, 78, 99, 132, **138**, 160, 180,197, *241*, 246.
LEBRUN (J. E. A.), 1792, Croix-Rouge, 31, 86, **139**, *237*.
LE CHEVALIER (J.-B.), 1792, Faubourg-Montmartre, **141**, 151, *232*.
LE FRANÇOIS (Cl. A.), 1790, Fontaine-Montmorency, **142**, 159, *230*, 246.
LEFUEL (J. G.), 1824, V^e arr., 101, **143**, 161, *241*.
LEGIER (N. V.), 1790, Postes, **144**, 159, *230*, 250.
LEGUAY (D. M.), an IX, Halle-au-Blé, 91, **145**, *229*.
LEMAIRE (J.), an IV, Bondy, 128, **146**, 180, *232*.
LEMAIRE (J.-Fr.), an III, Place-Vendôme, **146**, 167, *228*.
LEMAISTRE (Th. Cl.), 1790, Place Royale, 97, **146**, *235*.
LEMOINE (E.), an VI, Jardin-des-Plantes, **147**, 154, *239*.
LEPIDOR (dit MATHIEU –) (M. J.), 1790, Invalides, 57, **148**, *236*, 246.

LERAT DE MAGNITOT [?], 1816, IIe arr., 75, **148**, *240*.
LEROU (G. J. F.), 1792, Quatre-Nations, 87, 117, **149**, *237*.
LEROY (J.-P.), an V, Panthéon-Français, 88, **150**, *238*.
LE SCENE DES MAISONS (J.), 1790, Faubourg-Montmartre, 141, **150**, *232*, 250.
LE SEIGNEUR (Cl.), 1790, Fontaine-de-Grenelle, 136, **151**, 181, *236*, 246.
LE SEVRE (J.), an IV, Museum, 61, 62, 64, 107, 114, 146, **152**, *229*, *240*.
LESSORE (J.-B. L.), 1792, Sans-Culottes, 147, **154**, 176, *239*, 246, 250.
LE TELLIER (J. J.), an III, Gravilliers, **155**, 168, *233*, 250.
LETELLIER (P. N.), 1792, Bondy, 128, 146, **156**, 162, *232*.
LEVERDIER (N. V.), 1790, Beaubourg, **157**, 185, 203, *234*.
LIEGE (J. L.), an VII, Brutus, 143, **158**, *230*, 250.
LINDET (Cl.), 1792, Contrat-Social, 134, 145, **159**, *230*.
LIZOT (P. J.Ch. Fl.), 1817, V^e^ arr., 111, 139, 143, **160**, 202, 212, *241*, *242*, 250.
LOCRÉ (J. G.), 1790, Bondy, 115, 156, **161**, *232*, 250.
MAIRE (A. M.), an VI, Arcis, 124, **163**, *232*.
MARCELIN (J.-Fr. J.), an VI, Invalides, 57, **164**, *236*.
MARCHAND (P. Ph. A.), 1831, IXe arr., 67, **165**, *242*.
MARIE (N. Ch.), an VI, Poissonnière, **165**, 175, *232*.
MARMOUGET (D.), an II, Piques, 62, 146, **166**, 169, *228*.
MARTIN (J. M.), 1793, Gravilliers, 155, **167**, 205, *233*, 250.
MARTIN DE DOUAI (A. J.), an VI, Place-Vendôme, **168**, 173, *228*.
MATHIEU (N. Ch.), 1792, Piques, 70, 167, **168**, *228*, 250.
MEISSEN (L. Ch.), 1792, Halle-au-Blé, 27, 38, **169**, *229*.
MENJAUD (J.), 1790, Tuileries, 54, 90, 99, 161, **170**, *227*.
MICHEL (J.-Fr.), an V, Place-Vendôme, 62, 168, **173**, *228*.
MOLLARD (J. M.), 1792, Bonne-Nouvelle, 78, 99, **173**, *230*.
MORAND (S. J.), an III, Poissonnière, 166, **175**, 193, *232*, 250.
MOREAU DE MERSAN (P.), 1790, Louvre, 60, **175**, *229*.
MORTIER (J. R.), 1790, Jardin-des-Plantes, 154, **176**, *239*.
MOUCHET (Fr. N.), 1792, Île-Saint-Louis, **176**, 184, 198, *235*.
MOUREAU DE VAUCLUSE (Agricol), 1832, IIIe arr., 81, **177**, *240*, 250.
MOUTARD (N. L.), an II, Chalier, 33, **178**, 188, *238*, 250.
MUSSEY (P.), an V, Faubourg-du-Nord, 48, 101, **179**, 197, *234*.
NEPOUX (L. Fr.), an IV, Faubourg-du-Nord, 101, 146, 179, **179**, *232*, *234*.
NICOLAS dit GRANDMAISON (P. J.), an V, Fontaine-de-Grenelle, 50, 105, **181**, 221, *237*.
NORMAND (J.-Ph.), 1815, XIe arr., 49, 109, **182**, *242*, 247.
ODENT (J.), 1815, VIIe arr., 58, 59, 93, **183**, *241*.
PAREY (L.), 1790, Île-Saint-Louis, 176, **184**, *235*.
PATRY (P. É. G.), 1790, Ponceau, 121, **185**, *230*, 250.
PÉLIGOT (M. H.), 1792, Beaubourg, 116, 157, **185**, 204, *234*.
PELLETIER (H. Fr.), 1793, Beaurepaire, 178, **187**, 207, *238*, 250.
PERIER (A. G.), 1832, VIIIe arr., **188**, 221, *241*.
PERROT (B. G.), an III, Popincourt, 83, **189**, *233*.
PERROT (J. D.), an VIII, Popincourt, **190**, *233*.
PHULPIN (Fl.), 1792, Arcis, 65, **190**, 209, *231*, 250.

PINARD (Cl. P. B.), 1792, Poissonnière, 54, 175, **192**, *232*.
PINART (P. Fr.), 1815, Ier arr., 98, 131, **193**, *240*.
PINART [dit « Pinart fils »], 1834, XIIe arr., 98, **195**, *242*.
PINATEL (P. B.), an VI, Montreuil, 49, 60, 79, 84, 190, **195**, 220, *233*, *241*, 247.
PLANCHER-VALCOUR (Ph. A.), an VII, Faubourg-du-Nord, 107, 179, **197**, *234*, 250.
POINTARD (Cl. Ch.), 1792, Droits-de-l'Homme, 93, **198**, 201, *234*.
POULLETIER (A. Cl.), 1793, Fraternité, 95, 177, **198**, 200, *235*, *236*.
RAVANT [?], an VII, Fraternité, 95, **199**, *235*.
REGNAULT (N. R.), an V, Tuileries, 90, **200**, *227*.
RICHEBOURG (Fr. J.), an IV, Droits-de-l'Homme, 198, **201**, *234*.
RICHOMME (Fr. L. M.), 1820, Xe arr., 160, **201**, 212, *242*.
RIVIERE (E. A.), 1792, Arsenal, 35, 120, **202**, *235*.
ROBIN (L.), an III, Réunion, 116, 186, 187, **203**, *234*, 250.
ROBINEAU (J.-Cl.), 1792, Gravilliers, 126, 168, **204**, *233*.
ROGER DES IFS (A. P.), 1792, Palais-Royal, 39, 127, **205**, *228*.
ROULLEAU (J.-Fr. H.), 1792, Enfants-Rouges, 107, **205**, 216, *234*.
ROULLION (A.), 1831, XIe arr., 50, **206**, *242*, 250.
ROUSSELET (P. A. J.), an V, Amis-de-la-Patrie, 66, **207**, *231*.
SALIVET (L. G. I.), 1792, Thermes-de-Julien, 23, 187, **207**, *238*.
SALMON (Ch. Fr.), 1792, Champs-Elysées, 30, 129, **207**, *227*.
SALVIGNY [?], 1792, Popincourt, 84, **208**, 219, *233*.
SANSON DU PERRON (J.-Fr.), 1790, Mauconseil, **208**, 210, *231*.
SIMON (P. M.), 1790, Arcis, 191, **209**, *231*, 247.
THERRIN (Fr. N.), 1792, Bon-Conseil, 85, 208, **210**, *231*.
THILLY (N.), 1793, Révolutionnaire, 69, 132, **210**, *236*.
THOMASSIN DE LA FORTELLE (N. J. J. Fr.-X.), 1820, Xe arr., 106, 202, **212**, *242*.
THORILLON (A. J.), 1790, Gobelins, 48, 88, 104, 129, 147, **212**, *239*, *242*, 247, 250.
THUILLIER (Cl. L.), 1790, Théâtre-Français, 79, **215**, *237*, 247.
TRESCON (J.-L.), an II, Homme-Armé, 37, 206, **216**, *234*.
TROUILLEBERT (A.), 1832, VIIe arr., 59, **216**, *241*.
VALANT (J. H.), an V, Mail, 112, 127 , **217**, *230*, 250.
VERON (M. N.), an X, IIIe arr., 26, 80, 81, 135, 159, 166, **217**, *240*.
VERPY (L. Fr.), 1790, Popincourt, 208, **219**, *233*.
VIGET (Ph.), an IV, Arcis, 65, 124, **219**, *231*.
VILLEMSENS (J.-B.), 1824, VIIIe arr., 188, 196, 197, **220**, *241*, 247.
VIOLETTE (Th. Fr.), an III, Fontaine-de-Grenelle, 41, 153, 161, 181, **221**, *237*.
WATRIN (J.), 1790, Quinze-Vingts, 26, **222**, *233*.
WISNICK (L. T.), 1790, Hôtel-de-Ville, 63, 100, 112, 199, **223**, *235*, *241*, 247, 250.

TABLE DES MATIÈRES

INTRODUCTION.. 5

NOTICES BIOGRAPHIQUES.. 23

ANNEXES 225

REPERTOIRE TERRITORIAL 227

SOURCES 243

BIBLIOGRAPHIE.. 251

INDEX PATRONYMIQUE 255

TABLE DES MATIERES 261

www.ingramcontent.com/pod-product-compliance
Lightning Source LLC
LaVergne TN
LVHW050648051026
849532LV00002B/572
* 9 7 8 2 7 4 7 5 3 2 4 9 5 *